Karl Lenz, Marina Adler
Geschlechterverhältnisse

Geschlechterforschung

Herausgegeben von
Lothar Böhnisch, Heide Funk und Karl Lenz

Karl Lenz, Marina Adler

Geschlechterverhältnisse

Einführung in die
sozialwissenschaftliche Geschlechterforschung
Band 1

Juventa Verlag Weinheim und München 2010

Die Autoren

Karl Lenz, Dr. phil., ist Professor für Mikrosoziologie an der Technischen Universität Dresden.
Seine Arbeitsschwerpunkte sind Soziologie persönlicher Beziehungen, Biografie- und Lebenslaufforschung, Soziologie der Geschlechter, Soziologische Theorie und Qualitative Sozialforschung.
Kontakt: karl.lenz@tu-dresden.de

Marina Adler, Ph.D., ist Professorin für Soziologie an der University of Maryland, Baltimore County, USA.
Ihre Arbeitsschwerpunkte sind Soziologie der Geschlechter, Formen der sozialen Ungleichheit, Internationale Sozialpolitik und Wohlfahrtsstaat, Arbeit und Familie, Quantitative und Qualitative Sozialforschung.
Kontakt: adler@umbc.edu

Bibliografische Information der Deutschen Nationalbibliothek

Die Deutsche Nationalbibliothek verzeichnet diese Publikation in der Deutschen Nationalbibliografie; detaillierte bibliografische Daten sind im Internet über http://dnb.d-nb.de abrufbar.

Umschlaggestaltung: Atelier Warminski, 63654 Büdingen
Umschlagabbildung: Ernst Ludwig Kirchner, Berliner Straßenszene, 1913
Printed in Germany

ISBN 978-3-7799-2301-5

Inhalt

Einleitung

Stellen Sie sich vor: Sie wachen morgens im anderen Geschlecht auf. Wenn Sie in Ihrem bisherigen Leben eine Frau waren: als Mann. Wenn Sie am Abend noch als ein Mann eingeschlafen sind: als Frau. Sicherlich wird sich manches nicht ändern: Sie werden – zumindest in diesem Land – weiterhin zur Hochschule oder zur Arbeit gehen (können). Keine Änderungen werden sich in Ihrer Verwandtschaft, Ihrem Freundes- und Bekanntenkreis vollziehen, wahrscheinlich auch nicht in den ästhetischen Präferenzen, in der Musik und den Filmen, die Sie lieben, oder in Ihren kulinarischen Vorlieben. Wie ist das mit Ihrem Kleidungsstil? Werden Sie eher elegante oder sportliche Kleidung bevorzugen? Vieles aber wird nicht mehr so sein wie vorher. Machen wir ein kleines Gedankenexperiment:

Wenn Sie vorher ein Mann waren:

Schon im Bad werden Ihnen die Veränderungen ins Auge springen. Den Rasierapparat, den Sie bislang täglich benutzt haben, brauchen Sie nicht mehr. Vielleicht sollten Sie mehr Wert auf Ihre Hautpflege legen und die Tagescreme für Ihr Gesicht nicht vergessen und dann geht es an das Schminken. Was wollen Sie anziehen? Die Jeans kleidet Sie auch als Frau, aber dass Sie ein weites Männerhemd und keinen BH tragen, wird sofort auffallen. Heute Abend müssen Sie sich unbedingt neue Kleidung kaufen – vor allem modische Sachen, Schuhe und nette Dessous. Rechnen Sie aber fest damit, dass Ihre Ausgaben für Kleidung und allerlei Accessoires in Zukunft deutlich höher sein werden.

Hoffentlich sind Sie in dem richtigen Studienfach eingeschrieben. Wenn Sie Erziehungswissenschaften studieren, werden Sie nicht weiter auf Ihre Sonderstellung als Mann unter einer weiblichen Mehrheit pochen können, sondern Sie sind jetzt eine von vielen Frauen, die dieses Fach belegen. Wenn Sie Ihr Weg an die Universität in die Ingenieurwissenschaften geführt hat, werden Sie jetzt eine der wenigen Frauen sein und müssen beweisen, dass Sie den Männern hier in nichts nachstehen. Und wie ist es im Beruf? Lassen Sie sich gerade als Kfz-Mechaniker ausbilden, sollten Sie sich fragen, was Ihr Meister und Ihre Kollegen dazu sagen werden, wenn plötzlich in diesem Betrieb eine Frau arbeitet. Können Sie dort überhaupt als Lehrling weiter beschäftigt bleiben? Gibt es in der Werkstatt getrennte Toiletten und Umkleideräume für Männer und Frauen, oder müssen diese erst geschaffen werden?

Als Frau wird man von Ihnen auch erwarten, dass Sie sich gern um kleine Kinder kümmern. Anders als ein Mann werden Sie mit der Frage konfrontiert werden, warum Sie eigentlich keine Kinder haben oder ob Sie keine Kinder möchten. Wenn Sie Kinder haben und zugleich berufstätig sind, wird man wissen wollen, wie Sie es schaffen, Familie und Beruf miteinander zu verbinden. Nicht auszuschließen ist, dass dabei manchmal die Unterstellung mitschwingt, Sie kümmerten sich zu wenig um Ihre Kinder und wären eigentlich eine Rabenmutter. Für den Haushalt müssen Sie in Zukunft mehr Zeit einplanen. Das Wäschewaschen, das Bügeln und auch das Säubern der Wohnung wird von nun an vor allem Ihre Aufgabe sein. Als Frau werden sie ungern alleine nachts durch verlassene Straßen laufen. Die Angst vor Anmache oder sogar vor Übergriffen wird Sie von nun an begleiten. Am besten geht man dem aus dem Weg, vermeidet Gefahrensituationen und kehrt in Begleitung nach Hause zurück.

Wenn Sie vorher eine Frau waren:

Sie können sich ruhig noch einmal umdrehen und etwas länger liegen bleiben, da Sie ab heute deutlich weniger Zeit im Bad brauchen werden. Das Eincremen und das zeitaufwendige Schminken fallen sowieso weg. Wenn Sie sich anziehen, können Sie sich darüber freuen, dass Sie in Zukunft Ihre Ausgaben für die Kleidung deutlich reduzieren werden. Als Mann kommt man mit relativ wenigen Hosen, Hemden, Jacken und bequemen Schuhen aus.

An der Hochschule – wenn Sie diesen Bildungsweg gehen wollen – werden Ihre Chancen, später zu promovieren oder zu habilitieren, trotz niedriger Leistungen deutlich größer sein, als die von Frauen. Im Beruf werden Sie wesentlich mehr verdienen als Ihre weiblichen Kollegen und Ihrer Karriere steht jetzt nichts im Wege: Weder eine Schwangerschaft, noch Kinder, die krank werden könnten und denen sonst sicherlich Ihre volle Aufmerksamkeit gehört hätte. Dafür wird man allerdings von Ihnen erwarten, dass Sie rund um die Uhr verfügbar sind, nicht nur telefonisch. Da Sie – in den Augen Ihres Chefs (oder haben Sie eine Chefin?) und ihrer Kolleg/innen – nicht für die Kinder zuständig sind, wird sich die Zeit erhöhen, die sie am Arbeitsplatz verbringen. Im Falle einer Scheidung werden Sie sich auch von Ihren Kindern trennen müssen. Auch beim gemeinsamen Sorgerecht – was heute der Normalfall ist – wohnen die Kinder in der Regel bei ihrer Mutter.

Aber vielleicht waren Sie ja bis zum heutigen Erwachen in einem typischen Frauenberuf tätig: Wenn Sie Erzieherin in einem Kindergarten waren und dort plötzlich als Mann erscheinen, wie werden die Kinder auf Sie reagieren? Wird es Ihnen so ergehen, wie einem Freund von uns, der, nachdem er einige Wochen als Erzieher in einer Einrichtung tätig war, von einem Kind gefragt wurde: „Du, sag mal, wo arbeitest du?“

Pech gehabt: Als Frau hatten Sie die gute Aussicht ca. acht Jahre älter zu werden. Als Mann werden Sie stärker dazu neigen, ein höheres Risikoverhalten an den Tag zu legen, sei es am Steuer Ihres Autos oder auch beim

Konsumieren von Genussmitteln. Als Frau wären Sie generell mit Ihrem Körper sensibler umgegangen, hätten öfter Ärzte aufgesucht anstelle – wie jetzt – gesundheitliche Warnsignale einfach zu ignorieren. In Ihrer Freizeit haben Sie dafür ab sofort mehr Zeit. Dies kommt dadurch zustande, dass Sie einige zeitraubende Aufgaben (Wäschewaschen, Putzen, Bügeln) entweder an eine Partnerin (angenommen Sie sind heterosexuell) oder eine bezahlte Hilfskraft abgeben werden. Apropos Partnerin – von nun an wird von Ihnen oft erwartet, dass Sie wegen Ihres höheren Gehalts beim Essengehen zahlen, dass Sie gefühlsmäßig weniger expressiv sind als Sie es als Frau gewohnt waren und dass Sie mehr technische Kompetenzen an den Tag legen. Außerdem seien Sie nicht überrascht, wenn Ihnen plötzlich beim Sex der „Leistungsdruck" zu schaffen macht.

Bislang hatten wir bei diesem Gedankenspiel die Auswirkungen der Geschlechtszugehörigkeit auf die Lebensführung und die Alltagsorganisation einer Person in der Gegenwartsgesellschaft im Blick. Was würde es bedeuten, wenn dieser plötzliche Geschlechterwandel vor 100 Jahren in unserer Gesellschaft eingetreten wäre, als die sozialen Welten von Frauen und Männern noch viel weiter auseinander lagen? Oder was wären die Konsequenzen, wenn sich dies in einer islamisch-fundamentalistischen Gesellschaft ereignen würde? Wir verzichten darauf, auf diese Fragen eine Antwort zu geben. Stattdessen möchten wir Sie als eine erste Aufgabe dazu auffordern, sich von beiden oder einer der beiden Fragen zu einem ähnlichen Gedankenexperiment anregen zu lassen. Vielleicht haben Sie Gelegenheit, die Problematik im Kreise von Kommiliton/innen oder Freund/innen zu diskutieren.

Mit diesem Gedankenexperiment wollen wir für das Thema sensibilisieren, mit dem wir uns in diesem Lehrbuch ausführlich befassen werden: Mit den vielfältigen Auswirkungen der Geschlechtszugehörigkeit auf die Lebensführung und die Alltagsorganisation. Unser Anspruch ist es, Studierenden und allen thematisch Interessierten einen Zugang zu dem breiten Feld der Geschlechterforschung aus sozialwissenschaftlicher Perspektive zu eröffnen und einen Einblick in zentrale Forschungsfelder zu geben. Unser Ziel war es ferner, dieses Lehrbuch thematisch breit anzulegen, was es auch notwendig macht, es in zwei Bänden erscheinen zu lassen. Das Gebiet der sozialwissenschaftlichen Geschlechterforschung ist inzwischen viel zu umfangreich, um den Anspruch erheben zu können, alle relevanten Felder einzubeziehen oder zu den einzelnen Gebieten einen umfassenden Überblick geben zu können. Es wäre nicht schwer, zu jedem der in den einzelnen Kapiteln behandelten Themenfeldern eine eigenständige Einführung, oder gar ein umfangreiches Handbuch zu verfassen. Dies macht eine Selektivität in doppelter Hinsicht notwendig: Sowohl bezüglich der Auswahl der Themengebiete wie auch innerhalb dieser Themengebiete selbst. Wir haben Bereiche ausgewählt, die in der Geschlechterforschung eine besondere Aufmerksamkeit gefunden haben und eine hohe Relevanz besitzen. In den Ausführungen zu den einzelnen Themenfeldern haben wir uns auf die zentralen Theorien, Forschungsergebnisse und Debatten beschränkt. Die ausgewählten Publikationen und Forschungsstudien stehen vielfach exemplarisch für eine Reihe weiterer Arbeiten, auf die wir nicht eigens verweisen, die aber oft nicht weniger relevant sind. Vollständigkeit ist und kann unser Anspruch nicht sein; es geht vielmehr darum, einen Zugang zur Geschlechterforschung aus sozialwissenschaftlicher Perspektive zu eröffnen und für das weitere Studium ein erstes Koordinationssystem bereitzustellen. Davon, dass die ausgewählten Themengebiete nicht nur separat, sondern auch nebeneinander behandelt werden, versprechen wir uns einen hohen Mehrwert. Sichtbar wird dadurch nicht nur die Breite der Geschlechterforschung. Durch diese Zusammenschau soll deutlich gemacht werden, dass die Geschlechterthematik ein zentrales Arbeitsfeld der Sozialwissenschaften ist. Zugleich soll ein Beitrag zur Verstärkung einer geschlechtersensiblen Perspektive in diesen Disziplinen geleistet werden. Mit dem Anspruch, in die Breite des Forschungsfeldes einzuführen, kann kein konsistenter Theorieentwurf geboten werden. Aufgegriffen werden müssen vielmehr Arbeiten aus unterschiedlichen Theorietraditionen. Neben Studien aus einer konstruktivistischen Perspektive werden auch Arbeiten einbezogen, die sich auf das Sex-Gender-Modell stützen.

Aus der konstruktivistischen Perspektive wird in der aktuellen Diskussion der Geschlechterforschung stark problematisiert, dass durch starre Fragen nach den Differenzen Geschlechterunterschiede erst generiert werden (vgl. Althoff/Bereswill/Riegraf 2001). Dieses Problem wird als Reifizierung bezeichnet. Deutlich gemacht wird, dass im Alltag selbstverständliche Kategorien wie ‚Frauen' und ‚Männer' nicht unbesehen übernommen werden dürfen, da damit nur die dichotome Konstruktion der Zweigeschlechtlichkeit reproduziert werde. Statt zu bestätigen, was als Annahme vorausgesetzt wurde, sollte die soziale Genese der Geschlechterdifferenz rekonstruiert werden. Wir werden Arbeiten, die sich diesem Reifizierungsverdacht aussetzen, ebenso verwenden wie Arbeiten, die diese Gefahr im Forschungsdesign konsequent vermeiden. Der Anspruch eines Überblicks bringt es mit sich, dass heterogene Arbeiten miteinander verbunden werden müssen. In der Rezeption der Aussagen werden wir diese Problematik jedoch immer im Blick haben und gegebenenfalls explizit darauf hinweisen.

Immer mehr setzen sich Arbeiten durch, die von einer Schwarz-Weiß-Zeichnung der Geschlechterunterschiede Abstand nehmen. „Die" Frau gibt es ebenso wenig wie „den" Mann. In beiden Geschlechtergruppen sind Binnenunterschiede zentral, die es zu berücksichtigen und zu benennen bedarf. Zu der verstärkten Wahrnehmung der vorhandenen Differenzen innerhalb von Geschlechtergruppen hat das Diversity-Konzept beigetragen, welches deutlich macht, dass Unterschiede, die mit Zugehörigkeiten nach Klasse, Ethnie und Nationalität einhergehen oder nach Alter, sexueller Orientierung und Behinderung, berücksichtigt werden müssen. Im Rahmen dieser

Einführung können diese und weitere Differenzierungskategorien nicht konsequent einbezogen werden. Wir konzentrieren uns auf Geschlechterdifferenzen, immer aber im Wissen darum, dass es sich bei „Frauen“ und „Männern“ keineswegs um homogene Gruppen handelt.

Auch kann in der Bestandsaufnahme nicht außer Acht gelassen werden, dass die Geschlechterordnung in der Gegenwart im starken Maße einem Wandlungsprozess unterworfen ist. Als ein Beispiel kann die Politik dienen: 1919 wurde in Deutschland das Frauenwahlrecht eingeführt, Anfang der 1960er Jahre wurde die erste Frau zur Ministerin in der Bundesrepublik Deutschland berufen und seit 2005 hat dieses Land eine Bundeskanzlerin. Damit kann allerdings keineswegs behauptet werden, dass die Geschlechterungleichheiten verschwunden wären. Wir werden in diesen beiden Bänden zeigen, dass in vielen gesellschaftlichen Bereichen weiterhin Frauen massiv benachteiligt sind. Dennoch haben sich die polaren Geschlechterwelten des 18., 19. und großer Teile des 20. Jahrhunderts erheblich verändert und überschneiden sich immer mehr. Die politische Forderung nach Gleichberechtigung hat sich auf allen Ebenen des Handelns institutionalisiert und ist im politischen Raum zu einer Gestaltungskraft geworden. Dennoch halten wir die These des Verschwindens der Geschlechterdifferenz als Bestimmungsmerkmal moderner Gesellschaften oder auch zur Beschreibung der Gegenwartsgesellschaft für unzutreffend (vgl. Pasero/Weinbach 2003). Die Persistenz der Geschlechterhierarchie steht dieser These entgegen. Aus diesem Grund gibt es keinen Anlass für die von manchen vorgebrachte „Sorge“, dass der Geschlechterforschung aufgrund von Nivellierungsprozessen zunehmend der Gegenstand schwindet (vgl. z. B. Luhmann 2003). Nach unserem Verständnis sind nicht die Geschlechterungleichheiten der primäre Gegenstand der Geschlechterforschung, sondern die Geschlechterordnung. Sie verbindet die Makro- und Mikroebene und umfasst Geschlechterverhältnisse ebenso wie Geschlechterbeziehungen einschließlich der korrespondierenden Geschlechterbilder. Auch in den ökonomisch fortgeschrittenen und demokratisch legitimierten Gesellschaften weist die Geschlechterordnung weiterhin geschlechterhierarchische Strukturen auf. Selbst wenn die Geschlechterungleichheiten in einer Gesellschaft tatsächlich verschwunden wären, was aufgrund der realen Gegebenheiten bloße Utopie sein kann, hätte eine Geschlechterforschung kein Rechtfertigungsproblem, da sie mit der Geschlechterordnung befasst ist.

Wie bereits erwähnt, erscheint dieses Lehrbuch in zwei Bänden. Der vorliegende erste Band umfasst, neben den Grundlagen der Geschlechterforschung Themenfelder, die vor allem aus einer makrosoziologischen Perspektive betrachtet werden. Die Dominanz dieser Perspektive wird mit dem Titel „Geschlechterverhältnisse“ angezeigt. Der zweite Band mit dem Titel „Geschlechterbeziehungen“ greift dann primär Themen aus einer mikrosoziologischen Perspektive auf und schließt – darüber hinausgehend – mit einem Blick in die Zukunft ab, in dem mögliche Perspektiven der Geschlechterordnung diskutiert werden. Mit Makro- und Mikrosoziologie wird eine in der Soziologie gängige Unterscheidung der Arbeitsfelder aufgegriffen. Spezifiziert werden können diese Arbeitsfelder unter Verwendung der Begriffe von Vergesellschaftung und Vergemeinschaftung. Die Makrosoziologie befasst sich mit Formen der Vergesellschaftung. Vergesellschaftungsformen zeichnen sich dadurch aus, dass die daran beteiligten Individuen ganz überwiegend nur in indirekten Beziehungen zueinander stehen. Gesellschaftliche Subsysteme (z. B. Politik, Wirtschaft), national verfasste Gesellschaften oder gar die Weltgesellschaft stellen unterschiedlich komplexe Vergesellschaftungsformen dar. Mit dem Begriff der Geschlechterverhältnisse wird der Blick auf die institutionalisierten und damit vermittelten Formen des Miteinanders der Geschlechter auf diesen Ebenen gerichtet. Gegenstand der Mikrosoziologie sind Formen der Vergemeinschaftung, die durch die Unmittelbarkeit der Kontakte gekennzeichnet sind. Dies trifft für Interaktionen ebenso zu wie für kontinuierliche Sozialbeziehungen in Gestalt von persönlichen Beziehungen (z. B. Paarbeziehung, Eltern-Kind-Beziehung). Zur Mikrosoziologie werden zudem auch Forschungsfelder gerechnet, die sich mit der Subjektgenese beschäftigen. Mit Geschlechterbeziehungen kommen die direkten Formen des Miteinanders der Geschlechter in den Fokus. Auch wenn es möglich ist, die ausgewählten Themenfelder der Geschlechterforschung der Makro- oder Mikrosoziologie zuzuordnen, ist damit nicht gemeint, dass diese jeweils nur aus einer der beiden Perspektiven betrachtet werden. Mit der Zuordnung soll lediglich zum Ausdruck gebracht werden, dass in dem jeweiligen Themengebiet die makro- oder mikrosoziologische Perspektive dominiert. Nicht aber, dass damit eine Ausschließlichkeit gegeben sei.

Kurz zum Aufbau dieses ersten Bandes: Das erste Kapital wird zeigen, dass sich eine sozialwissenschaftliche Geschlechterforschung vehement gegen alle Versuche abgrenzt, Geschlechterunterschiede durch den bloßen Rückgriff auf die Biologie zu erklären. Erst langsam hat die Soziologie – angestoßen vor allem durch die Frauenforschung und Frauenbewegung – die lange dominierende Geschlechterblindheit überwunden. In diesem Kapitel soll auch Einblick in zentrale Theoriepositionen auf diesem Gebiet gegeben werden. Nach diesen Grundlagen der Geschlechterforschung werden für die makrosoziologische Perspektive vier zentrale Arbeitsfelder ausgewählt: Kultur, Politik und Recht, Bildung sowie Arbeitswelt. Das zweite Kapitel baut auf die inzwischen umfangreiche ethnologische und historische Geschlechterforschung auf. Diese Rezeption soll vor allem dazu dienen, die vorhandenen kulturellen und historischen Variabilitäten der Geschlechterordnung sichtbar zu machen. An dieser Stelle wird auch das System der Zweigeschlechtlichkeit als das in unserer Gesellschaft dominante Modell problematisiert. Verdeutlicht wird in diesem Zusammenhang ferner, wie sich die Geschlechterbilder bis in die Gegenwart verändert haben. Das Kapitel zu Recht und Politik geht von der Gleichberechtigung als Rechtsnorm aus und befasst sich mit der Gleichstellungspolitik und den Selbstbestimmungsrechten von Frauen. Einen weiteren Schwerpunkt bilden die Auswirkungen der unterschiedlichen Wohlfahrtsregime auf die Geschlechterordnung sowie deren Ausprägung in Deutschland. Abschließend befasst sich dieses Kapitel mit der politischen Partizipation von Frauen. Das Kapitel zum Bildungssystem erstreckt sich auf die Bereiche der allgemeinbildenden Schulen, der beruflichen Ausbildung sowie der Hochschulen und diskutiert vor allem die Frage, ob die Bildungsbenachteiligung der Frauen inzwischen verschwunden ist, bzw. welche Geschlechterunterschiede fortbestehen. Neben Erklärungsansätzen für die Persistenz von Unterschieden wird auch die Debatte der Koedukation und des Sexismus im Bildungssystem aufgegriffen. Das abschließende Kapitel des ersten Bandes befasst sich mit dem Thema Arbeit und damit mit einem Bereich, der in der Geschlechterforschung eine sehr starke Aufmerksamkeit erfahren hat. Ausgehend von einer Diskussion des Arbeitsbegriffs bilden die Erwerbsbeteiligung der Frauen sowie die horizontale und vertikale Geschlechtersegregation Themenschwerpunkte. Einen breiten Raum nimmt auch die Diskussion der Erklärungsansätze für die Persistenz der geschlechtsspezifischen Ungleichheit im Arbeitsmarkt ein. Des Weiteren wird auf Armut und Arbeitslosigkeit sowie auf die Auswirkungen der Globalisierung eingegangen. Neben der Zusammenstellung der Schlüsselbegriffe werden am Ende eines jeden Kapitels Diskussionsfragen und weiterführende Literatur vorgeschlagen und eine Auswahl relevanter Internetadressen vorgestellt.

Das Buch ist entstanden aus der Zusammenarbeit einer Frau und eines Mannes, die als Soziologin bzw. der als Soziologe an Hochschulen in zwei unterschiedlichen Ländern beschäftigt sind. Marina Adler, aus Deutschland stammend, hat in den USA Soziologie studiert und ist seit 1990 an der University of Maryland als Associate Professor tätig. Ihr Arbeitsschwerpunkt liegt im Bereich der Makrosoziologie. Karl Lenz arbeitet seit 1992 als Professor für Mikrosoziologie an der TU Dresden; entsprechend gelagert ist sein Arbeitsschwerpunkt. Neben männlichen und weiblichen Perspektiven sind in dieses Werk immer auch die besondere Vertrautheit mit der Geschlechterforschung im jeweiligen nationalen Kontext, sowie die unterschiedlichen Arbeitsschwerpunkte der Autor/innen eingegangen. Jedes Kapitel ist das Ergebnis der gemeinsamen, oftmals sehr langen Diskussion, die wir abwechselnd in Baltimore bzw. in Dresden und online geführt haben. Bei der Konzeption des Buches haben wir uns stark am Vorbild amerikanischer Lehrbücher orientiert. Auch wenn das vorliegende Buch für den deutschen Markt geschrieben wurde, haben wir darauf geachtet, Besonderheiten der amerikanischen Diskussion in die jeweiligen Kapitel einfließen zu lassen. Unsere ursprüngliche Idee, ausführlicher amerikanische Daten den deutschen gegenüber zu stellen, mussten wir mit Blick auf den Umfang leider aufgeben bzw. deutlich reduzieren.

Abschließend möchten wir allen danken, die über einen langen Entstehungszeitraum an diesem Buch mitgearbeitet bzw. uns hilfreiche Anregungen gegeben haben. Aus dem Kreis von Kolleg/innen möchten wir besonders Lothar Böhnisch, Heide Funk, Ulrike Gräßel, Cornelia Wustmann und Sylka Scholz für ihre Kommentare und vielfältigen Anstöße danken. Dass wir überhaupt fertig wurden, verdanken wir den Diplom-Soziologinnen Martina Kyselova, Nancy Leyda, Mandy Glöckner und Juliane Bendel, die uns mit umfangreichen Recherchetätigkeiten und redaktionellen Arbeiten in einem hohen Maße unterstützt haben. Viele Teile dieses Buches waren Gegenstand von Lehrveranstaltungen; durch Nachfragen, Kritik und Anregungen haben die Teilnehmer/innen nachhaltig Einfluss auf den Gehalt und den Inhalt des Buches genommen, auch wenn sie es selbst gar nicht bemerkt haben.

1. Theoretische Perspektiven der Geschlechterforschung

Das einleitende Gedankenexperiment sollte in einer ersten Annäherung illustrieren, wie stark die Lebensführung und die Alltagsorganisation durch die Geschlechtszugehörigkeit bestimmt werden. Diese hohe und weit reichende soziale Relevanz der Geschlechterkategorie „Frau“ oder „Mann“ auf den verschiedenen Ebenen sozialer Wirklichkeit aufzuzeigen, ist ein zentrales Anliegen einer sozialwissenschaftlichen Geschlechterforschung.

1.1 Geschlecht als soziokulturelles Phänomen

Wenn in den Sozialwissenschaften von Geschlecht gesprochen wird, dann richtet sich die Aufmerksamkeit nicht auf morphologische, chromosomale, gonadale oder hormonelle – kurz: biologische – Unterschiede zwischen Frauen und Männern. Im Zentrum steht vielmehr die Gesamtheit der Zuschreibungen, die in einem Sozialsystem mit diesen biologischen Unterschieden verbunden werden. Anders als die deutsche Sprache hat die englische für diese beiden Sachverhalte zwei unterschiedliche Begriffe: „gender“ und „sex“. „*Gender*“ meint die soziale Zuschreibung, die kulturell definierten Vorstellungen von Frauen und Männern in der Gesellschaft; „*sex*“ bezeichnet dagegen die biologischen Differenzen. In Anlehnung an Alice Schwarzers viel gelesenes Buch „Der ‚kleine Unterschied‘ und seine großen Folgen“ (1975), könnte man sagen: „Sex“ ist der „kleine Unterschied“, „gender“ sind die daraus resultierenden „großen Folgen“. Da im Deutschen keine unterschiedlichen Begriffe verfügbar sind, behelfen sich manche Autorinnen und Autoren damit, dass sie von „sozialem“ und „biologischem“ Geschlecht sprechen. Sehr verbreitet ist zudem die bloße Übernahme des englischen Begriffspaares „gender“ und „sex“. Wir werden weder den einen noch den anderen Weg wählen. Immer wenn wir von Geschlecht sprechen, ist dieser Begriff im Sinne des englischen Begriffs „gender“ gemeint. Eine Geschlechterforschung ist immer als eine Gender-Forschung zu verstehen. Nur an Stellen, an denen diese Festlegung zu Missverständnissen führen könnte, werden wir zusätzlich auf die englischen Termini verweisen.

Das Gedankenexperiment macht weiterhin deutlich, dass Geschlecht – mit Hartmann Tyrell (1986: 453) gesprochen – kulturell „hochgradig identitätsrelevant“ ist; es wird „so massiv zugemutet und persönlichkeitsstrukturell ‚angeeignet‘, dass man Frau oder Mann ‚mit Haut und Haaren‘ ist“. Die Geschlechterzugehörigkeit ist für unser Alltagsleben von zentraler Bedeutung; sie ist eines der grundlegenden Organisationsprinzipien der Sozialwelt. „It organizes our identities and self-concepts, structures our interactions, and is one basis upon which power and resources are allocated" (Wharton 2005: 9). Im modernen Leben sind zwar unterschiedliche Identitäten möglich, jedoch setzt die Geschlechterkategorie einen Rahmen, über den hinauszugehen soziale Sanktionen evoziert. Die Geschlechteridentität formt nachhaltig das Bild, das sich eine Person von sich selbst macht und das andere von ihr entwerfen. Im Alltag erweisen wir uns als nahezu unfähig zu interagieren, wenn wir das Geschlecht des anderen nicht wissen, was nachdrücklich die hohe Bedeutsamkeit der Geschlechtsklassifikation unterstreicht. Interaktionen sind zugleich ein wichtiges soziales Setting, in dem das Geschlecht aufgezeigt und dargestellt wird. Die Relevanz von Geschlecht ist dabei nicht auf direkte Kontakte begrenzt. Alle gesellschaftlichen Bereiche wie Arbeit, Bildung oder Recht sind „vergeschlechtlicht". Sie lassen sich nicht hinreichend verstehen, ohne dass betrachtet wird, welche Geschlechterzuschreibungen sie umfassen, in ihnen wirksam werden und welche sie folglich auch verstärken. Das Geschlecht verleiht den Interaktionen, persönlichen Beziehungen, Organisationen und auch der Gesellschaft Bedeutung; ohne Berücksichtigung der Geschlechterkategorie kann die Sozialwelt nicht entsprechend erschlossen werden.

Im 19. Jahrhundert konnten Frauen in Deutschland noch nicht an einer Hochschule studieren; das Studium war ein exklusiv männliches Privileg. Unter dem Taliban-Regime in Afghanistan wurde den Mädchen der Schulbesuch und den Frauen eine außerhäusliche Erwerbstätigkeit verwehrt. In der Öffentlichkeit konnten sich Frauen nur mit einer Burka – einem sackähnlichen Gewand, das über Kopf und Körper getragen wird und im Bereich der Augen eine Art Gitter aufweist – verhüllt zeigen. Schon diese Beispiele lassen erkennen, dass sich die sozialen Zuschreibungen an die Geschlechter verändert haben und verändern können. Diese Wandlungsprozesse haben (bislang) jedoch nicht dazu geführt, dass die hohe Relevanz des Geschlechts für unsere Lebensführung verschwunden wäre. Eine Aufgabe für eine Soziologie der Geschlechter ist es daher, die Veränderungen von Geschlecht als soziokulturelles Phänomen aufzuzeigen.

1.1.1 Das Natur-Modell der Geschlechter als Alltagsplausibilität

Dass es zwei Geschlechter gibt, gehört zum allgemeinen Wissensbestand eines jeden kompetenten Gesellschaftsmitglieds. Und diese zwei Geschlechter werden vielfach sogar als Gegensatz aufgefasst. Im Englischen spricht man zum Beispiel nicht vom „anderen Geschlecht", sondern vom „opposite sex". Frauen und Männer werden nicht nur hinsichtlich ihrer Körper oder ihrer Reproduktionskompetenzen als unterschiedlich wahrgenommen, die Differenzen werden auch auf ihr Handeln, Denken und Fühlen ausgedehnt. Anders als in der sozialwissenschaftlichen Geschlechterforschung werden im Alltag diese Unterschiede auf die ‚Natur' der Geschlechter und damit auf die Biologie zurückgeführt. Im Alltagsdenken werden differente Verhaltensweisen und Persönlichkeitseigenschaften der beiden Geschlechter durch die Biologie determiniert aufgefasst.

Dass vorhandene Geschlechterdifferenzen als Wesensunterschiede zu interpretieren sind, ist – verstärkt seit den 90er Jahren des 20. Jahrhunderts – (wieder) ein gängiger Topos in aktuellen Ratgebern und Sachbüchern. „Männer sind" – verkündigt der millionenfach verkaufte Bestseller des Amerikaners John Gray (1998) – „anders. Frauen auch". Männer stammen vom Mars, Frauen von der Venus; an dieser planetarischen Herkunft macht Gray die scheinbar unüberbrückbaren Wesensunterschiede der Geschlechter fest. Nicht weniger erfolgreich sind die Bücher des australischen Ehepaares Allan und Barbara Pease „Warum Männer nicht zuhören und Frauen schlecht einparken" (2001) und „Warum Männer lügen und Frauen immer Schuhe kaufen" (2003). Anhand zahlreicher unterhaltsamer Beispiele wird in diesen beiden Büchern versucht, mit populärwissenschaftlichen Anleihen aus der Evolutions-, Verhaltens- und Hirnforschung grundlegende Wesensunterschiede zwischen Frauen und Männern aufzuzeigen.

Die in diesen Bestsellern zum Ausdruck gebrachte, und auch im Alltagsdenken verbreitete Auffassung, dass die geschlechterspezifischen Unterschiede im Handeln, Denken und Fühlen durch vorhandene biologische Unterschiede determiniert sind, soll im Weiteren als *Natur-Modell der Geschlechter* bezeichnet werden. Dieses Modell der Geschlechter ist aber keineswegs nur auf das Alltagsdenken und einzelne Verkaufserfolge beschränkt. Von der sozialwissenschaftlichen Geschlechterforschung weitgehend ignoriert, hat in der Biologie und zunehmend auch in der Psychologie dieses Erklärungsmuster im wissenschaftlichen Diskurs (wieder) Fuß gefasst (vgl. Wilson 1980; Wickler/Seibt 1998; Barash/Lipton 1997). Es wird argumentiert, dass Frauen und Männer unterschiedliche Biogramme, d. h. genetisch fixierte Programme besitzen, die die Geschlechter zu verschiedenartigem Verhalten prädisponieren. Das männliche Biogramm bedingt, dass Männer aggressiv und dominant sind, das weibliche Biogramm, dass Frauen fürsorglich und zurückhaltend sind.

Ein aktuelles Beispiel dafür ist das Buch „Vom ersten Tag an anders. Das männliche und weibliche Gehirn" des Professors für Psychologie und Psychiatrie Simon Baron-Cohen (2004). Das weibliche Gehirn sei so „verdrahtet", dass es auf Empathie, das männliche dagegen so, dass es auf das Begreifen und den Aufbau von Systemen ausgerichtet ist. Baron-Cohen versucht seine These der biologisch fixierten Unterschiede zu belegen und zu zeigen, dass diese Differenzen bereits in den ersten Lebensjahren beobachtet werden können. Allerdings stellt der Autor selbst fest, dass es sowohl Frauen als auch Männer gibt, die dominant-systematisch denken. Mit dieser Feststellung kommt die These in einen Erklärungsnotstand. Denn wenn es um genetisch fixierte Programme geht, die die Differenz der Geschlechter hervorbringen, dürfte es diese Umkehrungen nicht geben. Baron-Cohen

(2004) macht zwar deutlich, dass es Unterschiede im Denken zwischen Männern und Frauen geben kann. Eine überzeugende Erklärung dafür, wie es dazu kommt, bleibt er durch seine Fixierung auf ein biologisches Verhaltensprogramm aber schuldig.

1.1.2 Abschied vom Natur-Modell der Geschlechter

Für eine sozialwissenschaftliche Geschlechterforschung ist es konstitutiv, das Natur-Modell in Frage zu stellen und seine Reichweite zumindest erheblich einzuschränken. Bei dieser Thematik ist es – wie auch bei anderen – erforderlich, sich von Alltagsplausibilitäten zu verabschieden. Es reicht also nicht aus, Geschlecht bzw. die Geschlechterdifferenzen als vorgegebene Tatsache, als natürliches Faktum aufzufassen. Das, was uns als geschlechtsspezifische Eigenheiten und Unterschiede entgegentritt, existiert nicht unabhängig von der Einbettung in eine bestimmte Gesellschaft, Kultur und Zeit. Dem Natur-Modell der Geschlechter wird entgegengehalten, dass Geschlecht immer bzw. zumindest vorrangig als eine *gesellschaftlich konstruierte und kulturell bestimmte Kategorie* aufzufassen ist, für deren Erfassung der Verweis auf die Natur nicht ausreicht. Es sind vor allem die folgenden drei Argumentationskomplexe, auf die sich die Falsifikation des Natur-Modells der Geschlechter stützen lässt:

(1) Viele der immer wieder herausgestellten, scheinbar naturbedingten Geschlechterunterschiede im Handeln, Denken und Fühlen halten einer kritischen Prüfung nicht stand. Schon Mitte der 1970er Jahre haben die beiden amerikanischen Psychologinnen Eleanor Maccoby und Carol Nagy Jacklin (1974) in ihrer breit angelegten Analyse vorliegender Studien gezeigt, dass sich nur in wenigen Kompetenzfeldern Unterschiede belegen lassen (vgl. auch Hagemann-White 1984). Und selbst da, wo nach Maccoby und Jacklin „eindeutige" Belege existieren, sind die Differenzen – wie im Falle der Sprachfähigkeit, der räumlich-visuellen Wahrnehmung und der mathematischen Kompetenzen – nur sehr gering ausgeprägt oder, wie im Falle der höheren männlichen Aggressionsneigung, stark umstritten. Den Studien, die diese Aussage stützen, steht fast dieselbe Anzahl von Studien gegenüber, die keine Geschlechterunterschiede feststellen können bzw. eine höhere weibliche Aggressionsneigung belegen (vgl. Hagemann-White 1984; Fausto-Sterling 1988). Vor allem gibt es, wie die Biologin Anne Fausto-Sterling (1988) aufzeigt, keinen überzeugenden Grund, für diese Verschiedenheiten – soweit sie überhaupt vorhanden sind – biologische Ursachen anzunehmen. Unterstützt wird diese Sichtweise durch die Feststellung, dass die Unterschiede innerhalb eines Geschlechts in aller Regel deutlich stärker variieren als die durchschnittlichen Unterschiede zwischen den beiden Geschlechtern.

Um ein mögliches Missverständnis nicht aufkommen zu lassen: Keineswegs wird damit bestritten, dass es Unterschiede zwischen den Geschlechtern gibt. Im Gegenteil, das Aufzeigen von Differenzen nimmt in der sozialwissenschaftlichen Geschlechterforschung einen breiten Raum ein; manche – wie z. B. Niklas Luhmann (2003) – gehen sogar davon aus, dass diese für dieses Forschungsfeld konstitutiv sind (vgl. auch Hirschauer 1994). Mit Nachdruck bestritten wird allerdings, dass die Geschlechterdifferenzen (im Wesentlichen) in Form von biologisch determinierten Persönlichkeitseigenschaften fassbar sind.

(2) Einen reichen Fundus an Materialien für eine Falsifikation des Natur-Modells der Geschlechter liefern ethnologische und historische Studien (ausführlich dazu im 2. Kapitel). Zwar gibt es in (zumindest nahezu) allen Gesellschaften und zu allen Zeiten Definitionen, welche Aufgaben für Frauen bzw. Männer „passend" sind und folglich diesem Geschlecht übertragen werden. Aber, was entscheidend ist, die Ausfüllung dieser geschlechterspezifischen Aufteilung von Zuständigkeiten, Tätigkeiten und typischen Verhaltensmustern weist eine große Variationsbreite und eine Fülle von Differenzen auf. Vielseitig fällt in den Gesellschaften auch die Grenzziehung zwischen Frausein und Mannsein und die Rigidität dieser Grenzziehung aus (als Klassiker hierzu: Mead 1992, orig. 1949). Nicht nur zwischen den Gesellschaften bestehen Unterschiede in diesen geschlechterspezifischen Zuweisungen. Historische Arbeiten zum Geschlechterarrangement machen zudem deutlich, dass die Festlegungen von Kompetenzen, Tätigkeitsfeldern und Verhaltensspielräumen wie auch die Exklusivität dieser Festlegungen ebenso innerhalb einer Gesellschaft wandelbar sind. Die konkrete Ausfüllung der geschlechtlichen Differenzierung, der Inhalt davon, wie eine Frau oder ein Mann zu sein hat, erweist sich kulturell und historisch als höchst variabel.
An dieser Stelle ist überdies auf einen Sachverhalt zu verweisen, den Hartmann Tyrell (1986) als „Soziosomatik" bezeichnet: „Die männliche und die weibliche Physis gibt es nicht ‚an sich', vor allem nicht in gesellschaftlich voraussetzungsloser ‚Reinkultur', es gibt sie nur abhängig von den jeweiligen gesellschaftlichen Lebensumständen" (Tyrell 1986: 458). Kulturell geformt sind nicht nur die Zuschreibungen auf der Ebene des Handelns, Denkens und Fühlens, sondern auch der menschliche Körper als Träger dieser Zuschreibungen. Was uns heute als körperliche Unterschiede zwischen Mann und Frau in Erscheinung tritt, wurde – so ist zu vermuten – in nicht geringem Grade über eine lange Zeitspanne hinweg durch geschlechtsspezifische Lebensbedingungen herbeigeführt. Differenzen in der Körperausstattung dürfen folglich – wie es im Umfeld des Natur-Modells der Geschlechter gängig ist – nicht (nur) als Ursache der zwischen den Geschlechtern praktizierten Arbeitsteilung aufgefasst werden. Wie schon Mathilde Vaerting (orig. 1921; Nachdruck 1980) herausgestellt hat (mehr zu Vaerting vgl. Box 1.1), resultiert die Verschiedenheit der männlichen und weiblichen Physis auch aus den unterschiedlichen körperlichen Anforderungen an die Geschlechter. Ei-

nen ‚physischen Niederschlag' findet ebenfalls die im vorindustriellen Europa – und nicht nur dort – praktizierte Privilegierung der Männer in der Naturversorgung (vgl. Shorter 1987). Als weiteres Beispiel dienen die geschlechtsspezifischen Sozialisationsprozesse, welche die Menschen von Geburt an auf die geschlechtliche Arbeitsteilung vorbereiten und zurichten, indem z. B. bei den Mädchen die Feinmotorik und bei den Jungen die Grobmotorik gefördert und dadurch ausgebaut wird.

(3) Schließlich richtet sich gegen das Natur-Modell ein Ideologieverdacht, da die biologischen Differenzen nicht nur mit den Zuweisungen spezifischer Aufgaben und Fertigkeiten verknüpft sind, sondern damit zugleich – wie von der feministischen Frauenforschung ausführlich gezeigt wurde (vgl. stellvertretend Beer 1990; als Klassiker Beauvoir 2002, orig. 1949) – die Statusunterschiede der Geschlechter und jeweils ungleiche Lebenschancen und -perspektiven als naturgegeben legitimiert werden. Die geschlechtliche Arbeitsteilung beschränkt sich nicht darauf, unterschiedliche Zuständigkeitsbereiche zu eröffnen, sondern diese sind in den Kontext eines Über- und Unterordnungs-Systems einzuordnen. Die uns bekannte geschlechtliche Arbeitsteilung ist eine geschlechtshierarchische, in der die Tätigkeiten der Männer in aller Regel als die „wertvolleren", „wichtigeren" und „prestigeträchtigeren" erscheinen und auch als solche materiell und ideell honoriert werden. Das Geschlecht erweist sich im hohen Maße als Bezugspunkt ungleicher Statuslagen und Lebenschancen, einer Verschiedenheit, die sich in vielen Bereichen als Benachteiligung und Diskriminierung von Frauen niederschlägt. Gudrun-Axeli Knapp (1987: 292) spricht in diesem Zusammenhang von einer „Platzanweiserfunktion" der Geschlechterzugehörigkeit, da das Geschlecht gekoppelt ist mit einer spezifischen Verortung von Frauen und Männern im Kontext eines hierarchischen Systems (vgl. auch Nickel 1999). Im Natur-Modell der Geschlechter werden die Ungleichheiten zwischen den Geschlechtern als unverrückbar, weil naturgegeben aufgefasst. Dieser Verweis auf die Natur wird zur Legitimation männlicher Privilegien ge- – oder präziser formuliert – missbraucht.

Diese Argumentationskomplexe machen deutlich, dass der Versuch, Geschlecht bzw. die Geschlechterdifferenzen als vorgegebenes natürliches Faktum aufzufassen, zu kurz greift. Geschlecht ist mehr als ein biologisches Phänomen. Um der vorhandenen Komplexität des Gegenstandes gerecht zu werden, ist es erforderlich, Geschlecht als eine soziokulturelle Erscheinung zu verstehen.

1.2 Grundbegriffe der Geschlechterforschung

Wir hoffen, dass es uns an dieser Stelle bereits gelungen ist, ein Grundverständnis von „Geschlecht" zu generieren. Nun soll aber dieser Grundbegriff näher bestimmt werden. Es reicht nicht aus, Geschlecht als ein bloßes individuelles Merkmal aufzufassen (vgl. Lorber 1999; Gildemeister/Robert 2008). Geschlecht wird als eine Grundkategorie unserer sozialen Arrangements verstanden, wodurch unsere alltäglichen Handlungen bestimmt werden und wovon auch die sozialen Strukturen durchdrungen sind. Hier zunächst drei Definitionen:

- Margaret L. Andersen (2005: 405) bestimmt in ihrem bereits in der 7. Auflage erschienenen Lehrbuch „Thinking about Women“, Geschlecht als „the socially learned behaviors and expectations associated with men and women“.
- Robert W. Connell[1] (2002: 10) definiert Gender als „the structure of social relations that centres on the reproductive arena, and the set of practices (governed by this structure) that brings reproductive distinctions between bodies into social processes“.
- Nach Cecilia L. Ridgeway und Shelley J. Correll (2004: 50) ist Geschlecht „an institutionalized system of social practices for constituting people as two significantly different categories, men and women, and organizing social relations of inequality on the basis of that difference. (...) Like other multilevel systems of difference and inequality such as those based on race and class, gender involves cultural beliefs and distributions of resources at the macro level, patterns of behavior and organizational practices at the interactional level, and selves and identities at the individual level.“

Im Weiteren sollen diese Definitionen und ihre Bestandteile nicht im Einzelnen diskutiert werden. Sie dienen lediglich als Beispiele und als Kontext für unsere eigene Definition. Aufbauend auf die aktuelle Diskussion gehen wir davon aus, dass eine umfassende Definition die Trias von Struktur, Kultur und Handlung beinhalten und einen Bezug auf den Körper aufweisen muss. Auf dieser Grundlage kommen wir zu der folgenden Definition:

Geschlecht soll als Gefüge sozialer Beziehungen, als Komplex kultureller Leitvorstellungen und Zuschreibungen und als Komplex sozialer Praktiken verstanden werden, die allesamt Körperunterschiede aufgreifen und herausstellen, um eine Differenzierung der Lebensführung, einschließlich der Zuweisung ungleicher Lebenschancen und Ressourcen, zu generieren und zu legitimieren.

Ausgehend von diesem Verständnis ist es in der amerikanischen Diskussion mittlerweile üblich, von „gendered family“, „gendered work“, „gendered identity“ usw. zu sprechen (vgl. Lorber 1999). Wir werden diese Sprachregelung aufnehmen und – unter Vermeidung unnötiger Anglizismen – von „vergeschlechtlichter Familie“, „vergeschlechtlichter Arbeit“, „vergeschlechtlich-

1 Nach einer Geschlechtsumwandlung führt Connell inzwischen den weiblichen Vornamen Raewyn. Wir verfahren im Weiteren so, dass wir jeweils den Vornamen verwenden, der auf der Publikation steht.

ter Identität" usw., oder allgemein von *vergeschlechtlichten Mustern* sprechen. Gemeint ist damit, dass, unabhängig vom Individuum und bevor es selbst aktiv wird, in Handlungsfeldern immer schon geschlechtsspezifische Struktur-, Handlungs- und Erwartungsmuster vorhanden sind, mit denen es konfrontiert wird und die ihm aufgedrängt werden. Handlungsfelder, wie z.B. Arbeit und Familie, sind unabhängig vom Individuum geschlechtlich strukturiert. Zugleich trägt jede Person allerdings auch zur Aufrechterhaltung, Fortschreibung und auch zu Wandlungen dieser Strukturen aktiv bei. Als geschlechtssozialisierte Mitglieder einer Gesellschaft haben wir gelernt und uns angeeignet, was von uns erwartet wird, und wir agieren bzw. reagieren entsprechend; dadurch wird die Geschlechterordnung konstruiert, bestätigt und erhalten. Vielfach wird auch der Begriff des „gendering" verwendet. Darunter wird der Prozess der Vergeschlechtlichung verstanden, der aktive Prozess der Herstellung geschlechtsdifferenter Muster.

Mit der Formulierung von Geschlecht als Gefüge sozialer Beziehungen und als Komplex kultureller Leitvorstellungen und Zuschreibungen ist nicht impliziert, dass es sich hierbei ausschließlich um soziale Phänomene auf der Makroebene handelt. In der Definition wird dies bereits sichtbar, indem Geschlecht auch als Komplex sozialer Praktiken aufgefasst, und damit unmittelbar auf die Mikroebene Bezug genommen wird. Diese drei Bestandteile lassen sich auch nicht nach den beiden Ebenen aufdividieren; Struktur und Kultur sind ebenso für die Mikroebene relevant, wie soziale Praktiken für die Makroebene. „Gender regelt die Sozialbeziehungen im Alltag wie auch die umfassenderen sozialen Strukturen wie soziale Klassen und die Hierarchien bürokratischer Organisation (…). Die vergesellschaftlichte Mikrostruktur und die vergesellschaftlichte Makrostruktur reproduzieren und verstärken sich einander wechselseitig." (Lorber 1999: 47) Notwendig sind aber Begriffe, die die Relation der Geschlechter auf diesen beiden Ebenen auseinander halten können. Hierfür bietet sich die Unterscheidung von Geschlechterverhältnissen und Geschlechterbeziehungen (vgl. Becker-Schmidt/Knapp 1995) an und damit die beiden Begriffe, die wir als Titel der beiden Bände verwenden.

Der Begriff des *Geschlechterverhältnisses* nimmt auf die Makroebene Bezug und umschreibt das in unterschiedlichen sozialen Instanzen (z.B. Arbeitsmarkt, Sozialstaat) vermittelte und oft institutionalisierte Zusammenwirken der beiden Geschlechter. Die Muster der Ungleichheit von Frauen und Männern auf dem Arbeitsmarkt, die in der schlechteren Bezahlung von Frauen, in ihren geringeren Aufstiegschancen (vertikale Segregation) und in ihrer eingeschränkteren Auswahl von Berufsfeldern (horizontale Segregation, mehr dazu in Kapitel 5) zum Vorschein kommen, sind Beispiele für Problemstellungen, die das Geschlechterverhältnis betreffen.

Auf der Mikroebene ist der Begriff der *Geschlechterbeziehung* anzusiedeln. Gemeint sind damit alle direkten Kontakte, vor allem solche, die auf Wiederholung angelegt sind, von Angehörigen der beiden Geschlechter, oder auch Vertreter eines Geschlechts. Der Begriff der Geschlechterbeziehung ist in dieser Fassung weitgehend als Synonym für persönliche Beziehungen (vgl. K. Lenz/Nestmann 2009) zu verstehen, sein Gebrauch zeigt an, dass das Moment der Geschlechtszugehörigkeit der Beziehungspersonen als konstitutiv aufgefasst wird.

Auf der Mikroebene ist es aus unserer Sicht zusätzlich angebracht, die Begriffe doing gender (Geschlechterhandeln) und Geschlechteridentität einzuführen. Der Begriff des *Geschlechterhandelns* ist in der deutschsprachigen Geschlechterforschung bislang nicht gebräuchlich. Meist begnügt man sich damit, den englischen Ausdruck des *„doing gender“* einfach zu übernehmen (vgl. West/Zimmerman 2002). *Doing gender* findet in den unterschiedlichsten sozialen Situationen statt. Es ist nicht auf feste Beziehungsgefüge beschränkt, sondern kann auch in spontanen Begegnungen vorkommen. Überhaupt ist es nicht an die Anwesenheit einer anderen Person gebunden. Unter Geschlechterhandeln lassen sich einzelne Handlungsakte verstehen, in denen auf geschlechterdifferente Muster – konform oder abweichend – Bezug genommen wird und diese praktiziert werden. Während vielfach von einer Omnirelevanzthese des Geschlechts ausgegangen wird, schlägt Stefan Hirschauer (1994, 2001) vor, den Begriff des „doing gender“ mit dem des *„undoing gender“* zu ergänzen. Zwar ist Geschlecht immer als Hintergrundserwartung präsent, jedoch kommt es vor, so die These, dass in manchen sozialen Situationen das Geschlecht nicht aktualisiert und dadurch irrelevant gesetzt wird. Unter undoing gender sollen die in einer Situation praktizierten Strategien des Nicht-Notiz-Nehmens und Neutralisierens von Geschlecht verstanden werden. Diese Strategien hat auch Hannelore Faulstich-Wieland (2004) im Blick, wenn sie von „Entdramatisierung der Geschlechterdifferenz“ spricht.

Trotz einer breiten Kritik ist der Begriff der *Geschlechterrollen* weiterhin verbreitet. Darunter werden sozial geteilte Verhaltenserwartungen verstanden, die an das Individuum aufgrund seiner Geschlechtszugehörigkeit gerichtet sind. So wird z.B. laut der traditionellen komplementären Geschlechterrollen erwartet, dass Frauen die Rolle der Mutter und Hausfrau sowie die Männer die Ernährerrolle übernehmen. In den feministischen Studien war dieses Konzept nie prominent verankert, in der soziologischen Rollentheorie und auch in der Psychologie war es aber lange Zeit sehr eng mit dem sex-gender-Modell verknüpft (vgl. als Überblick: Kimmel 2008; Meuser 2006). Kritisiert wird, dass der Begriff der Geschlechterrollen eine Analyse der zugrunde liegenden Macht- und Ungleichheitsverhältnisse versperre. Dieses Konzept sei „psychologisch“, da es bei individuellen Einstellungen und Meinungen ansetzt und die Ungleichheitsstrukturen im Geschlechterverhältnis ignoriert (vgl. Lorber 1999). Ebenso wenig wie die Zugehörigkeit zu einer Klasse in einer „Klassenrolle“ oder die Zugehörigkeit zu einer Rasse in einer „Rassenrolle“ erfasst werden kann, ist dies für das Geschlecht möglich. „Die Geschlechtszugehörigkeit ist kein Teilzeit-

Job im Sinne der Organisation von Tagen oder Wochen, sondern ein ‚master status‘ (Hughes), der situationsübergreifend und andauernd von Bedeutung ist.“ (Hirschauer 2001: 215)

Da die Zugehörigkeit zu einem Geschlecht kulturell hochgradig identitäts- und dauerrelevant ist (vgl. Tyrell 1986), hat inzwischen der Begriff der Geschlechteridentität den der Geschlechterrolle weitgehend abgelöst. Unter *Geschlechteridentität* wird das kulturell konstruierte Selbst- oder Fremdbild als Frau oder Mann verstanden, das vom Individuum durch ständige affirmative oder ablehnende Akte dargestellt wird und dabei die gesellschaftlichen Männlichkeits- und Weiblichkeitsmuster aufrechterhält. Für die eigene und fremde Identifikation einer Person scheint das Geschlecht eine vorrangige, alles andere in den Schatten stellende Kategorie zu sein; allenfalls die ethnische Zugehörigkeit mag damit konkurrieren. Es scheint äußerst schwierig zu sein, aufeinander bezogen zu handeln ohne, dass die Geschlechtszugehörigkeit des anderen hinreichend festgestellt ist. Die feste Übernahme der eigenen Geschlechteridentität ist zudem ein zentraler Bestandteil und Anforderung im Sozialisationsprozess eines Kindes (ausführlicher hierzu Band 2, 2. Kapitel). Überhaupt fällt auf, dass die Feststellung des Geschlechts bei der Geburt die erste Aussage über eine Person ist. Die erste Frage lautet immer: „Ist es ist ein Junge oder ein Mädchen?“. Offensichtlich existiert ein alles überragendes Interesse der Gesellschaft und auch einzelner Beteiligter an dieser Registrierung (vgl. Gildemeister/Robert 2008). Diese hohe soziale Relevanz der Geschlechteridentität im Alltag bringt es mit sich, dass das geschlechterbestimmte Subjekt die eigene Geschlechtlichkeit erkennt und fortlaufend nach außen hin zeigt. Diese im praktischen Bewusstsein verankerten Handhabungen der Inszenierung von Geschlecht werden als *Geschlechterdarstellung* bezeichnet (vgl. Goffman 1994; orig. 1977). Weiter gefasst als der Begriff der Geschlechteridentität ist der des *Geschlechtshabitus* (vgl. Meuser 2006), der auf Pierre Bourdieu zurückgeht (mehr dazu im Unterpunkt 1.4.3). Er bezeichnet nicht nur Wahrnehmungsschemata, sondern ist als System dauerhafter Dispositionen dem Körper eingeschrieben. Durch die inkorporierten Strukturen des Geschlechterhabitus führt der Körper gewissermaßen automatisch diejenigen Darstellungsformen aus, um als Frau oder als Mann zu erscheinen.

Auf der Ebene der Kultur sind die vielfach verwendeten Begriffe Geschlechterbilder, Geschlechterstereotype und Geschlechtercharaktere anzusiedeln. Der umfassendere Begriff *Geschlechterbilder* richtet sich daran aus, dass in Gesellschaften, und auch in sozialen Milieus, kollektiv verfügbare Vorstellungen von Frauen und Männern anzutreffen sind, die im hohen Maße handlungsrelevant sind und zugleich Ungleichbehandlungen legitimieren können. Sie geben z. B. ein Modell für die Aufteilung der Aufgaben im Haushalt vor und rechtfertigen diese Arbeitsverteilung zugleich.

Geschlechterbilder – wie auch die beiden anderen Begriffe – weisen deskriptive und präskriptive Komponenten auf (vgl. Eckes 1997). Die deskriptiven Komponenten beinhalten Annahmen darüber, wie Frauen und Männer sind, die präskriptiven Komponenten dagegen weisen Annahmen darüber auf, wie Geschlechter sein sollen bzw. wie sie sich zu verhalten haben. Aufgrund ihrer Geschlechtszugehörigkeit werden den Menschen in Geschlechterbildern bestimmte Merkmale und Eigenheiten zugeschrieben. So werden z.B. Frauen als monogam, Männer dagegen als polygam aufgefasst und gesehen. Die Forderung an die Frau, fürsorglich, und an den Mann, dominant zu sein, zählen hier ebenso dazu. Wenn es sich bei diesen zugeschriebenen Merkmalen um Eigenschaften handelt, die an der Natur der Geschlechter, ihrem ‚unverrückbaren' Wesen festgemacht werden, dann kann man auch von *Geschlechtercharakteren* sprechen. Dies ist dann der Fall, wenn Frauen als wesensmäßig emotional und passiv, oder Männer als wesensmäßig rational und aktiv wahrgenommen werden. Mit dem Begriff der Geschlechterstereotype wird deutlich, dass es sich bei generalisierten Vorstellungen über Frauen und Männer um Verengungen ihrer Merkmalsvielfalt handelt. *Geschlechterstereotype* sind übermäßig vereinfachte, zusammenfassende Verallgemeinerungen, die die Geschlechter als gegensätzliche feminine Frauen und maskuline Männer beschreiben (Renzetti/Curran 2003). Die stereotypischen Charakteristika werden dabei vielfach unterschiedlich und hierarchisch bewertet, so dass als männlich definierte Eigenschaften überlegen erscheinen. Viele Studien haben gezeigt, dass die Geschlechterbilder und Geschlechterstereotype generell Männern einen höheren Status zuweisen (vgl. auch Ridgeway 2001). Diese kulturellen Zuschreibungen an Frauen und Männer sind im Alltagsdenken weit verbreitet und fester Bestandteil subjektiver Wissenssysteme.

Eng verbunden mit den Geschlechterbildern ist der Begriff der Geschlechternormen. *Geschlechternormen* verknüpfen die Kulturebene mit der Handlungsebene. Sie beinhalten „Erwartungen hinsichtlich der Ausprägung von Männlichkeit und Weiblichkeit (Identität, Verhalten, Präsentation) und deren Verhältnis (…), die von beiden Geschlechtern geteilt werden und die praktisch wirksam sind" (Burkart/Koppetsch 2001: 442). Ihre normative Kraft erhalten sie durch Habitualisierung, Institutionalisierung und Inkorporation. Diese Aktualisierung der Geschlechterzugehörigkeit kann die Geschlechterasymmetrie beinhalten, ist aber darauf nicht festgelegt. Kulturvergleiche zeigen, dass unterschiedliche Sinngehalte von Weiblichkeit und Männlichkeit erwartungsbildend sein können.

Der jüngst vor allem von Irene Dölling (2007) in die Diskussion eingeführte Begriff des „Geschlechter-Wissens" hat das Potential, diese verschiedenen auf der kulturellen Ebene angesiedelten Aspekte zu vereinen. Auch scheint er stärker als Geschlechterbilder oder Geschlechternormen dem zu entsprechen, was im Englischen als „gender beliefs" bezeichnet wird (Ridgeway/Correll 2004). Als Geschlechter-Wissen fasst Dölling (2007: 15) „den biografisch aufgeschichteten, sich aus verschiedenen Wissensformen zusammensetzenden und strukturierten Vorrat an Deutungsmustern und an Fakten- und/oder Zusammenhangs-Wissen, mit dem die Geschlechterdifferenz wahrgenommen, bewertet, legitimiert, begründet bzw. als selbstverständliche, quasi ‚natürliche' Tatsache genommen wird". Wie bei Alfred Schütz/Thomas Luckmann (1975) allgemein auf Wissensvorrat bezogen, wird zwischen dem kollektiven Geschlechter-Wissen, das in modernen Gesellschaften immer plural ist, und dem subjektiven Geschlechter-Wissen der Akteur/innen unterschieden, das sich nicht in ‚doxischem' Wissen erschöpft, sondern prinzipiell auch reflektiert sein kann.

Die *Geschlechterordnung* bietet sich als ein Begriff an, der sowohl Mikro- und Makroebene umfasst. Unter Geschlechterordnung soll die Gesamtheit des Arrangements der Geschlechter verstanden werden; es schließt das Geschlechterhandeln, die Geschlechteridentitäten, -beziehungen und -verhältnisse ebenso ein wie die Geschlechterbilder, -charaktere, -stereotype, -normen und -wissen. Die Geschlechterordnung ist als ein Stratifikationssystem zu verstehen, in dem Frauen und Männer verschiedene Positionen einnehmen, und das die mit ihrem Geschlecht verbundenen Aufgaben und Verhaltensweisen unterschiedlich bewertet bzw. die Lebenschancen von Frauen und Männern beeinflusst. In den meisten Gesellschaften ist eine asymmetrische – vielfach als patriarchal oder sexistisch bezeichnete – Geschlechterordnung zu finden, d. h. ein System, in dem vornehmlich Männer die Macht haben und maskuline Eigenschaften höher bewertet und belohnt werden als feminine.

Die Geschlechterungleichheit ist verbunden mit *Geschlechterprivilegien*. Robert W. Connell (2002: 142) hat hierfür den Begriff der „patriarchalen Dividende" geprägt und beschreibt dieses Phänomen als „the advantage to men as a group from maintaining an unequal gender order." Entscheidend an dieser Definition ist, dass „Männer als Gruppe" von der ungleichen Geschlechterordnung profitieren, egal ob sie als Individuen profitieren wollen. Auch wenn der einzelne Mann diese Privilegien persönlich ablehnt, gewährt die Struktur ihm Vorteile, die auf der Geschlechtszugehörigkeit beruhen. Einzelne Männer können mehr oder weniger davon bekommen – je nach ihrem Rang in der Geschlechterordnung. Ein reicher Geschäftsmann profitiert von der patriarchalen Dividende deutlich stärker als ein arbeitsloser Hilfsarbeiter (vgl. Böhnisch 2004). Manche Männer, wie z. B. homosexuelle Männer, können allerdings aus diesem Privilegiensystem weitgehend ausgeschlossen sein.

In ihrem Artikel „White Privilege and Male Privilege", beschreibt Peggy McIntosh (2005: 300) das Privileg als „an invisible package of unearned assets that I can count on cashing in each day, but about which I was ‚meant' to remain oblivious". Neben dem männlichen Privileg gibt es andere, sich überschneidende Privilegien, wie z. B. das weiße Privileg, das heterosexuelle oder das Altersprivileg. Abgesehen vom leichteren Zugang zu gesellschaftlichen Ressourcen, wie z.B. Macht, Bildung und Einkommen, zeigen sich diese Privilegien in alltäglichen Erfahrungen, etwa dem Gefühl der Sicherheit, von Selbstbewusstsein, der Zugehörigkeit, des Wahrgenommen-Werdens. Kennzeichnend ist, dass das Privileg (1) für den Träger „unsichtbar" ist, (2) aus unverdienten Vorteilen besteht und (3) der Träger des Privilegs weitgehend durch Sozialisationsprozesse davon ferngehalten wird, diese Vorteile zu erkennen. Nach McIntosh hat die Tatsache, dass das männliche Privileg oft nicht bewusst ist, eine hohe Relevanz. Obwohl Männer oft zugeben, dass Frauen benachteiligt sind, sind sie meist Unwillens einzugestehen, dass sie selbst wegen ihres Geschlechtes unverdiente Vorzüge haben und von der Benachteiligung der Frauen profitieren. Viele Männer erklären, dass sie sich für die Verbesserung der Position der Frauen einsetzen; sie verweigern jedoch die Unterstützung jeglicher Maßnahmen, welche die Position der Männer untergraben. Meist sehen sich Männer nach McIntosh nicht als Unterdrücker, weil sie meinen, für die Gleichberechtigung der Frau zu sein. Auch identifizieren sich die meisten Männer nicht als „Sexisten" oder „Chauvinisten", weil sie Sexismus mit individuellem Handeln, und nicht mit einem gesellschaftlichen System in Verbindung bringen, das Männer übervorteilt. Im Gegenteil: Verbreitet ist vielmehr das ‚Gefühl', aufgrund ‚übertriebener' Gleichstellungsmaßnahmen (wie z.B. den Affirmative Action Programmen in den USA) selbst Opfer von „reverse discrimination" zu sein. Die Klage ist verbreitet, dass Frauen (und Minoritäten) ihnen unfairerweise bei Bewerbungen vorgezogen werden.

Die Kehrseite von Privilegien sind Diskriminierungen. Unter sozialer Diskriminierung wird die Benachteiligung von Menschen aufgrund gruppenspezifischer Merkmale (z.B. Geschlecht, Alter, ethnische Herkunft, Behinderung) verstanden[2]. Das Verbot der Diskriminierung aufgrund des Geschlechts ist in mehreren internationalen Rechtsdokumenten verankert. Besonders soll hier auf die 1979 von den Vereinten Nationen verabschiedete und 1981 in Kraft getretene „Convention on the Elimination of All Forms of Discrimination Against Women" (kurz: CEDAW) verwiesen werden (vgl. auch U. Klein 2004). Als Diskriminierung der Frau definiert die CEDAW in Artikel 1 „jede mit dem Geschlecht begründete Unterscheidung, Ausschließung oder Beschränkung, die zur Folge oder zum Ziel hat, dass die auf die Gleichberechtigung von Mann und Frau gegründete Anerkennung, Inanspruchnahme oder Ausübung der Menschenrechte und Grundfreiheiten durch die Frau – ungeachtet ihres Familienstandes – im politischen, wirtschaftlichen, sozialen, kulturellen, staatsbürgerlichen oder jedem sonstigen Bereich beeinträchtigt oder vereitelt wird" (zit. n. U. Klein 2004: 103).

2 Verbreitet ist auch die Unterscheidung von positiver und negativer Diskriminierung. Diese Unterscheidung wird hier nicht aufgegriffen. Wenn von Diskriminierung gesprochen wird, ist immer eine negative Diskriminierung gemeint. Im Unterschied zu dieser wird als positive Diskriminierung eine Bevorzugung aufgrund gruppenspezifischer Merkmale verstanden.

Wichtig ist es zu erkennen, dass Diskriminierung nicht nur – und in modernen Gesellschaften aufgrund der inzwischen weitgehend hergestellten formalen Rechtsgleichheit (ausführlich hierzu in Kapitel 3) auch nicht vorrangig – aus individuellen Vorurteilen resultiert. Informelle Praktiken und Routinen in Organisationen oder auch – scheinbar für alle im gleichen Maße geltende – gesetzlich-administrative Regelungen können Diskriminierungen produzieren. Mit dieser Erweiterung des Blicks über intendierte individuelle Handlungen hinaus wird eine Sensibilität für die vielfältigen versteckten Formen der Diskriminierung geschaffen, die dauerhafter und auch viel schwerer zu bekämpfen sind. In den Fokus kommen damit fest verankerte Gewohnheiten, gängige Wertvorstellungen, bewährte Handlungsabläufe oder auch formale Rechte, die nach ihren gruppendifferenten Wirkungen betrachtet und analysiert werden müssen (vgl. Gomolla/Radtke 2002). In einer einfachen Klassifikation lassen sich unterschiedliche Formen unterscheiden: Unmittelbare, mittelbare und strukturelle Diskriminierungen:

- Eine unmittelbare Diskriminierung liegt vor, wenn eine Person direkt und offensichtlich anders, negativ oder schlecht behandelt wird, weil sie einer bestimmten sozialen Kategorie angehört. Ein Beispiel ist eine Stellenausschreibung, die sich nur an Männer wendet.
- Als mittelbare oder auch indirekte Diskriminierung werden Formen der Benachteiligung verstanden, die nicht beabsichtigt sind, die aber aus den Nebenfolgen des Handelns hervorgehen. Sie können sich auch ergeben, wenn gleiche Regeln auf Personen mit unterschiedlichen Voraussetzungen angewandt werden. Eine mittelbare Diskriminierung liegt z.B. vor, wenn in einer Firma Regelungen bestehen, die festlegen, dass Teilzeitbeschäftigte bestimmte Vergünstigungen nicht in Anspruch nehmen dürfen. Da Teilzeitbeschäftigte mehrheitlich Frauen sind, liegt hier eine geschlechterbezogene mittelbare Diskriminierung vor.
- Unter struktureller oder auch institutioneller Diskriminierung werden Praktiken und Regelungen verstanden, die negative und differenzierende Wirkungen haben, obwohl die formalen Vorgaben und Ablaufregelungen ohne unmittelbare Vorurteile oder Schadensabsichten eingerichtet und ausgeführt wurden. Sie erscheinen oberflächlich betrachtet und auch von ihren Intentionen her als angemessen, gerecht oder zumindest neutral; in ihren Wirkungen sind sie aber das Gegenteil (vgl. Gomolla/Radtke 2002). Eine strukturelle Diskriminierung liegt z.B. vor, wenn Frauen und Männer trotz dem eine Ausschreibung an beide Geschlechter gerichtet und keine offenkundige Bevorzugung einer Geschlechtergruppe erkennbar ist, unterschiedlich stark in statushohen Positionen anzutreffen sind.

Die Geschlechterprivilegien und Geschlechterdiskriminierungen variieren von Gesellschaft zu Gesellschaft und verändern sich auch im Laufe der Zeit. Aus dem Gleichheitspostulat folgt, dass die daraus resultierenden Ungleichheiten zwischen Frauen und Männer überwunden und die Herstellung einer *Geschlechtergleichheit* oder – wie es auch manchmal formuliert wird (vgl. z. B. Hollstein 2004) – einer *Geschlechterdemokratie* angestrebt werden muss. Auf der europäischen Ebene wird Geschlechtergleichheit definiert als „an equal visibility, empowerment and participation of both sexes in all spheres of public and private life. Gender equality is the opposite of gender inequality, not of gender difference, and aims to promote the full participation of women and men in society“ (Europarat 1998; ausführlicher zur Bestimmung von Geschlechtergleichheit auf europäischer Ebene vgl. U. Klein 2004). Der Amsterdamer Vertrag verpflichtet die Mitgliedsstaaten der Europäischen Union, die Gleichstellung in der gesamten Gemeinschaft zu fördern. Die Umsetzung wird in einem jährlichen Gleichstellungsbericht dokumentiert.

Unterschiedliche Auffassungen existieren darüber, wie Geschlechtergleichheit oder Geschlechterdemokratie zu operationalisieren und zu implementieren ist. Eine von der Frauenforschung vertretene – und angesichts der Benachteiligung von Frauen gut begründbare – Position ist die der Parteilichkeit für Frauen. Die Benachteiligungen von Frauen sollen aufgezeigt und beseitigt werden. Der vorhandene Wandel der Geschlechterordnung bringt es allerdings mit sich, dass es auch (verstärkt) Felder gibt, in denen Jungen bzw. Männer Nachteile gegenüber Mädchen bzw. Frauen haben. Aktuell wird z. B. auf das wachsende Zurückfallen des männlichen Geschlechts in den Bildungsabschlüssen in den allgemeinbildenden Schulen (ausführlich dazu im Kapitel 4) hingewiesen. Als Konsequenz wird analog eine Parteilichkeit für Jungen verlangt, eine Forderung, die auch in der öffentlichen Debatte bereits angekommen ist. Solange Benachteiligungen vorhanden sind, erscheint Parteilichkeit für eine Geschlechtergruppe als eine durchaus geeignete Strategie. Zu fragen ist allerdings, ob die Parteilichkeit dann endet, wenn eine ausgeglichene Geschlechterrelation erreicht ist. Oder ob die Forderung nicht eigentlich meint, von einer Geschlechtergruppe müssen mindestens 50 % vertreten sein, aber es können auch mehr sein. Dadurch könnte eine erfolgreich praktizierte Parteilichkeit aber zu neuen Ungleichheiten führen. Zu diskutieren ist auch, ob Geschlechtergleichheit notwendigerweise zu einer ausgeglichenen Geschlechterrelation führen müsse oder ob gleiche Rechte und gleiche Pflichten für Frauen und Männer nicht auch bei ungleicher Verteilung der Geschlechter in einem sozialen Feld gegeben sein können. Wenn die Existenz gleicher Rechte und Pflichten nicht an den Verteilungszahlen festgemacht werden kann, dann muss gefragt werden, woran denn sonst. Nur an dem neoliberalen Glauben, jede/r habe doch die gleichen Chancen, wohl sicherlich nicht! Zunehmend breitet sich schließlich die Position des „Degendering“ aus, wonach Geschlechtergleichheit dann gegeben wäre, wenn die Kategorie Geschlecht als Platzanweiser nicht länger relevant ist (vgl. Lorber 1999).

Angesichts dieser offenen Fragen wird in der aktuellen Diskussion anstelle von Geschlechtergleichheit vermehrt *Geschlechtergerechtigkeit* als Ziel benannt. Die Grundlegung dieses Konzepts stammt von der amerikanischen

Politikwissenschaftlerin Nancy Fraser (2004). Nach Fraser (2004) bedarf eine geschlechtergerechte Gesellschaft einer Umverteilung gesellschaftlicher Güter und der Anerkennung als Gleichwertige. Bei der Umverteilung weist Fraser vor allem auf die Einkommensunterschiede der Geschlechter und auf die Differenzen in ihrer freien Zeit hin. Bezogen auf die Anerkennung benennt sie die Wertschätzung der Arbeit der Frauen und dass Frauen nicht länger als Sexualobjekte erniedrigt werden. Erst wenn diese Prinzipien und weitere, die als Bekämpfung von Arbeit, von Ausbeutung, von Marginalisierung und Androzentrismus gefasst werden, behoben sind, ist Geschlechtergerechtigkeit erreicht.

Im letzten Jahrhundert hat sich die Geschlechterordnung in den westlichen Industrieländern stark gewandelt. Zum Beispiel ist der typische weibliche Lebenslauf durch erhöhte Bildungs- und Erwerbschancen und durch reduzierte Ehe- und Familienbildungszwänge flexibler geworden. Dagegen ist der typische männliche Lebenslauf weiterhin stark durch den Beruf geprägt; eine Erweiterung der männlichen Beteiligung an Familienarbeit findet nur in Ansätzen statt. Trotz verschiedener Wandlungstendenzen bleibt dennoch – wie wir zeigen werden – die Kategorie „Geschlecht" weiterhin eine der wichtigsten Variablen in Bezug auf den Lebenslauf sowie für alle gesellschaftlichen Bereiche. Im Abschlusskapitel des zweiten Bandes werden wir uns der Frage zuwenden, ob das auch in Zukunft so bleiben wird.

1.3 Von der Geschlechterblindheit der Soziologie zur Soziologie der Geschlechter

Bis in die jüngste Vergangenheit hinein zeichnete sich die Soziologie – wie auch andere Wissenschaften – durch eine Geschlechterblindheit aus. Die Aufmerksamkeit richtete sich auf ‚den Menschen', ohne dass die Geschlechterzugehörigkeit Beachtung fand. Gut verborgen hinter kulturellen Selbstverständlichkeiten – mehr dazu im Kapitel 2 – war damit niemand anderes als ‚der Mann' gemeint. Frauen waren ebenso wenig Gegenstand der Forschung wie auch weiblich dominierte Aktivitäten (z. B. Sorgearbeit). Als Beispiel soll an dieser Stelle nur auf die Geschlechterblindheit der Ungleichheitsforschung (vgl. Kreckel 1989) hingewiesen werden: Der Fokus in diesem Forschungsfeld ist sehr stark auf die Erwerbstätigkeit gerichtet und Gesellschaftsmitglieder, die nicht in das Erwerbsleben integriert sind, geraten in den Hintergrund. Auch die geringere und auf bestimmte Berufsfelder eingeengte Partizipation der Frauen am Arbeitsmarkt wurde lange Zeit nicht als ein Phänomen sozialer Ungleichheit erkannt. Dies war eine Folge davon, dass die kulturell dominante Zuschreibung, der „eigentliche" Beruf einer Frau sei der der Ehefrau und Mutter, unreflektiert als Wesensbestimmung aus dem Alltag übernommen wurde. Die Ungleichheitsforschung machte stillschweigend eine bestimmte Form der geschlechtshierarchischen Arbeitsteilung zur Voraussetzung, was darin zum Ausdruck kommt, dass der Privathaushalt und nicht das Individuum die grundlegende Analyseeinheit bildete. Der soziale Status des gesamten Haushalts wurde lange Zeit wie selbstverständlich ausschließlich über die soziale Klasse, den Beruf und die Bildung des Ehemannes ermittelt.

Dort, wo sich Ansätze finden lassen, Geschlechterdifferenzen in einer systematischen Weise zu berücksichtigen, war es lange Zeit üblich, die kulturell vorfindbare Geschlechterordnung als „die natürliche" zu reifizieren. Stellvertretend soll auf die Geschlechtsrollentheorie von Talcott Parsons und Robert F. Bales (1955) verwiesen werden, die in ihre Sozialisationstheorie und Familiensoziologie eingebettet ist (als Überblick vgl. Meuser 2006). Eine gelungene Sozialisation erfordert für Parsons eine Synchronisation von Individuum und Gesellschaft durch die Herstellung einer Übereinstimmung von individuellen Bedürfnisdispositionen und kulturellen Wertorientierungen. Entsprechend der gesellschaftlich dominanten Arbeitsteilung werden in der Theorie Geschlechtsrollen entlang der als komplementär angelegten Achse in „instrumentell-adaptiv" (männlich) vs. „expressiv-integrativ" (weiblich) differenziert. Diese Rollen werden durch die Eltern „vorgelebt", sodass die Kinder sie sich je nach Geschlechtszugehörigkeit aneignen. Der Geschlechtsrollenerwerb ist nach Parsons (1986: 56) „von fundamentaler struktureller Bedeutung für die Gesellschaft als Ganzes". Diese Geschlechtsrollentheorie ist im hohen Maße affirmativ: Die mit der Arbeitsteilung zwischen Frauen und Männern einhergehende Ungleichheitslage wird nicht aufgezeigt. Als funktionales Erfordernis der Gesellschaft werden diese Rollenmuster zugleich als unveränderbar aufgefasst. Da die männliche Rolle in ihrer Vermittlung zwischen der auf Gegenseitigkeit aufgebauten Familie (Privatraum) und der durch Rationalität geprägten Berufswelt (Öffentlichkeit) als die wichtigere verstanden wird, werden die männlichen Privilegien als naturgegeben in der Theorie legitimiert.

Die Soziologie zeichnete sich lange Zeit – und z.T. auch heute noch – durch einen Männer-Bias aus. Dies hat die amerikanische Soziologin Jessica Bernard (1973: 781) schon frühzeitig deutlich zum Ausdruck gebracht: „Can (sociology) become a science of society rather than a science of male society?" Diese Verengung ist keine Besonderheit der Soziologie, sondern trifft auf alle Humanwissenschaften zu. Parallel zur Polarisierung der Geschlechtercharaktere im öffentlichen Diskurs hat sich – wie Claudia Honegger (1991) detailliert nachzeichnet – zwischen den Jahren 1750 und 1850 in den Humanwissenschaften eine normativ aufgeladene Theorie der Geschlechterordnung entwickelt (ausführlicher vgl. Kapitel 2). Entstanden ist eine „weibliche Sonderanthropologie", die den Geschlechtercharakter der Frau primär leiblich verankerte, und zugleich den Mann als ‚ganzen' – und das heißt vor allem kulturfähigen – Menschen machte. Damit wird in den Humanwissenschaften eine Objektivierung des Männlichen – wie schon früh scharfsinnig von Georg Simmel (1985) gezeigt – zum Allgemein-Menschlichen festgeschrieben, die zum gängigen wissenschaftlichen

Wahrnehmungsmuster avancierte. Die ausdifferenzierten Disziplinen befassen sich mit dem Menschen und suggerieren, dass beide Geschlechter gemeint seien. Aber durch diese Gleichstellung des Männlichen mit dem Allgemein-Menschlichen ist nur – oder vor allem – der Mann gemeint.

Sicher gab es schon früh immer auch Versuche, aus dieser Verengung auszubrechen – einige ausgewählte Frauen werden in Box 1.1 vorgestellt –, aber eine nachhaltige Geschlechtersensibilisierung erfolgte erst durch die Frauenforschung. Erst diese hat die Geschlechterhierarchie und überhaupt die hohe Relevanz der Geschlechtszugehörigkeit als Strukturkategorie aufgezeigt. Die Frauenforschung in Deutschland ist – wie auch in anderen Ländern – mit der Schubkraft der zweiten Frauenbewegung in den 1970er Jahren entstanden. Für uns ist dies Anlass, kurz auf die Frauenbewegung einzugehen, bevor wir dann zur Frauenforschung kommen.

Box 1.1

Frühe Vertreterinnen feministischen Denkens

Mary Wollstonecraft (1759–1797) war die wichtigste Wegbereiterin für die Frauenbewegung in England. Schon früh verfasste sie politische Werke über Frauenrechte und die Frauenbildung. In „A Vindication of the Rights of Woman" (1792) macht sie deutlich, dass geschlechtliche Unterschiede nicht auf natürliche weibliche Inferioritäten zurückzuführen sind. Vielmehr seien Frauen wegen mangelnder Bildung im Vergleich zu Männern benachteiligt. Daher forderte sie gleichberechtigte Ehe, Bildung, politische Partizipation und finanzielle Unabhängigkeit der Frau vom Manne.

Hedwig Dohm (1831–1919) betonte. dass der weibliche Sozialcharakter nicht biologischen Ursprungs ist, sondern durch die Sozialisation entsteht. Sie forderte gleiche (Aus-)Bildung für beide Geschlechter und für das Frauenstimmrecht. Ökonomische Unabhängigkeit durch Bildung und Berufstätigkeit würde die Frauen den Machtansprüchen und der Unterdrückung durch die Männer in Versorgungsehen entziehen. Dohm vertrat zudem die Ansicht, dass Kindererziehung und Hausarbeit verstärkt Einrichtungen übergeben werden sollen, damit Frauen einem Beruf nachgehen können.

Marianne Weber (1870–1954) engagierte sich in der ersten Frauenbewegung und war eine anerkannte Rechtshistorikerin und Expertin für Rechts- und Sittlichkeitsfragen. Ihr Hauptanliegen galt den Rechten der Frau in der Geschichte des Ehe- und Familienrechts. 1893 heiratete sie Max Weber, der die Arbeit seiner Frau unterstützte. Ihr 1907 erschienenes Hauptwerk trägt den Titel „Ehefrau und Mutter in der Rechtsentwicklung". Sie war 1919 als Abgeordnete im badischen Landtag für die Deutsche Demokratische Partei politisch engagiert und wurde noch im gleichen Jahr Vorsitzende des Bundes deutscher Frauenvereine, die sie bis 1923 blieb. 1922 wurde sie die erste deutsche Ehrendoktorin der Rechtswissenschaften.

Mathilde Vaerting (1884–1977) war die erste Frau in Deutschland, die eine Professur in den Geistes- und Sozialwissenschaften bekam und – nach Margarete von

Wrangell (Pflanzenernährungslehre) – überhaupt erst die zweite Professorin an einer deutschen Hochschule. 1923 wurde sie zur Professorin für Pädagogik der Universität Jena berufen. Von Anfang an war sie heftigen Anfeindungen ausgesetzt; vehement vorgetragen von dem Rassentheoretiker Ludwig Plate, der mit dem Titel „Feminismus unter dem Deckmantel der Wissenschaft" eine Schmähschrift gegen sie publizierte. Nach dem Machtantritt des Nazis wurde sie aus dem Hochschuldienst entlassen.

Simone de Beauvoir (1908–1986) war lange Zeit mit ihrem langjährigen Lebensgefährten Jean-Paul Sartre die Verkörperung der französischen Intellektuellen. Sie war sowohl als Schriftstellerin wie auch als Philosophin bekannt. 1949 veröffentlichte sie das Werk „Le deuxième sexe" (dt.: Das andere Geschlecht), das zu einem Schlüsseltext der zweiten Frauenbewegung und überhaupt zu einem der einflussreichsten Werke der feministischen Theorie wurde. Aufbauend auf dem Existenzialismus liefert das Werk eine umfassende soziologische und kulturgeschichtliche Analyse der Lage der Frau in einer männerdominierten Welt, in der sie stets in Abhängigkeit vom Mann definiert und so zum „anderen Geschlecht" gemacht wird.

1.3.1 Frauenbewegung und Feminismus

Die Frauenbewegung gehört mit der Arbeiterbewegung zu den beiden großen sozialen Bewegungen, die im 19. Jahrhundert entstanden sind und die ganz wesentlich zur Modernisierung der Gesellschaft beigetragen haben (vgl. Gerhard 1995). Üblich ist es, zwischen der ersten und der zweiten bzw. neuen Frauenbewegung zu unterscheiden[3]. Die Anfänge der ersten Frauenbewegung reichen bis in die Mitte des 19. Jahrhunderts zurück (ausführlich vgl. Gerhard 1995; Schaser 2006). Ihre Forderungen zielten vor allem auf gleiche Rechte und die Inanspruchnahme der Menschenrechte auch für Frauen ab. Aus diesem Grund wurden die Mitglieder der ersten Frauenbewegung als Frauenrechtlerinnen bezeichnet. Im angloamerikanischen Raum war, unter Bezug auf die Hauptforderung nach dem Frauenwahlrecht, oftmals die Rede von Suffragetten, was sich aus dem englischen Wort (suffrage, dt.: Wahlrecht) herleitet.

Mit der Gründung des Allgemeinen Deutschen Frauenvereins (ADF) im Jahr 1865 durch Louise Otto-Peters und Auguste Schmidt begann in Deutschland die organisierte Form der Frauenbewegung (vgl. Gerhard 1995). Der ADF trat vor allem für das Recht auf Bildung und Erwerbsarbeit für bürgerliche

3 In der Frauenbewegung waren vor allem Frauen engagiert, aber auch einige Männer. Hierauf weist Ilse Lenz (2008: 18) in ihrer umfangreichen Quellensammlung zur zweiten Frauenbewegung hin. Sie fordert, „die theoretische Brille des Geschlechtsdualismus abzusetzen", wonach nur Frauen in der Frauenbewegung aktiv waren. Sie stützt sich dabei auf eine Parallele zur Arbeiterbewegung, der nicht nur Arbeiter, sondern auch „Intellektuelle" wie Karl Marx, Friedrich Engels und Ferdinand Lassalle angehörten.

Frauen ein. Eine umfassende Kritik der Geschlechterordnung war mit diesen Forderungen nicht verbunden; die dominanten Geschlechterbilder wurden fortgeschrieben. Unabhängig davon entstand bald die proletarische Frauenbewegung, deren wichtigste Vertreterin Clara Zetkin (1857–1933) war. Die proletarische Frauenbewegung war in die internationale sozialistische Arbeiterbewegung eingebettet und sah es als ihre Aufgabe, die Lebenslage der Fabrik- und Lohnarbeiterinnen, deren Zahl immer mehr angestiegen war, sichtbar zu machen. Den Proletarierinnen, die aus Not zur Arbeit gezwungen waren, ging es vor allem um den Schutz vor unmenschlichen Arbeitsbedingungen und um soziale Rechte. Statt durch rechtliche Forderungen an den Staat, war nach Ansicht der proletarischen Frauenbewegung die volle Frauenemanzipation nur durch eine Revolution zu erreichen. Im Lager der bürgerlichen Frauenbewegung kam es in den Folgejahren aufgrund unüberbrückbarer Differenzen über Maß und Ziel der Gleichberechtigung zu einem Bruch zwischen den „Bürgerlich-Gemäßigten" und den „Radikalen". Der gemäßigte Flügel beharrte auf einer „Kultur weiblicher Eigenart" und dem politischen Programm der „organisierten Mütterlichkeit". Der radikale Flügel, zu dessen bekanntesten Vertreterinnen Anita Augsburg (1857–1943) und Lida Gustava Heymann (1868–1943) gehörten, verlangte dagegen die volle politische Gleichberechtigung und setzte sich kritisch mit dem bürgerlichen Ehe- und Familienmodell auseinander, einschließlich der Forderung nach einer Besserstellung nichtehelicher Mütter.

Die zweite Frauenbewegung ist aus der Studentenbewegung der späten 60er Jahre des 20. Jahrhunderts hervorgegangen (mit umfangreicher Quellensammlung vgl. I. Lenz 2008; Notz 2006). Im Unterschied zur ersten Frauenbewegung stand nicht (mehr) der Kampf um gleiche Rechte im Mittelpunkt, sondern die Forderung nach Selbstbestimmung bzw. Autonomie. „Autonomie meinte dabei ein Doppeltes: individuelle Selbstbestimmung und institutionelle Unabhängigkeit von den bisherigen Formen und Institutionen des Politischen. Das heißt, sie bedeutete individuell Befreiung aus männlicher Bevormundung und aus ökonomischer Abhängigkeit sowie politisch Selbstorganisation, Separation und Ausschluss von Männern aus der neuen Fachöffentlichkeit." (I. Lenz 2008: 494) Als Beginn der zweiten Frauenbewegung gilt in Deutschland die symbolische Aktion eines Tomatenwurfs auf männliche Genossen anlässlich einer kontroversen Tagung des Deutschen Studentenbundes im September 1968, auf der Frauen die Fortsetzung des Patriarchats in der Studentenbewegung kritisierten. Aus den feministischen Diskussionszirkeln, die sich in immer mehr Städten bildeten, entstand durch den Protest gegen die Abtreibungsgesetzgebung („§ 218"), – eingeleitet durch eine am französischen Vorbild orientierten Selbstbezichtigungskampagne von knapp 400 Frauen in der Zeitschrift „Stern" im Jahr 1971 – eine Massenbewegung. Nach dem Vorbild der amerikanischen Women's Liberation Bewegung entstanden verstärkt Gruppen zur Selbsterfahrung und Bewusstseinsbildung, bei denen die gemeinsame Rekonstruktion des (Er-)Leben als Frau im Mittelpunkt stand. Ab Mitte der 1970er

Jahre trat die neue Frauenbewegung in eine Phase der Konsolidierung und auch Pluralisierung ein. Immer stärker bildete sich eine feministische Gegenkultur heraus. Dazu haben zahlreiche Frauenprojekte, Frauenzentren, Frauenbuchhandlungen, Frauenverlage, Frauenhäuser usw. beigetragen. Einen wichtigen Anteil daran hatten auch Zeitschriftenprojekte, wie „Courage", die bis 1984 erschienen ist, und die wenig später gegründete und seither erscheinende „Emma", die nachhaltig von Alice Schwarzer geprägt wurde. „Das Private ist politisch", unter diesem Motto der neuen Frauenbewegung, bündeln sich zahlreiche Themen, die vor allem die hierarchische Geschlechterordnung („Patriarchat") kritisierten und zu demaskieren suchten. Die Themen der Reproduktionsarbeit und der Gewalt gegen Frauen nahmen im feministischen Diskurs dabei einen breiten Raum ein. Ferner wurde die geschlechterhierarchische Arbeitsteilung zugleich als zentrale Ursache der Benachteiligung der Frauen und als Basis des kapitalistischen Systems aufgefasst. Die verbreitete häusliche Gewalt gegen Frauen wurde als Teil der Geschlechterpolitik interpretiert, mit der Männer ihre Macht durchsetzen. Mit dem Ende des Sprachtabus gegen die häusliche Gewalt entstanden Frauenhäuser, die Schutzräume für betroffene Frauen schufen. Auch gelang es immer mehr, die Themen der Frauenbewegung in den Gewerkschaften, Kirchen und zumindest in Teilen der politischen Parteien zu verankern.

Als Bezeichnung für die politische Grundhaltung und auch für das Selbstverständnis der engagierten Frauen etablierte sich der Begriff des Feminismus bzw. der Feministin (als Überblick vgl. Thiessen 2008). Aufgegriffen wurde damit ein Begriff, der zum ersten Mal im Kontext der französischen Revolution aufgetaucht war und durch die Schriften des Sozialphilosophen und Frühsozialisten Charles Fourier (1772–1837) bekannt wurde. In Frankreich wurde dieser Begriff schon in der ersten Frauenbewegung verwendet. In Deutschland tauchte dieser damals kaum auf und wenn, dann vor allem mit einer negativen Konnotation. In der neuen Frauenbewegung bezeichnet dieser Begriff die Radikalität des Denkens. Von Sigrid Metz-Göckel (2003: 171) stammt der Satz, dass der „Feminismus (…) die Theorie und Frauenbewegung die Praxis" sei. Damit wird die enge Koppelung der feministischen Theoriebildung an die Erkenntnisinteressen der Frauenbewegung zum Ausdruck gebracht. Weiter gefasst ist die Definition von Rosemary Hennessy (2003: 155), wonach unter Feminismus das „Ensemble von Debatten, kritischen Erkenntnissen, sozialen Kämpfen und emanzipatorischen Bewegungen" verstanden wird, „das die patriarchalen Geschlechterverhältnisse, die alle Menschen beschädigen, und die unterdrückerischen und ausbeuterischen gesellschaftlichen Mächte, die insbesondere Frauenleben formen, begreifen und verändern will". Zur festen Überzeugung des Feminismus und seiner Vertreterinnen, den Feministinnen, gehört es, dass ohne grundlegende Umgestaltung der Geschlechterordnung eine geschlechtergerechte Gesellschaft nicht möglich ist; mit ein paar Reformen allein ist es nicht getan. Als Eckpunkte des feministischen Bewusstseins lassen sich nennen (vgl. auch Lerner 1993, Renzetti/Curran 2003):

- Die Statusunterschiede der Geschlechter erwachsen nicht aus der Biologie, sondern dafür ist die Gesellschaft verantwortlich.
- Geschlecht ist eine Strukturkategorie, die in die Forschung einbezogen werden muss, um ein ganzheitliches Bild zu gewinnen. Der in den traditionellen Wissenschaftsdisziplinen vorherrschende Sexismus muss aufgedeckt und überwunden werden.
- Frauen und ihre Anliegen sind in allen Bereichen von gleicher Relevanz wie die der Männer.
- Gesellschaftsstrukturen, die Frauen benachteiligen, müssen verändert werden.

Trotz dieser Gemeinsamkeiten, gibt es „den" Feminismus nicht, vielmehr ist eine „Pluralität der Feminismen" (Delmar 1986) zu konstatieren. Zunächst sind zwei Hauptströmungen zu unterscheiden: der marxistische bzw. sozialistische Feminismus und der radikale (Gleichheits-)Feminismus.

Für den *marxistischen bzw. sozialistischen Feminismus* hat die Frauenunterdrückung ihren Ursprung in der durch die Klassengesellschaft produzierten sozialen Ungleichheit. Im kapitalistischen System finde eine doppelte Unterdrückung der Frau statt, durch (1) die männliche Herrschaft und Abhängigkeit in der Privatsphäre (Reproduktionsarbeit) und (2) in der Öffentlichkeit durch Ausbeutung der Erwerbsarbeit im Kapitalismus. Nur durch die Zerstörung des kapitalistischen Systems sei es möglich, die daran gebundenen patriarchalen Strukturen abzubauen.

Für den *radikalen (Gleichheits-)Feminismus* steht das Geschlecht selbst, nicht das ökonomische System der Gesellschaft im Zentrum. Es wird argumentiert, dass das Patriarchat schon vor der Ungleichheit in der ökonomischen Produktion bestanden habe und diese beeinflusste und ermöglichte. Zum Umbau bedarf es der Schaffung frauenzentrierter Gesellschaftsstrukturen, die weibliche Werte und Kompetenzen aufwerten.

Als weitere Varianten des Feminismus lassen sich für Deutschland der radikale Differenzfeminismus und der lesbische separatistische Feminismus nennen (vgl. I. Lenz 2008). Beide gehen, wie es Ilse Lenz (2008: 27) formuliert, von „einer kulturell und historisch geschaffenen Differenz von Mann und Frau" aus „und forderten die gleiche Anerkennung der weiblichen Kultur und Werte". Bei der letztgenannten Variante geht dies einher mit einer vehementen Kritik an der Heteronormativität und einer Befreiung aus der Männerdominanz durch eine Hinwendung zu einer gleichgeschlechtlichen Subkultur.

In den USA wird dagegen neben den beiden Hauptströmungen noch zwischen dem *liberalen Feminismus* und dem *multikulturellen Feminismus* unterschieden. Für den liberalen Feminismus ist die Ungleichheit der Geschlechter weder in der Produktion noch in der Reproduktion verwurzelt, sondern Folge der Diskriminierung, die auf biologischer Zuschreibung beruht. In der deutschen Debatte wird vielfach infrage gestellt, ob es sich bei diesem „Alltagsfeminismus" überhaupt um eine feministische Position und nicht nur um eine frauenpolitisch-engagierte Perspektive handelt, die Chancengleichheit anstrebt. Der multikulturelle Feminismus ist vor allem bemüht, der ethnischen und klassenbezogenen Heterogenität der Frauen gerecht zu werden. Er wurde vor allem als Reaktion gegen den „weißen Mittelklassefeminismus" von schwarzen Amerikanerinnen entwickelt, die besonders den Blickwinkel der doppelten Unterdrückung durch Rassen- und Geschlechterdiskriminierung in den Vordergrund rückten. In Deutschland existierte diese Variante nicht, da die ethnische Heterogenität geringer ist und Frauen mit Migrationshintergrund bislang ihre eigenständige Position nicht in die Frauenbewegung eingebracht haben (vgl. auch Lorber 1998).

In der Gegenwart wird vielfach betont, dass die Frauenbewegung stark an Anziehungskraft verloren hat. Zwar stimmen viele Frauen in den entwickelten Industrieländern in Umfragen der Aussage zu, dass die Frauenbewegung und der Feminismus die Rechte der Frauen und ihre Lebenslage verbessert haben. Gleichzeitig sind jedoch nur relativ wenige Frauen in der jungen Generation zu finden, die sich selbst als Feministinnen identifizieren. Offenbar trugen die Erfolge der Frauenbewegung dazu bei, dass eine kritische Auseinandersetzung mit den gegenwärtigen Ungleichheitsstrukturen immer weniger als notwendig erachtet wird.

1.3.2 Entwicklung der Frauenforschung

Das feministische Denken hat sich zunächst außerhalb der Hochschulen entwickelt und fand über in der Frauenbewegung engagierte Frauen Eingang in die Hochschulen. Lange Zeit wurden Frauenstudien auch nicht als eigenständiges Gebiet anerkannt und von den Frauenforscherinnen an den Hochschulen als inoffizielles Feld betrieben. Die Initiativen zu den ersten Frauenforschungs-Seminaren an den Hochschulen gingen vielfach von den Studentinnen aus (vgl. Hark 2005). Ein wichtiger Schritt für die Etablierung der Frauenforschung in Deutschland war die Gründung der Sektion Frauenforschung in der Deutschen Gesellschaft für Soziologie im Jahr 1979. Die Frauenforschung hat sich nicht im Sinne einer neuen Bindestrich-Soziologie damit begnügt, sich nur mit der besonderen Situation von Frauen in den Gesellschaften zu befassen (vgl. Gerhard 1993). Ihr zentrales Anliegen ist es vielmehr, dem Männer-Bias wissenschaftlicher Erkenntnisse eine genuin weibliche Perspektive gegenüberzustellen. Durch die Einbeziehung bisher vernachlässigter, unterdrückter und nicht artikulierter Erfahrungen und Interessen soll die Erfassung sozialer Wirklichkeit angemessener und allgemeingültiger werden. Nicht zuletzt sollen Frauen als Subjekte in Forschung und Lehre ihre Fragestellungen, Erfahrungen und Perspektiven zum Gegenstand wissenschaftlicher Erkenntnis machen. Die Frauenforschung verstand sich von Anfang an als kritische Sozialforschung, die die Ungleichheiten zwischen den Geschlechtern aufzeigen und dadurch zugleich beseitigen möchte. Ein Schlüsselkonzept für die Frauenforschung – wie auch für die Frauenbewegung – war, und ist z. T. heute noch, das ‚Patriarchat'. Kurz gefasst wird darunter „a system of social structures and social practises in which men dominate, oppress and exploit women" (Walby 1990: 20) verstanden.

Inzwischen hat der Begriff des Patriarchats die herausragende Stellung als Schlüsselkonzept eingebüßt (vgl. auch Opitz-Belakhal 2005). In der Frauen- und auch in der Geschlechterforschung ist nur noch selten von Patriarchat und Patriarchatskritik die Rede. Problematisiert wird, dass dieses Konzept von historisch stabilen Verhältnissen ausgehe, spezifische Aussagen universalisiere und losgelöst vom jeweiligen Kontext Aussagen über das Herrschaftsverhältnis zwischen den Geschlechtern mache (vgl. Engler 1997). Schon früh wurde das Konzept des Patriarchats kritisiert, stellvertretend soll die Kritik von Karin Hausen (1986: 19) aufgegriffen werden:

> „Die konkrete Aussagekraft eines (…) Konzepts wird zwangsläufig umso geringer, je breiter die Palette der damit erfassbaren historischen und aktuellen Wirklichkeiten ist. Als universalhistorische Kategorie ist Patriarchat schon deshalb von zweifelhaftem Nutzen."

Ein weiterer Kritikpunkt an diesem Konzept verweist darauf, dass es die Aufmerksamkeit zu einseitig auf die Männer und auf die von ihnen dominierten Strukturen lenke. Auch wenn es die Männer sind, die von der patriarchalen Dividende profitieren und daran auch ein explizites Interesse haben (können), bleibt außer Betracht, dass Konstellationen entstehen können, die nicht beabsichtigt sind. Das Konzept unterschätzt auch die aktive Rolle der Frauen, die nicht nur passive Objekte der Unterdrückung sind (vgl. Cyba 2008).

Einige Autorinnen und Autoren haben daraus die Konsequenz gezogen, auf dieses Konzept ganz zu verzichten. Andere verwenden es zwar weiterhin. Ursula Beer (1990) spricht von Sekundärpatriarchalismus, um das Weiterwirken männlicher Dominanz in kapitalistisch-warenproduzierenden Gesellschaften von den Feudalgesellschaften zu unterscheiden. Aber auch in diesen Arbeiten fällt auf, dass der Gebrauch in der Gegenwart deutlich sparsamer wurde. Ilona Ostner (2003) hat vorgeschlagen, für moderne Gesellschaft stattdessen den Begriff des Sexismus zu verwenden. Von Sexismus ist immer dann zu sprechen, wenn „in der Frau in erster Linie das Geschlecht" gesehen wird, „während das, was Frauen sonst noch sind, tun, sein oder tun können, hinter das bloße Geschlechtsein zurücktritt" (Ostner 2003: 270).

Eine breite Diskussion gibt es in der Frauenforschung darüber, was Grundprinzipien feministischer Analyse sind. Einen wichtigen Anstoß für diese Diskussion hat Maria Mies (1978) gegeben. Vor allem die folgenden Aspekte wurden dabei herausgeschält, die unvermindert auch für die aktuelle Frauenforschung und – zumindest in weiten Teilen – ebenso für die Geschlechterforschung gelten (vgl. Brück et al. 1992; Müller 2008).

- *Dekonstruktion des Androzentrismus*: Die starke Männerzentrierung der Wissenschaften soll aufgezeigt und überwunden werden. Meist wird dabei nicht angestrebt, diese durch eine Frauenzentriertheit („Gynozentrismus“) zu ersetzen; beide – die weibliche und die männliche Perspektive – sollen erfasst werden.
- *Feste Verankerung einer geschlechterreflexiven Perspektive*: Da Geschlecht eine soziale Strukturkategorie bildet, ist es erforderlich, in allen Bereichen des wissenschaftlichen Forschens und Lehrens und in allen Fragestellungen die Geschlechterperspektive einzubringen.
- *Herstellung einer Geschlechtergerechtigkeit:* Forschung ist kein Selbstzweck, sondern sie soll dazu dienen, die Benachteiligungen der Frauen abzubauen und dem Ideal der Geschlechtergerechtigkeit näher zu kommen. Da das Patriarchatskonzept die Funktion als zentraler Leitbegriff verloren hat, ist heute vielfach anstelle der Forderung nach Abschaffung des Patriarchats, die nach Herstellung von Geschlechtergerechtigkeit getreten.
- *Parteilichkeit und Betroffenheit*: Diese Zielbestimmung bringt es mit sich, dass feministische Forschung immer eine parteiliche Forschung ist, die sich gegen Diskriminierung und Unterdrückung stellt, sowie Partei für deren Beseitigung ergreift. Da Frauen als Forscherinnen ihr eigenes Geschlecht nicht ausblenden können und auch nicht dürfen, sind sie sensibler gegenüber Diskriminierungs- und Unterdrückungserfahrungen; vieles ‚kennen‘ Forscherinnen aus der eigenen Lebenserfahrung, die als Grundlage für Forschung und Theoriebildung genutzt wird.
- *Enger Bezug zur Frauenbewegung und Praxis*: Durch den Anspruch, dass Forschung und Lehre zur Veränderung gesellschaftlicher Wirklichkeit beitragen sollen, wird es unabdingbar, die Wissenschaft im politischen Raum auf die agierende Frauenbewegung und auf Praxisfelder rückzubinden.
- *Interdisziplinarität der Frauenforschung*: Frauenforschung ist nicht nur einer Disziplin verpflichtet, sondern bestrebt, Zusammenarbeit mit anderen Wissenschaftler/innen verschiedener Fachgebiete zu erreichen.

1.3.3 Männerforschung im Schatten der Frauenforschung

Die Männerforschung stand in der Vergangenheit und steht weiterhin stark im Schatten der Frauenforschung. Vor allem fehlt der Männerforschung die Basis einer sozialen Bewegung, die für die Frauenforschung eine treibende Kraft war und immer noch ist. Erst seit Ende der 1970er und Anfang der

1980er Jahre kann im eigentlichen Sinne von einer Männerforschung gesprochen werden (vgl. Meuser 2006). Zwar gab es auch bereits vorher Studien, die sich mit sozialen Aspekten des Mannseins befasst haben, doch waren diese vereinzelt und standen auch nicht „unter dem Dach einer konsistenten Forschungsperspektive“ (Meuser 2006: 92). Von einer Männerforschung kann man erst dann sprechen, wenn Dominanzverhältnisse in der Geschlechterordnung in die Analyse einbezogen werden. Damit geht der Anspruch einher, eine Veränderung der Geschlechterordnung zu bewirken. Eine kritische Männerforschung, so schreiben Lothar Böhnisch und Reinhard Winter (1993: 9), ziele darauf ab, „die anthropologischen, psychischen, ökonomischen, sozialen und kulturellen Bedingungen für ein anderes Mannsein, eine andere Würde des Mannes zu analysieren und zu formulieren“. In Deutschland stehen die Anfänge der Männerforschung vor allem mit Walter Hollstein (1989; 1990), Lothar Böhnisch (zusammen mit Winter 1993) und Michael Meuser (2006) in Verbindung. Wenn auch in unterschiedlichen Herangehensweisen steht im Zentrum die Frage, wie sich das Mannsein unter den gegenwärtigen Gesellschaftsbedingungen verändert hat.

In Deutschland, aber auch international wurde der Aufsatz „Toward a New Sociology of Masculinity“ von Tim Carrigan, Robert W. Connell und John Lee (1985) breit rezipiert. Das Autorenteam wandte sich darin gegen die Geschlechtsrollentheorie mit dem Argument, dass sie die Ungleichheiten der Geschlechterordnung ausblendet. Männer sollten nicht als eine homogene Kategorie behandelt werden; es komme vielmehr darauf an, historisch bestimmte Männlichkeiten zu untersuchen. In diesem Aufsatz führten die Autoren das Konzept der hegemonialen Männlichkeit ein, das in der Folgezeit vor allem von Connell ausgebaut wurde. Aufgegriffen wird das von dem italienischen marxistischen Theoretiker Antonio Gramsci (1891–1937) stammende Hegemonie-Konzept. Die hegemoniale Männlichkeit ist aus einem Spektrum nebeneinander existierender Männlichkeiten die kulturell dominante. In Connells eigenen Worten versteht man unter hegemonialer Männlichkeit „jene Konfiguration geschlechtsbezogener Praxis (...), welche die momentan akzeptierte Antwort auf das Legitimitätsproblem des Patriarchats verkörpert und die Dominanz der Männer sowie die Unterordnung der Frauen gewährleistet (oder gewährleisten soll)“ (Connell 1999: 98). Obwohl in dieser Definition ‚Patriarchat‘ vorkommt, kann durchaus davon gesprochen werden, dass die Konzepte der hegemonialen Männlichkeit und des Patriarchats in einer gewissen Konkurrenz zueinander stehen. In seinem Aufsatz „A Very Straight Guy“ (1992) kritisiert Connell die Ahistorizität der Patriarchatsidee; indem Männer generell als Inhaber von Macht bezeichnet und als eine undifferenzierte Klasse aufgefasst werden.[4]

4 Dieser Aufsatz ist in Connells Hauptwerk „Masculinities“ (1995), das der deutschen Übersetzung „Der gemachte Mann“ zugrunde liegt, eingegangen. Allerdings macht Michael Meuser (2006) darauf aufmerksam, dass die Passagen zur Kritik am Patriarchatskonzept in der deutschen Übersetzung ausgelassen wurden.

Die hegemoniale Männlichkeit selbst ist variabel und wird dadurch bestimmt, was – bezogen auf die Ungleichheit in der Machtrelation der Geschlechter und auch zwischen Gruppen von Männern – unter bestimmten gesellschaftlichen Bedingungen möglich und erreichbar ist. Eine Hegemonie entsteht nur, wenn es – sei es kollektiv oder individuell – „zwischen dem kulturellen Ideal und der institutionellen Macht eine Entsprechung gibt“ (Connell 1999: 98). Die hegemoniale Männlichkeit weist eine doppelte Relation auf: auf das ‚andere Geschlecht‘ und auch auf das eigene. Sie strukturiert auch das Arrangement unter Männern in Form von Normalitätszuschreibungen sowie Abwertungen und Ausgrenzungen. Die Abwertung und Ausgrenzung betrifft am stärksten schwule Männer. Wie Michael Meuser und Sylka Scholz (2005) aufzeigen, geht Connell davon aus, dass jede Gesellschaft jeweils nur ein hegemoniales Männlichkeitsmuster aufweist. Für die modernen, neoliberalen Gesellschaften sieht er dieses im Manager im technokratischen Milieu in Form von „transnational business masculinities“, der auf globalen Märkten tätig ist (vgl. auch Connell 1998).

Auch wenn das Konzept der hegemonialen Männlichkeit auf eine beachtliche Erfolgsgeschichte zurückblicken kann und längst die Grenzen der Männerforschung überschritten hat, wurde es im hohen Umfang zum Gegenstand der Kritik (vgl. Connell/Messerschmidt 2005). Eine Stoßrichtung der Kritik richtet sich gegen die Unschärfe des Begriffs (vgl. Dinges 2005; Hearn 2004; Meuser/Scholz 2005; Scholz 2004). Unklar bleibe, so die Kritik, auf welcher Wirklichkeitsebene das Konzept zu verorten ist: Auf der der kulturellen Repräsentationen, der Alltagspraktiken oder der institutionellen Strukturen? Sylka Scholz (2004: 45) schlägt vor, von dem Versuch einer inhaltlichen Füllung eines hegemonialen Männlichkeitsentwurfs Abstand zu nehmen und stattdessen „von jeweils unterschiedlichen Versionen von Männlichkeit auszugehen, die in konkreten sozialen Praxen hegemonial sind“. Michael Meuser und Sylka Scholz (2005: 212) empfehlen „hegemoniale Männlichkeit als ein generatives Prinzip der Konstruktion von Männlichkeit zu verstehen“. Infrage gestellt wird auch, ob es in modernen komplexen Gesellschaften immer nur eine hegemoniale Männlichkeit gibt. Fasst man das Konzept als ein generatives Prinzip, dann ist davon auszugehen, dass es mehrere, nebeneinander existierende hegemoniale Männlichkeiten gibt. Diese Pluralisierung impliziert eine Inflation hegemonialer Männlichkeiten, da eine Männlichkeit nur dann als hegemonial bezeichnet werden kann, wenn damit „ein Anspruch auf normative Gültigkeit über das jeweilige soziale Feld hinaus verbunden ist“ (Meuser/Scholz 2005: 217). Lothar Böhnisch kritisiert das Konzept der hegemonialen Männlichkeit, da es ein kulturelles Orientierungsmuster sei, für das die Relation der Kulturdimension und der Handlungspraxis zentral ist. Es greife zu kurz, „wenn es darum geht, die Ambivalenzen und Verdeckungen von Männlichkeit, die der digitale Kapitalismus freisetzt (…) aufzuschließen“ (Böhnisch 2003: 65). Böhnisch geht dabei von der These aus, dass der Wandel des Mannseins als

„Entgrenzung der Männlichkeit“ (2003) zu verstehen ist, die primär durch die Dynamik des Industriekapitalismus bewirkt wird. Für eine theoretische Aufschließung der Männerfrage im fortgeschrittenen – digitalen – Kapitalismus sei es notwendig, die Ambivalenz von kultureller Freisetzung und ökonomischer Intensivierung in ihrer Wirkung auf die Geschlechterhierarchie zu analysieren. Dies aber versäume Connell, auch wenn er in neueren Arbeiten auf die Globalisierung Bezug nimmt.

Frauen- und Männerforschung standen, zumindest in den Anfängen, in einem spannungsreichen Verhältnis zueinander. Von Seiten der Frauenforschung wurde die Berechtigung von Männerstudien partiell infrage gestellt. Verwiesen wurde darauf, dass kein Bedarf an Männerforschung bestehe, da schon herkömmliche Forschung bislang Männerforschung gewesen sei. Sie wurde von Männern betrieben, habe die Besonderheiten weiblicher Lebenslagen ausgeklammert und mit dem Allgemein-Menschlichen eigentlich nur das Männliche im Blick gehabt. Befürchtet wurde, dass die Männerstudien lediglich die männliche Dominanz legitimieren sollen (vgl. Canaan/Griffin 1990) und, dass Männer ein von Frauen mühsam aufgebautes Forschungsgebiet usurpieren. Außerdem wurde angenommen, dass damit eine Themenverlagerung von den Lebenslagen der Frauen zu denen der Männer einhergehe und dazu beitrage, die männliche Vormachtstellung im Wissenschaftssystem weiter zu verstärken (vgl. Stein-Hilbers 1994). Von Seiten der Männerforschung wird betont, dass das Prinzip der Parteilichkeit auch für die Männerforschung gelten müsse und dass Männerforschung Forschung von und für, sowie über Männer sei. Das kann dann allerdings dazu führen, dass das breite Wissen über Männer und Männlichkeit, das in der Frauenforschung erarbeitet wurde (als Überblick vgl. Engelfried 1997), außen vor bleibt oder nur am Rande rezipiert wird. Mittlerweile haben sich die Spannungen gelegt: Ein sichtbares Zeichen dafür ist die Zulassung von Männern zur DGS-Sektion Frauenforschung und auch die Kooperation von Frauenforscherinnen und Männerforschern.

1.3.4 Geschlechterforschung als integratives Feld

Da Frauen und Männer Teil der Geschlechterordnung sind und Geschlechter immer in Relation zueinander stehen, kann weder eine Frauen- noch eine Männerforschung nur die eigene Geschlechtergruppe analysieren. Aus diesem Grunde kann es nicht verwundern, dass im Laufe von 30 Jahren Frauenforschung auch ein breites Wissen über Männer gesammelt wurde. Weiblichkeit und Männlichkeit sind – wie es Gudrun-Axeli Knapp (2005: 113) formuliert – „rationale Kategorien“. Es kann „keine Bestimmung des einen geben ohne Bezug auf das andere“. Aufgrund dieser unauflösbaren Relationalität von Frauen und Männern scheint es eigentlich nur ein kleiner Schritt zur Geschlechterforschung zu sein. Dies bringen auch die beiden Historikerinnen Karin Hausen und Heide Wunder (1992: 9) deutlich zum Ausdruck: „Selbst wenn der Fokus der Untersuchung auf eine bestimmte

Gruppe von Frauen gerichtet ist, müssen die Frauen dennoch immer auch als Menschen weiblichen Geschlechts und damit in Beziehung zum männlichen Geschlecht gedacht und beobachtet werden. Denn Frauen und Männer leben eingebunden in die jeweils gültigen kulturellen Ordnungen der bislang noch hierarchisch konstruierten Geschlechterverhältnisse, die alle gesellschaftlichen Bereiche durchdringen. Dementsprechend ging das Interesse der Frauengeschichte von Anfang an einher mit der Absicht, auch die Geschichte der kulturellen Geschlechterordnung zu erforschen."

Auch wenn es nahe liegend erscheint, hat es doch lange gedauert, bis dieser Schritt auch vollzogen wurde. Gerade auf Seiten der Frauenforschung gab es gegen diese Erweiterung erhebliche Bedenken. Befürchtet wurde, wie es Regina Becker-Schmidt und Gudrun-Axeli Knapp (2007: 38) formulieren, dass eine Geschlechterforschung „ihre Verbindung zu feministischen Positionen und zur Frauenbewegung (verliere), wenn das Erkenntnisinteresse zu akademisch werde und der Stachel der Kritik, der sich gegen soziale Ungerechtigkeit wendet, abstumpfe". Auch wurde die Befürchtung geäußert, die Geschlechterforschung könnte ein Einfallstor von Männern werden, die sie zu ihren Gunsten instrumentalisieren. Nach heftigen Debatten hat sich die Sektion der DGS 2001 in Frauen- und Geschlechterforschung umbenannt. Andrea Maihofer (2009: 64) betont, dass mit der Verschiebung zur Geschlechterforschung „eine bedeutsame paradigmatische Weiterentwicklung und Radikalisierung der Fragestellungen verbunden ist". Erst jetzt wird der Fokus gleichermaßen auf beide Geschlechter gerichtet. Nun erst wird Geschlecht als Kategorie thematisiert und konsequent als soziale Konstruktion aufgefasst. Dadurch kommt es zu einer *„grundlegende[n] Infragestellung von Geschlecht"* (Maihofer 2009: 73; Hervorhebung im Original).

Um überhaupt eine Geschlechterforschung zu etablieren, war es auch notwendig, die Vorstellung aufzubrechen, dass Frauen und Männer monolithische Blöcke sind, die in einer binären Opposition zueinander stehen (vgl. Meuser 2006). Weder Frauen noch Männer sind eine homogene Kategorie; die Differenzen innerhalb einer Geschlechtergruppe sind groß. Gerade in der amerikanischen Diskussion hat man – angestoßen vom Black Feminism (als Überblick: Hooks 2000; Collins 2000) – die mit „race/ethnicity", „class" und „gender" verbundenen Unterschiede in den Blickpunkt gerückt. Wie vom multikulturellen Feminismus konstatiert, gehen mit der Ethnizität und der Zugehörigkeit zu einem sozialen Milieu markante Unterschiede zwischen Frauen und Männern einher, die es nicht möglich machen, von *den Frauen* und *den Männern* zu sprechen.

In Deutschland entwickelte sich die Frauenforschung zunächst hauptsächlich als ein wissenschaftliches Gebiet, das „von deutschen Frauen, über deutsche Frauen und für deutsche Frauen" handelte (Bednarz-Braun 2004a: 62). Die Erfahrungen von Migrantinnen wurden weitgehend ausgeklammert. Ilse Lenz (1996a: 213) fasst dies mit den folgenden Worten zusammen: „Die feministische Forschung hat diese Frage, wie Frauen zu Frauen geformt werden, von Beginn an gestellt, aber sie hat sie nicht dahin weitergeführt, wie Frauen (und Männer) zu Deutschen oder zu Türkinnen und Türken gemacht werden." Erst in den letzten Jahren wurde die Ethnienblindheit der deutschen Geschlechterforschung zur Debatte gestellt und hinterfragt. Die in den Vereinigten Staaten und in Großbritannien weit geführte Debatte über den engen Zusammenhang von Rasse, Klasse, und Geschlecht („diversity") kam erst spät nach Deutschland (vgl. Bednarz-Braun 2004 a).

Genau wie die Sozialwissenschaftler/innen zunächst geschlechtsblind davon ausgingen, dass sich männliche Erfahrungen nicht von denen der Frauen unterscheiden, wurden weiße Geschlechterforscher/innen wegen ihrer Ethnienblindheit kritisiert. Patricia Hill Collins (1998) argumentiert, dass in den USA schwarze Frauen in vielerlei Hinsicht mehr soziale Erfahrungen (rassistische Unterdrückungsformen und Diskriminierung) mit schwarzen Männern verbinden als mit weißen Frauen. Speziell die aus einer Sozialgeschichte der Rassendiskriminierung entstandenen unterschiedlichen Arbeitsmarkterfahrungen, Armutsrisiken und Familienstrukturen in den weißen und schwarzen Gemeinden sind für die Analyse geschlechtsspezifischer Lebenserfahrungen schwarzer Frauen von großer Bedeutung. Daher argumentiert auch Evelyn Glenn (1999), dass die oft als universell deklarierten Formen der Geschlechterungleichheit in der reproduktiven und produktiven Sphäre, wie z.B. die ökonomische Abhängigkeit der Hausfrauen von ihren erwerbstätigen Ehemännern in der bürgerlichen Familie, nicht einfach auf Minoritätsfrauen übertragbar sind. Wichtig ist hier vor allem, dass die Faktoren „Geschlecht", „Ethnie" und „Klasse" nicht als additive oder unbedingt ranggeordnete Komponenten in der Analyse innerethnischer Geschlechterverhältnisse konzipiert werden. Diese Logik führte zu den in den 1990er Jahren populären „double jeopardy" oder „triple oppression" Ansätzen, die davon ausgingen, dass schwarze Frauen doppelt oder dreifach durch ihre Rasse, ihre Klasse und ihr Geschlecht unterdrückt werden (Glenn 1999). In Wirklichkeit bilden diese Faktoren nicht separate Einflüsse, sondern sind simultan in komplexer Weise miteinander verknüpft. Um dies zu fassen, wird von „intersectionality" von Rasse, Klasse und Geschlecht oder von „interlocking systems of oppression" gesprochen (vgl. Collins 2000; Glenn 1999).

Während diese Sichtweise eine Geschlechterforschung letztlich in eine breitere Diversity-Forschung integriert, schlägt Stefan Hirschauer (2003: 463) vor, aus der Geschlechterforschung als einem „riesige(n) Forschungsgebiet mit hoher interner Komplexität" eine enger gefasste „Gender Studies" herauszulösen. Wenn die Geschlechterforschung, so Hirschauer weiter, „einfach alles, was Frauen und Männer sind, tun und erfahren zum Gegenstand machen können, wären sie eine gigantische Humanwissenschaft mit Geschlechtsindex". Sie würde sich damit weder von einer naturwissenschaftlichen Geschlechterforschung unterscheiden, noch von Studien, die Geschlecht bloß als eine Variable nutzen. Hirschauer kritisiert auch den Versuch, diesen Kohärenzmangel durch die politische Rahmung der Geschlechterforschung zu kompensieren. Auch wenn die Politisierung lange Zeit eine wichtige Triebkraft ihrer Etablierung war, wird diese inzwischen „zum größten Hemmnis der Weiterentwicklung der Forschung". Für Hirschauer (2003: 466) liegt das vor allem daran, „dass die dem Politischen eigenen Dichotomien zur Fortschreibung der Geschlechterunterscheidung beitragen. Das Pro und Contra, wir und die, richtig und falsch hat neue Dualismen in den Geschlechterdualismus importiert, die ihn beleben, auffrischen und – der Beobachtung entziehen". Dadurch verunmöglicht die politische Rahmung der Geschlechterforschung gerade das, was nach Hirschauer der Gegenstand der Gender Studies sein soll: Die Beobachtung der Geschlechterunterscheidung. Auch ist anzuerkennen, dass die deutsche Gegenwartsgesellschaft keine Genusgesellschaft ist. Moderne Gesellschaften „sind in Bezug auf die Geschlechterdifferenz durch ein Nebeneinander von Gleichheitsnormen und hartnäckiger Geschlechterdifferenzierung, von geschlechtsneutraler Individualität und sexuierter Subjektkonstitution gekennzeichnet und auch von einer Konkurrenz mit vielen anderen Unterscheidungen" (Hirschauer 2003: 470). Die Gender Studies setzen die Geschlechterunterscheidung nicht zur Wissensproduktion ein, sondern machen diese zum Thema. Sie nehmen die kulturelle Reproduktion der Geschlechterdifferenz in den Blick. Indem sie ihr eigenes Beobachtungsschema begrenzt und skeptisch einsetzen, sind die Gender Studies in der Lage, „den zentralen Mechanismus der Herstellung von geschlechtlicher Ungleichheit überhaupt sehen zu können" (Hirschauer 2003: 479). Auf einer Sitzung der Sektion Frauen- und Geschlechterforschung wurde diese Position kontrovers diskutiert (vgl. Hirschauer/Knapp 2009).

Im weiteren Umfeld der Geschlechterforschung sind in den 1990er Jahren die Queer-Studies entstanden (vgl. Degele 2008). Im Englischen wurde „queer" zunächst als ein Schimpfwort gegen Lesben und Schwule verwendet, wird aber inzwischen von diesen Gruppen als Eigenbezeichnung mit verändertem Sinngehalt angeeignet. Queer ist inzwischen ein politischer Sammelbegriff für alle, „die sich nicht in das Korsett eindeutiger heterosexueller Orientierungen und binärer Geschlechtszuordnungen zwangen lassen wollen" (Degele 2008: 42). Vor allem auf der Grundlage des französischen Poststrukturalismus hat diese politische Bewegung in die akademische Debatte Eingang gefunden. Die Queer Studies stellen gesellschaftlich definierte „Normalität" infrage und machen die daran geknüpften Mechanismen und Prozesse der Normalisierung und des Ausschusses sichtbar. Ausgehend von einem engen Zusammenhang von Geschlecht und Sexualität richtet sich ihre Kritik vor allem gegen die Heteronormativität und der damit verbundenen unhinterfragten Annahme der Zweigeschlechtlichkeit. Auch wenn sie nicht deckungsgleich sind, haben Queer Studies und die Geschlechterforschung – wie Nina Degele (2008) in ihrer Einführung zeigt – einen großen Überlappungsbereich.

1.3.5 Institutionalisierung der Frauen- und Geschlechterforschung

Die Etablierung der Frauen- und Geschlechterforschung ging in Deutschland langsam voran; das zeigt der Vergleich mit den USA. An US-amerikanischen Hochschulen wurden schon Ende der 1960er Jahre interdisziplinäre Studienprogramme, die sogenannten Women's Studies (WMST), eingeführt und inzwischen gibt es ein breites Angebot der Women's- bzw. Women's and Gender Studies (WGST) auf verschiedenen Ebenen (Bachelor, Master oder Ph.D). Diese Angebote sind in den USA oft mit den American Studies- oder Englisch-Abteilungen an den Hochschulen verknüpft. Im Jahr 1991 gründete Joan Korenmann (University of Maryland Baltimore County) die erste weltweite Women's Studies elektronische Liste (WMST-L) als Austauschforum unter Lehrenden, Forschenden und Studierenden. Ein Hauptanliegen der Women's Studies war es, Frauenthemen zum festen Bestandteil der Lehre in allen Studienprogramme zu machen.

Auch gibt es in den USA inzwischen einige Fachzeitschriften: Seit 1972 erscheint die Zeitschrift „Women's Studies Quarterly" und die Zeitschriften „Sex Roles" und „Gender & Society" folgten 1975 bzw. 1987. Im Jahr 1977 wurde die „National Women's Studies Association" (NWSA; http://www.nwsa.org) gegründet, deren Hauptanliegen heute nicht nur ein Engagement für „freedom from sexism", sondern auch für „freedom from national chauvenism, class and ethnic bias" ist. In der American Sociological Association (ASA) erfolgte im Jahr 1973 die Gründung der Sektion „Sex and Gender", die inzwischen die größte ist. Wegen der Exklusion von Frauen aus den höheren Rängen in der Profession innerhalb der ASA wurde 1970 die „Sociologists for Women in Society" (SWS) gegründet.

Die Institutionalisierung der Frauen- und Geschlechterforschung in Deutschland kann in vier Phasen eingeteilt werden (vgl. Hagemann-White 1995; Faulstich-Wieland 2003; Heitzmann 2008). Die *Aufbruchsphase* dauerte von Mitte der 1970er Jahre bis Anfang der 1980er Jahre und umfasste – wie bei der zweiten Frauenbewegung bereits erwähnt – erste Seminare an Hochschulen und überhaupt die Anfänge der Frauenforschung an deutschen Hochschulen, die oft noch von Unverständnis über die Inhalte geprägt waren. Am Ende dieser Phase wurden in Bielefeld und Berlin die ersten beiden Koordinations- und Forschungszentren für Frauen- und Geschlechterforschung eingerichtet (vgl. Bock 2000). Es folgte eine zweite Phase, die bis Ende der 1980er Jahre dauerte und als *Durchsetzungsphase* bezeichnet wird. In diese Phase fällt die Besetzung der ersten Frauenforschungsprofessur an einer deutschen Universität[5]. 1987 wurde Ute Gerhard an der Universität Frankfurt am Main auf die Professur für Frauenarbeit in Produktion

5 Fünf Jahre vorher wurde an der Fachhochschule Fulda eine Professur für Gemeindearbeit mit dem Schwerpunkt Theorie und Praxis der Frauenarbeit eingerichtet.

und Reproduktion/Frauenbewegung berufen. Gerechnet vom ersten Antrag der Frankfurter Uni-Frauen dauerte es 13 Jahre bis diese Berufung erfolgte, weil erheblicher Widerstand auf diesem Weg erst überwunden werden musste (vgl. Hark 2005). Zu Beginn dieser Phase erfolgte die Gründung der beiden wichtigsten und bis heute erscheinenden Zeitschriften: der „Feministischen Studien“ und der „Zeitschrift für Frauenforschung & Geschlechterstudien“. Die letztgenannte Zeitschrift wurde ursprünglich von dem inzwischen geschlossenen „Forschungsinstitut Frau und Gesellschaft“ herausgegeben, seit dem Jahr 2000 wird sie als Verlagsprojekt des Kleinen Verlages fortgeführt.[6]

Die nächste Phase, die bis Mitte der 1990er Jahre dauerte, wird als *Professionalisierungsphase* bezeichnet. Bestimmendes Merkmal dieser Phase war der starke Ausbau der Frauenforschungsprofessuren an den Universitäten. Zwischen 1989 und 1996 wurden jährlich im Schnitt neun Professuren neu eingerichtet. Daniela Heitzmann (2008) benennt die vierte Phase, die Mitte der 1990er Jahre einsetzt, als *Normalisierungsphase*. Sie nimmt dabei Bezug auf Barbara Holland-Cunz (2001), die in ihrem Resümee zu 20 Jahren feministischer Forschung der Frauen- und Geschlechterforschung eine „*Normalisierung zur Normalwissenschaft*“ bescheinigt. Nunmehr werden die Stelleninhaberinnen zu Akteurinnen im Wissenschaftsspiel; die anfangs charakteristische enge Anbindung an die Frauenbewegung wird schwächer. In diese Phase fiel zudem die Erweiterung der Frauenforschung zur (Frauen- und) Geschlechterforschung. Damit wurden diese Professuren prinzipiell auch für Männer zugänglich. 2003 wurde mit Stefan Hirschauer der erste Mann in Deutschland auf eine Geschlechterprofessur berufen. Zu Beginn dieser vierten Phase wurden Studiengänge und Studienschwerpunkte auf diesem Gebiet eingeführt. Während es einzelne Weiterbildungsstudienangebote schon in den 1980er Jahren gegeben hat, startete zum Wintersemester 1997/98 an der Humboldt-Universität zu Berlin der erste Magister-Studiengang „Geschlechterforschung/Gender Studies“. Auch kam es in der Folgezeit zur Gründung von Zentren und Koordinationsstellen für Frauen- und Geschlechterforschung (vgl. Bock 2000), die mittlerweile auf insgesamt 32 angewachsen sind (vgl. Heitzmann 2008). Studiengänge zur Geschlechterforschung gibt es inzwischen an sieben Universitäten und an einer Reihe weiterer Universitäten Studienschwerpunkte. Ebenfalls fand die Frauen- und Geschlechterforschung in dieser Phase verstärkt Zugang zu den Förderaktivitäten der großen Wissenschaftseinrichtungen (z.B. der Deutschen Forschungsgemeinschaft).

In ihrer aktuellen Bestandsaufnahme kommt Heitzmann (2008) zu dem Ergebnis, dass es in Deutschland mittlerweile 108 besetzte Professuren mit einer (Teil-)Denomination für Frauen- und Geschlechterforschung gibt. Darunter sind 13 Juniorprofessuren. Hinzu kommen drei dauerhafte Gast-

6 Ob diese Zeitschrift weiter erscheinen wird, ist aktuell unklar.

professuren und acht weitere Professuren, die vakant bzw. geplant bzw. deren Berufungsverfahren zum Zeitpunkt der Erhebung noch nicht abgelaufen ist. Diese Professuren verteilen sich auf 26 verschiedene Disziplinen und mit 28 Professuren hat die Soziologie/Sozialwissenschaften die meisten. Bezogen auf die Gesamtzahl der Professuren gibt es die meisten Gender-Professuren in Berlin. Zwei Bundesländer (Mecklenburg-Vorpommern und Sachsen) haben noch keine. An 41 von 109 Universitäten gibt es zumindest eine Gender-Professur.

1.4 Vom Sex-Gender-Modell zum Konstruktivismus

Ein erster, und weiterhin in den Sozialwissenschaften sehr verbreiteter Versuch, das Natur-Modell der Geschlechter zu überwinden, ist das *Sex-Gender-Modell.* In diesem wird Geschlecht als soziokulturelles Phänomen aufgefasst, ohne jedoch die biologische Fundierung zu negieren. Herausgestellt wird, dass die soziokulturelle Überformung – gender also – ein Übergewicht gegenüber der biologischen Grundausstattung hat (vgl. Tyrell 1986). Deutlich gemacht wird in diesem Modell, dass das meiste, was wir als Geschlechterdifferenzen wahrnehmen, nicht Effekte natürlicher Unterschiede (also Sex-Differenzen) sind, sondern das Resultat soziokultureller Prozesse (also Gender-Differenzen).

Kritisiert wird am Sex-Gender-Modell jedoch der versteckte Biologismus, da hier weiterhin unterstellt werde, dass es ein eindeutig biologisches und damit natürliches Geschlecht gäbe. Das Modell werde zwar vielfach mit dem Anspruch vertreten, anti-biologistisch oder anti-essentialistisch zu argumentieren, es verfalle aber mit dieser impliziten Annahme dennoch wieder in ein biologisches Begründungsmuster.

Das Sex-Gender-Modell war lange Zeit in der Geschlechterforschung dominant, auch nachdem die Frauenforschung die Strukturrelevanz der Geschlechterkategorie aufgezeigt hatte. Mittlerweile herrscht in der sozialwissenschaftlichen Geschlechterforschung eine Perspektive vor, welche die Unterscheidung von sex und gender, und damit die in diesen Begriffen zum Vorschein kommende Dichotomisierung von Natur und Kultur, verwirft bzw. zumindest deutlich zurückstellt. Demgegenüber wird eine „größere Eigenständigkeit des Sozialen“ (Hirschauer 1993: 21) akzentuiert. Es hat sich eingebürgert, diese neue Sichtweise als *konstruktivistisch* zu bezeichnen (vgl. z.B. Meuser 2006; Villa 2000). Aus der Perspektive des sozialen Konstruktivismus gibt es in der Sozialwelt keine unabhängig existierende Wahrheit, die es zu erkennen gilt. Es wird argumentiert, dass die Wahrnehmung der Wirklichkeit vom sozialen Kontext der Betrachter abhängig ist. Daher finden die Wissenschaften nicht etwa *die* Wahrheit, sondern konstruieren Wissen.

Betont wird, dass „Menschen ‚von Natur aus' durch und durch gesellschaftliche Wesen sind. (...) Leiblichkeit und Geschlechtlichkeit sind Ergebnisse sozialer, kultureller Prozesse auf der Grundlage symbolvermittelter sozialer Interaktion und kultureller und institutioneller Sedimentierung. Das heißt, auch Zweigeschlechtlichkeit, deren Folgen und Deutungen sind Ergebnisse sozialer Konstruktionen" (Gildemeister/Wetterer 1992: 225 f.). Es wird gezeigt, dass die Eindeutigkeit der Zuordnung in zwei Geschlechter ein soziales Phänomen ist und nicht unmittelbar aus dem biologischen „Rohmaterial" erwächst. In der Biologie gibt es kein Kriterium, das die Geschlechter eindeutig unterscheidet (vgl. Fausto-Sterling 1988; Reimers 1994; Christiansen 1995). Für eine biologische Differenzierung der Geschlechter lassen sich vier Ebenen unterscheiden: Das chromosomale, das gonadale (Keimdrüsen), das hormonelle und das morphologische Geschlecht. Biologische Geschlechtsbestimmungen auf den Ebenen müssen jedoch nicht übereinstimmen und führen daher auch nicht zwangsläufig zu eindeutigen Zuordnungen. Zudem gibt es innerhalb dieser Ebenen vielfältige Variationen, Überlappungen und ‚Abweichungen' von der als ‚normal' gedachten weiblichen oder männlichen Ausprägung.

Der Wirkungsbereich des Sozialen beginnt nach der konstruktivistischen Perspektive nicht erst auf der Basis der biologischen Identifikation als weiblich und männlich, sondern schließt diese selbst bereits ein. Diese Perspektive wendet sich gegen eine ontologische Setzung der Wirklichkeit als ein An-sich-seiendes (vgl. Knorr-Cetina 1989) und betont ihren Herstellungscharakter; die Wirklichkeit wird in Interaktionen und durch die Sprache als symbolisches System geschaffen. Ein Rekurs auf „natürliche Unterschiede" setzt immer schon – wie Stefan Hirschauer (1993) aufzeigt – eine kulturell konstituierte Zeichenrealität voraus, die es möglich macht, Genitalien als Geschlechtszeichen zu „lesen". Er nimmt Bezug auf ein biologisches Wissen, das fraglos an das kulturell etablierte Alltagswissen der Zweigeschlechtlichkeit anschließt. Dieses stützt sich auf eine Unterscheidungspraxis, die die Produktion expliziten Wissens erst möglich macht.

Was als konstruktivistische Perspektive in der Geschlechterforschung aufgefasst wird, ist kein einheitliches Theorieprogramm, sondern unterteilt sich in verschiedene Traditionslinien, die Gemeinsamkeiten aber auch Unterschiede aufweisen. Im Folgenden sollen drei Traditionslinien anhand ihrer paradigmatischen Arbeiten unterschieden werden: der interpretative, der kulturalistische und der integrative Ansatz.

1.4.1 Interpretativer Ansatz der Geschlechterforschung

Als interpretative Soziologie – oder „interpretatives Paradigma" (Wilson 1973) – wird eine grundlagentheoretische Position in der Soziologie bezeichnet, die davon ausgeht, dass soziale Wirklichkeit durch aufeinander bezogenes Handeln von Individuen und damit einhergehenden Bedeutungen und Bedeutungszuweisungen konstituiert wird. Das wechselseitig aufeinander bezogene Handeln schließt immer auch Verständigungs- und Austauschprozesse ein. Die Handelnden beziehen sich aufeinander durch Interpretationen dessen, was andere tun oder tun könnten. Dabei werden in der jeweiligen sozialen Situation auch vorgegebene, ebenso wie biografisch sedimentierte Bedeutungen eingebracht. Als Klassiker lassen sich in dieser Traditionslinie Max Weber, Georg Simmel, George H. Mead und Alfred Schütz einreihen. Als wichtige Theorieansätze sind die Phänomenologische Soziologie, der Symbolische Interaktionismus, die Ethnomethodologie oder das Forschungsprogramm der „interaction order“ zu nennen. Zentrale Beiträge zur konstruktivistischen Geschlechterforschung stammen aus den beiden letztgenannten Theorien.

Die *Ethnomethodologie* löst die Alltagswelt, die wir in der „Epoche der natürlichen Einstellung“ (Schütz) als fraglos gegeben hinnehmen, in eine Welt fortwährender Sinnkonstitution auf. Es wird davon ausgegangen, dass durch die Sinnkonstitution jene Merkmale, die dieser Welt ihren vertrauten Charakter verleihen, methodisch erzeugt werden. Sinn produzieren die Gesellschaftsmitglieder, indem sie sich gegenseitig die Geordnetheit und Rationalität ihrer Handlungen anzeigen. Die Ethnomethodologie erforscht die methodische Erzeugung von sozialer Wirklichkeit im alltäglichen Handeln. Ziel ist es aufzudecken, wie die Alltagshandelnden sich wechselseitig den Sinn ihrer Alltagshandlungen aufzeigen und herstellen (als Überblick vgl. Coulon 1995). Die in den modernen Gesellschaften vorhandene natürliche Einstellung (Garfinkel 1967: 122 ff.) geht davon aus, dass es zwei unveränderliche Geschlechter gibt, die durch Genitalien eindeutig markiert sind und demnach einer der beiden Geschlechterklassen zugeordnet werden können. Schließlich wird die Dichotomie Mann/Frau, wie auch die Mitgliedschaft in einer der beiden Kategorien, als „natürlich“ aufgefasst. Dieser Klassifikation wird damit der Charakter der kulturellen Setzung entzogen und der eines „natürlichen Phänomens“ zugesprochen. Aufgrund dieser natürlichen Einstellung zum Geschlecht oder – wie es Carol Hagemann-White (1984: 81) nennt – der „Alltagstheorie der Zweigeschlechtlichkeit“ ist die ethnomethodologische Tradition vor allem mit dem Phänomen der Geschlechtszuschreibung („gender attribution“) befasst. Suzanne J. Kessler und Wendy McKenna (1978) haben gezeigt, dass die Genitalien nicht gleichermaßen das Geschlecht markieren, sondern dass der Penis das ausschlaggebende Merkmal der Zuordnung ist. Das Vorhandensein oder Fehlen eines Penis’ entscheidet über die Mann- oder Frau-Zuschreibung. Abgesehen von einigen Naturvölkern ist der Penis allerdings in Interaktionen dem Blick entzogen und wird durch Kleidung unsichtbar gemacht. Es stellt sich folglich die Frage, wie es unter diesen Bedingungen in aller Regel zuverlässig gelingt, die Geschlechtszugehörigkeit einer Person – ohne dass man sich ausführlich damit befassen muss – zu identifizieren. Die Stimme, Kleidung, Blicke, die Situation und vieles mehr können Indizien für die Geschlechtsattribution liefern (vgl. Hirschauer 1993; Lindemann 1993). Wie es Stefan Hirschauer (1993: 36) formuliert: „Betrachter ‚wissen‘ schon, dass jemand eine Frau oder ein Mann ist, bevor sie ‚Geschlechtsmerkmale‘ identifizieren können, die ihre Zuschreibung begründen. Eine Geschlechtszugehörigkeit wird aus Indizien konstruiert, die nur auf dem Hintergrund einer bereits *identifizierten* Geschlechtszugehörigkeit als ‚Indizien‘ erscheinen“.

In die alltägliche Geschlechtswahrnehmung ist ein Vorrang des Männlichen eingeschrieben. Es gilt die Regel: „See someone as female only when you cannot see them as male“ (Kessler/McKenna 1978: 158). Ausschlaggebend dafür ist nicht eine größere Visualität männlicher Geschlechtsmerkmale, sondern die Konstruktion von Geschlecht bedingt, dass diese besser wahrgenommen werden können. „In the social construction of gender ‚male‘ is the primary construction“ (Kessler/McKenna 1978: 159). Die Individuen erkennen in interaktiven Konstruktionsprozessen „nicht etwas, das objektiverweise da ist (die Geschlechterdifferenz), sondern es wird andauernd etwas gemacht, was da sein muss“ (Villa 2000: 72). Hier sprechen West und Zimmerman (2002) von „doing gender“ – dem Herstellungsprozess des Geschlechts im Alltag. Gender wird zum sozialen Phänomen, gelebt in der Interaktion, und nicht zum Merkmal von Individuen. Wir sind Frauen oder Männer, weil wir uns als solche mit unseren körperlichen Signalen (Gestik, Mimik, Bewegung etc.) und anderen Zeichen (z.B. Kleidung, Frisur, Make-Up etc.) vorstellen (mehr dazu im Band 2). Frau oder Mann *werden* ist ein langzeitiger, kulturell vorgeschriebener Prozess der Angleichung an Geschlechtsnormen. In der täglichen Existenz heißt das, dass wir ständig unsere Geschlechtszugehörigkeit aufrechterhalten, d.h. durch eindeutige Zeichen produzieren. Es handelt sich also hier um subjektives Handeln in Bezug auf unsere Männlichkeit und Weiblichkeit. Im Falle etwaiger ambivalenter (mehrdeutiger) Signale reagieren andere generell mit Irritation, Frustration und Unbehaglichkeit und versuchen, oft durch Nachfragen, Klarheit zu schaffen.

Ein zweiter Strang des interpretativen Ansatzes wurde von *Erving Goffman* kreiert. Goffmans *Forschungsprogramm der „interaction order“* (ausführlicher hierzu K. Lenz 1991) befasst sich mit der Geschlechterdarstellung in Interaktionen (vgl. auch Hirschauer 1993). Sichtbar gemacht werden die wirksamen Mechanismen und Regelstrukturen, die Frauen als Frauen und Männer als Männer erscheinen lassen und die für uns fortlaufend die Evidenz der Zuordnung unter Beweis stellen. Laut Goffman besteht die primäre Aufgabe der Geschlechterforschung also darin, die institutionellen Mechanismen aufzuzeigen, welche die Geschlechterordnung fortlaufend reproduzieren und dadurch für Rechtfertigungen und Erklärungen der Unterschiede herangezogen werden können. Gesellschaften verfügen über Idealbilder von Männlichkeit und Weiblichkeit, in denen das „Wesentliche“ und „Charakteristische“ der beiden Geschlechter gebündelt wird. Diese Idealbilder stellen einen Fundus von Erklärungen, Rechtfertigungen oder Entschuldigungen für individuelle Verhaltensweisen zur Verfügung („typisch Mann"; „typisch Frau"). Von Geschlechteridentität spricht Goffman dann, wenn Individuen sich durch die Bezugnahme auf die Geschlechterklasse definieren und ihr Verhalten an diesem Idealbild beurteilen. Um den zentralen Wirkmechanismus, den das Geschlecht gleichsam hinter dem Rücken der Geschlechter fortlaufend hervorbringt, stärker inhaltlich zu fassen, führt Goffman (1994) den Begriff der *institutionellen Reflexivität* ein. Mit diesem Begriff umschreibt Goffman tief verankerte institutionelle Praktiken, die in einem sozialen Arrangement geschlechterklassenbezogene individuelle Verhaltensweisen („Genderismus") zum Ausdruck bringen und so die Glaubensvorstellungen über die Natur der Geschlechter immer neu schaffen, indem diese mit unmittelbarer Evidenz ausgefüllt werden. Ein inzwischen viel zitiertes Beispiel, das Goffman selbst gebraucht, ist die geschlechtliche Trennung öffentlicher Toiletten[7]. Es ist für uns selbstverständlich, dass es an Arbeitsstätten und Versammlungsorten zwei getrennte Toiletten gibt. Das Fehlen entsprechender sanitärer Anlagen kann – wie Beispiele aus Männerberufen zeigen – sogar als Argument gegen die Anstellung von Frauen verwendet werden. Goffman weist darauf hin, dass „das Arrangement dieser Absonderung (…) nicht an den biologischen Erscheinungen selbst" anknüpfen kann, „sondern nur an den landläufigen Auffassungen der biologischen Erscheinungen" (Goffman 1994: 134). Weiter schreibt Goffman (1994: 134): „Es betrifft zwar die Funktionsweise der je nach Geschlecht unterschiedlichen Organe, doch nichts an dieser Funktionsweise würde biologisch eine Absonderung verlangen; dieses Arrangement ist ein rein kulturelles Phänomen". Die Trennung der öffentlichen Toiletten wird als „natürliche Folge des Unterschieds" hingestellt, „obwohl sie tatsächlich mehr ein Mittel zur Anerkennung, wenn nicht gar zur Erschaffung dieses Unterschieds ist" (Goffman 1994: 134).

Dieses Beispiel zeigt deutlich den Primat der sozialen Praxis, der biologisch gegebene Unterschiede lediglich dazu braucht, um ein symbolisches Mittel zur Darstellung der Geschlechterordnung zu gewinnen und diese dadurch im Alltag dominant zu machen. Im Unterschied zur Ethnomethodologie beschränkt sich Goffman nicht auf die interaktive, lokal gebundene Konstruktion von Geschlecht („doing gender"), sondern bezieht auch vorgegebene Kulturmuster, die im sozialen Handeln wirksam werden, mit ein. Männer und Frauen sind an der Herstellung und Fortschreibung der Geschlechterordnung gleichermaßen beteiligt. Sie müssen diese Darstellungspraktiken aber nicht erst selbst erfinden, sondern als sozialisierte Mitglieder einer Gesellschaft verfügen sie über ein breites Repertoire, sich gegenseitig die Geschlechterzugehörigkeit und zu-

7 Nicht überall gibt es getrennte öffentliche Toiletten. Die Deutsche Bahn kommt in ihren Zügen ohne Trennung aus. Es stellt sich die Frage, warum eigentlich?

gleich die Natürlichkeit der damit verbundenen Unterschiede anzuzeigen und unter Beweis zu stellen.

1.4.2 Kulturalistischer Ansatz der Geschlechterforschung

Der zweite zentrale Strang der konstruktivistischen Geschlechterforschung wird häufig mit dem aus Frankreich kommenden Poststrukturalismus in Verbindung gebracht. Die prominenteste Vertreterin ist Judith Butler (zur Übersicht vgl. Villa 2003; Bublitz 2002), deren 1990 erschienenes Buch „Gender Trouble. Feminism and the Subversion of Identity“ (dt.: 1991: Das Unbehagen der Geschlechter) in der Frauen- und Geschlechterforschung sowie in der feministischen Öffentlichkeit hohe Aufmerksamkeit erregt hat. Butler und der (post-)strukturalistische Ansatz stehen für den „cultural turn“ oder „linguistic turn“ der Geschlechterforschung.

Butler meint, dass die Differenzierung von sex und gender nicht ausreiche, um sich aus „der Klammer biologistisch-naturalistischer Argumentationen“ (Becker-Schmidt/Knapp 2007: 86) zu befreien. Butler sieht darin vielmehr eine raffinierte Form ihrer Fortschreibung, da der binäre Rahmen von Geschlecht gesichert werde, indem die Dualität als „natürlich“ vorgegeben ausgewiesen wird. Dieser auf René Descartes zurückgehende Dualismus von Körper und Geist ist für Butler (1991: 31) nicht nur sachlich falsch, sondern er ist auch „phallogozentrisch“. Mit diesem, von Jacques Derrida geprägten Begriff ist gemeint, dass „in der Moderne das Geistige männlich und das Körperliche weiblich kodiert ist“ (Villa 2003: 82). Diese Trennung habe „traditionell und implizit die Geschlechter-Hierarchie produziert, aufrechterhalten und rational gerechtfertigt“ (Butler 1991: 31). Nicht nur gender, sondern auch sex ist eine „veränderbare Konstruktion“, denn die „angeblich natürlichen Sachverhalte“, die im sex enthalten sind, sind „in Wirklichkeit diskursiv produziert“ (Butler 1991: 23). Das, was gemeinhin als biologisches Substrat betrachtet wird, ist keine objektive Tatsache, sondern ein Diskurseffekt.

Mit dem zentralen Begriff des Diskurses knüpft Butler unmittelbar an den französischen Philosophen Michel Foucault an (ausführlicher hierzu vgl. Bublitz 1999). Butler teilt die poststrukturalistische Sicht von Diskurs als primären Modus der Konstruktion sozialer Wirklichkeit. Diskurse sind Systeme des Denkens und des Sprechens; sie konstituieren das, was wir von der Welt wahrnehmen, indem sie unsere Wahrnehmungsmuster grundlegend formen. Der Diskursbegriff des Poststrukturalismus wendet sich gegen eine Auffassung von Sprache als einer bloßen Deskription des Vorhandenen. Demgegenüber wird auf die Produktivität der Diskurse verwiesen[8].

---

8 Zur Erläuterung der produktiven Mechanismen der Diskurse am Beispiel der Rede greift Butler auf die Sprechakttheorie von John L. Austin (1976) zurück. Nach dieser Theorie haben bestimmte Sprechakte Handlungscharakter. In performativen Sprech-

Diskurse stellen eine Metaordnung dar, die aus einer ungeordneten Welt unterscheidbare und dadurch erkennbare Objekte macht. Diskurse definieren den Bereich des Denk- und Lebbaren; die Subjekte können in der Welt nur erkennen, wofür sie über sprachlich-diskursive Kategorien verfügen. Diese Definitionskraft umschreibt zugleich die Macht der Diskurse. Butler will aufzeigen, wie es dazu kommt, dass „Frauen“, „Männer“, „Lesben“ oder „Schwule“ sinnvolle und verständliche Bezeichnungen sind. Der Konstruktivismus verwirft die Auffassung, dass der spezifische Sinn dieser Begriffe in den Dingen selbst liege. Vielmehr erhalten sie diesen erst durch die Diskurse. Diskurse weisen den Dingen einen Namen und damit eine Bedeutung zu und sie können alternative Bedeutungen als „unmöglich“ und „völlig abwegig“ diskreditieren.

Das zentrale Anliegen von Butlers Geschlechtertheorie ist eine Genealogie der Geschlechterontologie. Es geht darum, das Geschlecht zu ent-naturalisieren. Zwangsheterosexualität meint die hegemoniale Norm, der zufolge nur das Begehren des anderen Geschlechts als normal gilt und alle anderen Formen sexueller Begierde abweichend sind. Diese Norm stützt die Vorstellung der Reproduktion als den ‚eigentlichen Zweck‘ der Sexualität und bewirkt die Disziplinierung „subversive(r) Mannigfaltigkeit einer Sexualität“ (Butler 1991: 41). Diese kritische Perspektive geht einher mit Butlers politischem Engagement im Bereich der „queer politics“ und ist rückgebunden an Erfahrungen von Identitätszwang und der Ausgrenzung, die diejenigen machen, die aus dem Raster der sexuellen Normalität fallen (als Überblick vgl. Kraß 2003).

Geschlecht ist für Butler keine überdeterminierte Wirklichkeit, die ein für allemal gegeben ist, vielmehr ist es notwendig, dass der „substantivische Effekt der Geschlechtsidentität“ (Butler 1991: 49) im Vollzug der performativen Wiederholung, des iterativen Zitierens der Geschlechternormen erzeugt werde. Der Alltag der Geschlechter setzt sich aus endlosen Anstrengungen zusammen, eine „richtige Frau“ oder ein „richtiger Mann“ zu sein. Gender „besteht (..) aus ‚wiederholten Darbietungen‘ und Inszenierungen, die letztendlich nie ein Ende finden“ (Villa 2003: 71). Nicht nur Travestie imitiert eine Geschlechteridentität; letztlich muss jede Geschlechterdarstellung dem Muster der Travestie folgen und auf Imitation zurückgreifen. Da es kein authentisches, unvermitteltes Original, kein ‚Urbild‘ gibt, wie eine Frau oder ein Mann sich zu verhalten, zu fühlen oder zu sein haben, ist jede Geschlechterdarstellung „eine Imitation einer Imitation einer Imitation“ (Villa 2003: 75). Performative Geschlechteridentitäten sind dabei zugleich Naturalisierungsstrategien: Sie verschleiern die Inszenierung und lassen

akten wird nicht nur etwas ausgesprochen, sondern Sprechen bedeutet zugleich eine Handlung auszuführen. Zur Veranschaulichung hat Austin selbst das Beispiel der Trauung eines Brautpaares gewählt. Durch den Satz des Standesbeamten „hiermit erkläre ich euch zu Mann und Frau“ wird aus zwei Menschen ein Ehepaar.

sich als Ausdruck einer sich selbst ausdrückenden Natur erscheinen. Obwohl dies eigentlich nahe liegend sein sollte, kommt Butler nicht zu dem Schritt, die Inszenierung von Geschlecht durch Beobachtungsstudien oder Studien zur Geschlechterdarstellung in den Medien zu belegen. Hier wird die Empirieferne ihrer Entwürfe deutlich erkennbar (vgl. auch Villa 2003).

1.4.3 Integrativer Ansatz der Geschlechterforschung

Auf dem Dresdner Soziologiekongress wurde von Gudrun-Axeli Knapp (1997) und von Karin Gottschall (1997) an der konstruktivistischen Geschlechterforschung die Vernachlässigung gesellschaftlicher Strukturen kritisiert. Dies ist sicherlich eine Kritik, die für die interpretativen und kulturalistischen Ansätze zutrifft. Daneben hat sich aber ein dritter Ansatz der konstruktivistischen Perspektive entwickelt, der den Anspruch hat, dieser Beurteilung zu entgehen. In dieser Traditionslinie sollen unterschiedliche Arbeiten zusammengefasst werden, die sich selbst möglicherweise gar nicht ähnlich sehen. Dennoch halten wir das für angebracht, da es einige Arbeiten gibt, die von einer konstruktivistischen Position ausgehen und bestrebt sind, einen Mikro-Makro-Link herzustellen, also die Handlungsebene mit der Strukturebene zu verbinden. Diese Ausweitung der Analyseebenen hat uns auch dazu veranlasst, bei diesem dritten Ansatz nicht von einem institutionellen oder strukturellen Ansatz zu sprechen, sondern von einem integrativen. Die Verwendung des Institutionen- bzw. Strukturkonzepts soll lediglich dazu dienen, anzuzeigen, dass es neben dem Individuum, der Interaktion und der Kultur verstärkt darauf ankomme, die (makro)strukturelle Ebene in die konstruktivistische Geschlechterforschung einzubeziehen. Im konstruktivistischen Theorieprogramm wird damit aufgegriffen, was im Rahmen des Sex-Gender-Modells vielfach ein zentraler Anspruch war und ist, nämlich die Fokussierung auf geschlechtliche Ungleichheitsstrukturen.

Eine prominente Vertreterin des dritten Ansatzes ist Judith Lorber, deren Buch „Gender-Paradoxien", das im Original 1994 und in der deutschsprachigen Übersetzung 1999 erschienen ist, in der deutschsprachigen Rezeption eine hohe Aufmerksamkeit gewonnen hat. Lorbers Herangehensweise ist es, Geschlecht als soziale Institution aufzufassen. „Gender" ist für Lorber (1999: 47) „eine menschliche Erfindung wie Sprache, Verwandtschaftsbeziehungen, Religion und Technologie." Obwohl sich Geschlecht zwar in persönlichen Identitäten und in der sozialen Interaktion manifestiere, setzt die Autorin „nicht beim Individuum und auch nicht bei den interpersonalen Beziehungen" (Lorber 1999: 41) an. Vielmehr versteht sie Geschlecht als eine Institution, die „die Erwartungsmuster für Individuen bestimmt, die sozialen Prozesse des Alltagslebens regelt, in die (die) wichtigsten Formen der sozialen Organisation einer Gesellschaft, also Wirtschaft, Ideologie, Familie und Politik, eingebunden (…)" sind (Lorber 1999: 41). Indem das Geschlecht als Institution aufgefasst wird, wird deutlich gemacht, dass es nicht ausreiche, Geschlecht als individuelles Merkmal aufzufassen. Geschlecht ist vielmehr eine in soziale Prozesse und alle Gesellschaftsbereiche eingebettete und eingeschriebene soziale Konstruktion, die es auf verschiedenen Ebenen zu analysieren gilt.

Der Institutionen-Begriff hat in der Soziologie bereits eine lange Tradition, die auf Emile Durkheim und darüber hinaus zurückreicht (vgl. Gukenbiehl 2008). Lorber geht darauf nicht ausdrücklich ein. Patricia Yankey Martin (2004) hat dies ergänzt, indem sie ausgehend von der Begriffsgeschichte die zentralen Merkmale von Institutionen aufzeigt, die auf Geschlecht zutreffen. Gegen die Verwendung des Institutionenkonzepts wendet sich Barbara J. Risman (1998; 2004). Von Institutionen zu sprechen, sei zu allgemein und mit Institution verbinden sich in der Soziologie unterschiedliche Bedeutungen. Inhaltlich in Übereinstimmung mit Lorber und Martin plädiert sie deshalb dafür, Geschlecht als soziale Struktur aufzufassen. Risman stützt sich für die weitere Konzeptualisierung auf die Theorie der Strukturierung von Anthony Giddens (1984), die eine Wechselbeziehung von Struktur und Handeln beinhaltet. Während Handeln die Struktur kreiert, aufrechterhält und ändert, beschränkt die Struktur menschliches Handeln. Schon damit wird deutlich, dass es nicht das zentrale Anliegen dieses Ansatzes ist, die Analyse auf die Makroebene zu begrenzen, sondern dass es in erster Linie um eine Erweiterung geht. Dies bringt Risman (2004: 433) folgendermaßen zum Ausdruck: „A theory of gender as a social structure must integrate this notion of causality as recursive with attention to gender consequence at multiple levels of analysis. Gender is deeply embedded as a basis for stratification not just in our personalities, our cultural rules, or institutions but in all these, and in complicated ways. The gender structure differentiates opportunities and constraints based on sex category and thus has consequence on three dimensions: (1) At the individual level, for the development of gendered selves, (2) during interaction as men and women face different cultural expectations even when they fill the identical structural positions, and (3) in institutional domains where explicit regulations regarding resource distribution and material goods are gender specific."

Zu den integrativen Ansätzen können auch Pierre Bourdieus Analysen der Geschlechterordnung gerechnet werden. Die hat er zunächst in einem 1990 in der Zeitschrift „Actes de la Recherche en sciences sociales" veröffentlichten Aufsatz mit dem Titel „La domination masculine" (dt. 1997 a) und später in erweiterter Fassung in einem Buch unter demselben Titel (orig. 1998), das mittlerweile in mehreren Sprachen (dt.: „Die männliche Herrschaft" 2005) übersetzt ist, vorgelegt[9] (als Überblick vgl. Dölling 2009).

Aus dem Strukturalismus kommend ist es Grundanspruch von Bourdieu, zwischen Subjektivismus und Objektivismus zu vermitteln. Die Primärer-

9 Das Thema der männlichen Herrschaft hat Bourdieu auch für seine Preisrede anlässlich der Verleihung des Goffman-Preises in Berkeley ausgewählt, den er als erster bekommen hat (dt. 1997 c).

fahrungen der Subjekte sind ebenso einzubeziehen, wie die von den Subjekten unabhängig existierenden Strukturen. Beide Ebenen des Sozialen sollen in einer praxeologischen, d. h. an der Praxis orientierten, Theorie verbunden werden. Ein zentraler Bestandteil dieser Praxistheorie ist das Habitus-Konzept (vgl. Krais/Gebauer 2002). Die sozialen Akteure sind nach Bourdieu mit systematisch strukturierten Dispositionen ausgestattet (opus operatum), die für ihre Praxis konstitutiv sind (modus operandi). Die Basis des Habitus bildet die spezifische Soziallage, die durch eine bestimmte Kapitalkonfiguration aus ökonomischen, kulturellen und sozialen Kapitel bestimmt ist. Der Habitus formt sich mittels Sozialisationsprozessen im Zuge der Verinnerlichung der äußeren Bedingungen des Daseins. Er beruht auf Erfahrungen, die an die spezifische soziale Position des Akteurs oder der Gruppen von Akteuren im sozialen Raum gebunden sind. Von besonderem Gewicht sind die ursprünglichen Erfahrungen des Herkunftsmilieus; aber im Lebenslauf sind durchaus auch Modifikationen möglich. Der Habitus umfasst Wahrnehmungs-, Denk- und Handlungsschemata, die analytisch auseinander gehalten werden können, im Vollzug der Praxis aber unauflöslich miteinander verflochten sind. Dieses habituelle Dispositionssystem dient dem Akteur zur Orientierung in der sozialen Welt und zur Hervorbringung angemessener Praktiken. Es entzieht sich aber weitgehend dem diskursiven Bewusstsein; es bleibt mehr oder minder verborgen, wird nur implizit praktiziert. Am deutlichsten wird dies dann, wenn Bourdieu auf die Verankerung des Habitus im Leib verweist. „Was der Leib gelernt hat, das besitzt man nicht wie ein wiederbetrachtbares Wissen, sondern das ist man“ (Bourdieu 1999: 135). Geschlecht wird von ihm als „eine ganz fundamentale Dimension des Habitus“ (Bourdieu 1997b: 222) aufgefasst.

Die Geschlechterordnung ist nach Bourdieu nachhaltig durch die männliche Herrschaft bestimmt. Die männliche Herrschaft ist für ihn der Prototyp der symbolischen Gewalt. Darunter versteht er „jene sanfte, für die Opfer unmerkliche, unsichtbare Gewalt, die im Wesentlichen über die rein symbolischen Wege der Kommunikation und des Erkennens, oder genauer des Verkennens, des Anerkennens, oder äußerstenfalls, des Gefühls ausgeübt wird“ (Bourdieu 2005: 8). Aus erkenntnistheoretischen Gründen greift Bourdieu auf seine ethnologische Feldstudie bei den Kabylen in Algerien[10] zurück, die er Ende der 1950er Jahre durchgeführt hat. Durch diese kulturelle Distanz soll vermieden werden, dass bei der Analyse männlicher Herrschaft auf aus der eigenen Gesellschaft vertraute Denkweisen zurückgegriffen wird, die selbst Produkte dieser männlichen Herrschaft in der eigenen Gesellschaft sind. Dieses Fallbeispiel soll sowohl als Detektor für das Entdecken von Spuren einer androzentrierten (auf den Mann als Norm und Maßstab gerichteten) Weltsicht in der Gegenwartsgesellschaft dienen, als auch ein Messinstrument für den Wandel der Geschlechterordnung sein.

10 Die Kabylen sind ein in Nordosten von Algerien lebendes Berber-Volk.

Bourdieu (2005: 74) wendet sich gegen einen „idealistischen Konstruktivismus ethnomethodologischer oder sonstiger Provenienz". Die Konstruktionen sind „alles andere (…) als der willentliche, freie, bewusste intellektuelle Akt eines ‚einsamen Subjekts'". An anderer Stelle schreibt Bourdieu (1997c: 97): „Männer und Frauen konstruieren die soziale Welt, gut, aber sie tun dies mit Formen und in Kategorien, die sie nicht wählen, die sie nicht selbst herstellen und deren Subjekte sie nicht sind. Wenn wir sagen, daß *gender*, *race* und *class* und andere soziale Unterscheidungsmerkmale ‚gesellschaftlich konstruiert' sind, so dürfen wir nicht vergessen, daß die Konstrukteure gesellschaftlichen Voraussetzungen und Mechanismen unterliegen, einschließlich des Staates, der über die Vermittlung legitimer Identitäten (…) zum verborgenen Großkonstrukteur der Handelnden geworden ist. Die männliche Ordnung ist also sowohl den Institutionen und Akteuren eingeschrieben, wie den Positionen und Dispositionen, Dingen (und Worten) auf der einen und Körpern auf der anderen Seite. Die androzentrische Sichtweise der Welt ist der Gemeinsinn unserer Welt, da sie dem Kategoriensystem aller Akteure eingeschrieben ist, einschließlich der Frauen". Sein Anliegen ist eine „*materialistische(n) Analyse der symbolischen Ordnung*" (Bourdieu 1997c: 97; Hervorhebung im Original). Weder eine materialistische Analyse der materiellen Ordnung noch eine symbolische Analyse der symbolischen Ordnung reiche aus, vielmehr komme es darauf an, „materialistisches Denken in die Analyse des symbolischen Universums hineinzutragen", wodurch nochmals die angestrebte Verknüpfung von Objektivismus und Subjektivismus deutlich wird.

Das Explanandum ist für Bourdieu die unhinterfragte Selbstverständlichkeit mit der die männliche Herrschaft nicht nur akzeptiert und immer schon vorausgesetzt wird (vgl. Dölling 2009). Die männliche Herrschaft bedarf keiner legitimatorischen Diskurse; sie ist in den Praktiken und Diskursen fest verankert. „Die soziale Ordnung funktioniert" nach Bourdieu (2005: 21) „wie eine gigantische symbolische Maschine zur Ratifizierung der männlichen Herrschaft". Weder ein Phantasiegebilde des ‚ewig Weiblichen', Annahmen über die biologische ‚Natur' der Geschlechterdifferenz noch über ein ahistorisch-unveränderliches Patriarchat kann diese Konstanz erklären. Vielmehr komme es darauf an, „die geschichtlichen Mechanismen und Institutionen zum vorrangigen Gegenstand zu machen" (Bourdieu 2005: 12).

Bourdieus Analyse der Geschlechterordnung zielt also darauf ab, Bedingungen und Mechanismen der fortlaufenden Reproduktion männlicher Herrschaft aufzuzeigen. Produziert und fortlaufend reproduziert wird die männliche Herrschaft dadurch, dass sie in der sozialen Welt objektiviert und im Habitus inkorporiert ist. Zu ihrer nicht hinterfragbaren Evidenz tragen die Geschlechterklassifikationen bei, durch sie bewegen sich die Menschen in einer zweigeteilten Welt. Die Geschlechterdifferenz ist in „ein(em) System anthropologischer und kosmologischer Oppositionen" eingebettet, die konstitutiv für die Welterfahrung und -anschauung ist. Während die einzelne Unterscheidung belanglos ist, gewinnt sie „objektive und subjektive *Notwendigkeit*“ dadurch, dass sie in „ein unauflösliches und unerschöpfliches System homologer Oppositionen“ eingebunden ist, „die einander wechselseitig verstärken“ (Bourdieu 1997c: 92; Hervorhebung im Original). Durch Einsetzungsriten (z.B. Beschneidung), die symbolische Neuerschaffung anatomischer Unterschiede, die symbolische Kodierung des Sexualaktes und der symbolischen und praktischen Organisation der Gebrauchsweisen des Körpers kommt es zu einer Verleiblichung sozial konstruktiver Geschlechterdifferenzen. Durch den Sozialisationsprozess werden sie den Körpern in Gestalt von Dispositionen eingeschrieben und werden so zu „kognitiven Kategorien, vermittels derer Individuen die Welt als sinnvolle, gelebte Wirklichkeit erkennen und konstruieren können“ (Bourdieu 1997c: 93).

Von der männlichen Herrschaft beherrscht, sind nicht nur die Beherrschten, sondern auch die Herrscher, was Bourdieu anhand des Romans „To the Lighthouse“ (orig. 1927; dt.: 1993 „Zum Leuchtturm“) von Virginia Woolf verdeutlicht. Jeder Mann ist zugleich Gefangener und Opfer der herrschenden Vorstellung der Männlichkeit; er ist mit der Pflicht konfrontiert, „seine Männlichkeit unter allen Umständen zu bestätigen“ (Bourdieu 2005: 92). Jeder Mann muss sich dieser „illusio“ stellen und sie in seinem Handeln verwirklichen. „Diese illusio bewirkt, dass die Männer (im Gegensatz zu den Frauen) gesellschaftlich so konstituiert und konditioniert sind, dass sie sich wie Kinder von allen ihnen gesellschaftlich zugewiesenen Spielen packen lassen, deren Form par excellence der Krieg ist.“ (Bourdieu 2005: 132f.) Als „Basis-illusio“ bezeichnet er die Überzeugung der Männer, dass die Spiele es verdienen gemäß den Regeln bis zum Ende gespielt zu werden. In fortgeschrittenen Gesellschaften haben sich diese Spiele der Ehre auf die Schauplätze der Politik, der Wirtschaft und Wissenschaft verschoben bzw. erweitert. Frauen sind von diesen Spielen weitgehend ausgeschlossen. Sie können dadurch den „Scharfblick der Ausgeschlossenen“ (Bourdieu 1997a: 196) gewinnen und die männlichen Spiele durchschauen. Zumeist sind sie aber „dazu verurteilt, über andere (…) durch eine emotionale, solidarische Verbundenheit mit dem Spieler“ (Bourdieu 1997a: 197) teilzunehmen.

Klasse und Geschlecht lassen sich für Bourdieu nicht trennen: „Man kann wissenschaftlich nicht auseinanderhalten, was der Klasse und was dem gender zukommt. (…) Was in der Sozialisation, d.h. in einer vergeschlechtlichten, geschlechtlich bestimmten sozialen Position erworben wird, das ist eine vergeschlechtlichte, geschlechtlich spezifizierte soziale Disposition.“ (Bourdieu 1997b: 225) Ihm geht es darum, aus der empirisch fundierten Kenntnis der sozialen Felder und ihrer Eigenlogik aufzuzeigen, wie Geschlecht zur Rechtfertigung sozialer Ungleichheit wird und wie Institutionen zur Reproduktion männlicher Herrschaft beitragen. Auch dort, wo sich Veränderungen zugunsten der Frauen ereignet haben, gelte es den Blick zu wahren für die Persistenz männlicher Herrschaft im und durch den Wandel (vgl. auch Dölling 2009).

1.4.5 Grenzen des Konstruktivismus

Obwohl das konstruktivistische Paradigma mittlerweile die Geschlechterforschung dominiert, ist es dennoch auch Gegenstand der Kritik. Grenzen des Konstruktivismus werden sowohl von Seiten der Geschlechter-, Frauen- wie auch von Seiten der Männerforschung aufgezeigt. Insgesamt lässt sich die vorgebrachte Kritik u. E. auf drei Punkte konzentrieren:

(1) Vernachlässigung der Sozialstruktur

Die Kritik an der sozialstrukturellen Blindheit trifft – wie bereits angemerkt – vor allem auf die interpretativen und kulturalistischen Ansätze zu. Weder Garfinkel und Goffman noch Butler haben einen elaborierten Gesellschaftsbegriff. Völlig ausgespart bleibt, dass die Geschlechterordnung immer in eine Sozialstruktur oder – konkreter gesprochen – in ein Wirtschaftssystem und in ein politisches System eingebettet ist und von diesen Systemen – ohne von einem Determinismus zu sprechen – in vielfältiger Weise beeinflusst wird. Sicherlich kann man argumentieren, dass die Gesellschaftsebene jenseits des Erklärungsanspruches dieser Ansätze liegt. Theoretische Modelle haben keineswegs die Pflicht, alles thematisieren und erklären zu müssen. Dennoch liegt hier eine offenkundige Grenze der Anwendbarkeit dieser Perspektiven, um die Wandlungstendenzen der Geschlechterordnung damit erfassen zu können.

Eine Gegenposition wird von Lothar Böhnisch (2003) formuliert. Für ihn ist es die Entwicklung des Industriekapitalismus, die wesentlich zum Wandel der Geschlechterordnung beigetragen hat. In der im Rahmen des Feminismus breit geführten Debatte über das Verhältnis von Kapitalismus und Patriarchat (vgl. Beer 1990) wird oft zugunsten eines Vorrangs des Wirtschaftssystems argumentiert. Der tief greifende Wandel des Wirtschaftssystems hat eine unmittelbare Auswirkung auf die Geschlechterordnung. Rigide und starre Geschlechterzuschreibungen könne es im neuen (digitalen) Kapitalismus nicht mehr geben. Nach Böhnisch (2003) kommt es mit dem Aufkommen des neuen Kapitalismus zu einer Entkoppelung der männlichen Geschlechterklasse vom Grundprinzip des Wirtschaftens. Das männliche Prinzip der Externalisierung, in dem die unbedingte Wachstumsorientierung zum Ausdruck kommt, wirke zwar – intensiver denn je – im digitalen Kapitalismus weiter. Allerdings ist dieses Prinzip inzwischen losgelöst von den Männern und nun auch Frauen zugänglich.

(2) Vernachlässigung des Körpers und des Subjekts

Vehement kritisiert wird die Vernachlässigung des Körpers als einer vorgegebenen Kategorie bei Butler. Diese Kritik kann nicht auf die anderen Positionen übertragen werden, da diese den Körper explizit thematisieren bzw. dies dort durchaus stärker möglich ist. Dennoch hat sich innerhalb der konstruktivistischen Geschlechterforschung, und in der kritischen Auseinandersetzung mit dieser, eine breite Debatte über den Körper in der Geschlechterforschung (ausführlich im Band 2) entwickelt (vgl. Lindemann 1993; Villa 2000; Maihofer 1994 a). Dabei wird auf die Philosophische Anthropologie Bezug genommen (vgl. ausführlich Fischer 2008), die deutlich macht, dass das Menschsein auch eine vorsoziale Qualität aufweist – bei Helmut Plessner (1975) in die Kategorie des Leibes gefasst. Betont wird, dass der Leib, als eine Dimension des Körpers, auch jenseits des Diskurses vorhanden ist und als solche immer auch im leiblichen Empfinden erfahrbar ist (vgl. Gugutzer 2002). Der Körper ist eine kulturelle Kategorie, aber der Körper ist auch etwas außerhalb dieses sozialen Kategorienschemas. Der Körper bringt eine Verortung des Menschen in der Dingwelt mit sich, die man nicht in einer reinen Sozialwelt auflösen kann. Argumentiert wird, dass dies von einer Geschlechterforschung zur Kenntnis genommen werden muss. Die Folgerungen daraus sind aber unterschiedlich: Während es für einige durchaus möglich ist, den Körper hinreichend in eine konstruktivistische Geschlechterforschung einzubeziehen, folgt für andere daraus eine Rückkehr zum Sex-Gender-Modell.

Bei Butler kann zwar von einer Subjekttheorie gesprochen werden, aber das Subjekt ist für sie nur eine diskursive Formation, eine Idee. Ihre Suche gilt den Mechanismen der Produktion dieser Idee des autonomen, beständigen und mit sich selbst identischen Subjekts. Butler möchte aufzeigen, welche Diskurse, Praxen und Interessen das Subjekt der westlichen Moderne geformt haben. Die Ausführungen der interpretativen und auch integrativen Ansätze zum Subjekt sind noch ungleich knapper. Sie begnügen sich weitgehend mit der Annahme eines aktiven Subjekts, aber die inneren Vorgänge im Subjekt bleiben unsichtbar. In der Kritik an dieser Vernachlässigung wird z. B. gefordert, diese Leerstelle durch die Rezeption der Psychoanalyse zu füllen (vgl. Böhnisch 2003), um damit auch tiefenpsychische Prozesse erfassbar zu machen.

(3) Erklärungsdefizite im Wandel der Geschlechterordnung

Die konstruktivistische Perspektive bleibt gegenüber zahlreichen Veränderungstendenzen überraschend blind. Implizit liegt dieser Perspektive das Axiom der Permanenz des kulturellen Unterschieds zugrunde. Sicherlich besonders ausgeprägt trifft dies für Bourdieus Theorie der symbolischen Gewalt zu. Seine Analyse der männlichen Herrschaft erweckt den Eindruck einer Hyperstabilität und Wandlungsresistenz der Geschlechterordnung. Wie aber lassen sich die vorhandenen Tendenzen zu mehr Geschlechtergerechtigkeit (z. B. stärkere Präsenz der Frauen in der Politik, starke Aufholung der jungen Frauen bei den Bildungsabschlüssen) erklären?

Die breite Rezeption des konstruktivistischen Ansatzes hat dieses Axiom jedoch weitgehend übersehen. Im Gegenteil, vieles spricht dafür, dass der geweckte Optimismus hinsichtlich der Veränderungen in der Geschlechterordnung, die Rezeption des konstruktivistischen Paradigmas in der Geschlechterforschung maßgeblich angetrieben hat (vgl. auch K. Lenz 2001). Die zentrale Aussage, dass die Geschlechterdifferenz nicht in der Geschlechter-Natur der Subjekte wurzele, sondern auf Diskurse bzw. eine interaktive Praxis („doing") verweise und damit ein kulturelles Phänomen sei, generierte einen weit verbreiteten ‚Glauben', dass damit die Differenzen zu überwinden seien und schnell zu einer Gleichheit der Geschlechter vorangeschritten werden könne. Unterstellt wird, dass alles, was konstruiert ist, auch nahezu beliebig veränderbar sei. Im Unterschied zur harten, hyperstabilen Natur wird die Kultur als weich, biegsam und gestaltbar aufgefasst. Aus den rezipierten Theorieprogrammen lässt sich dieser Optimismus allerdings nicht ableiten; Butler (1991) hat sich auch ausdrücklich gegen diese Lesart gewandt. Auch lassen sich inhaltlich berechtigte Zweifel anmelden, da hierbei die Persistenz kultureller Formen maßlos unterschätzt wird. Warum sollten kulturelle Hervorbringungen, die über viele Generationen entstanden sind, so viel leichter veränderbar sein als die Natur? Weist die Natur nicht sehr viel mehr an Abstufungen und Nuancen auf als die Kultur, die uns alle verbindlich in zwei exklusive, dichotom konstruierte Klassen von Menschen – Frau oder Mann – zwingt? Ist es nicht gerade die Kultur, die uns hinterlistig und dauerhaft festschreibt und uns die Reproduktion bestimmter Geschlechtermuster aufzwingt?

➲ Schlüsselbegriffe

Geschlecht – gendered (vergeschlechtlicht) – gendering (vergeschlechtlichen) – Frauenbewegung – Feminismus – Frauenforschung – Geschlechterforschung – Männerforschung – Natur-Modell der Geschlechter – Sex-Gender-Modell – Patriarchat – Sexismus – Konstruktivismus – Geschlechterordnung – Geschlechterverhältnis – Geschlechterbeziehung – Geschlechterhandeln („doing gender") – Geschlechteridentität – Geschlechterbilder – Geschlechternormen – Geschlechtercharaktere – Geschlechterwissen – Geschlechterprivilegien – Geschlechtergleichheit – Geschlechtergerechtigkeit

Diskussionsfragen

1. Am Anfang dieses Buches stand ein Gedankenexperiment. Nun stellen Sie sich vor, Sie leben im Jahr 2050 und Sie wachen eines Morgens im „anderen Geschlecht" auf. Was glauben Sie, mit welchen Änderungen wären Sie konfrontiert? Sind die Geschlechterdifferenzen dann vielleicht verschwunden?
2. Versuchen Sie Ihre Privilegien sichtbar zu machen. Sind Sie als heterosexuelle Person, als Mann, als junger Mensch oder als deutsche Frau privilegiert? Beschreiben Sie, wie sich diese Privilegien in Ihrem Tagesablauf bemerkbar machen.
3. Diskutieren Sie die Stärken und Schwächen der vorgestellten konstruktivistischen Ansätze.
4. Stellen Sie sich zunächst vor, in einer Diskussion argumentiere jemand aus der Sicht des Natur-Modells der Geschlechter. Mit welchen Argumenten würde Sie im Anschluss daran als Soziologin bzw. Soziologe kontern?

Weiterführende Literatur

Als Nachschlagewerk mit kurzen Artikeln zu einer Vielzahl von Themen

Becker, Ruth/Kortendiek Beate (Hrsg.) (2008): Handbuch Frauen- und Geschlechterforschung. Theorie, Methoden, Empirie. Wiesbaden: VS Verlag für Sozialwissenschaften

Eine Sammlung zentraler Texte der Frauen- und Geschlechterforschung

Hark, Sabine (Hrsg.) (2007): Dis/Kontinuitäten. Feministische Theorie. 2. aktualisierte und erweitere Aufl. Wiesbaden: VS Verlag für Sozialwissenschaften

19 Schlüsselwerke der Geschlechterforschung werden in einzelnen Artikeln vorgestellt

Löw, Martina/Mathes, Bettina (Hrsg.) (2005): Schlüsselwerke der Geschlechterforschung. Wiesbaden: VS Verlag für Sozialwissenschaften

Umfangreiche Dokumentensammlung der neuen Frauenbewegung mit einer informativen Einleitung

Lenz, Ilse (2008): Die Neue Frauenbewegung in Deutschland. Abschied vom kleinen Unterschied. Eine Quellensammlung. Wiesbaden: VS Verlag für Sozialwissenschaften

Zwei empfehlenswerte englischsprachige Einführungen

Renzetti, Claire M./Curran, Daniel (2003): Women, Men, and Society. 5. Edition. Boston: Allyn and Bacon

Kimmel, Michael S. (2008): The Gendered Society. 3. Edition. Oxford: Oxford University Press

Einführung in feministische Theorien

Becker-Schmidt, Regina/Knapp, Gudrun-Axeli (2007): Feministische Theorien zur Einführung. Hamburg: Junius Verlag

Internetadressen

Sektion Frauenforschung der DGS
http://www.frauen-undgeschlechterforschung.de

American Sociological Association (ASA)/ Section on Sex and Gender
http://www2.asanet.org/sectionsexgend/

Sociologists for Women in Society
http://www.socwomen.org

Datenbank „Frauen-Biographien" von Luise Pusch
http://www.fembio.org

Zeitschriften

Feministische Studien (seit 1982; http://www.feministische-studien.de/)

Zeitschrift für Frauenforschung und Geschlechterstudien
(seit 1983; http://www.kleine-verlag.de/static/zeitschriften/zffg.html) – 2009 ist keine Ausgabe erschienen. Ob die Zeitschrift weiter erscheint, ist unklar.

Gender. Zeitschrift für Geschlecht, Kultur und Gesellschaft
Erste Ausgabe 2009. In Zukunft soll die Zeitschrift dreimal jährlich jeweils mit einem thematischen Schwerpunkt erscheinen (http://www.gender-zeitschrift.de/).

querelles-net. Rezeptionszeitschrift für Frauen- und Geschlechterforschung
In Ergänzung zu Querelles, Jahrbuch für Frauen- und Geschlechterforschung erscheint seit 2000 quernelles-net dreimal jährlich als online-Rezeptionszeitschrift (http://www.querelles-net.de/index.php/qn).

Sex Roles
(seit 1975; http://www.springer.com/psychology/gender+studies/journal/11199)

Gender & Society
(seit 1987; http://gas.sagepub.com/)

Signs. Journal of Women in Culture and Society
(seit 1976; http://www.journals.uchicago.edu/toc/signs/current)

Gender-Zentren und Studienmöglichkeiten

Konferenz der Einrichtungen für Frauen- und Geschlechterstudien im deutschsprachigen Raum: Überblick zu Einrichtungen, Zentren, Koordinationsstellen sowie Studiengängen, Graduiertenkollegs und Studienschwerpunkten, http://www.genderkonferenz.eu/

Fachgesellschaft Geschlechterstudien: Die Fachgesellschaft wurde anfangs 2010 gegründet. Das Ziel ist vor allem die Etablierung und Weiterentwicklung der Geschlechterstudien im deutschsprachigen Raum, http://fg-gender.de/

2. Kultur und Geschlecht

Stellen Sie sich vor: Ein Mann und sein Sohn haben einen schweren Autounfall. Der Vater ist sofort tot und der Sohn wird in ein Krankenhaus eingeliefert. Kurz darauf stürzt ein Lastwagenfahrer ins Zimmer und ruft: Wo ist mein Sohn? Erklären Sie, in welcher verwandtschaftlichen Beziehung der Lkw-Fahrer zu dem Kind steht. Die Auflösung dieses Rätsels finden Sie in diesem Kapitel.

Für die sozialwissenschaftliche Geschlechterforschung ist es – wie gezeigt – konstitutiv, dass die Geschlechterunterschiede vor allem durch die Kultur hervorgebracht werden. Bei den Argumentationskomplexen für die Falsifikation des Natur-Modells der Geschlechter haben wir bereits auf die ethnologische und historische Geschlechterforschung Bezug genommen. Diesen Faden werden wir aufnehmen und vertiefen, um die große kulturelle Variationsbreite der Geschlechterordnung zu verdeutlichen. Einen besonderen Schwerpunkt wird dabei die Frage bilden, welche Geschlechterbilder in fremden Kulturen bzw. in der Vergangenheit in unserer Gesellschaft vorhanden waren und wie sich diese verändert haben. Behandelt werden soll auch die Frage, ob das uns so vertraute System der Zweigeschlechtlichkeit universell ist, also in allen Gesellschaften vorhanden ist.

Wenn wir im Weiteren von Kultur sprechen, meinen wir nicht nur – wie es manchmal im Alltag der Fall ist – die sogenannte Hochkultur, also Oper, Theater und andere Künste. Der in den Sozialwissenschaften gängige Kulturbegriff ist breiter angelegt. Unter Kultur wird die Gesamtheit der erworbenen Werte, Normen, Wissenssysteme, Symbole wie auch die Sprache (= immaterielle Kultur) ebenso wie die von Menschen geschaffenen und mit Bedeutung ausgestatteten Dinge und Artefakte (= materielle Kultur) verstanden.

2.1 Frauen und Männer in fremden Kulturen

Pionierin der ethnologischen Geschlechterforschung ist die amerikanische Kulturanthropologin Margaret Mead (1901–1978). Anfang der 1930er Jahre führte sie Feldstudien bei drei Völkern auf Neuguinea (Arapesh, Mundugumor und Tchambuli) durch. Die Ergebnisse ihrer Feldforschung hat Mead in dem 1935 erschienenen Buch „Sex and Temperament in Three Primitive Societies“ (dt. 1959) veröffentlicht. Anhand von Beobachtungen der Frauen und Männer dieser drei Völker zeigt Mead, dass Geschlecht kein universales Muster ist, sondern in verschiedenen Kulturen unterschiedlich konzipiert ist. So wird bei den Arapesh von beiden Geschlechtern Sanftmut und Fürsorgeverhalten und bei den Mundugumor dagegen Schroffheit, Stolz und gewalttätiges Verhalten erwartet. Im „Temperament“ der Tchambuli treten im Vergleich zu den westlich-kulturell geprägten Männern und Frauen umgekehrte Eigenschaften auf: Frauen sind hier die Aktiveren, Männer eher die Passiveren. Ihre Ergebnisse haben essentialisierenden Vorstellungen von Geschlecht nachhaltig widersprochen und den Weg bereitet, Geschlecht als kulturelle Konstruktion zu sehen. In ihrem 1949 veröffentlichten Buch „Male and Female: A Study of the Sexes in a Changing World“ (dt. 1992) nahm Mead das Thema der kulturell geprägten Unterschiede männlicher und weiblicher Verhaltensweisen erneut auf. Stärker als im vorangegangenen Buch ging sie davon aus, dass das menschliche Verhalten zwar biologisch basiert sei, die biologischen Geschlechtsdifferenzen jedoch von der Kultur überformt werden. Mead erweist sich als eine frühe Vertreterin des bereits beschriebenen Sex-Gender-Modells.

Lange Zeit war Mead in der Ethnologie weitgehend eine Einzelstimme; der breite Mainstream des Faches vernachlässigte entweder die Geschlechtsthematik oder konnte in der Fremde nur sehen, was aus der Heimat selbstverständlich war: polare Geschlechtercharaktere. Dies änderte sich erst ab Mitte der 1970er Jahre. Inspiriert von der Frauenbewegung hat sich die Ethnologie in einer kritischen Perspektive der Geschlechterthematik zugewandt (vgl. Schröter 2002). Markiert wird diese Wende durch zwei breit rezipierte Sammelbände „Woman, Culture and Society“ von Michelle Z. Rosaldo und Louise Lamphere (1974) und „Toward an Anthropology of Women“ von Rayna Reiter (1975). Beide Bücher wenden sich entschieden gegen die dominante androzentristische Orientierung in der Ethnologie. Kritisiert wird, dass die eigenen kulturellen Vorannahmen über das asymmetrische Geschlechterverhältnis unreflektiert in die Forschung eingebracht werden, der Status der Frauen in fremden Kulturen analog zu seinen eigenen westlichen Vorstellungen und Erfahrungen interpretiert werde und in den Studien auch vorrangig mit männlichen Informanten gearbeitet werde. Zugleich wurde auch der Versuch unternommen, den Status der Frauen neu zu erfassen.

In den 1980er und 1990er Jahren erweiterten sich die anthropologischen Women Studies zu Gender Studies. Auch Männer wurden als Forschungsgegenstand einbezogen und den Unterschieden unter den Frauen mehr Aufmerksamkeit geschenkt. Es reiche nicht aus, nur die Differenzen zwischen den Geschlechtern zu thematisieren, auch die Differenzen *innerhalb* einer Geschlechtsgruppe und auch zwischen verschiedenen Identitäten einer Person (je nach Ethnie, Alter und/oder sozialem Kontext) müssen – so das Credo – in die Analysen einbezogen werden. Standen anfangs vor allem Muster der geschlechtlichen Arbeitsteilung im Zentrum, rückte im Laufe der Zeit die kulturelle Konstruktion von Geschlecht in den Vordergrund (vgl. Hauser-Schäublin/Röttger-Rössler 1998; Schlehe 2001; Davis-Sulikowski/Diemberger/Gingrich/Helbing 2001).

Im Weiteren werden wir den Forschungsüberblick dahingehend strukturieren, in dem wir drei Thesen näher betrachten: die Matriarchatsthese, die These der universellen Subordination der Frauen und die These der geschlechtssymmetrischen Gesellschaften.

2.1.1 Matriarchatsthese und ihre Renaissance

Aufbauend auf der Deutung prähistorischer Frauenstatuetten und antiker Mythen erlebte die Matriarchatsthese eine Renaissance, allerdings weniger in der akademischen Ethnologie, sondern stärker in der außeruniversitären Öffentlichkeit eines spiritualistischen Feminismus (vgl. Göttner-Abendroth 2008). Vertreter/innen der Matriarchatsthese gehen davon aus, dass es eine frühere Phase der Menschheit gegeben hat, in der nicht die Männer, sondern die Frauen die Macht hatten. Die Entwicklung der Menschheit wird in Stufen aufgefasst, von der mutter- zur vaterrechtlichen Sozialorganisation, also vom Matriarchat zum Patriarchat. Der Matriarchatsdiskurs hat bereits eine lange Tradition; er beginnt im Wesentlichen mit dem Evolutionismus des 19. Jahrhunderts. Nach Vorläufern war es vor allem Johann Jakob Bachofen (1997; orig. 1861), der die Mutterrechtsdebatte eröffnete. Von Bachofen wurde auch Friedrich Engels maßgeblich beeinflusst, für den der Umsturz des Mutterrechts „die weltgeschichtliche Niederlage des weiblichen Geschlechts" (Engels 1969: 61) darstellt. Schon bei Bachofen lassen sich die zentralen Elemente finden, die die Matriarchatsthese, z.T. variiert und erweitert, bis heute aufweist (vgl. I. Lenz 1995):

- matrilineare Abstammung und Erbfolge,
- freie und ungebundene Sexualität, die eine Bestimmung der Vaterschaft unmöglich macht und
- soziale und politische Gemeinschaftlichkeit mit Gütergemeinschaft.

In der ethnologischen Diskussion wird die Matriarchatsthese weitgehend einhellig verworfen. Gesprochen wird vom „myth of matriarchal prehistory" (Eller 2000) bzw. „Mythos vom Matriarchat" (Wesel 1985). Hier ein längeres Zitat aus dem Werk „Die Entstehung des Patriarchats" von Gerda Lerner (1995: 52):

> „Die Ergebnisse der anthropologischen Forschungen haben die These von der Universalität des vorgeschichtlichen Matriarchats offenbar eindeutig widerlegt. Doch die Debatte über das Matriarchat wird trotzdem fortgesetzt. Das liegt zum großen Teil auch daran, dass Befürworterinnen und Befürworter der Theorie des Matriarchats in ihrer Definition des Begriffs so vage geblieben sind, dass sich mit ihm verschiedene andere Kategorien fassen lassen. (…) Meiner Meinung nach kann von Matriarchat nur dann gesprochen werden, wenn Frauen Macht über Männer haben, nicht neben ihnen, wenn diese Macht sich auch auf den öffentlichen Bereich erstreckt und auf die Beziehungen über das eigene Gemeinwesen hinaus und wenn die Frauen wesentliche Entscheidungen

> treffen, nicht nur für die eigene Verwandtschaft, sondern für das gesamte Gemeinwesen. In Übereinstimmung mit meinen früher ausgeführten Argumenten müsste die matriarchale Macht auch die Macht beinhalten, Werte und Erklärungsmuster der Gesellschaft zu definieren, sowie die Macht, das Sexualverhalten der Männer zu bestimmen und zu kontrollieren. Es ist festzuhalten, dass ich Matriarchat als das Spiegelbild des Patriarchats definiere. Dieser Definition entsprechend komme ich zu der Schlussfolgerung, dass es eine matriarchale Gesellschaft nie gegeben hat."

Kritisiert wird, dass bei dieser These die Matrilinearität mit der Macht der Mütter vermengt wird. Die Matrilinearität ist ein unilineares Deszendenzsystem, bei welchem die Verwandtschaft über die Frauen abgeleitet wird (vgl. Vivelo 1995). In diesem System sind Frauen ausschließlich über die weibliche Linie miteinander verwandt. Nur ein Beispiel zur Illustration: der Bruder der Mutter gehört zur Verwandtschaft, nicht aber seine Nachkommen. Matrilinearität findet sich bzw. hat bestanden – um einige Beispiele zu nennen – bei den Irokesen in den USA oder bei den Khasi und Nayar in Indien. Als das größte bekannte matrilineare Volk gelten die Minangkabau auf Sumatra (vgl. I. Lenz 1995). Vielfach ist die Matrilinearität mit Matrilokalität verknüpft. Matrilokalität bezeichnet ein Residenzmuster, bei dem die Tochter auch als Erwachsene mit Kind(ern) am Wohnort ihrer Mutter verbleibt und ihr Gatte zu ihr zieht.

Die ethnologische Forschung hat gezeigt, dass aus der Matrilinearität und Matrilokalität kein Autoritätsvorsprung der Frauen resultiert. In matrilinearen und matrilokalen Völkern wie den Minangkabau liegt Autorität nicht bei den Frauen, sondern den Mutterbrüdern. Statt durch die Ehemänner bzw. Väter werden Frauen durch die Mutterbrüder oder Brüder kontrolliert (vgl. Schneider/Gough 1961; I. Lenz 1995). Nur eine geringe Zahl von dokumentierten und untersuchten matrilinearen und matrilokalen Gesellschaften erweist sich als nichtpatriarchal. Häufiger trifft dies auf Wildbeutergesellschaften – also auf Gesellschaften, die vom Sammeln wildwachsender Pflanzen und vom Jagen wilder Tiere leben – zu, die aber entweder kein ausgeprägtes oder eher ein bilaterales Deszendenzsystem aufweisen.

Kritisiert wird auch, dass im Matriarchatsdiskurs die Macht der Frauen mit dem Mutterstatus verknüpft wird. Frauen verfügen aber über Machtressourcen, die sich aus ihrem Alter, ihrer Erfahrung, ihrer Kompetenz oder ihren rituellen Kenntnissen herleiten und nicht unmittelbar mit der Mutterschaft verbunden sind (vgl. I. Lenz 1995). Als ein Beispiel kann auf dic irokesische Matrone verwiesen werden, die sich durch ihre Position als weiblicher Haushaltsvorstand auszeichnet und nicht durch ihre Rolle als Mutter (vgl. Brown 1995).

Der Matriarchatsdiskurs war in den Anfängen sehr stark getragen von der in unserer Gesellschaft im 19. Jahrhundert ausgeprägten Polarisierung der Geschlechter (dazu ausführlich im übernächsten Teilkapitel). Zugrunde lag eine Vorstellung von einer besonderen weiblichen Natur, die aus der Berufung der Frau zur Mutterschaft erwachse. Ilse Lenz (1995: 44) weist darauf hin, dass „das Motiv eines anderen, irgendwie naturnaheren weiblichen Geschlechtscharakters und damit ein deutlicher Geschlechtsdualismus“ auch in den modernen Entwürfen fortwirke. Zum Vorschein kommt dieses Motiv in der Annahme einer spezifischen Frauenkultur, die alle menschlichen Vorzüge – von ökologischer Harmonie bis zur verantwortlichen Regelung der Geburten und des Friedens – vereine. Entsprechend dem Modell polarer Geschlechtscharaktere wird die Menschheitsgeschichte in die frauenbestimmte Frühphase und in das durch Klassengesellschaft oder/und Geldwirtschaft hervorgebrachte Patriarchat unterteilt. Die menschliche Geschichte wird auf den Geschlechtergegensatz reduziert, notwendige Vermittlungsschritte in Wirtschaft, Gesellschaft und auch im Denken bleiben dagegen ausgespart.

2.1.2 These der universellen Subordination der Frauen

Wenn es kein Matriarchat gegeben hat, scheint es nahe zu liegen, von der Universalität der Unterdrückung und Benachteiligung der Frauen und parallel damit von einem universellen Machtvorsprung der Männer auszugehen (vgl. Müller 1984). Diese These wurde in den Anfängen der ethnologischen Geschlechterforschung breit diskutiert. Die Arbeiten konzentrierten sich darauf, die Determinanten für die universelle Geschlechterasymmetrie zu finden (vgl. Hauser-Schäublin/Röttger-Rössler 1998).

In dem bereits erwähnten Sammelband von Lamphere/Rosaldo (1974) wird die Unterdrückung der Frauen als eine anthropologische Konstante betrachtet und auf die geschlechterhierarchische Arbeitsteilung zurückgeführt. Nach Rosaldo/Lamphere (1974) ist die in allen Gesellschaften vorhandene Teilung von häuslicher und öffentlicher Sphäre dafür verantwortlich. Aufgrund ihrer Fähigkeit Kinder zu gebären und diese dann aufzuziehen, ist die Frau stärker im reproduktiven häuslichen Sektor angesiedelt, während der Mann im produktiven öffentlichen Bereich dominiert. Gestützt wird diese These auf ethnographische Fallstudien, die belegen sollen, dass „an asymmetry in the cultural evaluations of male and female, in the importance assigned to women and men, appears to be universal“ (Rosaldo/Lamphere 1974: 19). Sherry Ortner (1974; dt. 1993) vertritt diese These in zugespitzter Form, wenn sie in ihrem Beitrag die Frage „Is Female to Male as Nature is to Culture?“ bejaht. Sie untermauert diese These vor allem mit dem Argument, dass die Frauen aufgrund ihrer prokreativen Fähigkeiten der Natur näher stehen und ihnen mit der Kinderaufzucht auch naturnahe Aufgaben zufallen. Männer agieren dagegen im politisch-öffentlichen Bereich und werden deshalb mit dem öffentlichen Interesse gleichgesetzt. Nach Ortner ist die Kultur stets bestrebt, die Natur zu überprüfen und zu regulieren. Dies findet ihren Niederschlag im hierarchischen Geschlechterverhältnis, in dem die mit der Natur symbolisch identifizierte Frau vom mit Kultur assoziierten Mann kontrolliert wird. Ortners Natur-Kultur-These hat eine breite fachliche Kontroverse ausgelöst. Aufgezeigt wurde, dass „Natur = Frau" und „Kultur = Mann" als universelle gegensätzliche Struktur nicht trage, da sowohl Natur als auch Kultur kulturell konstruierte Kategorien sind, deren Entgegensetzung erst durch eine eurozentrische Sichtweise entstanden ist. Statt essentialistische Annahmen zu einer natürlichen Dichotomie zwischen Männern und Frauen fortzuschreiben, komme es vor allem darauf an, Männlichkeit und Weiblichkeit im Rahmen spezifischer Kulturen zu erforschen (als Überblick vgl. McCormack/Strathern 1980) – eine Forderung, die unmittelbar an die Pionierarbeit von Mead anknüpft.

Stellvertretend für Forschungsarbeiten, die eine Vorrangstellung von Männern annehmen, sei auf den Sammelband „Man the Hunter" von Richard B. Lee und Irven DeVore (1968) hingewiesen. In diesem Buch wird die These vertreten, dass die kulturelle Evolution der Menschheit aus der Tätigkeit männlicher Jagdkollektive erwachsen sei. Diese These ist von Seiten der ethnologischen Geschlechterforschung massiv auf Kritik gestoßen. Gezeigt wurde, dass das Sammeln in der menschlichen Evolution ungleich bedeutsamer war als das Jagen. In den sogenannten Wildbeutergesellschaften hatte die Fleischnahrung nur einen geringen Beitrag zur täglichen Nahrung geleistet. Es wird geschätzt, dass in den warmen Klimagebieten der Anteil der Pflanzenkost zwischen 60 und 80% lag (vgl. Luig 1995). Auch waren nicht Waffen die ersten handwerklichen Erzeugnisse, sondern Grabstöcke, Vorratsbehälter, Tragkörbe usw., also Gegenstände, die zum Sammeln benutzt wurden. Diese Völker mussten bereits viel über Wachstum, Standort, Zubereitung und Konservierung von Pflanzen gewusst haben, und auch über deren Heilkräfte. Und dieses Wissen wurde maßgeblich von den Frauen kommuniziert und vermittelt. Dies alles spricht dafür, dass für die Herausbildung von Sprache und Kultur nicht primär die Männer und deren Jagd verantwortlich waren, sondern die Frauen als Sammelexpertinnen. Auf einer neuen bzw. neu interpretierten Datenbasis haben Forscherinnen die Man-the-Hunter- durch eine Woman-the-Gatherer-These abgelöst (vgl. Dahlberg 1981; Hrdy 1999). Auch konnte gezeigt werden, dass Frauen keineswegs in allen Völkern von der Jagd ausgeschlossen waren (zu den südafrikanischen Buschleuten vgl. Luig 1990). Madeleine J. Goodman und P. Bion Griffin (1985) zeigten so z. B. anhand der Agta auf den Philippinen, dass auch das regelmäßige Jagen von größeren Tieren (Wildschweine, Affen) durchaus mit ‚weiblichen' Reproduktionsaufgaben verbunden sein kann.

Schon früh gab es aber auch Stimmen, die sich gegen die These der universellen Unterordnung der Frauen wandten. Dies trifft bereits auf den schon erwähnten Sammelband von Rayna Reiter (1975) zu. Auch die marxistischen Anthropologinnen Eleanor Leacock (1989; orig. 1978) und Karen Sacks (1974/1979) wenden sich von der Annahme einer universalen Subordination der Frau ab. Stattdessen beschreiben sie Geschlechterasymmetrien als Resultat hierarchisch strukturierter Gesellschaften. Leacock vertritt die These, dass Männer und Frauen in vorindustriellen Gesellschaften gleichberechtigte und autonome Individuen waren. Trotz der geschlechtlichen Arbeitsteilung existierten gleichrangige soziokulturelle und ökonomische Machtgrundlagen, zumal die Frauen einen wesentlichen Beitrag zur Subsistenz leisteten. Die Ausgangsbasis für die Unterordnung der Frau sieht sie im weiblichen Kontrollverlust über die Produktionsmittel und mithin über die Produkte ihrer eigenen Arbeit und deren Verteilung. Sacks widerspricht zwar dem Argument des gleichen und autonomen Status der Frau in allen vorindustriellen Gesellschaften, kritisiert jedoch ebenfalls die These, dass Frauen mit dem Auftauchen der geschlechtsspezifischen Arbeitsteilung in einer Gesellschaft ein untergeordneter Status zugewiesen wird. Die Stellung der Frau müsse detaillierter, je nach ihrer verwandtschaftlich-familialen Eingebundenheit und des daraus resultierenden Zugangs zu den Produktionsmitteln, untersucht werden.

Durch eine Intensivierung der Forschungsstudien konnte der Mangel an Daten zumindest reduziert werden. Stellvertretend sei auf die interkulturelle Vergleichsstudie von Martin K. Whyte (1978) zum Status der Frauen in 93 vorindustriellen Gesellschaften hingewiesen. Diese Studie macht deutlich, dass der Status der Frauen nicht an einem Schlüsselfaktor – wie z. B. reproduktive Fähigkeiten – fixiert werden könne. Notwendig ist es vielmehr, verschiedene sozialstrukturelle und kulturelle Variablen zueinander in Bezug zu setzen, um die Geschlechterasymmetrie *einer* Gesellschaft erklären zu können.

> „These conclusions pose a series of cautions for future researchers (...) on the role of women: One can no longer assume that there is such a thing as *the* status of women cross-culturally. Nor can one assume that a favorable position for women in any particular area of social life will be related to favorable positions in other areas. Nor can one search for *the best* indicator of the status of women, or for *the key* variable that effects the status of women." (Whyte 1978: 170)

In dieser Vergleichsstudie wird die Matriarchatsthese ebenso überzeugend widerlegt wie die These einer universellen männlichen Dominanz (vgl. Whyte 1978). Diese Studie macht deutlich, dass es bei der Machtverteilung der Geschlechter in verschiedenen Sphären des gesellschaftlichen Lebens entweder zu einer männlichen Dominanz oder aber zu einem ausgewogenen Verhältnis zwischen Mann und Frau kommen kann. In etwa 20 bis 40% der Gesellschaften sind in den meisten Bereichen egalitäre Muster vorhanden. Nur in wenigen Gebieten gibt es überwiegend einen Machtvorsprung der Frauen (z. B. bei Autorität über Kinder und Haushalt). Weit verbreitet ist die männliche Dominanz bei politischen Positionen und bei der Kriegsführung. Aber auch in diesen Bereichen ist sie nicht in allen untersuchten Gesellschaften verfügbar; diese Dominanz besteht bei jeweils über 80% der Gesellschaften (für Fallbeispiele vgl. Bretell/Sargent 2001). Einen allgemeinen Zusammenhang sieht Whyte (1978: 153 ff.) zwischen der Stellung der Frauen und dem Stand der gesellschaftlichen Entwicklung: In einfachen Wildbeutergesellschaften ist ihr Status relativ hoch und bei wachsender Komplexität einer Gesellschaft nimmt dieser ab. Whyte (1978: 68) kommt in seiner kulturvergleichenden Studie auch zu dem Resultat, dass die Frauen in der einen Hälfte der untersuchten Gesellschaften den Hauptanteil der häuslichen Arbeiten und in der anderen Hälfte gar den Gesamtanteil dieser Tätigkeiten übernehmen.

2.1.3 These der geschlechtssymmetrischen Gesellschaften

Die fortschreitende Diskussion der ethnologischen Geschlechterforschung hat überzeugend den Nachweis geführt, dass in der Geschlechterordnung der Völker große Unterschiede existieren. Mit der wachsenden Infragestellung der Universalitätsthese männlicher Dominanz haben sich Forscher/innen verstärkt nichtpatriarchalischen bzw. geschlechteregalitären Gesellschaften zugewandt (vgl. Leacock 1981; Schlegel 1989; orig. 1977). Nach Eleanor Leacock lassen sich geschlechtsegalitäre Kulturen auf den Stufen der vorstaatlichen Wildbeuter- und einfachen Gartenbaugesellschaften finden. Das Kriterium der Matrilinearität ist für sie dabei nur marginal; es geht vielmehr um die reale Machtverteilung zwischen den Geschlechtern. Wesentliche Kennzeichen geschlechteregalitärer Gesellschaften sind für Leacock vor allem die Streuung der Autorität in den Entscheidungsprozessen sowie die Kontrolle der Frauen über Produktionsmittel und die Produkte in ihrem Arbeitsbereich. Die Geschlechterrollen, so argumentiert Leacock, sind zwar unterschiedlich, aber nicht ungleich. Dies steht im engen Zusammenhang mit dem wichtigen ökonomischen Beitrag, den die Frauen in diesen egalitären Gesellschaften leisten. In einzelnen Feldern gibt es durchaus Machtunterschiede, ohne dass dies allerdings zu einer Dominanz eines Geschlechts führt. „Die Macht ist multifokal, sammelt sich in vielen Brennpunkten, und sie ist polyzentrisch." (I. Lenz 1995: 56) Bei den Kung San – einer Wildbeutergesellschaft im Grenzgebiet von Botswana und Namibia – ist zwar beispielsweise eine Rollendifferenzierung vorhanden, Frauen und Männern werden aber dennoch die gleichen Rechte zugestanden (vgl. Luig 1990). Obwohl den Männern aufgrund der Höherbewertung der Jagd eine gewisse Dominanzstellung eingeräumt wird, findet sich hier das Ziel der Kooperation und Konfliktvermeidung, um gemeinsames Handeln zu ermöglichen. Dazu trägt bei, dass die Frauen einen höheren Beitrag zur Nahrungsabdeckung ihrer Verwandtschaftsgruppe leisten.

Im deutschsprachigen Raum war es vor allem der von Ilse Lenz und Ute Luig (1995; orig. 1990) herausgegebene Sammelband „Frauenmacht ohne Herrschaft", der diese Diskussion aufgenommen und bekannt gemacht hat. In unmittelbarer Anlehnung an Whyte verbindet Ilse Lenz (1995) dies mit einer Kritik am monolithischen Machtbegriff. Um die Macht der Geschlechter angemessen zu erfassen, muss dieser Machtbegriff durch die Anerkennung der Multifokalität von Macht ersetzt werden. In ihrem Überblick zeigt die Autorin, dass Frauen in nichtpatriarchalischen Gesellschaften eine starke Stellung in den folgenden vier Machtfeldern haben:

(1) *Produktion:* Frauen verfügen über materielle Ressourcen, wie über eigenen Boden und vor allem über eigene Arbeitsprodukte. Dabei ist es durchaus möglich, dass das Land allen Mitgliedern gehört.
(2) *Reproduktion:* Zweierbeziehungen lassen sich leicht schließen bzw. auch lösen und die Frauen besitzen starkes Entscheidungsrecht, vor allem über ihre Gebärfähigkeit. Zugleich sind die Frauen in ein enges soziales Netz einbezogen, das soziale Absicherung und persönliche Identität vermittelt.
(3) *Sexualität:* Frauen und Männer besitzen eine hohe Autonomie in ihrer Sexualität und bezogen auf ihren Körper. Außereheliche Beziehungen werden nicht negativ sanktioniert und sexuelle Gewalt existiert in diesen Gesellschaften nicht.
(4) *Symbolische Ordnung:* Dem Weiblichen kommt in den symbolischen Ordnungen eine zentrale Bedeutung zu und Frauen nehmen in Riten eine wichtige Position ein.

Um deutlich zu machen, dass in diesen Gesellschaften durchaus auch Differenzen vorhanden sind, plädiert Ilse Lenz (1995) dafür, den Begriff des Geschlechteregalitarismus durch das Konzept der *geschlechtssymmetrischen Gesellschaft* zu ersetzen. Dadurch soll zum Ausdruck gebracht werden, dass Frauen und Männer in einzelnen Machtfeldern durchaus einen Machtvorsprung haben, ohne dass dies insgesamt zur Dominanz eines Geschlechts führt. Es ist ebenso möglich, dass Frauen und Männer annähernd den gleichen Zugang zu allen Machtfeldern haben oder dass eine vorrangige Kontrolle unterschiedlicher Machtfelder vorhanden ist. Im letzten Fall kann nur dann von einer geschlechtssymmetrischen Gesellschaft gesprochen werden, wenn sich aus der unterschiedlichen Machtstellung der Geschlechter in den einzelnen Machtbereichen in der Gesamtbilanz der multifokalen Machtprozesse eine Balance ergibt, die keine einseitige Kontrolle zulässt. Voraussetzung ist auch, dass Frauen und Männer in diesen Gesellschaften Zugang zu den zentralen Institutionen haben und diese nicht hierarchisch geordnet sind.

Verstärkt wird in den ethnologischen Studien das Phänomen der informellen Macht aufgegriffen, da auf diesem Weg ein nicht zu unterschätzender Einfluss auf Entscheidungen ausgeübt werden kann (vgl. Harris 1993; Fenner 1985). Als ein Beispiel kann das politische System der Hopi-Indianer dienen: Die Ämter der Dorfhäuptlinge und auch deren Räte sind – aufgrund eines Vererbungssystems durch den Clan – immer von männlichen Mitgliedern besetzt. Den Hopi-Frauen kommen also keine formalen Positionen innerhalb des Autoritätsgefüges zu. Jedoch muss ihrem Einfluss als Mütter, Schwestern oder Ehefrauen von den Männern, die politische Entscheidungen treffen, hohe Aufmerksamkeit geschenkt werden. Den Frauen obliegt der häusliche Vorstand und die Stellung eines Mannes innerhalb dieser privaten Einheit – und indirekt auch die im öffentlichen Bereich – hängt immer auch von dessen kooperativer Beziehung zum weiblichen Oberhaupt des Hauses ab: Die Frauen machen nämlich von ihrem Vetorecht dahingehend Gebrauch, dass sie den Männern bei Meinungsverschiedenheiten ihre – an sich für den Mann essentiellen – Unterstützungsleistungen so lange verweigern, bis Konsens erzielt werden kann (vgl. Schlegel 1989: 286 ff.). Die weiblichen Mittel zur informellen Einflussnahme reichen von einfachem Zureden bis hin zu Klatsch und offener Missachtung der männlichen Autorität (vgl. Dumont du Voitel 1994).

Der von Ilse Lenz und Ute Luig (1995) vorgelegte Sammelband macht deutlich, dass es geschlechtersymmetrische Gesellschaften bis in die Gegenwart hinein gegeben hat. Neben den bereits erwähnten Hopi sind die Irokesen – beides nordamerikanische Indianervölker – ebenso ein Fallbeispiel hierfür wie die Minangkabau Sumatras. Auch in Afrika lassen sich weitere Beispiele finden, wie die ebenfalls schon angesprochenen Kung San (vgl. auch Bretell/Sargent 2001). Seit Mitte des 20. Jahrhunderts sind diese geschlechtersymmetrischen Gesellschaften aber vor allem aufgrund des Einbezugs in das Weltwirtschaftssystems in Auflösung.

2.2 Gibt es überall nur zwei Geschlechter?

Die ethnologische Geschlechterforschung hat sich die Arbeitsteilung und die Machtpotenziale der Geschlechter zum Gegenstand gemacht und dabei erhebliche Variationen aufzeigen können. Trotz dieser Unterschiede erscheint in den bislang referierten Arbeiten die Geschlechterdifferenzierung als etwas Vorgegebenes und Natürliches. Ist das für uns vertraute System der Zweigeschlechtlichkeit universell? Gibt es in allen Gesellschaften nur zwei Geschlechter?

2.2.1 Jenseits der Zweigeschlechtlichkeit

Mittlerweile ist die These verbreitet, dass nur westliche Gesellschaften ein rigides System der Zweigeschlechtlichkeit besitzen, während viele nichtwestliche Gesellschaften dagegen offenere Modelle praktizieren (vgl. z. B. Nanda 2000; Rösing 1999). Auslöser dieser Debatte war ein im Jahr 1977 in der renommierten Zeitschrift „Man“ erschienener Aufsatz der norwegischen Ethnologin Unni Wikan (1977; vgl. 1978) über die Existenz eines dritten Geschlechtes im Oman. Wikan beschreibt das Phänomen der Xanith, von homosexuellen Männern, die eine Position zwischen den Geschlechtern einnehmen. Bereits in ihrem Erscheinungsbild wird ihre Zwischenstellung sichtbar. Xanith tragen eine Kombination von Männer- und Frauenkleidung. Während für Frauen und Männer im Oman die kulturelle Regel gilt, ihr Haar in der Öffentlichkeit zu verhüllen, treten sie barhäuptig auf. Wie

Männer verschleiern sie ihr Gesicht nicht, gleichzeitig parfümieren sie sich stark, schmücken sich aufwändig, praktizieren einen grazilen Gang und eine hohe Stimmlage. Alles das dient ihnen dazu, weibliche Attraktivität zu gewinnen. Xanith besitzen die Freiheit zwischen Frauen- und Männerwelten zu wandeln. Sie dürfen die geschlossenen Frauengemächer betreten und sich dort aufhalten. Man trifft sie aber auch bei den Männern auf dem Markt oder im Café an. Ihr sexuelles Begehren ist ausschließlich auf Männer ausgerichtet; bei sexuellen Interaktionen sind sie passiv (vgl. auch Behrend 1994).

Die Xanith sind nicht das einzige Beispiel einer Personengruppe, die an den Grundfesten des Systems der Zweigeschlechtlichkeit zerren. Hier einige weitere Beispiele (vgl. Nanda 2000; Schröter 2002):

- *Hijras in Indien:* Hijras können Hermaphroditen sein; meist sind es offensichtlich aber Männer, die aus sozialen und erotischen Motiven ein Leben als Mann ablehnen. Hijras tragen weibliche Frisuren und Frauenkleidung. Sie schminken sich stark und bewegen sich wie Frauen. Nach einer transvestitischen Phase lassen sie sich meist kastrieren. Die Kastration markiert die Transformation in einen (echten) Hijras. Unter der Führung eines Gurus bilden sie freie Lebensgemeinschaften, leben in einem Haus zusammen und organisieren ihren Alltag gemeinsam. Ihren Lebensunterhalt bestreiten sie mit Betteln, rituellen Diensten und Prostitution (vgl. Nanda 1994).
- *Berdache bei nordamerikanischen Indianern:* Alternative Geschlechter waren bei den indianischen Gesellschaften weit verbreitet; sie sind für mindestens 113 Stämme nachgewiesen (vgl. Callender/Kochens 1983; Lang 1990). Die Sozialfigur des Berdache stand dabei sowohl Frauen wie Männern offen und konnte dauerhaft oder auch nur temporär sein. Möglich auch, dass Berdache Hermaphroditen sind. Im Vordergrund stand allgemein kein erotisches Begehren, sondern es war vor allem sozial motiviert. Angestrebt wurde eine andere Position im Arbeitsprozess, in der Familie, in der Politik und im Krieg. Wenn ein Kind sich nicht dem biologischen Geschlecht entsprechend verhielt, galt das in den meisten indianischen Gesellschaften als Hinweis für einen angezeigten Wechsel. Bei vielen indianischen Gesellschaften galten die Berdache als mit außergewöhnlichen rituellen Kräften begabte Menschen. Möglich war auch, dass bei einem Stamm mehrere alternative Geschlechter vorgekommen sind. Nach Thomas Wesley (1997) lassen sich bei den Navajo fünf Geschlechter unterscheiden: Neben Frauen und Männern nennt er Hermaphroditen, weibliche nádleehé und männliche nádleehé. Nádleehé sind die eigene Bezeichnung der Navajo für Berdache. Allerdings ist anzumerken, dass die Navajo keine weiteren Bezeichnungen für die drei verschiedenen Formen alternativer Geschlechter haben, sondern einheitlich von nádleehé sprechen.

- *Muxe bei lateinamerikanischen Indianern:* Ähnlich gibt es unter Zapoteken im mexikanischen Juchitán die Muxe (man-woman), die als drittes Geschlecht in der Gesellschaft akzeptiert werden (vgl. Chiñas 1992; Stephen 2002). Muxes sind fast alle physisch männlich (ausgenommen einiger Hermaphroditen), oft offen Homosexuelle, cross-dresser oder Transvestiten. Sie haben wichtige, normal weibliche Funktionen in der Familie inne (Kochen und Kinderbetreuung) und werden vor allem von ihren Müttern geliebt, weil sie nicht, wie andere Kinder, das Elternhaus durch Heirat verlassen. Auch auf dem Markt, wo Männer generell unerwünscht sind, machen sie sich nützlich und sind oft künstlerisch tätig. Außerdem sind es meist Muxe, mit denen Männer in Juchitán ihre ersten sexuellen Erfahrungen haben. Sie können sich zwischen den männlichen und weiblichen Welten relativ frei bewegen, haben jedoch nur einen geringen gesellschaftlichen Status. Nur wenige Zapoteken-Frauen nehmen männliches Verhalten bzw. Kleidung an oder sind offen homosexuell. Anders als die Muxe sind diese sogenannten „Marimacha" weder sichtbar noch als soziale Gruppe gesellschaftlich anerkannt.

- *Geschworene Jungfrauen auf dem Balkan:* Hierbei handelt es sich um Personen weiblichen Geschlechtes, die in der Gesellschaft als Männer auftreten und als solche anerkannt werden. Der Geschlechtswechsel wird vollzogen, wenn in einem Familienhaushalt zu wenige Männer vorhanden sind. Auch kann dadurch einer ungewollten Heirat entgangen werden. Die Annahme einer männlichen Geschlechtsidentität ist vollzogen, sobald ein Mädchen den Schwur ablegt, für immer Jungfrau zu bleiben. Man nennt sie dann „tobelija" – die, die einen Schwur abgelegt hat.

- *Weibliche Ehemänner in Afrika:* In ca. 30 afrikanischen Gesellschaften gibt es das soziale Phänomen der Heirat zwischen Frauen. Elisabeth Tietmeyer (1998: 164) definiert sie als „sozial anerkannte, vertraglich geregelte Zweckgemeinschaft zwischen zwei oder mehreren Frauen, die mit dem Ziel eingegangen wird, eine Familie zu gründen und legale Nachkommen hervorzubringen". Eine der Frauen – die Initiatorin – übernimmt dabei die Rolle des weiblichen Ehemannes. Sie hat mit den Angehörigen der Ehefrau zu verhandeln und den Brautpreis zu bezahlen. Sie erwirkt dadurch das Recht auf die durch einen Liebhaber gezeugten Kinder sowie auf die Arbeitsleistungen der Ehefrau, die einem Ehemann in diesen Gesellschaften herkömmlicherweise zustehen.

- *Travestis in Brasilien:* Travestis werden als Männer geboren und versuchen durch Manipulation (Einnahme von Hormonen und Injektion von Silikon) ihren Körpern eine feminine Gestalt zu geben. Eine Geschlechtsumwandlung lehnen sie ab, versuchen aber alles, um den Körper einer Frau zu haben. Ihre Selbstkategorisierung ist ganz wesentlich auf Sexualität ausgerichtet. Sie begehren Männer und arbeiten als männliche Prostituierte (vgl. Kulick 1998).

Diese Fallbeispiele aus unterschiedlichen Kontinenten könnten noch erweitert werden. Statt dies fortzusetzen, soll aber der Frage nachgegangen werden, ob sie das System der Zweigeschlechtlichkeit infrage stellen. Vorab ist zu konstatieren, dass diese Beispiele von unterschiedlicher Qualität sind. In einigen Fällen handelt es sich um den Übergang von dem einen in das andere Geschlecht, in anderen Fällen wird eine Sonderstellung zwischen Frauen und Männern sichtbar. Susanne Schröter (2002) widerspricht der These, dass diese Fallbeispiele die Annahme der kulturellen Universalität der Zweigeschlechtlichkeit anzweifeln können. Schröter stützt sich dabei vor allem auf zwei Argumente:

- Entschieden wendet sie sich gegen die Position, dass nur in den westlichen Gesellschaften rigide Geschlechterkonstruktionen vorhanden seien. Diskriminierung und sozialer Ausschluss in der Geschlechterordnung existieren nicht nur in Deutschland, England, USA und vergleichbaren Staaten, sondern auch in den nichtwestlichen Gesellschaften.
- Zudem betont sie, dass die Existenz alternativer Geschlechtsrollen nirgendwo mit einer Negation binärer Geschlechterkonzeptionen verbunden sei. Oman, Indien, Albanien, Brasilien, afrikanische und indianische Gesellschaften zeichnen sich im Gegenteil durch sehr rigide Konstruktionen von Geschlecht aus. Schröter (2002: 218) betont, dass die Integration alternativer Geschlechter in die hegemoniale Kultur z.T. – wie z.B. bei den Xanith im Oman – sogar explizit mit dem Ziel erfolgt „eine restriktive Geschlechterordnung zu stabilisieren“.

Für Schröter stehen diese Beispiele nicht für eine Infragestellung des Systems der Zweigeschlechtlichkeit, sondern für ein institutionalisiertes „gender crossing“, d.h. für eine in einer Gesellschaft verbindlich geregelte Möglichkeit, das „Geburtsgeschlecht“ zugunsten eines anderen Geschlechts aufzugeben. In den nichtwestlichen Gesellschaften seien es vor allem soziale Motive, die den Prozess des gender crossing anstoßen[1]. Schröter kann keine wesentlichen Differenzen im Geschlechtermodell zwischen Westen und Nichtwesten entdecken. „Die Konstruktion von Geschlecht als binäre Kategorie ist offensichtlich universal, wie auch die Möglichkeit, sich im Rahmen einer Außenseiterposition über festgelegte Geschlechtsrollen hinwegzusetzen.“ (Schröter 2002: 219)

---

1 Wir werden an späterer Stelle auf diese These noch zurückkommen. Schon hier sei aber eine gewisse Skepsis angemeldet. Diese speist sich vor allem aus den Travestis in Brasilien. So hat Don Kulick (1998) aufgezeigt, dass die Geschlechterkonstruktion in Brasilien nicht auf der Anatomie, sondern auf der Sexualität beruhe. Überhaupt scheint die Sozialfigur der Travestis sich vor allem aus der sexuellen Praxis zu speisen. Sie selbst bezeichnen sich als bicha und beziehen sich dabei auf ihre passive homosexuelle Sexualpraxis. Bei ihnen scheinen also weniger soziale Motive, sondern deutlich stärker sexuelle Motive für das gender crossing im Vordergrund zu stehen.

Sicherlich ist Schröter beizupflichten, dass Unterdrückung und Diskriminierung aufgrund des Geschlechtes nicht nur ein westliches Phänomen ist. In der Überwindung ihres kolonialistischen Erbes ist die Ethnologie in Gefahr, die Fremde als eine Welt des Glückes und der Harmonie zu verklären und die Probleme nur im eigenen Bereich zu sehen. Zutreffend ist ihre Feststellung, dass die Verhaltensnormen für die Geschlechter auch anderswo rigide und möglicherweise noch rigider sind als in den westlichen Gesellschaften. Auch ist es sicherlich angebracht auf die Pluralisierung und Liberalisierungstendenzen der Verhaltensmöglichkeiten von Männern und Frauen in den westlichen Gesellschaften hinzuweisen, wodurch sich starke Gestaltungsspielräume ergeben haben. Das alles ist aber nicht die zentrale Frage. Nicht die Ausgestaltung des Systems der Zweigeschlechtlichkeit steht auf dem Prüfstand, sondern die Frage, ob es Gesellschaften gibt, die neben dem Geschlechtsstatus Frau und Mann noch weitere kennen.

Das Beispiel der geschworenen Jungfrauen auf dem Balkan steht für ein bloßes gender crossing im Rahmen eines Zweigeschlechtermodells. In diesen Gesellschaften kann man nur Frau oder Mann sein. Unter besonderen Bedingungen ist aber der Übergang vom Geschlechtsstatus Frau zu dem des Mannes möglich. Für diesen Übergang braucht es weder die Mithilfe der Medizin noch die Beteiligung des Staates. Es handelt sich um einen institutionalisierten Übergang auf informeller Basis. Zulässig ist dieser nur für ein Geschlecht: Männer bleiben in dieser patriarchalen Gesellschaft immer Männer, nur Frauen können wechseln.

Die aufgeführten Fallbeispiele umfassen aber auch ein anderes Muster. Einige machen deutlich, dass es in diesen Gesellschaften neben Männern und Frauen eine oder gar mehrere Statusgruppen gibt, die nicht Männer oder Frauen sind. Xanith, Hijras, Berdache, Muxe und Travestis bilden in ihren Gesellschaften eine Sozialfigur, die zwischen Männern und Frauen stehen. Auch in diesen Gesellschaften existieren die beiden kulturell dominierenden Geschlechtergruppen der Frauen und Männer, aber sie schließen nicht alle Personen ein. Es gibt Nicht-Frauen, die keine Männer sind und Nicht-Männer, die keine Frauen sind. An diesen Beispielen zerbricht die These der Universalität der Zweigeschlechtlichkeit. In diesen Gesellschaften gibt es Übergänge zwischen den vorhandenen Geschlechtergruppen. Nicht in dem Sinne, dass alle denkbaren Übergänge möglich wären, aber es gibt Wege, um nach der Geburt zu einem Xanith usw. zu werden. In diesen Gesellschaften existieren somit unterschiedliche Regelungen für die Formen des gender crossings.

2.2.2 Vorteile der geschlechtlichen Differenzierung

Die Existenz von mehr als zwei Geschlechtern in einigen Gesellschaften, Prozesse des gender crossings und die kulturelle Vielfalt der Geschlechterbilder belegen überzeugend, dass alle Versuche bei der Geschlechterordnung auf das Naturmodell zu rekurrieren und die vorhandenen Unterschiede aus der Biologie zu erklären, viel zu kurz greifen. Deutlich wird dadurch, „daß geschlechtliche Differenzierung *nicht* etwas ‚Natürliches' ist, das sich allerorten ‚von selbst macht', sondern daß solche Differenzierung etwas in mancher Hinsicht eher Unwahrscheinliches, jedenfalls ‚Künstliches' und kulturell Voraussetzungsvolles ist" (Tyrell 1989: 37f.; Hervorhebung im Original). Es sind soziokulturelle Mechanismen, die die Unterscheidung der Geschlechter hervorbringen und fortlaufend bestimmen.

Auch wenn sich Gesellschaften mit mehr als zwei Geschlechtern finden lassen, ist dennoch zu konstatieren, dass das exklusive Zweigeschlechtersystem weit verbreitet ist. Und auch Gesellschaften mit einem dritten, vierten usw. Geschlecht machen zudem eine klare Unterscheidung zwischen Frauen und Männern. Wie kommt es, dass Gesellschaften offensichtlich ohne die Unterscheidung von Frauen und Männern nicht auskommen? Sind nur solche Gesellschaften überlebensfähig, die eine geschlechtliche Differenzierung aufweisen? Stellt die Unterteilung in Frauen und Männer einen Organisations- und Anpassungsvorteil dar? Oder steht sie mit anderen Universalien, die mit besserer Evidenz ausgestattet sind – wie der Familie – in enger, unauflösbarer Koppelung?

Mit der über das System der Zweigeschlechtlichkeit hinausreichenden Frage der Universalität der geschlechtlichen Differenzierung begibt man sich unvermeidlich auf ein spekulatives Feld, das reich bestückt ist mit biologischen Fallgruben. Die Gefahr ist groß, auf der Suche nach einer Antwort, auf eine biologistische Argumentation zurückzufallen. Einen Versuch, dies zu vermeiden, hat Hartmann Tyrell (1989) unternommen. Er hat versucht auf die Frage nach der Universalität geschlechtlicher Differenzierung eine sozialwissenschaftliche Antwort zu geben.

Gleich eingangs wirft Tyrell (1989: 37) die Frage auf: „Warum praktizieren tendenziell alle menschlichen Gesellschaften, wenngleich in variablem Umfang und in erheblicher ‚inhaltlicher' Variation (...) sexual differentiation? (...) Oder auch: Was macht es evolutionär in gewisser Hinsicht wahrscheinlich, dass gerade der Geschlechtsunterschied, wie weltweit praktiziert, als Ausgangspunkt fungiert für eine zweistellige Differenzierung von Rollen, von Arbeiten, von Zugangschancen zu ökonomischen und Machtpositionen, für eine Trennung der Lebenswelten von Männern und Frauen, für eine Differenzierung auch von Verhaltenscodes, von Persönlichkeitsstruktur und Mentalitäten usw.? Noch die Götter sind typisch zweigeschlechtlich vorgestellt". Warum hat – so könnte man hinzufügen – die starke Auslegung der geschlechtlichen Differenzierung in Form des Zweigeschlechtersystems, das zwingt entweder Frau oder Mann zu sein, eine so hohe Verbreitung?

Für Tyrell (1989: 71) handelt es sich bei der Geschlechtsdifferenzierung im Wesentlichen um eine „Klassifikationsangelegenheit". Ihr kommt dabei – wie sowohl vom Strukturalismus und der Systemtheorie Luhmanns gezeigt

– der generelle Vorteil von binären Klassifikationen zu. Die Gründe der Überlegenheit binärer Klassifikationen vermutet Tyrell (1989: 71) „in der Elementarverfassung der menschlichen Kommunikation und der Sprache". Das Geschlecht bietet sich als Referenz für eine binäre Klassifikation „in unvergleichbarer Weise an, sie unterscheidet sich von anderen möglichen Klassifikationsgesichtspunkten dadurch, dass sie sich, ist der Blick für sie wenigstens in Ansätzen geschärft, nachgerade aufdrängt, und sie lässt sich in Richtung auf Dualisierung (…) nahezu perfektionieren" (Tyrell 1989: 71). Die körperlichen Unterschiede zwischen Frauen und Männern drängen sich dem Auge allerdings nicht von selbst auf. Das zweigeschlechtliche Sehen muss erst kulturell gelernt werden und die routinemäßige Erkennbarkeit in den Wahrnehmungsvorgang als unhinterfragbare kulturelle Selbstverständlichkeit eingestellt sein, bevor die Vorteile seiner Klassifikation nach dem Geschlecht wirksam werden können. Wenn dieser kulturelle Lernprozess erfolgt ist, weist eine Klassifikation nach der Geschlechtszugehörigkeit – so Tyrell (1989) – die folgenden Vorteile sowie Anschluss- und Ausbauchancen auf:

- Mit dem anatomischen Geschlechtsunterschied wird ein Unterscheidungsmerkmal verwendet, das – von Ausnahmefällen abgesehen – eine hohe Eindeutigkeit in der Zuordnung zu den beiden Gruppen schafft. Auch ist die Visibilität durch geschlechtsheterogene Körperpräsentation, Mode, Selbstdarstellung usw. stark steigerbar.
- Der Unterschied geht im Normalfall lebenslang nicht verloren, er ‚sitzt am Körper fest' und ermöglicht dadurch „eine stabile, unverlierbare, aber auch unkündbare Zuschreibung" (Tyrell 1989: 73).
- Gesellschaften können dieses Klassifikationssystem so ausbauen, dass jede Person erfasst bzw. verteilt wird. Möglich ist es dann nur, entweder Frau oder Mann zu sein, ein Drittes ist definitorisch ausgeschlossen. Erreicht wird dadurch eine Totalinklusion der Population. Für diese Exklusivität muss eine Gesellschaft allerdings nachhelfen, indem die Anatomie in Zweifelsfällen vereindeutigt wird.
- Das Unterscheidungsmerkmal produziert zwei etwa gleich große Bevölkerungsgruppen. Verlängert werden kann das dann in Eins-zu-Eins-Zuordnungen, die paarweise jedem Mann eine Frau vorsehen (wie auch umgekehrt) und die Geschlechterordnung auf die Ehe ausrichten kann. Legitimiert kann dadurch aber auch die Ausgliederung der einen Bevölkerungsgruppe aus der bezahlten Arbeit werden.
- Diese Klassifikation ist generationsfest. Auch die nächste Generation kann über die Geschlechterzugehörigkeit wiederum (binär) klassifiziert werden. Zugleich ist damit auch die quantitative Gleichverteilung der Geschlechter generationsfest gesichert. Darin liegt eine enorme langfristige Stabilisierungschance.
- Über die Geschlechtsdifferenz stellen sich leicht legitimierende Zusatzplausibilitäten her. Da nur Frauen Kinder gebären und stillen, ergeben

sich Besonderheiten des einen Geschlechts, wodurch dessen Andersartigkeit hergestellt wird. Die Geschlechtsdifferenz bietet die Möglichkeit, sie als gänzlich ‚natürlich' zu legitimieren und in ‚absolut selbstverständlichen' Tiefenschichten der Lebenswelt zu verankern.
- Die geschlechtliche Differenzierung ist als strukturierende Komponente gesellschaftlicher Einrichtungen weiter verwendbar. Ist diese Differenz institutionalisiert, dann können bestimmte Gesellschaftsbereiche zu genuin männlichen oder weiblichen Handlungsfeldern erhoben werden. In enger Verbindung steht dies mit kulturellen Deutungsmustern, die die männliche oder weibliche Konnotation als natürlich begründen und rechtfertigen.

2.3 Geschlechter in westlichen Gesellschaften – die historische Perspektive

Verlassen wir nun die Ethnologie und richten im Weiteren den Blick auf den historischen Wandel der Geschlechterbilder in den westlichen Gesellschaften. In diesen existierte kein institutionalisiertes drittes Geschlecht; über die Jahrhunderte hinweg gab es immer nur Frauen und Männer. Aber in der kulturellen Ausgestaltung des Systems der Zweigeschlechtlichkeit zeigen sich dennoch große Unterschiede (vgl. Opitz-Belakhal 2005).

2.3.1 Vom Ein-Geschlechter-Modell zur Polarisierung der Geschlechtercharaktere

Mittlerweile liegt eine Reihe von historischen Arbeiten (vgl. z.B. Duden 1987; Honegger 1991; Laqueur 1990, dt. 1992) vor, die zeigen, dass der biologische Geschlechtsunterschied erst im 18. Jahrhundert die uns heute als selbstverständlich erscheinende Bedeutung gewonnen hat[2]. Erst im medizinischen Diskurs der damaligen Zeit ist die Annahme eines natürlichen Geschlechtskörpers und einer biologisch-anatomischen Evidenz der Zweikörperlichkeit entstanden. Deutlich wird dadurch, dass– was Barbara Duden (1987: 138) sehr pointiert auf den Begriff gebracht hat – das „Geschlecht (…) im Auge des Betrachters" liegt.

Bis ins 18. Jahrhundert war Geschlecht in erster Linie eine Kategorie, die sich auf zugewiesene Rollen und Aufgaben bezog, nicht aber auf den anatomischen Körper. Der amerikanische Historiker Thomas Laqueur (1992) hat in seiner einflussreichen Studie „Making Sex" (dt.: „Auf den Leib geschrieben") gezeigt, dass jahrhundertelang ein „Ein-Geschlechter-Modell" vorherrschte. In diesem galten Männer und Frauen lediglich als unterschiedliche Ausprägungen von ein und demselben anatomischen Geschlecht. Der Unterschied zwischen ihnen war fließend, der nach der dominanten Lehre von den Körperflüssigkeiten an mehr oder weniger Hitze fest-

2 Manche datieren den Umbruch auch erst auf das 19. Jahrhundert (vgl. Schröter 2002).

gemacht wurde. Als einen Protagonisten des Ein-Geschlechter-Modells stellt Laqueur den im zweiten Jahrhundert lebenden Gelehrten Galen von Pergamon vor. Für ihn waren „Frauen im Grunde genommen Männer (...), bei denen ein Mangel an vitaler Hitze – an Perfektion – zum Zurückbehalten von Strukturen im Inneren des Leibes geführt hat, die bei Männern äußerlich sichtbar sind" (Laqueur 1992: 16). Die weiblichen Geschlechtsorgane galten als nach innen gekehrte Kopien der männlichen; die Vagina erschien als der nach innen gewendete Penis. Wie auch schon aus dem Zitat sichtbar, galt dabei – an Aristoteles anknüpfend – der Mann als das Maß des Menschen. Die männlichen Geschlechtsorgane wurden als die vollkommene Variante aufgefasst. Die Ähnlichkeit der Körper kommt zudem darin zum Ausdruck, dass – wie auch Barbara Duden (1987) gezeigt hat – Menstruationsblut, Milch oder Samen noch keine Flüssigkeiten waren, die nur bei einem Geschlecht vorkamen. In dieser bis ins 18. Jahrhundert dominierenden Lehrmeinung konnten auch Frauen ejakulieren bzw. Männer menstruieren oder über Milch verfügen. Anhand der Aufzeichnungen des Eisenacher Arztes Storch und seiner Patientinnen zeigt Duden, dass eine eindeutige Zweiteilung anatomischer Unterschiede noch nicht vorgenommen wurde. Geschlecht wurde noch mit relationalen Kategorien beschrieben: „Frausein" hatte noch „keinen Ort" (Duden 1987: 132).

Da der anatomische Körper in der Vormoderne noch nicht die Grundlage für die Unterscheidung der Geschlechter bildete, war ein Geschlechterwandel ungleich leichter möglich als heute. Zwar gab es auch im vormodernen Europa kein institutionalisiertes drittes Geschlecht, aber schon ein Kleiderwechsel konnte eine Geschlechtsänderung bewirken. Zahlreich sind die historisch belegten Fälle von Menschen, die im anderen Geschlecht lebten. Für die Niederlande haben Rudolf Dekker und Lotte van de Pol (1990; orig. 1989) im Zeitraum von 1550 bis 1839 insgesamt 119 bekannt gewordene Fälle dokumentiert, in denen Frauen zu Männern wurden. Eine dieser Fälle ist die 1719 in Breda geborene Maria von Antwerpen, die Männerkleidung anlegte und als Mann sowohl jahrelang beim Militär war als auch zweimal heiratete. Maria von Antwerpen wurde zweimal enttarnt; andere Frauen lebten aber bis zum Tode durchgehend als Mann. Da Frauen und Männer als schwer lesbare Abstufungen eines einzigen körperlichen Geschlechts galten, mit dem Frau- oder Mannsein aber eine unterschiedliche soziale Stellung verbunden war, stellte der Geschlechtswechsel für Frauen eine Möglichkeit dar, sich von den gesellschaftlichen Restriktionen des weiblichen Standes zu befreien und sich männliche Privilegien anzueignen. Da man auch von einigen Mönchen weiß, dass sie als Frauen geboren wurden, gibt es Spekulationen darüber, ob es schon einmal eine Päpstin gegeben hat, eine Frau also, die als Mann das Amt des Papstes inne hatte.[3]

3 Diese Spekulationen haben auch reichlich Stoff für literarische Arbeiten geliefert, zuletzt im Roman „Die Päpstin" (orig.: Pope Joan) von Donna Cross aus dem Jahr 1996.

Im Laufe des 18. Jahrhunderts wurde das Ein-Geschlechter-Modell durch das Zwei-Geschlechter-Modell abgelöst und damit kam es zu einer folgenreichen Neubestimmung der Geschlechter (vgl. Laqueur 1992). Nunmehr wurden Bilder des männlichen und weiblichen Körpers entworfen, die die fundamentale Differenz konstatieren und diese an der Natur der Geschlechter festmachen. Getragen wurde dieses neue Modell durch eine rasch fortschreitende Verwissenschaftlichung des Geschlechtsdiskurses (vgl. Eder 2002). In ihrer umfassenden Studie „Die Ordnung der Geschlechter" (1991) hat Claudia Honegger den maßgeblichen Einfluss der Anthropologie als neuer Wissenschaft auf diesen Umbruch nachgezeichnet. Die damalige Anthropologie hatte die biologischen Unterschiede nicht nur beschrieben, sondern als konstitutives Moment der Geschlechterdifferenz erst hervorgebracht. In dieser neuen Wissenschaft kam es zu einer Verschränkung von Anatomie und Philosophie; vertreten wurde die Auffassung, dass der Geist vom Körper beeinflusst wird. Es wurde zum Ausdruck gebracht, dass Frauen und Männer sich nicht nur durch die Genitalien unterscheiden, sondern in allen Fasern ihrer Körper. Mehr noch: Die konstatierte enge Verknüpfung von Physis und Psyche schaffte eine am Körper festgemachte intellektuelle und psychische Andersartigkeit von Frauen und Männern. Als wissenschaftliche Wahrheit wurde betrachtet, dass Männer nicht nur einen festen Knochenbau, starke Muskeln und straffe Nerven besitzen, sondern sich zugleich durch Mut, Unternehmungsgeist und Verstand auszeichnen. Die vermeintliche Schwäche des weiblichen Körpers bringt ihre Affektivität und Sensibilität hervor.

Honegger (1991) beschreibt detailliert, wie sich das Interesse der neuen Wissenschaft immer stärker auf die Frauen verlagerte; es bildete sich eine weibliche Sonderanthropologie heraus: In der sich ausdifferenzierenden Humanwissenschaft wurde die Frau als Sonderfall dem Grundmodell des Mannes als Menschen gegenübergestellt. Während beim Mann die Geschlechtlichkeit ausgeblendet wurde, reduzierte man die Frau immer stärker auf ihren geschlechtlichen Körper. Der wissenschaftliche Blick richtete sich vor allem auf ihre Reproduktionsorgane. Paradigmatisch für die weibliche Sonderanthropologie ist das 1775 erschienene Werk „Système physique et moral de la femme" von Pierre Roussel (ausführlich vgl. Honegger 1991: 143 ff.). Für Roussel bestimmt der Endzweck der Reproduktion den gesamten Organismus der Frau und dadurch auch ihr Denken, Urteilen und Fühlen. Diese Sichtweise breitete sich schnell aus und dominierte auch rasch die deutsche Debatte. Mit der Entdeckung der Eizelle des Säugetier durch den Zoologen Karl Ernst von Baer – publiziert in einem Aufsatz im Jahre 1827 – „wurden die Ovarien endgültig zum Kristallisationskern der weibli-

---

Beschrieben wird der Aufstieg der Johanna von Ingelheim, die als Mann verkleidet in die höchsten Ränge des Römischen Klerus gelangt und im Jahre 853 zum Papst gewählt wird. Dieser Roman, der zu den Lieblingsbüchern der Deutschen zählt, wurde inzwischen von Sönke Wortmann verfilmt.

chen Psycho-Physiologie und verdrängten den Uterus aus seiner (...) angestammten Position, um sich fortan als nie mehr übersehene Sinn- und Zwecksetzungsinstanz weiblichen Lebens und Leidens zu etablieren" (Honegger 1991: 210). Wie sehr die Frau über ihre Reproduktionsfähigkeit bestimmt wurde, hat der wohl bekannteste Arzt des 19. Jahrhunderts, Rudolf Virchow, in Worte gefasst (zit. nach Honegger 1991: 210): „Alles, was wir an dem wahren Weibe Weibliches bewundern und verehren, ist nur eine Dependenz des Eierstocks".

Dieser Wandel der Geschlechterbilder ist verknüpft mit einer tiefgreifenden sozialstrukturellen Transformation: Der Übergang von der traditionellen zur modernen Gesellschaft begann mit dem Aufkommen des Bürgertums. Eingeleitet wurde damit auch ein Prozess, in dem der primäre Sektor, also die Landwirtschaft, die Dominanz in der Berufsstruktur an den sekundären Sektor verlor. Die traditionelle Gesellschaft war ganz überwiegend eine Bauerngesellschaft. Um 1800 waren ca. 80% der Bevölkerung in der Landwirtschaft beschäftigt. Die dominante Lebensform der Bauern auf dem Lande und auch der Kaufleute und Handwerker in den Städten war die des „Ganzen Hauses". Dort arbeiteten, wohnten und lebten Menschen verschiedenster Beziehungen zusammen, wobei die Blutsverwandtschaft für die Zugehörigkeit nur eine nachgeordnete Relevanz hatte[4] (vgl. Sieder 1995). Die bäuerliche Hausgemeinschaft war eine Subsistenzwirtschaft. Bis ins 19. Jahrhundert hinein produzierte die Mehrzahl der Höfe hauptsächlich für den Eigenbedarf. Nur ein geringer Teil der Produkte wurde getauscht oder auf dem Markt verkauft. Das „Ganze Haus" bildete eine Einheit aus Produktion, Konsumtion und Gemeinschaftsleben. Man aß und feierte zusammen, und alle Mitglieder jeden Alters – Männer, Frauen, Kinder – waren unter der Anleitung des Hausherrn in den Arbeitsprozess eingebunden.

In der bäuerlichen Hausgemeinschaft bestand zwar auch schon eine geschlechtsspezifische Arbeitsteilung, jedoch keine rigide Trennung von „weiblicher" und „männlicher" Arbeit (vgl. Mitterauer 1989). Je kleiner die jeweilige soziale Einheit, desto stärker überlappten sich – mit einigen wenigen Ausnahmen – die Zuständigkeitsbereiche. Zu diesen Ausnahmebereichen gehörten der engere Haushalt (Kochen, Waschen usw.) als eine ausschließliche Frauendomäne sowie die Außenvertretung des Hauses als Privileg des Hausvaters. Die Bäuerin war jedoch keinesfalls – und dies ist im Blick auf die moderne Familie wichtig herauszustellen – auf den Haushalt beschränkt, sondern stets auch in die Produktion eingebunden. Die Stalltie-

4 Das „Ganze Haus" darf allerdings nicht als Großfamilie im Sinne des Zusammenlebens von drei und mehr Generationen verstanden werden. Diese lange Zeit gängige Auffassung wurde inzwischen von der historischen Familienforschung für die traditionelle Gesellschaft in Nord-, Mittel- und Westeuropa eindeutig falsifiziert. Auch in den allermeisten Hausgemeinschaften der traditionellen Gesellschaft lebten nur zwei Generationen. Für die Bauernfamilien ist das darauf zurückzuführen, dass in diesen Teilen Europas die Heirat des Erben in aller Regel an die Hofübergabe gekoppelt war.

re, das Federvieh, der Garten, die Hackfrüchte und auch die Herstellung von Lebensmitteln und Kleidung waren produktive Arbeiten, die die Bäuerin alleine oder im Zusammenwirken mit anderen weiblichen Arbeitskräften ausgeübt hat. Auch wurden Frauen bei Bedarf, z.B. bei der Ernte, zu nahezu allen „Männertätigkeiten" hinzugezogen. Männer leisteten dagegen eher selten „Frauentätigkeiten" wie Kochen oder Wäschewaschen.

Eine Veränderung der Geschlechtsordnung vollzog sich zunächst im aufkommenden Bürgertum und strahlte von dort aus auch in andere soziale Milieus aus. In Deutschland gelang dem Bürgertum der Aufstieg vor allem als Dienstklasse der absolutistischen Herrscher und nicht primär – wie in England – als freie Unternehmer. Anders als die traditionellen Stände konnte sich das Bürgertum weder auf Vorrechte der Geburt noch auf den ererbten Besitz stützen, sondern musste die eigene gesellschaftliche Stellung auf individuelle Leistungen fundieren. Aus dieser Soziallage erwuchs der ausgeprägte Individualismus des Bürgertums wie auch die neue Familienidee, ausgedrückt und gelebt in deutlicher Abgrenzung gegen den „Müßiggang" des Adels wie auch gegen die „Derbheit" des einfachen Volkes.

Im Bürgertum zerfielen Produktion und Reproduktion in zwei getrennte Lebensbereiche, die jeweils der alleinigen Zuständigkeit eines Geschlechts zugeordnet wurden. Der Mann ging außerhalb des Hauses der Erwerbsarbeit nach, musste sich dort behaupten und erwarb durch seine Berufsarbeit den monetären Unterhalt der Familie. Die Frau wurde von solchen produktiven Tätigkeiten entbunden, damit sie sich voll und ganz dem häuslich-familiären Bereich widmen konnte. Neben der Haushaltsorganisation war sie hier vor allem für emotional-psychische Aufgaben zuständig. Sie hatte für die Erholung und Entspannung des von der anstrengenden Berufsarbeit heimkehrenden Mannes zu sorgen und die Kinder zu tugendhaften Menschen zu erziehen. Statt eines unmittelbar greifenden Beitrags zur täglichen Existenzsicherung verlagerte sich ihre Aufgabe gleichsam auf eine – von außen betrachtet – unsichtbare Ebene, auf das „Dasein für die Familie" (Beck-Gernsheim 2006: 34). Das Familienleben wurde zum zentralen Inhalt ihrer Existenz. Dieser Lebensbereich, der dem bürgerlichen Mann zur Erholung und Entspannung diente, wurde für die Frau zum Ort ihrer Arbeit – eine Arbeit, der aber der Arbeits-Status vorenthalten wurde, da sie aus Liebe getan wurde bzw. zu erfolgen hatte. Wir werden darauf im Kapitel 5 „Geschlecht und Arbeit" zurückkommen.

Mit dieser neuen geschlechtsspezifischen Aufteilung der Aufgaben- und Zuständigkeitsbereiche entstehen neue Geschlechterbilder, die eine starke Kontrastierung der Geschlechter zum Inhalt haben. Die Ausbildung dieser polaren Geschlechtercharaktere wird – wie Karin Hausen (1976) anhand der Analyse von Konversationslexika in einem mehrfach zitierten Artikel schon Mitte der 1970er Jahre gezeigt hat – aus den „Wesensunterschieden" der Geschlechter abgeleitet (vgl. auch Frevert 1995). Während noch Anfang des 18. Jahrhunderts die „überlieferten Aussagen über den Mann und die

Frau Aussagen über den Stand, also über soziale Positionen und die diesen Positionen entsprechenden Tugenden" waren (Hoffmann 1959, zit. nach Hausen 1976: 370), werden diese nunmehr durch Charakterdefinitionen abgelöst. Diese bestimmen allgemeine, abstrakte Eigenschaften für das gesamte männliche oder weibliche Geschlecht als typisch. Durch diese Ausdehnung über das ganze Geschlecht wird es möglich, die neuen Geschlechtercharaktere – wie es in der wissenschaftlich fundierten Naturrechtslehre von Johann Gottlieb Fichte (1960; orig. 1796) der Fall ist – aus der Natur abgeleitet zu legitimieren und als „Wesensmerkmale" in das Innere der Menschen zu verlagern. Von Natur aus – so die neuen Zuschreibungen – sei die Frau passiv und emotional und von daher zu personenbezogenen Dienstleistungen in der Familie prädestiniert. Von Natur aus sei dagegen der Mann aktiv und rational veranlagt, was ihn für produktive Tätigkeiten auszeichne. Diese Wesensmerkmale gewinnen Gestalt in der neuen geschlechtsspezifischen Arbeitsteilung und legitimieren diese zugleich als natürliche Ordnung.

2.3.2 Frauenbild in einer polaren Geschlechterordnung

Ausgehend von dieser starken Polarisierung der Geschlechterbilder soll das neue Frauenbild, wie es im 18. Jahrhundert entstanden ist und bis weit in das 20. Jahrhundert fortgewirkt hat, näher beschrieben werden (vgl. ausführlich Fraisse/Perrot 1994)[5]:

(1) Frauen als Sinnbild des Schönen und als Gehilfinnen ihrer Männer
Beginnend mit dem 18. Jahrhundert findet man in philosophischen Abhandlungen, politischen Reden und auch in der Belletristik ein Frauenbild, in dem sie „als Symbol des Guten und Schönen, als Wächterin über Sitte und Moral" (Beck-Gernsheim 2006: 35) erscheinen. Frauen werden zum Gegenmodell des männlichen homo oeconomicus. Während der Mann in die feindliche Welt hinaus muss und der Eigenlogik der Berufsarbeit ausgesetzt ist, wird es „der Frauen Bestimmung, (…) das Leben zu verschönern, zu heilen und abzurunden, was rohe Stärke verletzt, das Dasein in sich selber zu versöhnen" (Henriette Feuerbach 1839, zit. nach Beck-Gernsheim 2006: 35 f.). In diesem neuen Entwurf sind die Frauen auf die Männer bezogen. Die Ehefrau wird zur persönlichen Gehilfin des Mannes. Seine Interessen müssen auch die ihren sein. Ihr oberstes Gebot heißt „ihm zu gefallen". Untrennbar ist damit auch verbunden „ihm zu dienen" (Beck-Gernsheim 2006: 36). Der französische Philosoph Jean-Jacques Rousseau hat diesen Grundsatz in seinem Erziehungsroman „Emile" (1971; orig. 1762) mit großer Offenheit als Rat an Sophie formuliert: „Werden Sie so stark ein Teil von ihm, dass er Sie

5 Aus Platzgründen verzichten wir darauf, parallel dazu das dominante Männerbild zu beschreiben, obwohl es auch dazu eine wachsende Anzahl an Studien gibt: vgl. Schmale 2003; Martschukat/Stieglitz 2008.

nicht mehr entbehren kann und sich weit von sich selbst entfernt fühlt, sobald er sie verlässt (…). Denken Sie daran, dass, wenn Ihr Mann zu Hause glücklich lebt, Sie eine glückliche Frau sein werden". Aus solchen Formulierungen wird deutlich, dass das „regulierende Prinzip" der weiblichen Normalbiografie im Bürgertum die Selbstzurücknahme und Selbstaufgabe ist. Die Frau ist keine Person mit eigenen Rechten; „die Frau wird aufs ‚Dasein für andere' verwiesen" (Beck-Gernsheim 2006: 34).

(2) *Die Frau als Mutter*
Im bürgerlichen Heim wuchs der Frau mit der Kindererziehung eine ganz besondere Aufgabe zu, die zu ihrer eigentlichen Bestimmung erhoben wurde. Während in der traditionellen Gesellschaft eine distanzierte Einstellung der Eltern zu den Kindern typisch und die Beaufsichtigung der Kinder eine Aufgabe war, die nebenbei erledigt wurde, rückte die Kindererziehung im bürgerlichen Familienmodell ins Zentrum der Aufmerksamkeit. Im 18. Jahrhundert setzte eine breite pädagogische Kampagne ein; Leitsätze einer bewussten Kindererziehung wurden entworfen. In zahlreichen Abhandlungen wurde mit großem Pathos dargelegt, dass die ersten Lebensjahre nicht mit Gleichgültigkeit behandelt werden dürfen, sondern ernst genommen werden müssen. Es entstand eine Wahrnehmung der Besonderheiten der Kinder; sie wurden zunehmend als eigenständige Persönlichkeiten mit besonderen Bedürfnissen und auch Ansprüchen gesehen. Durch angemessene Pflege und Erziehung können – so die Botschaft – die Eltern wesentlich zum Gedeihen des Kindes beitragen. Diese hohe Aufwertung der Erziehung steht in einem engen Zusammenhang mit der sozialen Lage des Bürgertums, in der sozialer Status durch individuelle Leistungen erworben werden musste. Getragen wurde diese pädagogische Kampagne zugleich auch von einem noch ungebrochenen Fortschrittsglauben der modernen Gesellschaft, der auf die Beherrschbarkeit und Gestaltbarkeit der Welt ausgerichtet war (vgl. Rosenbaum 1982).

Ein zentraler Leitsatz der modernen Kindererziehung war es, das Kind von allen fremden Einflüssen fernzuhalten. Die Erziehung wandelte sich dadurch von einem Nebenbei-Geschehen zu einer Hauptaufgabe, die die liebende und aufopferungsbereite Mutter und niemand sonst zu leisten habe und auch nur sie in dieser besonderen Weise leisten könne. Je mehr die Männer zu Berufsmenschen wurden, desto stärker kam ihnen als Väter im Erziehungsgeschehen nur noch eine Gastrolle zu. Gleichzeitig rückte die Mutter immer stärker in den Mittelpunkt aller Bemühungen, die sich auf das Kind richten. Auch die Ratgeber wendeten sich im Laufe des 19. Jahrhunderts immer ausschließlicher an die Mutter (vgl. Schütze 1991; Frevert 1989). Die neu aufkommenden Geschlechtercharaktere machten Frauen besonders geeignet für die Kindererziehung. Durch ihre in ihrer Natur verankerten Emotionalität, Fürsorglichkeit und

Opferbereitschaft, aber auch weil sie kognitiv dem Kinde näher stünden, seien sie für diese Aufgabe prädestiniert. Im Handbuch der Frauenbewegung von 1902 heißt es: „Der Beruf der Frau sind ihre Kinder (…). Das ist der heiligste Beruf der Frau, der unter keinem anderen leiden soll". Die Mütterlichkeit wurde – so eine weitere Formulierung aus diesem Handbuch – zum „Eigenste(n) im Weibe" (zit. nach Beck-Gernsheim 2006: 65). Zunehmend wurden Frauen primär durch die Mutterschaft definiert und vor allem als Mütter gesehen; die Mutterschaft wurde zur zentralen Lebensaufgabe der Frauen, zu ihrer eigentlichen Berufung. Alle ihre Gedanken und Taten, alle ihre Wünsche und Hoffnungen sollten sich auf ihre Kinder richten. Entdeckt wurde die „Mutterliebe" (Badinter 1984; orig. 1980) als ein den Frauen eigenes angeborenes Gefühl, als ein biologisch verankerter Instinkt, der die Aufopferungsbereitschaft der Mütter für ihre Kinder aus ihrer Natur entspringend sichert. Ab dem 18. Jahrhundert breitete sich ein Mutterschaftsmythos aus. Nicht nur in Erziehungsratgebern und politischen Schriften, sondern auch in der Kunst wurde die Mutterschaft gepriesen. Einfallsreich und vielstimmig wurden die Freuden der Mutterschaft ebenso in Szene gesetzt wie die grenzenlose Leidensbereitschaft der Mütter.

(3) Die Frau als asexuelles Wesen

Je mehr die Frau primär als Mutter gesehen wird, desto weniger darf sie ein sexuelles Wesen sein. Der weibliche Geschlechtscharakter war zwar stark an ihre Reproduktionsfähigkeit gebunden, sexuelle Begierde – der „Geschlechtstrieb" – wurde den Frauen aber weitgehend abgesprochen. Für Frauen war die Ehe nach dem bürgerlichen Ehe- und Familienmodell der einzig legitime Ort der Sexualität (vgl. Eder 2002). Wollte eine junge Frau aus guter Familie ihre Heiratschancen nicht ruinieren, so musste sie von jeder vorehelichen Sexualität Abstand halten. Für „anständige" Frauen war das Gebot der vorehelichen Keuschheit verbindlich und Sexualität ein „Geheimnis", das sich erst – zumindest mit ambivalenten Gefühlen verknüpft – in der Ehe lüftete. Anders dagegen die Regelung für die jungen Männer, die trotz des Sexualmonopols der Ehe, oberflächlich versteckt hinter einer „Doppelmoral" und mit Augenzwinkern unter Männern akzeptiert, durchaus Möglichkeiten und den Freiraum hatten, auch vor einer Ehe bereits sexuell aktiv zu sein. Dafür gab es eine „andere Sorte" von Frauen, die als Ehefrauen unvorstellbar, aber für das männliche sexuelle Begehren unerlässlich waren. Männer konnten voreheliche – und auch nebeneheliche – sexuelle Erfahrungen mit Prostituierten und „leichten Mädchen" erwerben, die zwar auch vom Sexualmonopol der Ehe „freigestellt" waren, allerdings um den Preis einer Stigmatisierung. Auch in der Ehe war Sexualität für Frauen das notwendige Übel auf dem Weg zur Familiengründung. Ansonsten ist sie vor allem eheliche Pflicht, mit der sie der Wollust des Mannes begegnete. Im Zuge einer wachsenden Verwissenschaftlichung wurde die unterschiedliche Sexualpraxis mit der Natur der Geschlechter begründet (vgl. Eder 2002). Die Frau, so wurde gelehrt, – aber offensichtlich nur die „anständige“ – gebe sich in der Sexualität vollständig und vorbehaltlos hin, und Sexualität sei bei ihr ungleich stärker mit Gefühlen verbunden, als dies beim Mann der Fall ist. Herausgestellt wurde, dass die sexuellen Bedürfnisse der beiden Geschlechter stark unterschiedlich sind. Nach Richard Freiherr von Krafft-Ebing (1984: 12) – wie dieser in seinem vielfach aufgelegten Standardwerk „Psychopathia Sexualis“ (orig. 1886) ausführt – ist Sexualität beim Mann ein „mächtiger Naturtrieb“. Und er führt fort: „Anders das Weib. Ist es geistig normal entwickelt und wohlerzogen, so ist sein sinnliches Verlangen ein geringes.“ Frauen sind – nach dieser Auffassung – wesensmäßig passiv und in der Sexualität kommt ihnen nicht der Status des aktiven Subjekts zu. Deutlich gemacht wird, dass Sexualität für Frauen primär bloße Hingabe, Opfer ist und einem Erdulden gleichkommt, zu dem sie aufgrund der triebgesteuerten Ansprüche des Ehemannes verpflichtet sind, auf die sie aber gut und gerne verzichten könnten.

2.3.3 Auswirkungen der Polarisierung der Geschlechter

Die Auswirkungen dieser kulturellen Codierung waren vielfältig. Mit Hilfe der Wissenschaft wurde die Arbeitsteilung der Geschlechter als die natürliche Ordnung festgeschrieben; jede Zuwiderhandlung und Auflehnung erschien folglich als ein Verstoß gegen die Natur. Diese neuen Geschlechtsbilder wirkten in vielfältiger Weise wirklichkeitsbildend: als staatliche Regelungen ebenso wie als biografische Vorgaben. Sie fanden ihren Niederschlag z. B. im Bildungssystem, in dem Mädchen bis gegen Ende des 19. Jahrhunderts kaum Bildungsangebote hatten. Die Forderung nach gleichen Bildungschancen konnte fortan mit dem Verweis auf die Besonderheiten des weiblichen Körpers abgewiesen werden. Stellvertretend aus einer Flut misogyner (frauenverachtender) Schriften sei nur das 1900 erschienene Buch „Über den physiologischen Schwachsinn des Weibes“ des Nervenarztes Paul Julius Möbius genannt, demzufolge – selbstverständlich ausschließlich bei Frauen – übermäßige Gehirntätigkeit sich negativ auf die Fortpflanzung auswirke. Aus diesem Grunde sollten Frauen – und das war das zentrale Anliegen dieser Publikation – aus dem Medizinstudium ausgeschlossen bleiben.

Die aus der Natur der Frau sich unmittelbar ergebene ‚eigentliche‘ Aufgabe der Frau als Mutter diente als Standardbegründung für den Ausschluss von Frauen aus der Erwerbsarbeit – zumindest für die bürgerlichen Frauen, für Arbeiterfrauen nur soweit man sich das überhaupt leisten konnte. Der Nachhall dieses Arguments reicht noch bis in die Gegenwart. Auch im Rechtssystem haben diese Geschlechterbilder zur Verweigerung von bürgerlichen Grundrechten beigetragen. Frauen wurden lange Zeit nicht als eigenständige Personen aufgefasst, sondern waren dem Willen und den Weisungen des Mannes unterworfen. Im Vergleich zu den Rechtsordnungen vor der Aufklärung stellte dies vielfach eine Verschlechterung dar (vgl. Schwab 1991). Frauen hatten zwar auch damals im Vergleich zu (standesgleichen) Männern eine geringere Rechtsstellung inne. Jedoch war das Recht offen für Varianten und für Anpassungen an den konkreten Fall. In einigen Fällen konnte dies soweit gehen, dass es zu einer weitgehenden rechtlichen Gleichstellung von Frauen und Männern kam. Dies war möglich, da in dem vormodernen Rechtssystem noch eine Ideologie fehlte, die allen Frauen einen niedrigeren Status zuwies.

Weitreichend waren auch die Auswirkungen in der Medizin: Da die Vorstellung vorherrschte, dass der Körper der Frau durch die unberechenbaren Reproduktionsorgane dominiert wird, war die Tendenz vorhanden, alle physischen und psychischen Probleme der Frauen in den Ovarien zu verorten. Sie wurden auch zum Sitz einer weiblichen Hysterie erklärt. Aufgrund dieser umfassenden Pathologisierung begannen Mediziner im 19. Jahrhundert mit der Entfernung gesunder Eierstöcke und gegen Ende des Jahrhunderts nahmen diese Operationen dramatisch zu. Weitere Folgen waren das Verbot körperlicher Anstrengungen und der lange andauernde Ausschluss aus sportlichen Aktivitäten. Ihren Niederschlag fand dieses Frauenbild auch in der Mode, die ihrerseits zur Bestätigung des Mythos von der weiblichen Schwäche beitrug, in dem der Frauenkörper gewaltsam in einengende Korsette eingeschnürt wurde und so Bewegungsunfähigkeit und Schwindelanfälle produzierte.

Mit dem im Bürgertum entstandenen Frauenbild gingen aber nicht nur Einschränkungen einher, sondern auch neue Chancen. Elisabeth Beck-Gernsheim (2006) betont, dass mit dem Aufstieg der Mutterrolle eine Aufwertung der Frau begonnen habe. Mit der Erziehungsaufgabe wurden den Frauen neue Handlungskompetenzen zugesprochen und erste Möglichkeiten der Bildungsteilhabe eröffnet. Für eine angemessene Erziehung der Kinder wurde eine gewisse Allgemeinbildung für Frauen als notwendig und wünschenswert angesehen, auch wenn sich die Bildungseinrichtungen für Frauen erst allmählich geöffnet haben. Durch diese Wertschätzung ihrer Erziehungsleistung in Verbindung mit der – im Unterschied zur traditionellen Gesellschaft – vollzogenen Freistellung von körperlicher Arbeit und Ausgestaltung der Ehe als Gefühlsgemeinschaft konnten Frauen dieser neuen Geschlechterordnung durchaus auch positive Aspekte abgewinnen. Sie schien lange Zeit ausgereicht zu haben, die massive Ungleichheit der Geschlechter zu verdecken, die aus heutiger Sicht offenkundig ist. Eine Ungleichheit, die sich daraus ergab, dass die in der Polarisierung der Geschlechtercharaktere zum Vorschein kommende Komplementarität nur eine scheinbare war. In diese Geschlechterordnung war unauflösbar ein Dominanzanspruch des Mannes eingebaut. Aus diesem Grunde war es auch nahe liegend, in dieser Geschlechterordnung machtpolitisches Interesse der Männer zu vermuten. Mit der Rolle des Ernährers und Familienoberhaupts war ein als „natürlich“ aufgefasster Autoritätsanspruch des Mannes verknüpft. Die Frauen gerieten in eine völlige ökonomische Abhängigkeit vom Ehemann und verzichteten auf ihre individuelle Autonomie zugunsten ihres Daseins für Mann und Kinder (vgl. Beck-Gernsheim 2006).

Durch die Polarisierung der Geschlechter hat das System der Zweigeschlechtlichkeit eine weitreichende Zuspitzung erfahren: Da Frauen und Männer grundlegend anders waren, konnte es nur noch Frauen und Männer geben und das für ein Leben lang. Damit erzwingt die Kultur eine Eindeutigkeit, die die Biologie nicht zu leisten im Stande ist. Zu einer Gruppe, die es nicht gibt und geben darf, werden intersexuelle Personen gezählt (vgl. Kessler 1998; Lang 2007). Als intersexuell werden Personen bezeichnet, die weder eindeutige weibliche noch männliche körperliche Geschlechtsmerkmale aufweisen[6]. Die Schätzung über den Anteil der intersexuellen Personen geht weit auseinander, sie reicht von einer auf 50 bis einer auf 6.000 Geburten. Im polarisierten System der Zweigeschlechtlichkeit wurden Intersexuelle zum störenden Hindernis der Natürlichkeit. Nicht nur konnte nicht zugelassen werden, dass es auch Menschen gibt, die keine Frauen oder Männer sind. Auch die alte Praxis, dass intersexuelle Personen als Erwachsene selbst ihr Geschlecht bestimmen, ging im 19. Jahrhundert verloren.[7] Die Medizin wurde immer stärker zum Reparaturbetrieb der Natur. Ab der zweiten Hälfte des 19. Jahrhunderts wurde von der Medizin der Anspruch erhoben, dass es wissenschaftlich möglich wäre, das ‚richtige‘ Geschlecht eines Menschen zu bestimmen (vgl. Fausto-Sterling 1993; Lang 2007). Die auserkorenen Kriterien änderten sich allerdings über die Zeit hinweg, wodurch die Willkürlichkeit sichtbar wird. Begründet wurde das medizinische Handeln dadurch, dass es im Interesse intersexueller Personen liege, ihren Körper ‚richtigen‘ Frauen oder Männern anzupassen. Fortschritte der Chirurgie ließen in der zweiten Hälfte des 20. Jahrhunderts die Praxis entstehen, intersexuelle Personen durch Operation in ‚richtige‘ Frauen oder Männer umformen zu können. Vorreiter war der amerikanische Arzt und Psychiater John Money. Nach ihm sollte die fehlende Geschlechtseindeutigkeit spätestens bis zum zweiten Lebensjahr durch massive chirurgische und hormonelle Eingriffe behoben werden, wobei er als internationalen Standard etablierte, das künftige Geschlecht des Kindes einfach nach Machbarkeit zu wählen. Erst Ende des 20. Jahrhunderts wurde diese Vorgehensweise durch Proteste von intersexuellen Menschen als auch durch die Kritik aus der Medizin selbst zunehmend infrage gestellt.

---

6 Als ältere Begriffe für intersexuelle Personen findet man in der Literatur vielfach auch noch „Hermaphrodit“ oder „Zwitter“.

7 Das Preußische Allgemeine Landrecht stellte es intersexuellen Personen bis zu ihrer Volljährigkeit noch frei, entweder das männliche oder das weibliche Geschlecht anzunehmen.

In diesem starren System der Zweigeschlechtlichkeit konnte Transsexualität und Travestie nur noch als sexuelle Perversion und als Krankheit aufgefasst werden. Transsexualität liegt vor, wenn Menschen körperlich dem männlichen oder weiblichen Geschlecht angehören, sich jedoch selbst als Angehöriger des anderen Geschlechts sehen (Geschlechtsidentität) und auch bestrebt sind, sich körperlich diesem anderen Geschlecht anzunähern (vgl. Hirschauer 1993). Als Travestie wird das Tragen der Bekleidung des anderen Geschlechts als Ausdruck der eigenen Geschlechtsidentität verstanden. In dieser polaren Geschlechterordnung wurden alle Formen des gender crossings ausgeschlossen, mehr noch sie wurden pathologisiert oder kriminalisiert. Das gilt auch für Homosexualität, da diesem System eingeschrieben war, dass Männer Frauen zu begehren haben und Frauen – natürlich mit der bereits beschriebenen Zurückhaltung – Männer. Nur diese sexuelle Orientierung entsprach der natürlichen Ordnung der Geschlechter. Die Zwangsheterosexualität war in dieser Ordnung fest eingeschrieben. Bereits im 18. Jahrhundert sind Homosexuelle in das Blickfeld der Wissenschaften geraten und es setzte ein, was Michel Foucault als „Einpflanzung der Perversionen" (1983: 50) und als „Psychiatrisierung der perversen Lust" (1983: 127) benannt hat. Galt die Sodomie bis dahin als Sammelkategorie für alle sexuellen Praktiken, die nicht der Fortpflanzung dienten, wurde nun eine verbindliche Normalität im sexuellen Handeln festgeschrieben und jenseits davon eine breite Palette „perverser" Sexualitäten bestimmt und katalogisiert. Mächtig dazu beigetragen hat die im 19. Jahrhundert aufkommende Sexualwissenschaft; einer ihrer Hauptvertreter war der bereits erwähnte Richard von Krafft-Ebing mit seinem Hauptwerk „Psychopathia sexualis" (1886).

2.4 Frauen- und Männerbilder heute

Im Fernsehen ist folgender Werbespot zu sehen: Ein Hersteller von Damenunterwäsche zeigt einen Büstenhalter … Der Sprecher sagt folgenden Satz: „Dieser BH ist einfach zu öffnen. Sogar für blonde Männer."

Wie reagieren Sie? Mit Lachen? Oder stoßen Sie sich an diesem bloß umgekehrten Geschlechtsstereotyp?

Die Abkehr von der Welt der polaren Geschlechtercharaktere, wie sie im 18. Jahrhundert geschaffen wurde, ist zu Beginn des 21. Jahrhunderts bereits weit fortgeschritten. Deutlich wird eine deutliche Pluralisierung der Geschlechterbilder. Im Weiteren sollen zunächst einmal nur einige Tendenzen genannt werden:

- Das dominante Frauenbild weist heute keine Festlegung auf die Mutter- und Hausfrauen-Rolle mehr auf. Studium, Erwerbsarbeit und Berufserfolg gehören ebenso zum Bild der Frau wie zu dem des Mannes. Weniger dagegen hat sich das Bild des Mannes für die Familienarbeit geöffnet, auch wenn sich hierfür mit dem Bild der neuen Väter Ansätze finden lassen. Die Wochenzeitschrift „Der Spiegel" (24/2007) hat die „Alpha-Mädchen" entdeckt, eine „neue Generation von Frauen", die „die Männer überholt". Sie seien „pragmatischer als ihre Mütter, sie sind ehrgeiziger, zielstrebiger, gebildeter als die Männer. Sie glauben nicht mehr an die Versorgung durch die Ehe, sondern an den Erfolg. Eine junge Frauengeneration macht sich auf den Weg an die Macht – und lässt die Männer hinter sich" (Der Spiegel 24/2007: 56). Mit ihrem Buchtitel hat Thea Dorn (2007) den Begriff der „neuen F-Klasse" in die öffentliche Debatte eingeführt; gemeint sind damit Frauen, die sich weder benachteiligt noch als Opfer fühlen.

- In der Mode werden für Frauen und Männer Annäherungstendenzen sichtbar. Am deutlichsten wird das an der Hose, die sich von einem männlichen Kleidungsstück zu einem entwickelt hat, das von beiden Geschlechtern gleichermaßen getragen wird. „Hosenskandale", von denen die Medien in den 1960er und 1970er Jahren berichten, gehören schon seit längerem der Vergangenheit an. Weit darüber hat sich inzwischen die Unisex-Mode ausgebreitet. Auch bei den Parfümen hat Calvin Klein mit „one" den ersten Duft auf den Markt gebracht, der von beiden Geschlechtern genutzt werden soll.
- Auch wenn längst nicht alle Vorurteile und Diskriminierungen gegen Schwule und Lesben verschwunden sind, hat die gesellschaftliche Akzeptanz von sexuellen Orientierungen jenseits der Heterosexualität dennoch stark zugenommen. Nach der Allgemeinen Bevölkerungsumfrage der Sozialwissenschaften (kurz: ALLBUS) sank der Anteil derjenigen, die eine homosexuelle Beziehung als „sehr" bzw. „ziemlich schlimm" bezeichnen, von 53 % (1970) auf 24 % (2002) (vgl. Reuband 1989; Allbus 2002). Während man lange Zeit gezwungen war, eine homosexuelle Orientierung im Verborgenen zu leben, ist es heute verstärkt möglich, diese auch öffentlich zu machen. Dies zeigen Beispiele von Politikern (z. B. Wowereit, Westerwelle) ebenso wie die öffentlichen Veranstaltungen zum Christopher Street Day[8], die es mittlerweile in jeder größeren Stadt in Deutschland gibt. Seit 2001 ist in Deutschland für gleichgeschlechtliche Paarbeziehungen auch die Rechtsform der eingetragenen Lebenspartnerschaft möglich, was ein weiteres Zeichen einer fortschreitenden Normalisierung ist.
- Mit Transgender ist zudem eine Bewegung entstanden, die das fest verankerte System der Zweigeschlechtlichkeit infrage stellt. Ausgehend von den USA hat diese Bewegung inzwischen auch in Europa Fuß gefasst. Als Transgender werden Personen bezeichnet, die es ablehnen auf eine

8 Mit dem Christopher Street Day wird an den öffentlichen Protest gegen die Polizeiwillkür sexuellen Minderheiten gegenüber erinnert, der in der New Yorker Christopher Street (Greenwich Village) am 28.6.1969 stattfand und im kollektiven Gedächtnis als das erste Mal eingegangen ist.

männliche oder weibliche Geschlechtsidentität auf Dauer festgelegt zu sein. In enger Anlehnung an konstruktivistische Geschlechtertheorien wird eine radikale Geschlechterfreiheit gefordert, losgelöst vom körperlichen Geschlecht. Transgender ist Teil der Queer-Bewegung. Angestrebt wird keine Integration durch Minderheitsrechte in die Gesellschaft, sondern ihre tiefgreifende und radikale Neubestimmung von Geschlecht und Sexualität (vgl. Degele 2008).

Auch wenn die Polarisierung aufgebrochen ist, die Geschlechterbilder heute pluraler sind und auch das System der Zweigeschlechtlichkeit Risse bekommen hat, sind stereotype Geschlechterbilder keineswegs völlig verschwunden. Wir werden dem nachgehen, indem wir die Präsentation von Frauen und Männern in den Massenmedien und anschließend mit einem engeren Fokus in der Werbung zum Gegenstand machen werden.

2.4.1 Frauen und Männer in den Massenmedien

Moderne Technik macht es möglich, dass wir heute überall und unentwegt von Medien umgeben sind. Der Medienkonsum bindet viel Zeit. Die deutschen Bundesbürger/innen (ab 14 Jahre) verbringen täglich ca. 10 Stunden mit Medien, Frauen geringfügig mehr und Männer geringfügig weniger (vgl. Best/Engel 2007). Die meiste Zeit davon entfällt auf Fernsehen und Radio. Frauen verbringen pro Tag im Schnitt vor dem Fernseher 234 Minuten und Männer 205 Minuten. Die Nutzungsdauer des Radios ist fast genauso lang, bei den Frauen etwas weniger (228 Minuten), bei Männer etwas mehr (212 Minuten). Mit großem Abstand folgen dann fast gleichauf Schallplatten/CD/DVD/Mp3 und das Internet. Letzteres mit deutlichen Nutzungsunterschieden zwischen den Geschlechtern: Männer wenden für das Internet 66 Minuten auf, Frauen dagegen nur 23 Minuten. Beim Internet dürften die höhere Affinität der Männer zu moderner Technik und möglicherweise auch die Inhalte den Ausschlag geben. Der höhere Fernsehkonsum von Frauen wird vor allem damit in Verbindung gebracht, dass Frauen aufgrund der Arbeitsteilung immer noch mehr Zeit zu Hause verbringen (vgl. Cornelißen 2002).

Besonders Fernsehen, Internet und Zeitschriften ‚informieren' über die gängigen Geschlechterbilder in der Gesellschaft und beeinflussen unsere Vorstellung, wie Frauen und Männer ‚eigentlich' sind. Weiterhin ist zu konstatieren, dass diese ‚Informationen' über die Geschlechter nicht neutral vermittelt werden, sondern in erster Linie aus dem männlichen Blickwinkel erfolgen. Männer und Frauen werden weiterhin nur selten aus der Frauenperspektive dargestellt. Die Frauenbilder in den Medien sind diejenigen, die Männer gern sehen wollen. Dadurch lernen junge Frauen schon frühzeitig und vielfach ohne es zu bemerken, sich selbst durch Männeraugen zu sehen, sich selbst aus männlicher Perspektive einzuschätzen und zu kritisieren.

Eine erste Studie zum Frauenbild im Fernsehen hat Erich Küchenhoff Mitte der 1970er Jahre vorgelegt. Küchenhoff (1975) hat gezeigt, wie gering medieninterne und medienexterne Präsenz von Frauen im deutschen Fernsehen ist. „Männer handeln – Frauen kommen vor“ heißt das zugespitzte Ergebnis dieser Studie. Ein Ergebnis, das der zentralen These der amerikanischen Kommunikationswissenschaftlerin Gaye Tuchman, dass „all the mass media disseminate the same theme about women to all social classes: They announce their symbolic annihilation and trivialization“ (1978: 30; dt. 1980), nahe kommt. Vieles spricht dafür, dass sich seither die Frauendarstellungen verändert haben. Frauen nehmen inzwischen als Medienschaffende zunehmend verantwortungsvolle Positionen ein. Es werden immer mehr selbstbewusste und starke Frauen vorgeführt, die ihren eigenen Weg gehen. Dennoch ist ihre Darstellung in den Medien auch weiterhin häufig nicht angemessen. Die Medienforschung belegt, dass Frauen weiterhin unterrepräsentiert sind. Medienübergreifend werden Frauen seltener abgebildet als Männer. Besonders deutlich wird diese Unterrepräsentanz in gesellschaftlich relevanten Themenbereichen wie Politik und Wirtschaft. Die Frau gilt in den Medien auch heute noch mehrheitlich als unpolitisch. In fiktionalen Sendungen werden Frauen häufiger in Familienserien und Werbung, dagegen seltener in actionreichen Spielhandlungen gezeigt. Frauen dominieren in der nonfiktionalen Berichterstattung bei den Themen Klatsch und Prominenz, Unterhaltung sowie Soziales. Sowohl in fiktionalen wie nonfiktionalen Sendungen agieren Frauen seltener in handlungstragenden Rollen (vgl. als Überblick Klaus 2005).

Das Global Media Monitoring Project (GMMP), welches vom Deutschen Journalistinnenbund (vgl. Röser 2006) unterstützt wird, befasst sich mit der Präsenz von Frauen in Nachrichten, wobei Fernsehen, Radio und Tageszeitungen einbezogen wurden. In der Stichtagsuntersuchung zum 16. Februar 2005 wurde festgestellt, dass mit 22 % Frauen als Nachrichtensubjekte immer noch marginalisiert sind. Seit 1995 hat sich dieser Anteil von damals 16 % erhöht, ein Anstieg zwar, aber ein langsamer. Nur selten stehen die Frauen im Fokus der Nachricht, sie werden dagegen in den Nachrichten weit überproportional als Opfer präsentiert. Insgesamt ist der Anteil der Frauen im Journalismus angestiegen und stagniert inzwischen bei einem Drittel. Die lange gehegte Erwartung, mehr Frauen würden automatisch auch zu mehr emanzipatorischen Inhalten führen, hat sich nicht erfüllt. Deutlich würde vielmehr, dass unabhängig von Geschlecht der Journalist/innen die Regeln der Profession dominant sind (vgl. Keil 2001).

In den Medien wird vielfach auf normierte Frauenbilder Bezug genommen. Das Bild der jungen, schönen, ledigen und wohlhabenden Frau steht im klaren Widerspruch zur sozialen Realität. Auch wenn Frauen zunehmend im Zusammenhang mit ihrer Berufstätigkeit dargestellt werden, tritt der Stellenwert des Berufs meist hinter der Bedeutung des männlichen Partners zurück. Dies zeigt sich besonders in fiktionalen Sendungen, in denen Frauen –

häufig im Zusammenhang mit Männern – als Ehefrau oder Lebenspartnerin präsentiert werden. Dabei wird gern auf die ‚typisch weiblichen' Verhaltensmuster und Eigenschaften zurückgegriffen. Frauen sind zart, emotional, unterordnend, freundlich, schutzbedürftig, während Männer vielmehr Dominanz, Souveränität, Kraft und Stärke ausstrahlen (vgl. Velte 1995). Anders dagegen das Frauenbild in Frauenzeitschriften, wie z. B. „Brigitte": Sie beziehen deutlich Stellung für die Frauen und ihre Frauenbilder sind weniger stereotyp und vor allem auf die Leserinnen zugeschnitten (vgl. Klaus 2005).

Johanna Dorer und Matthias Marschik (1999) stellen fest, dass die aufgezeigten Frauenstereotype in den Medien zwar vielfältiger geworden sind, die geschlechtliche Zuordnung aber nach wie vor sehr eindeutig erfolgt und nur in seltenen Fällen durchbrochen wird. Medien bestätigen daher weiterhin Geschlechterstereotype und behindern dadurch ihre Veränderung. Starke Auswirkungen haben die Medien auch im Sozialisationsprozess von Kindern. Studien dokumentieren, dass Kinder, die viel fernsehen, sich in ihren Werten und Zukunftsambitionen an Fernsehcharakteren orientieren (vgl. Andersen 2005). Vor allem Spielzeugreklame trägt durch die Darstellung von geschlechtsspezifischen Aktivitäten, Sprache und Verhalten dazu bei, dass Kinder weibliche und männliche Stereotype emulieren und deren spezifisches Spielzeug bevorzugen (vgl. Pike/Jennings 2005). Die Resultate von Shannon Davis (2003) zeigen, dass Kinderprogramme immer noch mehr männliche Charaktere darstellen und dass diese sehr aktiv sind. Helga Jud-Krepper führt aus, dass den Mädchen und Jungen in Kinderbüchern und „in den Kindersendungen Verhaltensweisen als angemessen vermittelt (werden), die sich an der tradierten Geschlechterdifferenz orientieren. Für die Mädchen besteht außerdem das Problem, dass sie aufgrund der geringen Anzahl weiblicher Charaktere nur wählen können zwischen der emotionalen Einfühlung in den männlichen Helden oder der Identifikation mit nebensächlichen oder negativen Frauenrollen" (Jud-Krepper 1997: 118). Für Jungen ist es besonders prekär, da mehr aggressiver Inhalt an sie gerichtet wird und sie mehr dazu neigen, Gewalt gegenüber „desensitiviert" zu werden (Klinger et al. 2001; Larson 2003).

In der Medienforschung wird mittlerweile nicht nur danach gefragt, was die Medien mit den Frauen machen, sondern auch die Frage aufgeworfen, was die Frauen mit und in den Medien machen (vgl. Klaus 2005). Vor allem englischsprachige Studien zur Rezeption von Soap-Operas haben die aktive und manchmal durchaus widerspenstige Interpretation der Zuschauerinnen aufgezeigt (z. B. Ang 1986). In den vielfach als trivial abgewerteten Sendungen gelingt es ihnen, ihre Alltagserfahrungen in die Rezeption einzubringen (vgl. auch Dorer/Geiger 2002). Ebenso konnten Studien zeigen, dass Geschlecht das Fernsehen strukturiert, indem Medienangebote die Kodierung „männlich" bzw. „weiblich" enthalten, aber auch, weil Nutzer/innen „die Medienangebote als ‚männlich' oder ‚weiblich' identifizieren, sich ihnen gegenüber ‚wie eine Frau' oder ‚wie ein Mann' verhalten" (Klaus/Röser 1996: 56). Das Modell der Zweigeschlechtlichkeit dient auch als Folie, um Medien zu bewerten. Genres, die vor allem auf ein weibliches Publikum abzielen, wird oftmals schnell Trivialität vorgeworfen. Andere Maßstäbe gelten dagegen für die Sendungen, wie z.B. Sportsendungen, die vorwiegend von Männern angeschaut werden.

2.4.2 Frauen und Männer in der Werbung

Ein zentraler Bestandteil der Medien ist die Werbung. Ihr können wir uns nicht entziehen; sie ist in der heutigen Gesellschaft allgegenwärtig. Erving Goffman hat sich schon Mitte der 1970er Jahre mit der Analyse von Werbefotos befasst, auf denen Frauen und Männer abgebildet sind. Diese Studie ist bis heute aktuell (vgl. Willems/Jurga 1999). Goffman (1981; orig. 1979) identifiziert hyperritualisierte Darstellungsformen, die eine kulturelle Idealvorstellung der Geschlechterdarstellung liefern. Das vielfältige Bildmaterial sowie Goffmans Kommentare vermitteln einen Einblick in das Inventar geschlechtlicher Darstellungsformen. Er arbeitet heraus, dass Anzeigen mit Frauen- und Männerabbildungen häufig mit relativen Größenunterschieden arbeiten. Männer werden nicht nur größer als Frauen wiedergegeben, sie sitzen auch erhöht, umgreifen die Frau von oben, oder blicken auf sie herab. Der Mann hat fast ausschließlich einen höheren Status inne, der sich im Bildaufbau und gestischem Zueinander gut ablesen lässt. Die Männer werden vielfach als die Belehrenden, Zupackenden und zielstrebig Handelnden präsentiert. Bei gemeinsamen Aktivitäten haben sie die Leitung inne. Frauen werden dagegen in den Werbefotos vielfach als verspielt und verträumt dargestellt. Es kommt vor, dass Männer bei frauentypischen Tätigkeiten oder in abhängigen Positionen präsentiert werden. In diesen Fällen sorgt das Stilmittel der Ironie und Verfremdung dafür, dass männliche Souveränität dennoch zum Vorschein kommt.

Mit Sexismus in der Werbung hat sich in mehreren Publikationen Christiane Schmerl (1981; 1992) ausführlich befasst. Schmerl unterscheidet zwischen normaler und offen frauenfeindlicher Werbung. Im ersten Falle beinhaltet die Werbung eine klischeehaft einengende und rückwärts gewandte Rollenzuweisung. Von einer offen frauenfeindlichen Werbung wird dann gesprochen, wenn negative Frauenklischees, zwanghafte Schönheitsnormen oder absurde Konnotationen von Frauen und Hausarbeit aufgegriffen werden. Beispiele für frauenfeindliche Werbungen sind wohlbekannt: Produktwerbungen verwenden sexuelle Anspielungen, zynische Witze auf Kosten der Frauen oder greifen angebliche Schwächen des weiblichen Geschlechts auf. Frauen werden mit Produkten gleichgesetzt, als ob sie Konsumgüter für Männer wären, oder mit rigiden Schönheitsanforderungen konfrontiert. Weitere Formen sind Werbungen, in denen die Hausarbeit als Luxusbeschäftigung erscheint oder Geschenke von Haushaltsgeräten als Liebesbeweise der Ehemänner. Wie die Befunde von Schmerl zeigen, waren in den 1970er und 1980er Jahren vor allem zwei Frauenbilder in der Werbung präsent: die liebende, aber beschränkte Hausfrau und Mutter sowie die ‚neue Frau', die stets jung, schön, gepflegt, schlank, manchmal berufstätig, aber konsumfreudig ist. Diese Aussage stimmt mit der von Joachim Kotelmann und Lothar Mikos (1981) überein, die ihre Befunde zu der Darstellung von Frauen in der Fernsehwerbung unter dem Titel „Frühjahrsputz und Südseezauber" publizierten. Damit wollten sie zum Ausdruck bringen, dass zwei Frauentypen dominieren: das einfache Hausmütterchen und die junge Frau als Sexobjekt.

Inzwischen hat sich einiges ereignet. Während lange Zeit die Aufmerksamkeit der Forschung – von Goffman abgesehen – vor allem auf das Frauenbild in der Werbung ausgerichtet war, liegen inzwischen auch Studien zu Männerbildern, wie die von Guido Zurstiege (1998) und Nils Borstnar (2002), vor. Über den Beobachtungszeitraum von fast 50 Jahren kann Zurstiege Veränderungen der Darstellung des Mannes feststellen. Auch wenn Männer in den 1990er Jahren stärker in der Freizeit dargestellt werden und auch Eigenschaften wie Zärtlichkeit, Romantik oder Kreativität bei ihnen an Bedeutung gewinnen, dominiert Sachlichkeit, Kompetenz und vor allem Erfolg weiterhin bei ihrer Präsentation. Borstnar, der sich mit der Werbung für Duftstoffe in den letzten beiden Jahrzehnten befasst hat, kann zeigen, dass Männer als Kontrast zu Frauen entworfen werden. Veränderungen ergeben sich auch im dargestellten Frauenbild. Angela Vennemann und Christina Holtz-Bacha (2008) zeigen auf der Grundlage von Werbespots aus dem Jahr 2007, dass das Rollenrepertoire größer geworden ist. Frauen treten nunmehr auch als Omas, sportliche Frauen, Expertinnen auf oder in unkonventionellen Rollen (z. B. schöne, ältere Frauen in der Dove-ProAge-Werbung). Auch wenn Frauen in traditionellen Rollen (Hausfrau, Freizeitfrau) vorkommen, agieren sie heute selbstsicherer, unabhängiger und auch energischer. „Anders als in den 80er Jahren, als Frauen oft mit typischen ‚weiblichen Schwächen' auftraten, bewegt sich das Frauenbild der Werbung heute viel mehr in die Richtung der modernen Superfrau. Die Frau von heute kann so gut wie alles, sie ist interessiert an neuen Dingen und aufgeschlossen neuen Situationen gegenüber." (Vennemann/Holtz-Bacha 2008: 104 f.) Auch wird der Werbung bis heute zu Recht vorgeworfen, „dass sie in aller Regel den männlichen Blick favorisiert und damit die traditionellen Machtverhältnisse in unserer Gesellschaft perpetuiert" (Schmidt 2002: 106). Laut Christina N. Baker (2005) beinhaltet Werbung immer noch oft die männliche Fantasie, als ob es das Hauptziel aller Frauen sei, Männer anzulocken. Nur wenig scheint sich an der Verbreitung frauenfeindlicher Werbung geändert zu haben. So hat die Parlamentarische Versammlung des Europarats 2007 eine Resolution unter dem Titel „The Image of Women in Advertising"[9] verabschiedet, in der zum Ausdruck gebracht wird:

---

9 Die Resolution ist unter dem folgenden Link abrufbar: http://assembly.coe.int/Main.asp?link=/Documents/AdoptedText/ta07/ERES1557.htm.

„1. The Parliamentary Assembly notes that images of women which are totally at odds with their actual roles in our contemporary societies are still common in advertising today.
2. Too often, advertising shows women in situations which are humiliating and degrading, or even violent and offensive to human dignity.
3. The Assembly is angered by the fact that it is nearly always women who are reduced to the role of mere consumer commodities or sex objects in certain advertisements."

Zahlreich sind auch die Beschwerden, die wegen Diskriminierung und Herabwürdigung von Frauen jährlich beim Deutschen Werberat, dem Selbstkontrollgremium der deutschen Werbewirtschaft eingehen (vgl. Holtz-Bacha 2008).

Box 2.1

Die Darstellung nichtdeutscher Frauen

Ein eigenes Thema bildet die Darstellung von nichtdeutschen Frauen. Sie sind dadurch benachteiligt, da sie dem kulturellen Idealbild nicht entsprechen. Wie sehr dieses Idealbild auf diesen Frauen lastet, sieht man am Beispiel der USA, wo sich viele schwarze Frauen ihre Haut bleichen und ihre Haare mit Chemikalien glätten lassen, um dem europäischen Schönheitsideal näher zu kommen. Sogar in der schwarzen Gemeinde werden hell-farbige („yellow") Menschen bevorzugt (Herring et al. 2003). Die meisten Medienstars (Sänger, Schauspieler, Models) haben europäische Züge, oder wenn nicht europäisch, dann haben sie relativ helle Haut oder wenige „ethnische" Merkmale. Frauen, die „etwas ethnisch" aussehen, werden oft als „exotisch" sexualisiert. Die Darstellungen nichtdeutscher Frauen in den Medien sind oft eher unschmeichelhaft. Ausländische Frauen werden besonders klischeehaft dargestellt (Farrokhzad 2006). Das negative Medienbild der „Migrant/innen" ist nicht geschlechtsneutral und hat sich auch kaum geändert. Nach dem 11. September 2001 hat sich die Stereotypisierung der „islamischen Frau" deutlich verstärkt: die „Kopftuchtürkin" wird nicht mehr als unterdrückt bemitleidet, sondern sie wird als Symbol der Missachtung der westlichen Kultur ausgegrenzt (Farrokhzad 2006). Die hauptsächlich einseitige, negative Berichterstattung des „Andersseins" und des Fremden zeigt die Stereotype der kopftuchtragenden Frauen und gewaltbereit aussehenden Männer. „Muslimische Frauen tauchen eher selten ohne Bezugnahme auf die Geschlechterverhältnisse im Islam auf. Es gibt kaum Artikel und Beiträge in den Massenmedien über den Islam, wo nicht auch Bilder von kopftuchtragenden Frauen erscheinen." (Farrokhzad 2006: 87) Das entworfene Gegenbild des Islams wird zum Feindbild und verhindert somit die konstruktive Auseinandersetzung mit der „anderen" Kultur.

Der Schnittpunkt Sexismus und Rassismus zeigt sich in dem Label „exotisch fremd" für Frauen und „gefährlich fremd" für Männer. Die Werbung, zum Beispiel für Reisen, zeigt die einseitige und pauschale Betrachtung der nichtdeutschen Frau als Ware und Objekt der Begierde.

2.5 Sprache als kulturelles System

Erinnern Sie sich an die Anfangsgeschichte? Dann können wir zur Auflösung kommen: Der „Lastwagenfahrer" ist die Mutter des Kindes – das generische Maskulinum in der Sprache erschwert die Identifikation des Lastwagenfahrers als weiblich und deshalb muss ‚außerhalb des Kastens' gedacht werden, um das Puzzle zu lösen.

Aufbauend auf dem Dominanzmodel (Lakoff 1975) geht die linguistische Geschlechterforschung davon aus, dass Sprache nicht geschlechtsneutral ist, sondern soziale Machtstrukturen und die Ungleichheit von Frauen und Männern widerspiegelt (vgl. als Überblick Eichhoff-Cyrus 2004). Sprache ist nicht nur Kommunikationsmittel, sondern sie formt unserer Denken und unsere Wahrnehmung. Sprache ist ein Kulturspeicher und trägt als solcher maßgeblich zur Fortschreibung von geschlechtsspezifischen Vorurteilen und Wertvorstellungen bei, indem die Welt aus dem männlichen Blickwinkel wahrgenommen und auch konstruiert wird. Davon ausgehend wird die Hypothese vertreten, dass sexistische Sprache durch Machtunterschiede zu erklären ist: Männer kreierten das generische Maskulinum, um Frauen ungenannt zu lassen. Luise Pusch (1984) hat Männer als „Sprach- und Machthaber" bezeichnet. Im Umgang mit generisch maskulinen Personenbezeichnungen, Metaphern und Redewendungen werden Gedankenbilder geformt, die keine weiblichen Personen einschließen. Mit Worten wie „Arzt" oder „Bürger" sind Frauen zwar theoretisch „mitgemeint", aber dadurch, dass sie verbal ausgeklammert sind, werden sie nicht „mitgedacht" (vgl. J. Klein 2004). Mit der Verwendung des generischen Maskulinums werden kognitive Konstruktionen aktiviert, in denen männliche Akteure – wie unser Rätsel zeigt – klar dominieren.

Sexismus in der deutschen Sprache fängt schon bei der persönlichen Anrede an, also z.B. bei „Herr Müller" oder „Frau Müller" (vgl. ausführlich Klann-Delius 2005). Während Frauen mit ihrer biologischen Klassifikation (Frau) angeredet werden, wird für Männer ein sozialer Titel (Herr) verwendet. Wenn Geschlechtergleichheit in der Sprache vorhanden wäre, müsste „Herr Müller" mit „Dame Müller" oder „Frau Müller" mit „Mann Müller" einhergehen. Lexikale Analysen zeigen, dass Bezeichnungen der weiblichen und männlichen Person historisch tief in der sozialen Hierarchie verankert sind. Beispielsweise ist das Wort „Mädchen" von „Mägdchen" abgeleitet – und eine Magd, vor allem in der Verkleinerungsform, hat historisch gesehen einen sehr niedrigen sozialen Status. Dagegen basiert das Wort „Junge" oder „Knabe" auf „Junker" oder „Knappe", beides Referenten eines höheren sozialen Status. In der amerikanischen Tradition verlieren Frauen bei der Heirat nicht nur ihren Familien-, sondern auch ihren Vornamen. Neuverheiratete Paare werden ihren Gästen als „Mr. and Mrs. John Smith" vorgestellt. Also wird Mary Miller nun ein Teil von John Smith und ihre eigene Identität verschwindet. Weiterhin übernehmen auch in Deutschland Frauen – obwohl sie rechtlich ihren Namen behalten könnten – immer noch häufig den Namen ihres Ehemannes oder hängen ihn an ihren Geburtsnamen an. Auch im Englischen gibt es das generische „he“ (er) und „mankind“ (Menschen). Obwohl Englisch keine Genus-Sprache ist (sie hat kein der, die, das, sondern nur „the“) waren bis 1980 alle generischen Kinder, Menschen und Tiere männlich. Die offizielle Schriftsprache hat sich zwar in den letzten 20 Jahren schon weitgehend auf he/she oder s/he geändert, die mündliche Sprache dagegen lässt noch sehr zu wünschen übrig. Der geschlechtliche Doppelstandard zeigt sich auch in der oft frauenfeindlichen Sprache – unverheiratete Frauen sind „alte Jungfern“, Männer dagegen „Junggesellen“. Eine frühe, auch weiterhin anerkannte Definition von sexistischer und frauenfeindlicher Sprache findet sich bei Senta Troemel-Ploetz et al. (1980: 15): „Sprache ist sexistisch, wenn sie Frauen und ihre Leistung ignoriert, wenn sie Frauen nur in Abhängigkeit von und Unterordnung zu Männern beschreibt, wenn sie Frauen nur in stereotypen Rollen zeigt und ihnen so über das Stereotyp hinausgehende Interessen und Fähigkeiten abspricht und wenn sie Frauen durch herablassende Sprache demütigt und lächerlich macht“.

Die feministische Sprachpolitik hat verschiedene Strategien vorgeschlagen, um die sprachliche Gleichstellung der Geschlechter zu bewirken (vgl. als Überblick Hellinger 2004). Vorgeschlagen wird eine Neutralisierung von Ausdrücken, die auf beide Geschlechter zutreffen können, herkömmlich aber als generisches Maskulinum oder geschlechtstypisch verwendet wurden. Beispiele hierfür sind der Ersatz von Lehrkräften für Lehrer oder Krankenpflegepersonal für Krankenschwester. Wenn das nicht möglich ist, wird eine Doppelnennung gefordert, falls Frauen und Männer gemeint sind. Gesprochen werden soll z. B. von Leserinnen und Lesern. Beim Schreiben sind eine Verkürzung durch einen Schrägstrich (z. B. Leser/innen) oder die Verwendung des Binnen-I (z. B. LeserInnen) gängige Formen. Als völlig untauglich werden Heilungsvarianten aufgefasst, bei denen der Gebrauch der generischen Maskulina beibehalten und in einer Fußnote erklärt wird, dass Frauen mitgemeint sind. Viele dieser Prinzipien werden seit den 1980er Jahren in der Verwaltungssprache und in öffentlichen Texten verwendet (vgl. Müller/Fuchs 1993). 1999 hat die UNESCO offizielle Richtlinien zur Neutralisierung der Sprache veröffentlicht. Von vielen wird eine frauenfreundliche Sprache als wichtiger Schritt zur Geschlechtergerechtigkeit aufgefasst. Die sprachliche Gleichstellung unterstützt die Sichtbarmachung der Leistungen von Frauen in der Gesellschaft und dient der Geschlechtersymmetrie. Jedoch gibt es auch Kritiker/innen. Beanstandet wird von ihnen, dass sich der Sexismus dadurch in der Sprache noch konsequenter durchsetzte, die Sprache deswegen umständlicher oder gar unlesbar werde und diese Änderungen bzw. Anfügungen „lästig“ seien.

Ein breites Forschungsfeld stellen Studien zu den Unterschieden im Sprachverhalten der Geschlechter dar (vgl. Ayaß 2008; Klann-Delius 2005). Angestoßen wurde die Debatte durch die amerikanische Linguistin Robin Lakoff

(1975), die von unterschiedlichen Sprachen der Geschlechter ausgegangen ist, einer emotionalen Frauensprache und einer sachlichen Männersprache. Nach Pamela M. Fishman (1984) weisen die Geschlechter verschiedene Sprachstile auf. Frauen machen in den untersuchten privaten Gesprächen deutlich mehr Themenvorschläge und unternehmen damit den Versuch, ein Gespräch zustande zu bringen. Sie geben auch mehr Unterstützung und stellen mehr Fragen, was beides dazu dient, ein begonnenes Gespräch in Gang zu halten. Männer haben dagegen die Themenkontrolle inne. Sie lassen viele der Themenvorschläge ihrer Ehefrauen durch keine oder zu schwache Reaktionen im Sande verlaufen und sind bei ihren eigenen Ideen ungleich erfolgreicher. Nach Deborah Tannen (1998) sprechen Frauen und Männer verschiedene „genderlects". Männer sind in öffentlichen Situationen gesprächiger, Frauen dagegen in der Privatheit. Sie sprechen eine „Beziehungssprache", durch die Gemeinschaft hergestellt, Bindungen bekräftigt und die Verbundenheit unterstrichen wird. Für Männer ist das Gespräch eher eine „Berichtssprache", mit der sie Informationen austauschen, ihr Wissen und ihre Fähigkeiten unter Beweis stellen sowie Aufmerksamkeit zu gewinnen und zu sichern versuchen. Für sie ist der private Raum eine Erholungsstätte, in dem sie von den öffentlichen Anforderungen entlastet sind und auch nicht durch sprachliche Darbietungen glänzen müssen. Für Frauen dagegen bietet dieser vertraute Kreis die Möglichkeit, endlich frei und ohne Beeinträchtigungen über alles reden zu können.

Diese starke Kontrastierung eines weiblichen und männlichen Kommunikationsverhaltens ist inzwischen jedoch stark auf Kritik gestoßen. Bemängelt wird, dass es sich bei diesen Aussagen um vorschnelle Generalisierungen handele, die keine empirische Evidenz besitzen. Das Kommunikationsverhalten von Frauen und Männern werde auf traditionelle Stereotype reduziert (vgl. Günthner 1992). Noch weiter geht – mit Blick auf Tannen – Ruth Ayaß (2008); die Gegenüberstellung einer Beziehungs- und Berichtssprache leiste einen aktiven Beitrag zur Produktion dieser Stereotype.

> „Der Blick auf Differenzen verstärkt die Wahrnehmung möglicherweise bestehender geringfügiger Unterschiede. Entsprechend erfolgt ein Essentialismus, dem zufolge Frauen ‚eben' verständnisvoll, unterstützend etc. sind, Männer ‚von Natur aus' zielorientiert oder statusfixiert usf. (…) Dies führt (…) dazu, dass Differenzen gesucht werden, wo möglicherweise Überschneidungen bestehen. Auf theoretischer Ebene wird hier eine Differenzverstärkung betrieben, indem Unterschiede zu kategorialen Differenzen überhöht werden. Die Konsequenz ist eine fast undurchlässige *Vergeschlechtlichung von Kommunikation*, die Geschlecht als fortwährendes Explanans verwendet, ohne die Geschlechtskategorisierung in irgendeiner Form zu problematisieren." (Ayaß 2008: 102 f.; Hervorhebung im Original)

Gegen die Polarisierung einer Frauen- und Männersprache hat sich auch Ulrike Gräßel (1991) gewandt. Auf der Grundlage ihrer Analysen von Fernsehdiskussionen mit gemischtgeschlechtlichen Gruppen zeigt sie, dass vom sozialen Status ein stärkerer Einfluss auf das Sprachverhalten ausgeht als vom Geschlecht. Daneben offenbaren sich aber auch graduelle Unterschiede zwischen Frauen und Männern. So äußern Frauen häufiger ein unterstützendes und aufmerksameres Hörverhalten als die beteiligten Männer. Die Studie macht deutlich, dass es einer Verkürzung gleichkommt, wenn nur das Geschlecht als Einflussfaktor betrachtet wird (vgl. auch Klann-Delius 2005).

Deutlich erkennbar hat die Rezeption der konstruktivistischen Perspektive auch auf diesem Gebiet zu einer Verschiebung des Forschungsschwerpunkts geführt (vgl. Klann-Delius 2005). Der Fokus hat sich vom Aufzeigen von Unterschieden im Sprachverhalten stärker auf Prozesse des sprachlichen doing gender verlagert, also auf die Frage, wie in der Kommunikation Geschlecht hergestellt und wie Sprachverhalten an kulturellen Erwartungen ausgerichtet wird (vgl. Gottburgsen 2004; Gräßel 2004). Gezeigt wird, wie dominant vorhandene Wahrnehmungsmuster in der Beurteilung des Sprachverhaltens von Frauen und Männern sind. Durch die Existenz von sprachbezogenen Geschlechtsstereotypen ist es üblich, dass Frauen und Männer – auch dann wenn sie sich sprachlich vielfältig verhalten oder gleich sprechen – „entlang der alltagstheoretisch angenommenen Differenz als unterschiedlich wahrgenommen (werden)“ (Gottburgsen 2000: 36).

➲ Schlüsselbegriffe

Matriarchat – Matrilinearität – geschlechtssymmetrische Gesellschaften – Zweigeschlechtlichkeit – geschlechtliche Differenzierung – drittes Geschlecht – gender crossing – Ein-Geschlechter-Modell – Polarisierung der Geschlechtercharaktere – Geschlechterbilder – Geschlechterstereotype – Pluralisierung der Geschlechterbilder – Sexismus in der Sprache – weiblicher und männlicher Sprachstil

Diskussionsfragen

1. Diskutieren Sie, wie sich das geschlechtsspezifische Sprachverhalten auf die Beziehungen zwischen Frauen und Männern auswirkt. Wie können diese sprachlichen Unterschiede überbrückt werden, damit Frauen und Männer besser miteinander kommunizieren können?
2. Beschreiben Sie, wie das System der Zweigeschlechtlichkeit in unserer Gesellschaft überwunden werden kann. Wie würde es sich auf das Alltagsleben auswirken?
3. Suchen Sie nach drei aktuellen Werbespots, die zeigen, dass sich die Geschlechterbilder pluralisieren?

4. Analysieren Sie zwei Fernsehsendungen, die eine mit geschlechterstereotypischen und die andere ohne geschlechterstereotypischen Inhalt. Welche geschlechtsbezogenen Merkmale machen diese Sendungen populär?

Weiterführende Literatur

Zur kulturellen Variabilität der Geschlechterordnung

Bonvillain, Nancy (2007): Women and Men. Cultural Construction of Gender. 4. Aufl. Englewood Cliffs: Prentice Hall

Bretell, Caroline B./Sargent, Carolyn F. (Hrsg.) (2001): Gender in Cross Cultural Perspective. 3. Aufl. New Jersey: Prentice-Hall

Zum historischen Wandel der Geschlechterordnung

Opitz-Belakhal, Claudia (2005): Um-Ordnungen der Geschlechter. Einführung in die Geschlechtergeschichte. Frankfurt/Main: Campus

Zum Thema Geschlecht und Sprache

Ayaß, Ruth (2008): Kommunikation und Geschlecht. Eine Einführung. Stuttgart: Kohlhammer

Internetadressen

Anregungen zum geschlechtsneutralen Sprechen und Schreiben
http://www.frauensprache.com/index.htm

3. Recht, Politik und Geschlecht

Stellen Sie sich vor: Bei den nächsten Bundestagswahlen zieht eine der großen Parteien in den Wahlkampf mit der Ankündigung, die Gleichberechtigung von Frauen und Männern konsequent umzusetzen. Vor allem durch den großen Zuspruch der Frauen gewinnt diese Partei die absolute Mehrheit der Mandate. Kurz nach dem Amtsantritt wird ein großes Reformpaket verabschiedet, das die Regelung vorsieht, dass in jedem Berufsfeld mit einem Geschlechteranteil von unter 30% jede erste, dritte, fünfte usw. frei werdende Stelle mit dem bislang benachteiligten Geschlecht besetzt werden muss. Jede zweite, vierte und sechste usw. Stelle kann mit beiden Geschlechtern besetzt werden. Wie würden Sie auf diese Regelung reagieren? Das Gesetz als einen richtigen Schritt zur Gleichberechtigung begrüßen? Die Regelungswut des Staates kritisieren? Oder gegen das Gesetz klagen, da dadurch ihre Berufschancen verschlechtert werden?

In diesem Kapitel werden wir zunächst die Gleichberechtigung als Rechtsnorm und die Gleichstellungspolitik in der BRD behandeln. Anschließend wird der Fokus auf den Wohlfahrtsstaat und die in der Sozialpolitik eingeschriebene Geschlechterordnung erweitert. Zum Schluss werden wir der Frage nach der Stellung von Frauen in politischen Machtpositionen, bzw. ihrer Partizipation im politischen System nachgehen.

3.1 Gleichberechtigung als Rechtsnorm

Dass Frauen und Männer gleichberechtigt sind, ist als Rechtsnorm keine Selbstverständlichkeit. Wie im 2. Kapitel bereits ausgeführt, wurden den Frauen in der modernen Gesellschaft die bürgerlichen Grundrechte, unter Verweis auf die Natur der Geschlechter, lange verweigert. Bis weit in das 20. Jahrhundert hinein bestand in Deutschland – wie auch in den anderen europäischen Ländern – der rechtliche Vorrang der Männer fort, was auch heute noch in vielen außereuropäischen Gesellschaften der Fall ist[1]. Als ein Extremfall der weiblichen Entrechtung kann das Taliban-Regime in Afgha-

1 In den USA gibt es auf diesem Gebiet noch Handlungsbedarf: So wurde das „Equal Rights Amendment“, das Frauen dieselben Rechte wie Männern garantieren soll, bis heute noch nicht ratifiziert. Auch sind die USA die einzige Industrienation, die das „International Women's Human Rights Treaty“ der Vereinten Nationen, die sogenannte „Convention on the Elimination of all Forms of Discrimination against Women“ (CEDAW) noch nicht ratifiziert hat (United Nations 2006). Die CEDAW wurde – wie bereits im 1. Kapitel erwähnt – von der UN 1979 eingeführt, um Frauen weltweit politische, ökonomische und soziale Rechte zu garantieren.

nistan bezeichnet werden. Ein kurzer Exkurs zur Situation afghanischer Frauen ist in Box 3.1 zu finden.

Box 3.1

Entrechtete Frauen in Afghanistan[2]

Die Gleichberechtigung der Frauen wurde 1964 in der afghanischen Verfassung verankert und später erweiterten neue Zivil- und Familiengesetze die sozialen, ökonomischen und politischen Rechte der Frauen. Dieser positiven Entwicklung wurde jedoch in den 1990er Jahren durch die Taliban ein jähes Ende gesetzt. Bis in die 1990er Jahre hatte ein Großteil der afghanischen Frauen eine berufliche Ausbildung und war erwerbstätig. 1996 eroberten die Taliban, eine fundamentalistische islamische Miliz, Kabul und blieben bis 2001 an der Macht. Die Taliban bestehen hauptsächlich aus ungebildeten, jungen Männern aus Flüchtlingslagern und Religionsschulen (madrasas) der Pashtun Gegend Pakistans, die durch den Zivilkrieg brutalisiert wurden (vgl. Physicians for Human Rights 1999). Die spezielle Taliban-Version der Scharia (Islamisches Gesetz) wurde mit traditionellem Stammesrecht kombiniert und als die wahre Lehre des Islams verbreitet. Unter den Taliban wurde die Verachtung von Frauen fälschlicherweise als Lehre Mohammeds in neuen „Gesetzen" verankert, die allgegenwärtige Gewalt und Terror gegen Frauen und Mädchen legitimierten. Die extreme Unterdrückung der Frauen im Namen des Islams resultierte in einer Art „gender Apartheid". Frauen durften keinem Beruf mehr nachgehen, konnten das Haus nur mit männlichen Verwandten verlassen, mussten sich mit einer Burka (großer Stoffumhang, der den ganzen Körper bis zum Boden bedeckt und nur eine kleine gittermaschige Öffnung zum Sehen und Atmen lässt) bekleiden, bekamen keine Gesundheitsversorgung von männlichen Ärzten und Mädchen durften keine Schule besuchen[3]. Das Taliban-Regime nahm Frauen ihre Rechte, ihre Bewegungsfreiheit, ihre Stimme, ihre Identität und ihre Sichtbarkeit. Strafen für etwaige Verstöße gegen diese Gesetze wurden durch die sogenannte religiöse Polizei mit brutalen Schlägen, Steinigung oder gar Exekution verfolgt. Dadurch, dass viele Frauen durch den langen Zivilkrieg verwitwet waren und nicht mehr arbeiten durften, wurden Zehntausende von Frauen und Kindern in verheerende Armutsverhältnisse gestürzt. Die Kinder dieser oft zum Betteln oder zur Prostitution gezwungenen Frauen lebten oft in überfüllten Waisenhäusern unter inhumanen Bedingungen. Die erhöhte Armut und Gewalt und der Mangel an gesundheitlicher Versorgung zeigte sich in dramatisch erhöhten Sterbeziffern (vgl. Physicians for Human Rights 1999).

Durch die US-Invasion wurde das Taliban-Regime im Jahr 2001 gestürzt. Aber obwohl die neue Verfassung Frauen und Männern gleiche Rechte und Pflichten zuerkennt, hat sich das Leben der meisten Frauen in Afghanistan nicht nennenswert verbessert. Frauen sind weiterhin extremer Gewalt ausgesetzt (vgl. UNICEF 2006).

---

2 Aktuelle und detaillierte Informationen über die Situation der Frauen in Afghanistan sind auf der Internetadresse der RAWA (Revolutionary Association of the Women of Afghanistan) zu finden: http://www.rawa.org.

3 Eine komplette Liste der Restriktionen unter den Taliban ist online unter http://www.rawa.org/rules.htm verfügbar.

3.1.1 Zur Verankerung der Rechtsnorm in Deutschland

Erst nach dem 2. Weltkrieg haben die beiden deutschen Staaten unabhängig voneinander die Gleichberechtigung von Frauen und Männern als Rechtsnorm eingeführt. Abgelöst wurde dadurch die Regelung aus der Weimarer Verfassung (Art. 109, Abs. 2), wodurch „Männer und Frauen (...) grundsätzlich dieselben staatsbürgerlichen Rechte und Pflichten" haben. Eine Formulierung, die die Gleichberechtigung nur auf den politischen Bereich begrenzte, die Bereiche des Erwerbslebens und auch der Familie jedoch nicht erfasste. Umgesetzt wurde damit das, was bereits Olympe de Gouges (1748–1793) in der „Déclaration des droits de la femme et de la citoyenne" forderte und was ihr das Leben auf der Guillotine in der Französischen Revolution kostete: die volle rechtliche Gleichberechtigung der Frauen (vgl. Bock 2000).

Die Etablierung der Gleichberechtigung als Rechtsnorm hat in den beiden deutschen Staaten eine unterschiedliche Geschichte: Aufgrund der sozialistischen Tradition erfolgte die Verankerung der Gleichberechtigung in der Konstitution der DDR reibungslos. In der ersten Verfassung der DDR von 1949 wurde die Gleichberechtigung von Frauen und Männern im Artikel 5 festgeschrieben. Zugleich wurden alle der Gleichberechtigung entgegenstehenden Rechte außer Kraft gesetzt (Art. 7, Abs. 2). Noch einen Schritt weiter ging dann die neue Verfassung von 1968, in der die „Förderung der Frau" zur gesellschaftlichen und staatlichen Aufgabe erhoben wurde. Im Artikel 20, Absatz 2 der Verfassung von 1968 (und 1974) stand: „Mann und Frau sind gleichberechtigt und haben die gleiche Rechtsstellung in allen Bereichen des gesellschaftlichen, staatlichen und persönlichen Lebens. Die Förderung der Frau, insbesondere in der beruflichen Qualifizierung, ist eine gesellschaftliche und staatliche Aufgabe". Deutlich sichtbar wird, dass die berufliche Qualifikation als zentrale Förderungsmaßnahme der Frau aufgefasst wurde. Die Gleichstellung im Erwerbsleben galt als Voraussetzung, um auch in den anderen Lebensbereichen gleichberechtigt zu sein.

In der alten Bundesrepublik kam diese Rechtsnorm dagegen erst durch die beharrliche Initiative der sozialdemokratischen Politikerin Elisabeth Selbert (1896–1986; vgl. Box 3.3) und gegen den erheblichen Widerstand im Parlamentarischen Rat zustande (vgl. Böttger 1990; Degener 1997). Selbert war in dem 65-köpfigen Gremium, darunter insgesamt vier Frauen, zunächst das einzige Mitglied, für das die Gleichberechtigung der Geschlechter ganz selbstverständlich zu den Menschenrechten gehörte. Nachdem ihr Formulierungsantrag „Männer und Frauen sind gleichberechtigt" mehrmals abgelehnt worden war, mobilisierte sie die Öffentlichkeit. Es gelang ihr eine breite Unterstützung für ihren Vorschlag von Frauen aus Frauenverbänden, Gewerkschaften und Parteien zu gewinnen. Mit dieser breiten außerparlamentarischen Unterstützung erreichte Selbert, die Gleichberechtigung im Grundgesetz der Bundesrepublik zu verankern. Zugleich wurde im Grundgesetz festgelegt, dass die der Gleichberechtigung entgegengesetzten

Rechte bis zum 31. März 1953 zu ändern sind. Die restaurativen Kräfte in der BRD verhinderten aber zunächst die Umsetzung. Die gesetzte Frist verstrich zunächst, ohne dass der Gesetzgeber aktiv wurde. Erst 1957 wurde das Gleichberechtigungsgesetz verabschiedet, das 1958 in Kraft trat und ein Jahr später in einigen wesentlichen Punkten vom Bundesverfassungsgericht korrigiert werden musste. Als nichtig erklärt wurden Regelungen, die dem Vater in Fragen der Kindererziehung ein Letztentscheidungsrecht und nur ihm das Vertretungsrecht für das Kind gaben (vgl. Berghahn 2004).

Mit dem Gleichberechtigungsgesetz von 1957 und den verfassungsgerichtlichen Korrekturen war die formalrechtliche Ungleichbehandlung der Geschlechter noch keineswegs beseitigt. Um nur einige Beispiele zu nennen:

- Fortgeschrieben wurde die vorgegebene geschlechtshierarchische Arbeitsteilung in Form der Ernährerehe. Die Ehefrauen sollten nur erwerbstätig sein, wenn sich das mit den Familienpflichten vereinbaren lasse. Geändert wurde das erst im Rahmen der „großen“ Ehe- und Scheidungsrechtsreform, die 1977 in Kraft trat. Nunmehr wurde kein Leitbild mehr vorgegeben; die praktizierte Form der Arbeitsteilung sollte von den Ehepartnern einvernehmlich festgelegt werden (vgl. Limbach/Willutzki 2002).
- Das Namensrecht mit dem automatischen Vorrang des Mannes bei Nichteinigung über einen gemeinsamen Namen bestand bis 1991 und wurde erst durch eine Entscheidung des Bundesverfassungsgerichts aufgehoben. Nach der 1994 in Kraft getretenen Reform sollen die Ehegatten einen gemeinsamen Ehenamen führen, im Falle der Nichteinigung darf jede Person aber ihren Namen behalten.
- Die diskriminierende Bevormundung von Müttern nichtehelicher Kinder wurde langsam Stück für Stück abgebaut. Die „Amtspflegschaft“ löste die „Amtsvormundschaft“ für ein nichteheliches Kind ab und erst mit der Kindschaftsrechtsreform, die 1998 in Kraft trat, wurde das Zwangsinstitut durch eine freiwillige Beistandschaft ersetzt.

Wie schon sichtbar wurde, hatte das Bundesverfassungsgericht (BVG) eine ganz wesentliche Rolle in der Ausgestaltung des Gleichberechtigungsgrundsatzes in der BRD inne. In den 1950er und 1960er Jahren ging das BVG noch wie selbstverständlich von natürlichen Unterschieden der Geschlechter aus, die auch als Rechtfertigung für gerichtliche Entscheidungen dienten. Diese Andersartigkeit der Frauen, so die Grundposition des BVG, sollte „nicht zu ihrem offenkundigen Nachteil sein, das heißt wenn vom Prinzip gleicher formaler Rechte abgewichen wurde, so verwies man auf fürsorgliche Motive und betonte die Gleichwertigkeit der Sphären“ (Berghahn 2004: 60). In den Worten von Ute Sacksofsky (1991: 95) lautete die damalige Devise „Gleichwertigkeit bei Andersartigkeit“. In den 1970er Jahren fand immer mehr die Position Anerkennung, dass die Geschlechterunterschiede auf Traditionen und Rollenzuschreibungen zurückzuführen sind und nicht zwingend auf biologischen Unterschieden beruhen. Das BVG übernahm eine formal-egalitäre Position, Gleichheit wurde als formale

Gleichberechtigung aufgefasst und das Prinzip der Gleichbehandlung wurde bestimmend. Offenkundige Diskriminierungen (z.B. Nichtweitergabe der deutschen Staatsbürgerschaft der Mutter an ein Kind aus einer binationalen Ehe) und auch angebliche Privilegien der Frauen (z.B. unterschiedliche Regelungen bei der Hinterbliebenenrente) wurden beseitigt. In den 1980er und 1990er Jahren verschob sich die Interpretation des Gleichheitsgrundsatzes immer mehr in Richtung einer aktiven Förderung der Gleichberechtigung. Die Möglichkeit wurde erwogen, dass es für diese Zielerreichung verfassungsrechtlich zulässig sei, das in einem Bereich dominante Geschlecht vorübergehend – zumindest dann, wenn es verhältnismäßig bleibe – zu benachteiligen (vgl. z.B. Benda 1986; Pfarr 1988).

Auf dieser Grundlage war es dann nach der Vereinigung beider Staaten bei der Revision des Grundgesetzes 1994 möglich, dass man sich auf die Gleichstellungsförderung als Staatsziel einigte. Als Satz 2 wurde in Artikel 3 Absatz 2 des Grundgesetzes die folgende Formulierung aufgenommen: „Der Staat fördert die tatsächliche Gleichberechtigung von Frauen und Männern und wirkt auf die Beseitigung bestehender Nachteile hin" (Degener 1997: 886). Was sich im Vorfeld dieser Revision als weitreichende Auslegung bereits abzeichnete, ist nunmehr explizit festgelegt: Die staatlichen Organe sind verpflichtet, der faktischen Gleichberechtigung zu einer stärkeren Durchsetzung zu verhelfen.

3.1.2 Gleichstellungspolitik: Von der Frauenförderung zum Gender Mainstreaming

Auch wenn die Einführung und die – zumindest in Westdeutschland langsame – Umsetzung des Gleichheitsgrundsatzes inzwischen bewirkt hat, dass in Deutschland eine formale Rechtsgleichheit von Frauen und Männern vorhanden und damit eine unmittelbare Diskriminierung von Frauen aus dem Rechtssystem verschwunden ist, bedeutet das nicht, dass damit eine Gleichberechtigung der Geschlechter bzw. eine Geschlechterdemokratie realisiert ist. Davon kann erst dann gesprochen werden, wenn „gleiche Chancen, gleiche Rechte, gleiche Pflichten und gleiche Gratifikationen für Männer und Frauen in allen Bereichen von Leben und Arbeiten" (Hollstein 2004: 243) vorhanden sind und ihre Möglichkeiten nicht durch die Geschlechtszugehörigkeit bestimmt werden, sondern durch ihre individuellen Fähigkeiten und Entscheidungen.

Die formale Rechtsgleichheit der Geschlechter ist zwar eine notwendige Bedingung; sie reicht für eine faktische Gleichberechtigung aber nicht aus. Sie genügt dann nicht, wenn sich die Ausgangslagen stark unterscheiden. Die Anwendung gleichen Rechts reproduziert dort, wo die Ausgangslagen wesentliche Differenzen aufweisen, stets neue ungleiche Ergebnisse. Um auf dem Weg zu einer Geschlechtergleichheit voranzukommen, bedarf es aus diesem Grunde einer Gleichstellungspolitik. Da es vor allem um die fortbestehenden Benachteiligungen der Frauen und den Versuch ihrer Beseitigung geht, ist auch vielfach die Rede von einer Frauenpolitik. Ziel der Gleichstellungs- und Frauenpolitik ist es, alle – jenseits der formalen Rechtsgleichheit – existierenden Formen der mittelbaren und strukturellen Diskriminierung zu beseitigen und das Ziel der Geschlechtergleichheit zu realisieren. Wie bereits im Kapitel 1 ausgeführt, wird von mittelbarer Diskriminierung dann gesprochen, wenn geschlechtsneutrale Vorschriften ein Geschlecht benachteiligen, und von struktureller Diskriminierung, wenn sich die Benachteiligung als Ergebnis vorhandener Praktiken und Routinen einstellt. Als Gleichstellungs- und Frauenpolitik werden alle politischen Maßnahmen verstanden, die an diesem Ziel ausgerichtet sind. Spätestens seit der Grundgesetzänderung von 1994 – in einer weiten Auslegung des Gleichheitsgrundsatzes auch bereits vorher – ist der Staat zur Gleichstellungs- und Frauenpolitik verpflichtet.

Von einer Frauenpolitik im eigentlichen Sinne kann in der Bundesrepublik Deutschland erst seit ca. 30 Jahren gesprochen werden. Angestoßen durch die neue Frauenbewegung ging es in den Anfängen, im Sinne einer Interessenpolitik für Frauen, vor allem um die Frauenförderung (vgl. Wetterer 2002; 2006). Mit Frauenförderplänen, Sonderprogrammen für Frauen, Qualifizierungsangeboten und Maßnahmen zur Verbesserung der Vereinbarkeit von Familie und Beruf sollte Frauen der Zugang zu männerdominierten Bereichen ermöglicht und die Frauenanteile in Führungspositionen erhöht werden. Einher ging damit zugleich ein Institutionalisierungsschub: Auf den verschiedensten Ebenen des politisch administrativen Systems wurden Gleichstellungsstellen und Frauenbeauftragte eingeführt. Den Anfang machte der Stadtstaat Hamburg, der 1979 eine „Leitstelle für die Gleichberechtigung der Frau“ als eigene Behörde einrichtete. Auf kommunaler Ebene folgte 1982 Köln mit der ersten Gleichstellungsstelle. Inzwischen sind die Kommunen durch gesetzliche Regelungen zur Einrichtung, z. T. aber nur von neben- oder gar nur ehrenamtlichen Gleichstellungsstellen verpflichtet; es existieren ca. 1.900 entsprechende Einrichtungen (vgl. Cordes 2008). Auch auf der Bundesebene hat die Gleichstellungspolitik eine institutionelle Verankerung bekommen: Dem Bundesministerium für Jugend, Familie und Gesundheit wurde 1987 das Frauenressort als viertes Aufgabengebiet zugeteilt (BMFSFJ 2007)[4]. Inzwischen meist in sogenannten Mischministerien untergebracht, hat sich die Gleichstellungspolitik auch auf Länderebene etabliert. Im öffentlichen Dienst besteht eine Pflicht zur Frauenförderung und zur Bestellung eigener Gleichstellungsbeauftragter auf Bundes-, Länder- und Gemeindeebene. Keine entsprechenden gesetzlichen Verpflichtungen existieren dagegen für die Privatwirtschaft (zu Vor-

4 Vgl. die Broschüre des BMFSFJ „20 Jahre Bundesfrauenministerium: Rollen erweitern – Perspektiven gewinnen – Gleichstellung verwirklichen“, die über die Internetadresse des Ministeriums erhältlich ist.

schlägen vgl. Pfarr 2001); allerdings lassen sich vor allem bei Großunternehmen freiwillige Initiativen finden (vgl. Krell 2001).

Die Grenzen der Wirksamkeit der frühen Frauenförderpolitik sind unübersehbar, auch wenn ihr zu bescheinigen ist, dass sie „einen erheblichen Beitrag zur Bewusstseinsbildung und zur Sensibilisierung für Frauenfragen geleistet" (Cordes 2008: 920) hat. Auch wurde „eine Infrastruktur der Frauen- und späteren Gleichstellungspolitik" geschaffen, die – so Angelika Wetterer (2005 a: 54) – „noch heute unverzichtbar ist". Auf Grenzen ist die Frauenförderpolitik gestoßen, da in den Maßnahmen zur Vereinbarkeit von Familie und Beruf die traditionelle Zuständigkeit der Frauen für den Familienbereich reproduziert und zementiert wurde. Auch basierte die Idee der Familienförderung auf einem Defizitmodell. Anstatt die Strukturen der Geschlechterordnung in den Blick zu nehmen, sollten individuelle Defizite bei den Frauen beseitigt werden (vgl. Wetterer 2006; Cordes 2008). Die Frauenförderpolitik der ersten Stunde erschien „wegen ihrer Konzentration auf die Frauen als ein Kurieren an Symptomen, als ein recht einseitiges Reparaturunternehmen, das von den wirklich dornigen Problemen der strukturellen Verankerung der Geschlechterungleichheit in den Basisinstitutionen unserer Gesellschaft eher ablenkt" (Wetterer 2005 a: 55). Auch werde dadurch der Eindruck erzeugt, als ob „Gleichstellung (…) ein Frauenproblem" sei (Wetterer 2005 a: 55). Diese Kritik hat dazu beigetragen, dass sich die Frauenförderung in den 1990er Jahren zur Gleichstellungspolitik weiterentwickelt hat. Immer mehr setzte sich die Einsicht durch, dass Gleichstellung Strukturpolitik sein muss (vgl. Roloff 1998).

Inzwischen hat sich mit dem *Gender Mainstreaming* ein neues gleichstellungspolitisches Konzept etabliert (vgl. als Überblick Meuser/Neusüß 2004). Hervorgegangen ist dieses Konzept aus dem entwicklungspolitischen Diskurs. Das Anliegen war es, Frauen in Entwicklungsprozesse zu integrieren. Frauenbelange sollten in den Hauptstrom der Aktivitäten („Mainstream") eingebunden werden, was sich bald dahingehend weiterentwickelte, dass es auch darum gehe, die Verfahren des Mainstreams durch frauenspezifische Forderungen zu verändern (vgl. Frey 2004). Wichtige Stationen für die Entwicklung und Etablierung des Konzepts sind die dritte und vierte Weltfrauenkonferenz in Nairobi 1985 bzw. Peking 1993. Auch wenn der Begriff selbst in den Abschlussdokumenten noch nicht auftaucht, gilt die Pekinger Konferenz als der entscheidende Durchbruch für die Einführung von Gender Mainstreaming als internationale Gleichstellungsstrategie. Grundlage hierfür bildet der folgende Satz, in dem das Konzept zumindest angedeutet ist: „Governments and other actors should promote an active and visible policy of mainstreaming a gender perspective in all policies and programmes so that before decisions are taken, an analysis is made of the effects on women and men, respectively." (OECD 1998: 28)

Für die Verankerung des Gender Mainstreamings in Deutschland kommt im Weiteren der Europäischen Union eine zentrale Rolle zu. Es ist überhaupt zu konstatieren, dass die deutsche Gleichstellungspolitik inzwischen ganz wesentlich aus Straßburg und Brüssel angeschoben wird (ausführlich vgl. Fuhrmann 2005). Das 4. Aktionsprogramm für Chancengleichheit von Männern und Frauen (1996–2000) ist das erste Dokument, in dem Gender Mainstreaming als gleichstellungspolitische Strategie der EU herausgestellt wurde (vgl. Behning 2004). Im Amsterdamer Vertrag wurde die Strategie des Gender Mainstreamings auf EU-Ebene rechtlich verbindlich festgeschrieben. In Artikel 2 und 3 Absatz 2 dieses Vertrages werden die Mitgliedsstaaten zu einer aktiven Gleichstellungspolitik verpflichtet. Das Verbot von Diskriminierungen macht deutlich, dass es immer um Frauen und Männer in ihrer Heterogenität geht. Auch in ihren beschäftigungspolitischen Leitlinien, erstmals 1998, hat die EU die Verankerung des Gender Mainstreamings eingeführt. Die Gleichstellung der Geschlechter wird dabei stets als eine Querschnittsaufgabe betrachtet, die alle Bereiche gleichermaßen betrifft. Aus einer Publikation des Europarates, die 1998 unter dem Titel „Gender Mainstreaming: Conceptual framework, methodology and presentation of good practice“ erschienen ist, stammt die folgende Bestimmung von Gender Mainstreaming, der mittlerweile der Rang einer Standarddefinition zukommt. Gender Mainstreaming wird definiert als „the (re)organisation, improvement, development and evaluation of policy processes, so that a gender equality perspective is incorporated in all policies at all levels and at all stages, by the actors normally involved in policy-making“ (Europarat 1998)[5].

Auf der Bundesebene war der Amsterdamer Vertrag Anstoß dafür, das neue gleichstellungspolitische Konzept aufzugreifen, nachdem vorher schon einige Bundesländer (Niedersachsen, Sachsen-Anhalt) aktiv waren. Mit dem Kabinettsbeschluss vom 26.6.1999 wurde die Gleichstellung von Männern und Frauen als durchgehendes Leitprinzip der Bundesregierung anerkannt und festgelegt, diese Aufgabe mittels der Strategie des Gender Mainstreamings umzusetzen. Gender-Mainstreaming hat Eingang in die Geschäftsordnung der Bundesministerien gefunden und für die Umsetzung wurde eine interministerielle Arbeitsgruppe eingerichtet. Das Bundesgleichstellungsgesetz von 2001, das das Frauenfördergesetz ablöste, verankerte Gender Mainstreaming rechtlich verbindlich für Verwaltungsangestellte. Nach diesem Gesetz sind alle Beschäftigten zur Umsetzung von Gleichstellung verpflichtet. Bei allen personalwirtschaftlichen Maßnahmen muss die Diskriminierungsfreiheit beachtet und bei Unterrepräsentanz müssen Frauen bevorzugt berücksichtigt werden. Durch dieses Gesetz wurde auch die Rolle

5 Wir zitieren hier nach dem Original, da die „richtige“ deutsche Übersetzung kontrovers diskutiert wird. Die Internetadresse des Europarates lautet http://www.coe.int/. Der Europarat ist eine europäische Organisation, der insgesamt 47 Mitgliedsstaaten angehören und damit mehr als der Europäischen Union.

der Gleichstellungsbeauftragten gestärkt und ihre Aufgaben erweitert. 2003 wurde das GenderKompetenzZentrum[6] an der Humboldt-Universität in Berlin eröffnet, das den Gender-Mainstreaming-Prozess in der Bundesverwaltung unterstützen soll und das auch weit darüber hinaus wirkt (vgl. Döge/Stiegler 2004).

Mit dem Gender Mainstreaming soll ein umfassender und nachhaltiger Wandel der Geschlechterordnung erreicht werden. Bewirkt werden sollen strukturelle Veränderungen, die in Rechnung stellen, dass Organisation und Abläufe „vergeschlechtlicht" sind. Damit soll von dem Defizitdenken auf Seiten der Frauen Abstand genommen und auch Änderungen bei den Männern initiiert bzw. gefördert werden. Gender Mainstreaming wird vielfach als eine Top-down-Strategie bezeichnet, da die Leitung für die Realisierung der Gleichstellung verantwortlich ist. Mittlerweile liegen eine Vielzahl von Umsetzungsempfehlungen für alle möglichen Arbeitsfelder (z.B. Hochschulen, Gesundheitssystem, Kinder- und Jugendhilfe) und reichliche Publikationen zur Praxis in verschiedenen Ländern vor. Alle verfügbaren Instrumente gehen immer von einer Analyse des Ist-Zustandes aus, indem sie aufzeigen, wie viele Frauen und Männer vorhanden und beteiligt sind. Notwendig ist auch eine Bestimmung der gleichstellungspolitischen Ziele als Soll-Zustand, eine Festlegung der geeigneten Maßnahmen zur Zielerreichung und welche Auswirkungen und Nebenfolgen diese haben. Deutlich wird aus den vorhandenen Erfahrungen auch, dass eine Grundvoraussetzung für ein funktionierendes Gender Mainstreaming die Genderkompetenz aller Akteure ist. Aus diesem Grunde ist die Vermittlung und Erweiterung von Genderkompetenz ein fester Bestandteil der Maßnahmenkataloge.

Auch wenn durchaus von einer Erfolgsgeschichte des Gender Mainstreamings gesprochen werden kann – war doch die Gleichstellung noch nie im Munde so vieler – gibt es allerdings auch reichlich kritische Stimmen. Beanstandet wird, dass mit diesem Konzept „der derzeit hegemoniale neoliberale Diskurs auch die Geschlechterpolitik erreicht" habe (Wetterer 2005a: 58). Statt um soziale Gerechtigkeit gehe es hier besonders um die Förderung der Organisationsentwicklung (vgl. Jung/Küpper 2001). Gender Mainstreaming entpuppe sich vor allem als eine Strategie der Verwaltungsmodernisierung, mit deren Hilfe die Potenziale der Frauen besser genutzt und dadurch die Effektivität der Organisation gesteigert werden soll. Die Gleichstellung sei zu einem Markt geworden, auf dem man Geld verdienen kann. Dies habe dazu geführt, dass die Betriebswirtschaftslehre zur neuen „Leitdisziplin der Gleichstellungspolitik" (Wetterer 2005 a: 56) aufgestiegen ist. Ebenso wird die Gefahr gesehen, dass die Frauenpolitik angesichts der neuen dominanten Strategie in den Hintergrund gedrängt und als Ergebnis bloß eine „Gleichstellung light" erreicht werde (vgl. Meuser/Neusüß

6 Als schnellen Weg zu weiteren Informationen gibt es den Internetauftritt des GenderKompetenzZentrums: http://www.genderkompetenz.info/zentrum/.

2004). Kritisiert wird auch, dass mit dem Gender Mainstreaming ein „neues Kapitel in der unendlichen Geschichte der Ver-Zwei-Geschlechtlichung" (Wetterer 2005 a: 58) eröffnet werde. Die im Alltag und Wissenschaft übliche Methode des Vergleiches von Frauen und Männern und das Aufzeigen von Geschlechterunterschieden werde in den Verfahren des Gender Mainstreamings perfektioniert. Indem Geschlecht überall und stets als Beobachtungskategorie eingeführt wird, bekräftige dieses gleichstellungspolitische Konzept fortlaufend die Omnirelevanz der Geschlechterdifferenz. Eingebaut sei damit eine Abkehr von der neueren Geschlechterforschung, die gerade deutlich mache, dass es diese Einheitlichkeit in Form der starren Unterscheidung „der Frauen" und „der Männer" gar nicht gibt. Befürchtet wird auch, dass es im Denken zu einer Renaturalisierung der Geschlechterunterschiede komme, da in den Organisationen dadurch scheinbar genuin weibliche Fähigkeiten als Ressourcen entdeckt werden (vgl. Gildemeister/Robert 2003).

Über das neue gleichstellungspolitische Konzept hinaus, ist zu fragen, was Gleichheit für Frauen überhaupt bedeutet. Ist die Gleichheit als eine bloße Angleichung an den männlichen Lebensentwurf gemeint? Heißt Gleichheit, dass Frauen ‚wie Männer' werden sollen? Die feministische Diskussion ist sich – in Tradition zu den Frauenrechtlerinnen des 19. Jahrhunderts (vgl. Gerhard 1990; 1993) – einig, dass es nicht um eine ausschließliche Angleichung der Frauen an die Männer gehen könne. Trotz Ablehnung einer bloßen Assimilation kann für den Weg zur Herstellung der Gleichberechtigung zunächst zwischen sogenannten Gleichheits- und Differenztheoretikerinnen unterschieden werden, auch wenn die Trennlinien nicht immer eindeutig sind (vgl. Degener 1997). Die erste Gruppe fordert vor allem Antidiskriminierungsrechte, damit Frauen in den Besitz der traditionellen Männerrechte kommen können und ihnen der Zugang zu allen gesellschaftlichen Bereichen eröffnet wird. Die zweite Gruppe betont dagegen die weibliche Differenz und fordert deren positive Anerkennung durch spezifische Frauenrechte (vgl. Irigaray 1990; Maihofer 1994 b). Das Recht müsse die „Gleichwertigkeit" weiblicher „Existenzweisen" (Maihofer 1995) sicherstellen. Es bedarf Rechtsnormen, um das männliche Dominanzverhalten zu verhindern und aktiver Maßnahmen, um die Benachteiligung der Frauen zu beseitigen (Sacksofsky 2007). Als eine besondere Herausforderung für die Differenztheoretikerinnen stellt sich allerdings die Frage, wie die weibliche Differenz jenseits des Natur-Modells der Geschlechter zu bestimmen ist. Durch den Konstruktivismus, vor allem durch die Rezeption des Poststrukturalismus, ist inzwischen eine dritte Position hinzugekommen, die sich gegen jeglichen Essentialismus in der Bestimmung der Geschlechter wendet. Die Kritik richtet sich gegen die „Politik des Unterscheidens", die als Machtstrategie bzw. als Legitimation von Diskriminierungsverhältnissen aufgefasst wird. Eine Gleichstellungspolitik wird von dieser Position befürwortet, soweit diese die Rechte des Individuums schütze und gegen Diskriminierung wirke. Vorbehalte werden aber gegenüber dem Festhalten am System der Zweigeschlechtlichkeit geäußert. Darin werde eine Normalisierung gesehen, die die Differenzen zwischen den Geschlechtern verstärke. Eine solche Grundhaltung verdecke die reichlich vorhandenen Unterschiede unter Frauen und Männern und erhalte einen normierenden Zwang zur Zweigeschlechtlichkeit und Heterosexualität aufrecht (vgl. Berghahn 2004). Gegen die konstruktivistische Position wird eingewandt, dass eine Gleichstellungspolitik „die historisch entstandenen sozialen Differenzen zwischen den Genus-Gruppen in Rechnung stellen" (Knapp 1997: 506) müsse. Ohne die Berücksichtigung dieser Ungleichheitslagen und Hierarchien drohe ein Rückfall in eine Politik der formalen Chancengleichheit.

3.1.3 Selbstbestimmungsrechte von Frauen

Die Rechtsstellung von Frauen erschöpft sich nicht in Fragen der Gleichheit und Gleichberechtigung. Ganz wesentlich wird die rechtliche Stellung der Frauen bestimmt durch die vorhandenen Regelungen zur sexuellen und körperlichen Selbstbestimmung.

Feministische Autorinnen haben aufgezeigt, dass die Geschlechterordnung in der Geschichte des Sexualstraf- und des Abtreibungsrechtes als patriarchales Macht- und Gewaltverhältnis sichtbar wird. Bis in die 1970er Jahre wurden Vergewaltigungen und andere Formen sexualisierter Gewalt gegen Frauen lediglich als Verletzung der männlichen Eigentums- und Sittenordnung sanktioniert. Zugleich beanspruchte der Staat (und beansprucht auch weiterhin) das Gewaltmonopol für die Gebärpflicht schwangerer Frauen. In diesen Regelungen wird „eine deutliche normative Absage an den Subjektstatus von Frauen" (Degener 1997: 874) gesehen.

Als eine Aufwertung der Frauen als Subjekte im Sexualstrafrecht kann das 4. Strafrechtsänderungsgesetz von 1973 betrachtet werden (mehr zum Thema Gewalt vgl. Kapitel 5 im zweiten Band). Vergewaltigungen und sexuelle Nötigungen wurden nicht länger nur als „Verbrechen und Vergehen wider die Sittlichkeit" aufgefasst, sondern als „Straftaten gegen die sexuelle Selbstbestimmung" (vgl. Degener 1997: 875). Damit wurden die betroffenen Frauen zumindest formal zu Subjekten aufgewertet. Jedoch wurde weder die eheliche Vergewaltigung kriminalisiert noch die Tathandlung der Vergewaltigung über die vaginale Penetration ausgedehnt. Erst 1997 erfolgte diese Ausweitung und der ungleiche Schutz von Ehefrauen und unverheirateten Frauen vor sexueller Gewalt wurde in Deutschland beseitigt. Vorher konnte – ähnlich war die Regelung in der Ex-DDR – sexuelle Gewalt durch den Ehemann lediglich als Nötigung, gegebenenfalls auch als Körperverletzung oder Beleidigung bestraft werden, während eine Vergewaltigung rechtlich auf außereheliche Fälle begrenzt war. Die alte Fassung des § 177 war ein Relikt einer lange Zeit dominanten Vorstellung, wonach die Befriedigung sexueller Bedürfnisse des Ehegatten Pflicht der Ehefrau sei und mit der Heirat eine uneingeschränkte Verpflichtung zum Sexualverkehr einhergehe (ausführlicher zur Rechtsentwicklung vgl. Balthasar 2001).

Überhaupt wird die körperliche Selbstbestimmung durch Gewalthandlungen verletzt. Nachdem die Frauenbewegung das Ausmaß der Gewalt gegen Frauen sichtbar gemacht hat, beschränkte sich staatliches Handeln lange Zeit auf die bloße Förderung von Zufluchtsstätten. Mit dem „Gesetz zur Verbesserung des zivilrechtlichen Schutzes bei Gewalttaten und Nachstellungen sowie zur Erleichterung der Überlassung der Ehewohnung bei Trennung" (kurz „Gewaltschutzgesetz"), das 2002 in Kraft getreten ist, wurden die zivilrechtlichen Abwehr- und Schutzmaßnahmen für durch Gewalt oder Nachstellungen bedrohte Personen – und das sind vor allem Frauen – deutlich verbessert. Die positiven Erfahrungen mit einem ähnlichen Gesetz in Österreich sowie Präventions- und Interventionsprojekte in deutschen Großstädten (z. B. Berliner Interventionsprojekt gegen häusliche Gewalt) (vgl. Schweikert 2001) führten dazu, dass das Gewaltschutzgesetz im Bundestag einstimmig angenommen wurde. Nunmehr ist es möglich, die gewalttätige Person, egal ob verheiratet oder nicht, der Wohnung zu verweisen. Auch die Möglichkeiten des Erlasses von Kontakt- und Annäherungsverboten wurde deutlich verbessert. Das Gewaltschutzgesetz schützt nicht nur Frauen, sondern Opfer, egal welchen Geschlechts sie sind.

Nur wenige Fortschritte bei den Selbstbestimmungsrechten konnten in Deutschland dagegen in der Abtreibungsfrage erreicht werden. Die bundesweiten Aktionen für die Freigabe der Abtreibung bildeten – wie im ersten Kapitel bereits erwähnt – eine ganz wesentliche Antriebskraft für die zweite Frauenbewegung. Die damalige sozial-liberale Regierung zeigte sich reformwillig und beschloss 1974 nach dem Vorbild ihrer Nachbarstaaten (z. B. Großbritannien, Schweden, Holland und auch der DDR) eine Fristenlösung, wonach eine schwangere Frau nach eigenem Entschluss und ärztlicher Beratung in den ersten zwölf Wochen der Schwangerschaft abtreiben kann. Diese Neufassung des § 218 ist aber nie in Kraft getreten. Die CDU/CSU-Opposition und einige Landesregierungen setzten eine einstweilige Anordnung beim Bundesverfassungsgericht (BVG) durch. Im Februar 1975 erklärte es die selbstbestimmte Fristenlösung als verfassungswidrig und verlangte eine Indikationsregelung, die 1976 dann auch in Kraft trat. Nach dieser war ein Abbruch bei Vorliegen einer Indikation möglich, die ärztlich zu bescheinigen war. Vier Indikationen waren anerkannt: die medizinische (d. h. Leben oder Gesundheit der Frau ist gefährdet), die embryopatische (d. h. es besteht die Gefahr einer schweren Missbildung des Kindes), die kriminologische (d. h. bei einer Schwangerschaft nach einer Vergewaltigung) und die sogenannte allgemeine Notlagenindikation.

Eine erneute Chance einer Neuregelung eröffnete sich mit der Vereinigung Deutschlands, da die unterschiedlichen gesetzlichen Regelungen in den beiden Teilen vereinheitlicht werden sollten. Da sich die Mehrheit der Bevölkerung in Ost- und auch in Westdeutschland – nach der Emnid-Studie aus dem Jahre 1991 78% der Ostdeutschen und 56% der Westdeutschen – für eine Straffreiheit der Abtreibung aussprachen, konnten sich auch Teile der Regierungspartei CDU diesem Liberalisierungsdruck nicht entziehen. Im Frühsommer 1992 wurde nach einer mühsamen Suche nach einem tragfähigen Kompromiss ein neues Gesetz verabschiedet, das eine Fristenlösung mit einer stark umstrittenen Beratungspflicht vorsah. Aber auch dieses Gesetz hatte keinen Bestand. Wiederum bewirkte die unterlegene Minderheit eine Änderung über das Urteil des BVG aus dem Jahr 2003. Nach nunmehr geltender Regelung ist der Schwangerschaftsabbruch in Deutschland im Allgemeinen rechtswidrig. Ausgenommen von Rechtswidrigkeit sind Fälle mit kriminologischer bzw. medizinischer Indikation, dabei ist erstere nur innerhalb der ersten zwölf Schwangerschaftswochen, letztere unbefristet möglich. Nicht strafbar ist ein Schwangerschaftsabbruch innerhalb der ersten zwölf Wochen nach der Befruchtung, wenn der Nachweis der Teilnahme an einer Schwangerschaftskonfliktberatung erbracht wird.

Diese durch das BVG herbeigeführte Neuregelung ist bei vielen auf Unverständnis gestoßen. Sichtbar wird eine Rechtsposition, nach der „der Schutz des ‚ungeborenen Lebens' (…) grundsätzlich dem Selbstbestimmungsrecht der Schwangeren und ihrer Gewissensfreiheit" (Degener 1997: 876) vorgehe. Das BVG habe, so Sabine Berghahn (2003: 20; Hervorhebung im Original), „die Grundrechte der Frau als in keiner Weise durchgreifend angesehen". Als missachtete Grundrechte nennt Berghahn „die Selbstbestimmung im Rahmen der *allgemeinen Handlungsfreiheit*, die *Gewissensfreiheit*, eine eigene moralische (und/oder religiöse) Entscheidung treffen zu dürfen und schließlich die *Gleichberechtigung* im sozialen Sinne sowie als *gleiche Freiheit*, über den eigenen Körper entscheiden zu dürfen". Von einer Frau im Falle der Schwangerschaft grundsätzlich die Austragung zu verlangen, müsste mit „unabweisbaren Argumenten begründet werden", die man im BVG-Urteil aber „vergeblich" sucht. Im Urteil werde der Embryo als Grundrechtsträger aufgefasst. Es fehlen „Argumente, die es plausibel gemacht hätten, dass dem Embryo aktuelles Unrecht widerfährt, wenn er im Konflikt mit der Frau, in deren Körper er heranwächst, sein Leben verliert. Tatsächlich ist das Konzept subjektiver Rechte m. E. gerade nicht übertragbar auf vorgeburtliches Leben, weil es sich hier nicht um ein eigenständiges Individuum mit Interessen und Bewusstsein handelt (…). Eine Inklusion in den Grundrechtsschutz wäre möglicherweise vertretbar, wenn nicht die Zuerkennung subjektiver Rechte zum Embryo zwangsläufig zu einer Missachtung der unzweifelhaft existierenden Grundrechte der Frau führen würde."

3.2 Vom Wohlfahrtsstaatsregime zum Geschlechterregime

Wenn Gleichberechtigung mehr sein soll als eine formale Rechtsnorm und die Herstellung einer Geschlechtergleichheit angestrebt wird, dann reicht es nicht aus, den Blick auf die Gleichstellungspolitik im engeren Sinne und auf sexuelle Selbstbestimmungsrechte zu lenken. Notwendig erscheint es vielmehr, die gesamte Einflussnahme des Staates auf die Lebensbedingungen der Geschlechter in der Gesellschaft zu betrachten. Der Fokus erweitert sich damit auf die vorhandenen bzw. fehlenden wohlfahrtsstaatlichen Regelungen, die auf Frauen und Männer unterschiedliche Auswirkungen haben. Zu fragen ist, wie sich staatliche Interventionen auf die Geschlechterordnung auswirken und wie der Staat versucht der im Grundgesetz verankerten Verpflichtung, die „tatsächliche Durchsetzung der Gleichberechtigung" zu fördern, gerecht zu werden. Wir werden dies dazu nutzen, um die breite Diskussion zu Wohlfahrtsregimen aus der Gender-Perspektive einzuführen.

Vom modernen Wohlfahrtsstaat wird gesprochen, wenn der Staat sich durch Gesetze verpflichtet, soziale Absicherung gegen ökonomische, gesundheitliche, altersbedingte und andere Risiken für die Bevölkerung zu leisten. Diesem politischen System liegt eine Grundauffassung von sozialer Gerechtigkeit zugrunde, die sich in einer Reihe von Wohlfahrtsleistungen widerspiegelt. Obwohl der Wohlfahrtsstaat eine relativ kurze Geschichte hat, gilt er heute als Basisinstitution moderner Gesellschaften und hat im 20. Jahrhundert eine enorme Erweiterung erlebt (vgl. Eicherhöfer 2002; Böhnisch/Arnold/Schröer 1999).

Die Hauptziele des Wohlfahrtsstaates sind Gleichheit und/oder Sicherheit. Thomas H. Marshall (1964) identifizierte die Etablierung von universellen „social citizenship rights" als theoretische Endstufe in der Entwicklung eines Staates, der auf einer „Grundgleichheit der Mitgliedschaft" beruht. Aus dieser Sicht ist das universelle Anrecht auf eine fundamentale Grundversorgung Teil der Bürgerrechte einer Gesellschaft, die vorhandene Ungleichheiten und Benachteiligungen aufheben soll. Nach diesem Versorgungsprinzip werden Leistungen für alle Staatsbürger angeboten, egal ob sie erwerbstätig sind oder nicht. In den meisten Staaten basieren ihre Leistungen jedoch hauptsächlich auf einem Versicherungsprinzip, das auf Beiträgen beruht, die an Erwerbsarbeit gekoppelt sind. Staaten, die noch stärker marktorientiert sind, folgen dem „welfare" oder Fürsorgeprinzip, wobei der Staat nur als letzte Instanz in Notfällen Hilfe leistet. Die sozialstaatlichen Anrechte umfassen vor allem Armutsbekämpfung, Arbeitsschutz, Altersversorgung und Maßnahmen zur Kinderversorgung. Ferner bieten Staaten auch Absicherung gegen Risiken wie Arbeitslosigkeit oder Krankheit durch ein mehr oder weniger weitmaschiges Sicherheitsnetz.

3.2.1 Wohlfahrtsstaatsregime

Basierend auf den institutionellen Strukturen haben Sozialwissenschaftler/innen in der vergleichenden Wohlfahrtsstaatsforschung verschiedene theoretische Modelle entwickelt, um Wohlfahrtsstaaten in verschiedene Typen einzuteilen (vgl. Ullrich 2005). Gosta Esping-Andersen (1990), einer der bekanntesten und wohl einflussreichsten Wohlfahrtsstaatstheoretiker, definiert den Wohlfahrtsstaat in seinem Buch „The Three Worlds of Welfare Capitalism" als einen Staat, der sich primär mit der Produktion und Verteilung der sozialen Wohlfahrt bzw. des individuellen Wohlergehens (engl.: „well-being") beschäftigt. Die Art und Weise, in der sich die Produktion und Umverteilung der sozialen Wohlfahrt in der Bevölkerung vollzieht, bildet seines Erachtens die Grundlage der Klassifikation von Wohlfahrtsstaaten. Das Modell basiert auf einem Kontinuum der Reichweite der von den Staaten gewährten sozialen Sicherheit, d.h. der Leistungsfähigkeit oder „Großzügigkeit" ihrer Sozialpolitik. Das Hauptkonzept dieser Klassifikation ist für Esping-Andersen die „Kommodifizierung" (engl.: „commodification") der Bürger/innen, d.h. das Ausmaß, in dem Individuen für ihre Existenzsicherung von der Erwerbsarbeit abhängig sind (vgl. Leitner/Ostner/Schratzenstaller 2004). Arbeitskraft wird aus dieser Sicht als Gut (engl.: „commodity") auf dem Markt gehandelt. Je höher die soziale Absicherung durch universelle staatliche Leistungen, umso mehr de-kommodifiziert, und dementsprechend weniger von der Erwerbsarbeit und ihrem Marktwert abhängig, sind die Bürger/innen. Esping-Andersen konzipiert dabei drei idealtypische Wohlfahrtsstaatsregime:

- Das *liberale oder residuale Regime* weist eine schwache De-kommodifizierung auf, gibt relativ wenig für Sozialleistungen aus und gewährt nur bedarfsgeprüfte Fürsorgeleistungen. Es besitzt eine starke Marktorientierung und basiert auf einem leistungsbezogenen Konzept sozialer Gerechtigkeit.
- Das *konservative oder korporative Regime* erbringt zwar umfassende, auf Erwerbstätigkeit basierende soziale Leistungen und beruht auf dem Prinzip der Verteilungsgerechtigkeit, untermauert jedoch markt- und berufsbezogene Statusunterschiede.
- Das *sozialdemokratische oder skandinavische Regime* hat ein weitreichendes Umverteilungssystem, das auf eine Reduzierung sozialer Ungleichheit durch De-Kommodifizierung zielt und auf dem Prinzip der Bedarfsgerechtigkeit basiert.

Als Beispiele für das liberale Regime gelten vor allem die angloamerikanischen bzw. englischsprachigen Länder: die USA, Großbritannien, Kanada und Australien. In diesem Regime spielt der Staat eine sehr zurückhaltende Rolle bezüglich etwaiger sozialer Leistungen und die soziale Sicherung beruht hauptsächlich auf dem Eigenvorsorgeprinzip. Hier gelten die Normen der individuellen Verantwortlichkeit für die Existenzsicherung durch Erwerbsarbeit ohne nennenswerte Absicherung und der minimalen staatlichen Einmischung in Marktabläufe und in die Familie. Die geringen sozialen Leistungen sind einkommensgeprüft, d.h. sie beruhen auf Bedürftigkeitsermittlung und tragen kaum zur Reduktion von Armut und Ungleichheit bei. Im Gegenteil – der durch mangelnde soziale Sicherheit entstehende erhebliche Re-Kommodifizierungsdruck stigmatisiert Sozialhilfeabhängigkeit als „Strafe" für individuelles Versagen im Arbeitsmarkt.

Beispiele für das konservative Regime sind neben Deutschland besonders Österreich, Belgien, Frankreich und die Niederlande. Soziale Leistungen sind in diesen Ländern weitgehend an Erwerbsarbeit und damit verbundene Sozialversicherungen und Steuererleichterungen gebunden. Diese Sozialpolitik hat zur Folge, dass etwaige Statusungleichheiten unter Arbeitnehmern, und solche zwischen Arbeitnehmer/innen und Nichterwerbstätigen nicht nivelliert, sondern eventuell sogar gefördert werden. Obwohl diese Staaten im Vergleich zu den liberalen Ländern sehr großzügige soziale Leistungen erbringen, bleibt die soziale Umverteilung von Ressourcen relativ gering.

Stellvertretend für das sozialdemokratische Regime sind die skandinavischen Länder: Schweden, Finnland, Norwegen und Dänemark. Hier bietet der Staat universelle, erwerbsunabhängige soziale Rechte auf Leistungen an, die die Bürger/innen zum hohen Grad de-kommodifizieren, also vom Arbeitsmarkt unabhängig machen. Durch relativ hohe Besteuerung und generöse Finanzierung und Dienstleistungen streben diese Länder eine Reduktion der sozialen Unterschiede durch eine Umverteilung von Ressourcen an.

Weil südeuropäische Länder, wie Spanien, Italien, Portugal und Griechenland, keinem Wohlfahrtsstaattypus eindeutig zuzuordnen sind, wurden sie zunächst als „Residualkategorie" erfasst und später als „mediterranes" oder „südeuropäisches" Modell klassifiziert (vgl. Ferrara 1996). In diesen Ländern hat der oft „rudimentäre" Wohlfahrtsstaat nur wenige Mittel für sozialpolitisches Engagement zur Verfügung und verlässt sich auf die traditionellen Familienbeziehungen als Hilfe in Notlagen. In jüngster Zeit wurden die osteuropäischen Länder als post-sozialistische Kategorie zusammengefasst. Bürger/innen in den von Transformationsprozessen nach dem Zusammenbruch der Sowjetunion gekennzeichneten Ländern, wie Polen, Ungarn und Tschechien, haben seit 1989 erheblich an sozialen Leistungen einbüßen müssen. Während sich der sozialistische Staat dazu verpflichtete, Bürger/innen ein generöses soziales Sicherheitsnetz zu bieten, weisen osteuropäische Länder heute nur minimale soziale Sicherung auf.

Als genereller, wenngleich nicht idealer Indikator der „Großzügigkeit" eines Wohlfahrtsstaates wird der Prozentsatz der öffentlichen Sozialausgaben am Bruttosozialprodukt (BSP) genutzt. Wie Abb. 3.1 verdeutlicht, gibt es unter den Industrieländern tatsächlich große Unterschiede bezüglich dieser zusammengefassten öffentlichen Sozialausgaben. Die Spitzenpositionen übernehmen das sozialdemokratische Regime von Schweden und das kon-

Abb. 3.1: Öffentliche Sozialausgaben in Prozent des Bruttosozialprodukts im internationalen Vergleich 2005

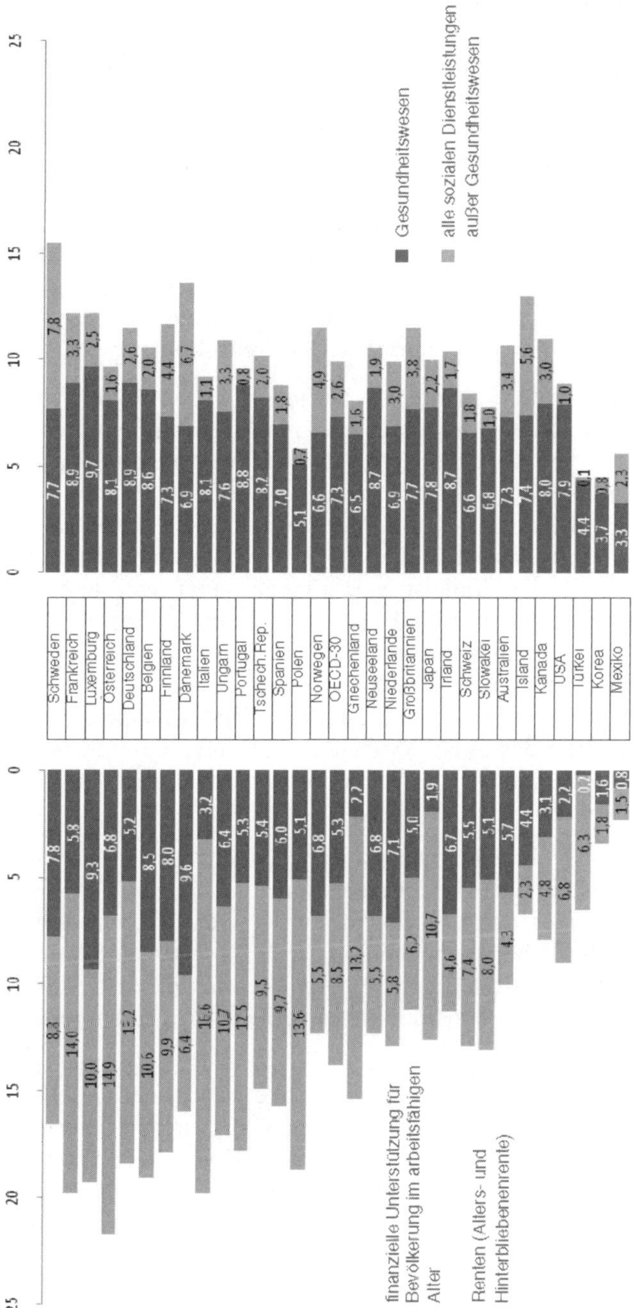

Bemerkung: Die Länder sind absteigend nach der Höhe der gesamten öffentlichen Sozialausgaben in Prozent des Bruttosozialprodukts geordnet. Die Ausgaben für aktive Arbeitsmarkt-Programme sind in den gesamten Sozialausgaben einbezogen. Die Daten für die Türkei beziehen sich auf das Jahr 1999, weil keine aktuelleren zur Verfügung stehen. Quelle: OECD 2007 b servative Wohlfahrtsregime von Frankreich, Deutschland liegt an 6. Stelle. Diese Rangordnung differenziert sich jedoch aus, wenn man die Arten der finanziellen Leistungen und der Dienstleistungen getrennt analysiert. Bei der finanzielle Unterstützung für die Bevölkerung im arbeitsfähigen Alter (ohne Berücksichtigung der Renten – vgl. Abb. 3.1, linke Spalte, heller Balken) sind die Länder Dänemark (9,6 %), Luxemburg (9,3 %) und Belgien (8,5 %) Spitzenreiter. Die höchsten Ausgaben für soziale Dienstleistungen haben die skandinavischen Länder Schweden (15,6 %), Dänemark (13,5 %) und Island (13,1 %). Mit 11,5 % liegt auch Deutschland bei den gesamten Dienstleistungen über dem OECD-Durchschnitt von 9,9 %. Allerdings ist Deutschland mit 5,2 % für finanzielle Unterstützung derer im Erwerbsalter nur durchschnittlich platziert (OECD-Durchschnitt 5,3 %). Die USA liegen sowohl bei den finanziellen Leistungen wie auch bei den sozialen Dienstleistungen deutlich unter dem OECD-Durchschnitt.

Esping-Andersen und andere Sozialforscher/innen haben seine Theorie durch international vergleichende empirische Analysen aggregierter ökonomischer und politischer Variablen getestet und, trotz vereinzelter Ausnahmen, für viele Länder belegt. Dieser Ansatz wurde jedoch vor allem von Frauenforscher/innen kritisiert, weil die Verbindung von Frauen zum Arbeitsmarkt und Wohlfahrtsstaat oft indirekt über ihre Beziehungen zu Männern verläuft und weil die zumeist von Frauen geleistete, unbezahlte Betreuungsarbeit unberücksichtigt bleibt (mehr dazu in Kapitel 5). Die feministische kritische Auseinandersetzung mit Esping-Andersens Typologie machte auf die generelle Gender-Blindheit dieses Ansatzes aufmerksam und regte die Entwicklung diverser gender-reflektierender Konzepte an, die dazu dienen, die Modelle des Wohlfahrtstaates von ihrer Orientierung auf männliche Normalbiographien zu befreien. So argumentierte Ann Orloff (1996: 65) folgendermaßen:

> „[Esping-Andersen's] citizens are implicitly male workers; his dimensions tap into states' impact on class relations and the relationship between states and markets without considering gender differences within classes or the relations between families; he leaves invisible women's work on behalf of societal welfare (i.e. unpaid caring/domestic labour); and his framework fails to consider states' effects on gender relations, inequalities and power."

Ergänzungen der Typologie durch Konzepte, welche die in einer Gesellschaft vorherrschenden Geschlechterverhältnisse ausleuchten, machten unterschiedliche Familienmodelle sichtbar, die von bestimmten Konstellationen der geschlechtlichen Arbeitsteilung geprägt sind. Hier wird z. B. deutlich, dass in liberalen Wohlfahrtsstaaten eine starke Abgrenzung der Familie von öffentlicher Förderung erfolgt, von Frauen und Männern Erwerbstätigkeit gefordert wird, alleinerziehende Frauen großen Armutsrisiken ausgesetzt sind und die Familienarbeit weitgehend von Frauen als zweite Schicht – also nach der Erwerbsarbeit – bewältigt wird. In konservativen Regimen, wie der BRD, subventioniert der Staat die unbezahlte Sorgearbeit der Frauen zu Hause, was zur Folge hat, dass Mütter entweder gar nicht oder nur in Teilzeitbeschäftigungen in den Arbeitsmarkt integriert sind, und daher von Männern abhängig bleiben. Sozialdemokratische Regime weisen eine hohe Erwerbsintegration der Mütter auf, die durch breit angelegte Infrastrukturen unterstützt wird, jedoch die unbezahlte Sorgearbeit der Frauen auch nicht aufhebt. In post-sozialistischen Staaten zeigt sich eine, durch hohe Arbeitslosigkeit und reduzierte Sozialleistungen hervorgerufene, Rückkehr zu traditionellen Geschlechterverhältnissen, die Frauen durch Verdrängung in die Privatsphäre benachteiligt. Diese Unterschiede werden im Weiteren noch detaillierter ausgeführt und mithilfe der wichtigsten Ansätze erörtert.

Um diese Variationen anhand von Daten aus der Familienpolitik zu verdeutlichen, zeigt Abb. 3.2 die staatlichen Ausgaben für familienbezogene Leistungen im internationalen Vergleich. Während finanzielle Leistungen und Dienstleistungen direkt an (meist) Mütter und Kinder unabhängig von Erwerbstätigkeit gezahlt werden, geht ein Steuererlass mit einer Verbindung zum Arbeitsmarkt einher. Der Sozialstaat bzw. die Familienpolitik kann also dazu beitragen, dass eine gewisse Familienform privilegiert wird (vgl. Hofäcker 2004). Während universelle monetäre Leistungen für Eltern Statusunterschiede zwischen Familien ausgleichen, können Steuernachlässe und langwieriger bezahlter Mutterschaftsurlaub Ein-Verdienerfamilien oder die sogenannte Ernährerehe unterstützen. Durch Maßnahmen zur Erleichterung der Vereinbarkeit von Beruf und Familie, wie günstige Kinderbetreuungseinrichtungen für Kinder allen Alters, können Familienmodelle wie Alleinerziehende und Zwei-Verdienerfamilien realisiert werden. Das heißt auch, dass diese Maßnahmen geschlechtsspezifische Wirkungen haben.

Frankreich, Großbritannien und die skandinavischen Länder Dänemark und Schweden wiesen – wie die Abb. 3.2 zeigt – die höchste Unterstützung auf. Und wieder sind vorwiegend die süd- bzw. osteuropäischen Länder sowie Kanada und die USA unter dem OECD-Durchschnitt der sozialen Ausgaben für Familienpolitik angesiedelt; Kanada liegt mit nur 1,2% sogar weit unter dem Durchschnitt. Es wird ferner deutlich, dass die verschiedenen Länder unterschiedliche „Leistungspakete" zur Familienförderung anbieten – die relativen Kombinationen der finanziellen Leistungen, Dienstleistungen und Steuernachlässen fallen sehr verschieden aus. In den meisten Ländern spielen finanzielle Transferleistungen eine große Rolle. Während die skandinavischen Länder (Norwegen ausgenommen) die Familienausgaben ohne Steuererleichterung und mit einem hohen Anteil an Dienstleistungen bestreiten, sind Steuererleichterungen für Frankreich, Deutschland, die Niederlande und die USA ein wichtiger Bestandteil der Familienpolitik. Für die BRD, Frankreich und die Niederlande fällt auch auf, dass die sozialen Ausgaben relativ gleichmäßig auf monetäre Leistungen, Dienstleistungen und Steuererleichterungen aufgeteilt sind. In den Ländern Österreich, Island,

Großbritannien sowie Australien spielen monetäre Transferleistungen dagegen eine bedeutendere Rolle.

Abb. 3.2: Soziale Ausgaben an Familienpolitik in Prozent des Bruttosozialprodukts in den OECD-Ländern im Jahr 2005

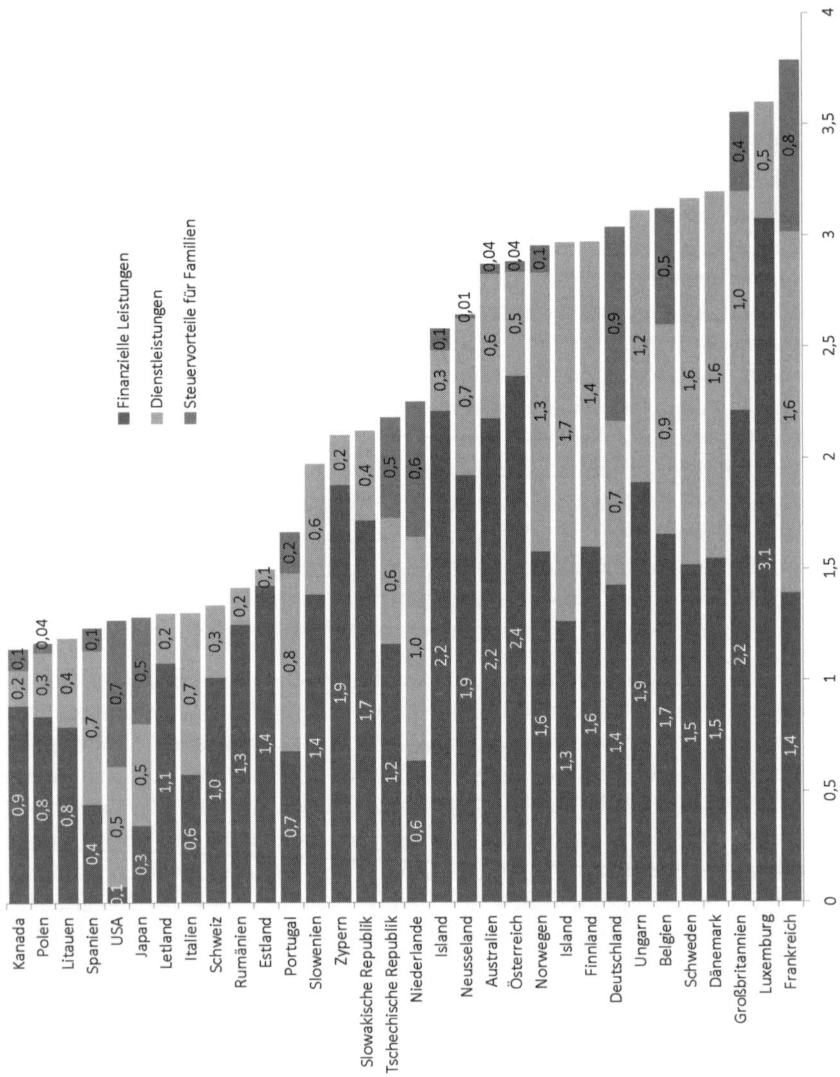

Bemerkung: Die einbezogenen öffentlichen Ausgaben beziehen sich nur auf Ausgaben für Familien (Kindergeld, Elternzeit, Elterngeld).
Quelle: OECD 2007 a

3.2.2 Geschlechterregime: Grundlagen

Die Kritik an der herkömmlichen Wohlfahrtsstaatsforschung hat zu Vorschlägen geführt, in denen die Geschlechterpolitik im Mittelpunkt steht. Dabei werden die Geschlechterpolitiken meist auf der Grundlage der eingesetzten Instrumente miteinander verglichen. Indem Staaten durch ihre Familienpolitik und die (Nicht-)Bereitstellung von Infrastrukturen z.B. die Mutterschaft, Elternschaft oder Vereinbarkeit von Erwerbs- und Sorgearbeit fördern, üben sie einen massiven Einfluss auf die Geschlechterordnung aus (vgl. Rosenfeld/Trappe/Gornick 2004). Der Staat nimmt Einfluss auf die geschlechtsspezifische Arbeitsteilung in Familien und die Work-Life-Balance, in dem Müttern und/oder Vätern die Möglichkeiten der (bezahlten/unbezahlten) Beurlaubung, der öffentlichen Kinderversorgung (teuer/billig) oder der Teilzeitarbeit bereitgestellt werden. Die Höhe der Frauenerwerbstätigkeit und die institutionellen Strukturen, die die Vereinbarkeit von Erwerbs- und Sorgearbeit erleichtern oder erschweren, reflektieren den Stellenwert der Geschlechterdemokratie in den Prioritäten eines Wohlfahrtsstaates. Wenn die Verantwortung für Sorgearbeit vom Staat auf die Privatsphäre verlegt wird, bedeutet das eine erhöhte Belastung für Frauen. Das kann zugleich als Hinweis gewertet werden, dass egalitäre Werte und eine egalitäre Arbeitsverteilung zwischen den Geschlechtern in der Privatsphäre nicht gestützt wird (vgl. Adler/Brayfield 2006). Diese Regelungen führen zu Klassifikationen der Länder auf dem Kontinuum der Geschlechterregime als mehr oder weniger familienfreundlich bzw. frauenfreundlich.

Durch die Erweiterung der Wohlfahrtsstaatsanalyse um gender-reflektierende Konzepte, wie z.B. das Ausmaß staatlicher Unterstützung Alleinerziehender, Zugang beider Geschlechter zum Arbeitsmarkt oder das vorhandene Kinderbetreuungsangebot, wurde die Wohlfahrtsstaatstypologie zu Geschlechterregimen modifiziert, die sich auf die sozio-historischen Machtverhältnisse zwischen den Geschlechtern und ihre verschiedenen institutionellen Manifestationen beziehen (vgl. Sainsbury 1999). Im Kontrast zu Esping-Andersens De-Kommodifizierung konzentriert sich daher Orloffs (1993) Konzept der „De-Familialisation" (vgl. auch Lewis/Ostner 1994) auf den Grad weiblicher Abhängigkeit vom männlichen Versorger. Zur Schlüsselfrage wird, inwiefern Frauen in der Lage sind, einen eigenständigen Haushalt zu führen und inwiefern die Partner gemeinsam eine Balance zwischen Erwerbs- und Sorgearbeit herstellen können.

Jane Lewis (1992) unterscheidet Wohlfahrtsstaaten zunächst danach, inwiefern sie das Familienmodell des männlichen Ernährers („male breadwinner") und der weiblichen Betreuerin („female caregiver") unterstützen. Je nach Ausprägung dieses *Ernährermodells* werden dann unter den Ländern starke, modifizierte oder schwache Ernährermodelle identifiziert (vgl. Lewis/Ostner 1994). Ernährermodelle basieren auf dem historischen Prinzip des „Familienlohns", d.h. der Staat nimmt an, dass ein Mann als Alleinverdiener den Lebensunterhalt der gesamten Familie bestreitet. Wenn also Ansprüche auf Sozialleistungen an Erwerbsarbeit geknüpft sind, haben Frauen nur indirekt Zugang zum Sozialsystem. Frauen werden daher von einem erwerbstätigen Mann abhängig und „familialisiert“. Bis Anfang der 1990er Jahre war die Bundesrepublik wegen ihrer Sozial- und Familienpolitik dem „starken Ernährermodell“ zugeordnet. Ausschlaggebend ist der Indikator der Müttererwerbstätigkeit (verheiratete Mütter mit Kindern unter sechs Jahren), der in der ‚alten‘ BRD 1990 bei nur ca. 38% lag und demnach verglichen mit anderen Ländern sehr niedrig war (vgl. Gornick et al. 1997). Die skandinavischen Länder und die ehemalige DDR werden wegen ihrer universellen sozialen Leistungen dem „schwachen Ernährermodell“ zugeteilt, in dem Frauen weitgehend „entfamilialisiert“ sind. Da die englischsprachigen Länder ein weniger ausgeprägtes soziales Netz aufweisen, Familie als Privatsache charakterisieren, aber gleichzeitig Ehen fördern und Existenzsicherung auf Erwerbsarbeit beruht, können sie als „modifiziert“ gelten. Obwohl das Ernährermodell generell erodiert, sind Frauen meist noch auf weiteres Einkommen vom Partner oder vom Staat angewiesen.

Die Gestaltung der Geschlechterregime erlebte Ende der 1990er Jahre eine wesentliche Umorientierung als Jane Lewis (1997) und Rosemary Crompton (1999) anfingen, *Verdiener-Modelle* zu erstellen und damit den Wandel der Sorgearbeit stärker zu problematisieren. Inspiriert von Entwicklungen in den USA und in Großbritannien beschreiben diese Sozialwissenschaftlerinnen den Individualisierungstrend in der Existenzsicherung. Im Einzelnen heißt das, dass der Staat mit seiner Politik davon ausgeht, dass, von einigen Ausnahmen abgesehen, alle Bürger/innen fähig sind für ihre eigene Existenz aufzukommen. Im Kontext der Familie wird angenommen, dass nicht ein (Ein-Verdienermodell), sondern zwei Verdiener für eine Familie sorgen (Zwei-Verdienermodell). Diese „geschlechtsneutrale“ Auffassung ignoriert jedoch die Tatsache, dass unbezahlte Sorgearbeit geleistet werden muss, hauptsächlich von Frauen verrichtet wird und mit Problemen der Vereinbarkeit mit Erwerbsarbeit verbunden ist. Hier erklärt Lewis, dass in Großbritannien heute das „Eineinhalb-Verdienermodell“ vorherrscht, in dem Frauen hauptsächlich Zuverdiener sind und die unbezahlte Sorgearbeit leisten. Ähnlich ordnet Rosemary Crompton Großbritannien in die Kategorie „zwei Verdiener/weibliche Teilzeit Betreuerin“ ein.

Wie Sigrid Leitner, Ilona Ostner und Margit Schratzenstaller (2004: 381) in ihrem Sammelband „Wohlfahrtsstaat und Geschlechterverhältnis im Umbruch“ überzeugend darstellen, hat „sich die (Sozial-)Politik zunehmend vom Ernährermodell als präferiertem Familienmodell ab(ge)wendet“. Die Frage danach, welches Modell das Ernährermodell als Norm ersetzen wird, ist in den einzelnen Staaten unterschiedlich zu beantworten. In ihrem Beitrag zur Analyse der Zwei-Verdienerfamilie (engl.: „adult worker model“) definiert Lewis (2004) diese als das neue normative Modell, in dem beide Erwachsenen erwerbstätig sind, egal ob teil- oder vollzeitig. Die Neuorientierung der

Politik an diesem Modell sei auch in der Eigenverantwortlichkeits-Ideologie begründet, die unterstellt, dass alle Erwachsenen erwerbstätig seien und ihre eigene Existenz sichern sollten. Diese Logik steht im direkten Kontrast zu der traditionellen Auffassung des Staates, dass ein männlicher Ernährer die Familie versorgt und dass allein erziehende Frauen in erster Linie als Mütter zu behandeln seien; heute gelten sie als erwerbsfähig. Ein Wechsel zu diesem Modell sei vor allem in den USA, Großbritannien und den Niederlanden zu beobachten. Während in den USA tatsächlich ein Zwei-Verdienermodell vorherrscht, sind in den anderen beiden Ländern eigentlich „eineinhalb" Verdiener vorzufinden. Laut Dorian Woods (2004: 208) herrscht in den USA und in Großbritannien eine arbeitsbezogene Familienpolitik vor, „die zwar eine Individualisierung der Erwerbsarbeit, aber keine Individualisierung der Familienarbeit fördert". Dieser Politikwandel hat demnach nicht etwa das Ziel der Geschlechtergleichstellung oder -demokratie, sondern hofft die Zahl der Leistungsempfänger zu reduzieren.

Unverändert wird der Nexus Staat-Familie-Markt in der Gestaltung der Beziehung zwischen Sozial-, Familien- und Arbeitsmarktpolitik heftig diskutiert (vgl. Haas 2005; von Wahl 2005). Innerhalb dieses Diskurses sind vor allem Synthesen der strukturellen und kulturellen Klassifikationen interessant, die sich auf die Vereinbarkeit von Erwerbs- und Sorgearbeit und sogenannte „Betreuungskulturen" (engl.: „cultures of care") konzentrieren (vgl. Haas 2005). Neue empirische Forschungsergebnisse zeigen tatsächlich eine große Variation der Geschlechterregime innerhalb Europas (Crompton 2001; von Wahl 2005) und unter Ländern, die verschiedenen Wohlfahrtsstaatsregimen angehören, wie Österreich, die Niederlande und Schweden (vgl. Haas 2005), sowie unter Ländern, die dem gleichen Typus angehören, wie Deutschland und Japan (vgl. Gottfried/O'Reilly 2002).

An der international vergleichenden Forschung zur Geschlechterpolitik wird kritisiert, dass diese zu sehr Momentaufnahmen der aktuellen Politik sind (Pfau-Effinger 2001). „Will man internationale Differenzen in den wohlfahrtsstaatlichen Politiken angemessen verstehen und in ihren Wirkungen erklären, so geht es darum, sie stärker in ihrem jeweiligen gesellschaftlichen und historischen Kontext zu analysieren. Das bedeutet insbesondere auch, den Bezug zu den kulturellen Grundlagen der Politik herzustellen" (Pfau-Effinger 2001: 491). In ihrem theoretischen Ansatz des Geschlechterarrangements geht Birgit Pfau-Effinger (2001; ausführlich 2000) von einer Wechselbeziehung zwischen Geschlechterkultur und Geschlechtersystem aus. Mit Geschlechterkultur sind die gesellschaftlich jeweils relevanten Sinnkonstruktionen gemeint und mit Geschlechtersystem die relevanten Strukturen und Institutionen. „In jeder modernen Gesellschaft, so die Annahme, besteht (mindestens) ein solches Geschlechter-Arrangement, das auf den jeweils dominierenden Werten und Leitbildern zu den Geschlechterbeziehungen beruht und durch das Handeln sozialer Akteure, durch ihre Diskurse, Konflikte, Aushandlungsprozesse und Kompromissbildungen reproduziert oder verändert wird. Der Einfluss der Geschlechterkultur kommt auf unterschiedlichen gesellschaftlichen Ebenen zum Tragen: Auf der Ebene der sozialen Strukturen, in den gesellschaftlichen Institutionen und Diskursen kollektiver Akteure sowie auf der Ebene der Individuen, in ihren Orientierungen und Werthaltungen" (Pfau-Effinger 2001: 492). Für Pfau-Effinger (2000) ist die Frauenerwerbsarbeit und Sorgearbeit ausschlaggebend für die verschiedenen gesellschaftlichen *Geschlechterarrangements*. Er werden insgesamt fünf Modelle unterschieden, die die Ernährer- und Verdienermodelle ergänzen:

- das familienökonomische Modell
- das Hausfrauenmodell der männlichen Versorgerehe (entspricht dem Ernährer- oder Ein-Verdienermodell)
- das Vereinbarkeitsmodell der modernisierten Versorgerehe (entspricht dem modifizierten Ernährer- oder Eineinhalb-Verdienermodell)
- das Doppelversorgermodell mit staatlicher Kinderbetreuung (entspricht dem schwachen Ernährer- oder Zwei-Verdienermodell)
- das Doppelversorgermodell mit partnerschaftlicher Kinderbetreuung

Das Hauptunterscheidungsprinzip dieser Modelle liegt darin, inwiefern bezahlte und unbezahlte Arbeit von einem oder beiden Partnern geleistet wird, inwiefern das gegebene Muster Abhängigkeitsverhältnisse in der Familie schafft und inwiefern der Staat oder die Partner Verantwortung für Sorgearbeit übernehmen.

3.2.3 Geschlechterregime in Deutschland

Das in Deutschland ursprünglich dominante familienökonomische Modell, in dem der Verdienst des Lebensunterhalts und Betreuungsaufgaben von beiden Geschlechtern gemeinsam in einem Familienbetrieb bestritten wurden, wurde im Laufe der Industrialisierung immer mehr von der männlichen Versorger- oder Ernährerehe abgelöst. Im Zuge dieses Wandlungsprozesses kam es – wie im Kapitel 2 bereits beschrieben – zu einer Trennung von Produktion und Reproduktion und der Zuweisung dieser beiden Sphären zu je einem Geschlecht. Nunmehr sollte die bezahlte Arbeit die Familie versorgen und Männer wurden zu Alleinverdienern für die von ihnen abhängige Familie.

Das lange Zeit in Deutschland dominante Hausfrauenmodell der männlichen Versorgerehe hat im Laufe der gesellschaftlichen Modernisierungsprozesse in der 2. Hälfte des 20. Jahrhundert nach und nach ihre Vorrangstellung verloren. Während dieses Modell in der DDR schon früh durch das Doppelversorgermodell mit staatlicher Kinderbetreuung ersetzt wurde, ist in Westdeutschland das Vereinbarkeitsmodell der modernisierten Versorgerehe (oder auch modernisierten Ernährerehe) an ihre Stelle getreten. Diese Klassifikation basiert darauf, dass immer mehr Frauen mindestens teilzeitig erwerbstätig sind und verschiedene Erweiterungen im Kinderbetreuungsangebot sowie Flexibilität in der Elternzeit, Frauen und Männern mehr Optionen bieten als bisher. Trotz hoher weiblicher Erwerbsorientierung unterstützt der deutsche Staat nach wie vor die langzeitige Kindererziehung durch die Mutter und nicht eine, durch Erwerbsarbeit gewonnene, eigenständige Existenzsicherung. Im Arrangement der modernisierten Ernährerehe bleibt das Abhängigkeitsverhältnis von Frauen zwar grundsätzlich bestehen, aber die Vereinbarung von weiblicher Sorgearbeit mit einer Teilzeitbeschäftigung wird gewährleistet. Das Doppelversorgermodell beruht dagegen darauf, dass Frauen wie Männer vollzeitig in den Arbeitsmarkt einbezogen werden und dass ein Großteil der Kinderbetreuung deshalb außerfamiliär geleistet wird. Gesellschaften in dieser Kategorie zeichnen sich durch sehr hohe weibliche Erwerbstätigkeit sowie weitläufige Kinderbetreuungsnetze aus. Allerdings hat dieses Modell den Nachteil, dass auch hier die grundsätzliche gesellschaftliche Annahme der Betreuungskultur, Frauen seien mehr für Familienarbeit verantwortlich als Männer, nicht hinterfragt wird. Dieses Arrangement führt daher zu einer bekannten Doppelbelastung vollzeitig beschäftigter Frauen (Doppelschicht). Am besten entspricht das Doppelversorgermodell mit partnerschaftlicher Kinderbetreuung, in dem Väter und Mütter gleichermaßen in Erwerbstätigkeit und Familienarbeit eingebunden sind, dem Ideal einer Geschlechtergerechtigkeit. Allerdings gibt es bisher keine Gesellschaft, in der dieses Modell realisiert wird.

Laut Rosenfeld et al. (2004) wurde das Geschlechterarrangement nach der Wende in beiden Teilen Deutschlands in den „mittleren" Bereich des Eineinhalb-Verdienermodells verschoben. Durch den ökonomischen und politischen Wandel rückte die geschlechtliche Arbeitsteilung in Ostdeutschland vom Doppelverdiener zum Eineinhalb-Verdienermodell, während die Versorgerehe in Westdeutschland nahezu völlig vom Eineinhalb-Verdienermodell verdrängt wurde (vgl. Adler/Brayfield 2006). In der DDR waren Frauen dadurch, dass Erwerbsarbeit Recht und Pflicht aller Bürger/innen war, in höherem Masse kommodifiziert als im Westen. Allerdings arbeiteten Frauen in einem institutionellen Kontext, der verschiedene soziale Leistungen gewährleistete, die wiederum die Vereinbarkeit der Erwerbs- und der Sorgearbeit erleichterten. Westdeutsche Frauen waren dagegen durch niedrigere Erwerbstätigkeit, staatlich bezahlte Sorgearbeit und indirekte Beziehungen zum Arbeitsmarkt durch Männer weniger kommodifiziert. Gleichzeitig waren ostdeutsche Frauen mehr de-familialisiert als Frauen im Westen, d.h. sie waren für ihren Unterhalt weniger von Männern, dafür aber vom Staat abhängig.

Der deutsche Sozialstaat perpetuiert die Geschlechterhierarchie, da er in ein Sozialversicherungs- und ein Fürsorgesystem unterteilt ist. Beide Systeme wirken nicht geschlechtsneutral, weil sie auf der Ernährerehe basieren: das Sozialversicherungssystem, das für vollzeitig und ununterbrochen lebenslang Erwerbstätige (sprich meist Männer) im Falle der Erwerbslosigkeit sorgt und das Fürsorgesystem, das alle anderen (sprich abhängige Frauen und Kinder) versorgt, wenn kein Ernährer da ist. Das Sicherungssystem ist erwerbszentriert und die materielle Existenzsicherung vieler Frauen ist nicht nur an die Familie gebunden, sondern auch von Abhängigkeitsverhältnissen geprägt. Aus Sicht des noch immer auf den männlichen Alleinverdiener aufbauenden Sozialsystems sind Frauen also entweder von einem Ernährer oder vom Staat abhängig, d.h. sozialhilfeabhängig. Teresa Kulawik (1989: 248 f.; Hervorhebung im Original) entwickelte den Begriff „Familien-Subsidiarität“ und meint damit „die Gewährung des sogenannten *monetären Unterhalts des Mannes* an die Frau sowie die *Dienstleistungsverpflichtung der Frau* in der Familie.“

Frauen und Männer sind in der BRD also sozial unterschiedlich abgesichert. Das deutsche Sozialversicherungssystem basiert auf individuellen Beiträgen, die Erwerbstätige für sich und ihre nahen Angehörigen einzahlen. Daher haben Erwerbstätige und ihre Angehörige Anspruch auf Krankenversicherung, Altersversicherung, Arbeitslosenversicherung und Pflegeversicherung. Die Höhe von Versicherungsleistungen basiert auf den als Teil des Arbeitseinkommens entrichteten Beiträgen. Frauen erwerben aber dadurch, dass sie wegen der durch Sorgearbeit verkürzten Erwerbsbiographie weniger Beiträge einzahlen als Männer auch geringere Ansprüche auf Leistungen. Unbezahlte Arbeit in der Familie wird im Sozialsystem nicht genug angerechnet. Generell gilt, dass Männer höhere Rentenansprüche erwerben, weil sie im Durchschnitt nicht nur über höhere Bruttoverdienste als Frauen verfügen, sondern auch eine kontinuierlichere Erwerbsbiographie aufweisen. Das Kindererziehungsleistungsgesetz von 1987 rechnet die Kindererziehungszeit als bezahlt geltende Beitragszeit an, indem die ersten drei Lebensjahre eines nach dem 1.1.1992 geborenen Kindes, und das erste Lebensjahr eines davor geborenen Kindes als Erziehungszeit gelten. Weiterhin sind jedoch die Renten von Frauen deutlich niedriger als die von Männern (vgl. Dressel et al. 2005).

Die Sozialpolitik in beiden Teilen Deutschlands zeigt ferner, wie der Staat erwerbstätige Mütter durch Maßnahmen, die die Vereinbarkeit von Arbeit und Familie und das Leben alleinerziehender Frauen vereinfachen, unterstützen bzw. vernachlässigen kann (vgl. Adler/Brayfield 2006). Das westdeutsche, sogenannte Dreiphasenmodell im weiblichen Lebenslauf, das sich auf (1) Ausbildung/Erwerbsarbeit bis zur Familiengründung, (2) Familienphase zur vollzeitigen Kinderbetreuung und (3) Erwerbsarbeit (oft in Teilzeit) beläuft, ist weder in Europa noch in Industrieländern allgemein die Norm. Dieses Modell ist aber weiterhin im deutschen Sozialstaat eingeschrieben, da das vorhandene Steuersystem, Kinderbetreuungsnetz und weitere soziale Regelungen immer noch eher die traditionelle geschlechtliche Arbeitsverteilung begünstigen. Das Ehegattensplitting und die weiterhin dominanten Halbtagsschulen sind auf Familien mit einem Alleinverdiener oder mit Frauen, die Teilzeit arbeiten, ausgerichtet. Die Sorgearbeit bleibt hauptsächlich den Frauen zugeordnet, egal welche Ausbildung sie haben oder ob sie eine Erwerbsarbeit ausüben. Da die Entscheidung die Erwerbstätigkeit zugunsten der Kinderbetreuung zu unterbrechen fast ausschließlich auf Frauen fällt, wird die strukturelle Unvereinbarkeit von Beruf und Familie zum zentralen Problem für Frauen, nicht aber für Männer. Entsprechend der Länge der Berufsunterbrechung hat diese Entscheidung negative Auswirkungen auf das Einkommen, weitere Erwerbschancen und Karriereaufstiegschancen von Müttern (vgl. Wenk/Rosenfeld 1992). Im Zuge der erhöhten Notwendigkeit der Frauenerwerbstätigkeit zur finanziellen Versorgung der Familie (Doppel- oder Eineinhalb-Versorgerehe) steigen damit zwar die Opportunitätskosten der Familiengründung für Frauen (vgl. Ziefle 2004). Die Familiengründung hat jedoch keinen nennenswerten Einfluss auf die Erwerbsbiographie der Männer.

3.2.4 Regelung zur Elternschaft als Element des Geschlechterregimes

Vielfach wird auch darauf hingewiesen, dass sozialpolitische Maßnahmen wie Elternzeit und Erziehungs- bzw. Elterngeld zu einer Retraditionalisierung der Paarbeziehung beitragen (vgl. Ziefle 2004), da diese das Ausscheiden der Mütter aus dem Erwerbsleben erleichtern und die politischen Versuche, dass auch Väter diese Maßnahmen in Anspruch nehmen können, nur wenig fruchten. Insgesamt ist die Inanspruchnahme der Elternzeit sehr hoch. Nach einer Repräsentativbefragung aus dem Jahr 2003 geht hervor, dass fast drei Viertel der Eltern nach der Geburt eines Kindes Elternzeit in Anspruch nehmen (vgl. BMFSFJ 2004: 12). Von den verschiedenen Elternzeitmodellen wird deutlich am häufigsten das Modell genutzt, in dem die Mutter die Elternzeit in Anspruch nimmt und nicht erwerbstätig ist, während der Vater vollerwerbstätig ist. In 60% der Fälle wird dieses Modell praktiziert. Ein knappes Drittel entscheidet sich für das Modell, in dem die Mutter die Elternzeit nimmt, aber zumindest phasenweise teilzeitbeschäftigt ist. Alle weiteren Modelle kommen nur selten vor. Der Anteil der Mütter, der nach der Geburt des Kindes den Beruf unterbricht oder zumindest reduziert und so die gesamte Elternzeit nimmt, ist sehr hoch. Nur ganz wenige Männer haben Erziehungsgeld in Anspruch genommen; ihr Anteil liegt unter 3%.

Eine wesentliche Neuregelung ist im Jahr 2007 in Kraft getreten. Das Erziehungsgeld wurde durch das Elterngeld ersetzt (vgl. ausführlich Box 3.2). Ein wesentliches Ziel dieser Reform war, Väter stärker zur Übernahme von Erziehungsaufgaben zu animieren. Im 2. Quartal 2009 endete der Elterngeldbezug von 156.000 Frauen und von 35.000 Männern. Der Anteil der männlichen Elterngeldbezieher liegt also bei 18%. Weiterhin sind es also ganz überwiegend die Frauen, die Elterngeld in Anspruch nehmen. Allerdings ist der Männeranteil erheblich höher als bei der alten Regelung. Zu beachten ist aber auch, dass Väter eine deutlich kürzere Bezugsdauer haben als Mütter. Drei der vier Väter haben das Elterngeld nur zwei Monate in

Anspruch genommen, neun von zehn Müttern dagegen 12 Monate (vgl. Statistisches Bundesamt 2009; BMFSFJ 2009 a).

Box 3.2

Elterngeld statt Erziehungsgeld

Mit Wirkung zum 1. Januar 2007 ist in Deutschland das Bundeselterngeld- und Elternzeitgesetz in Kraft getreten. Kernstück dieser Reform ist die Einführung eines Elterngeldes, das das bisherige Erziehungsgeld ablöst. Anspruch auf Elterngeld haben in Deutschland lebende Mütter und Väter, die das Kind nach der Geburt selbst betreuen, mit dem Kind in einem Haushalt leben und nicht mehr als 30 Stunden in der Woche erwerbstätig sind. Das die Berufstätigkeit reduzierende oder aufgebende Elternteil bekommt 67 % des ausfallenden Erwerbseinkommens, höchstens jedoch 1.800 Euro, als Elterngeld. Das Elterngeld beträgt mindestens 300 Euro; gering verdienende Eltern erhalten ein erhöhtes Elterngeld. Beim Erziehungsgeld handelte es sich um einen festen monatlichen Auszahlungsbetrag in Höhe von 300 Euro über zwei Jahre (Regelbetrag) oder eine einjährige Auszahlung in Höhe von 450 Euro (Budget). Wenn jeder der beiden Elternteile mindestens zwei Monate Elternzeit in Anspruch nimmt, haben sie insgesamt 14 Monate lang Anspruch auf Elterngeld, ansonsten nur 12. Die sogenannten Partnermonate sollen einen deutlichen Anreiz für Väter schaffen, sich an der Betreuung und Erziehung ihrer Kinder aktiv zu beteiligen. Die bislang bereits bestehenden Regelungen zur Elternzeit (Bezeichnung wurde 2001 eingeführt, ursprünglich Erziehungsurlaub) bestehen unverändert fort: Ein Anspruch auf Elternzeit besteht bis zur Vollendung des dritten Lebensjahres des Kindes. Das dritte Jahr kann auch nach dem dritten Lebensjahr des Kindes genommen werden. Vorausgesetzt, der Arbeitgeber stimmt zu, ist dies bis zum 8. Lebensjahr des Kindes möglich. Die Elternzeit kann ganz oder teilweise von einem Elternteil allein in Anspruch genommen werden. Möglich ist es, dass die Eltern die Elternzeit gemeinsam nehmen (ausführlich hierzu vgl. BMFSFJ 2006).

Fast vier Fünftel der Männer halten die Elternzeit für ein wichtiges Angebot, aber nur wenige nehmen sie in Anspruch. Männer machen dafür vor allem finanzielle und berufliche Hindernisse verantwortlich. Es ist jedoch davon auszugehen, dass auch erworbene Rollenmuster zu der Fortschreibung dieser traditionellen Arbeitsteilung beitragen.

In der Charter of Fundamental Rights der EU, die im Jahr 2000 ratifiziert wurde, heißt es in Artikel 33, dass „to reconcile family and professional life, everyone shall have the right to protection from dismissal for a reason connected with maternity and the right to paid maternity leave and to parental leave following the birth or adoption of a child“[7]. Die spezifischen Details des Mutterschafts-, Vaterschafts- und Elternurlaubs sowie der Kinderbetreuung bleiben der Politik der einzelnen Mitgliedsstaaten überlassen.

7 Vgl. http://ec.europa.eu/justice_home/unit/charte/en/charter-solidarity.html, (Stand: 05.10.2009).

Die Tabelle 3.1 gibt einen Überblick über die gesetzlich festgelegte Beurlaubung zur Kindererziehung und die Nutzung der Kinderbetreuungseinrichtungen in 14 OECD-Ländern. Wie bei allen international vergleichenden Datensätzen muss hervorgehoben werden, dass die in der Tabelle vorkommenden OECD-Daten von den statistischen Datenträgern der verschiedenen Länder oft in unterschiedlichen Jahren gesammelt und dann von der OECD zusammengestellt wurden. Ferner haben die Länder verschiedene Systeme hinsichtlich der Bezahlung und der Länge des Urlaubs. Der Vergleich der Zahlen in Tabelle 3.1 ergibt jedoch in den meisten Ländern eine Wochenanzahl für bezahlten Mutterschaftsurlaub von 14 bis 18 Wochen. Deutliche Ausnahmen sind Australien und die USA, wo kein bezahlter Mutterschaftsurlaub gesetzlich festgelegt ist. Hier gibt es unbezahlten Urlaub und im Falle der USA nur für einen Teil der arbeitenden Bevölkerung. Italien ist mit 21 Wochen überraschenderweise an erster Stelle, allerdings werden diese Wochen nur mit 80% des Gehaltes bezahlt. Auch in der Höhe und Art der Bezahlung unterscheiden sich die Länder – obwohl die meisten Länder zumindest zeitweilig 100% des Einkommens zahlen, werden oft geringere Prozentsätze oder Pauschalen angeboten. Vaterschaftsurlaub ist allgemein relativ kurz aber bezahlt, und variiert von drei Tagen in mehreren Ländern bis 11 Wochen in Schweden. Einige Länder überlassen es den Vätern und Müttern, wie sie sich die Elternzeit einteilen. Sie reicht mindestens bis das Kind ein Jahr alt ist, ist aber nicht immer bezahlt, bzw. hoch bezahlt. Deutschland, Frankreich und Österreich haben die längste Elternzeit.

In Deutschland wurde Kinderbetreuung erst nach der Vereinigung ein wichtiges, weit diskutiertes politisches Thema. Im Gegensatz zu ihrem bisherigen ideologischen Standpunkt führte die CDU das Recht auf Kinderbetreuung für über dreijährige Kinder ein. Seit 1996 existiert ein Rechtsanspruch auf einen Kindergartenplatz. Während es noch vor 1970 in Westdeutschland im Schnitt nicht einmal für jedes dritte Kind einen Kindergartenplatz gab, hat sich das inzwischen grundlegend geändert. Bei den Drei- bis Sechsjährigen hat mittlerweile auch Westdeutschland hohe Versorgungsquoten erreicht. In Ostdeutschland ist dies schon lange der Fall. Ab 2013 ist zusätzlich ein Rechtsanspruch auf einen Betreuungsplatz ab dem vollendeten ersten Lebensjahr geplant. Um dies auch leisten zu können, müssen die Plätze für unter Dreijährige in den nächsten Jahren im Westen noch erheblich ausgebaut werden (vgl. Bien/Rauschenbach/Riedel 2007). Die Integration in außerfamiliale Institutionen hat sich schon jetzt deutlich vor den Schuleintritt verschoben und sie wird sich in den kommenden Jahren weiter vorverlagern. Der 11. Kinder- und Jugendbericht (BMFSFJ 2002) spricht von einem „Aufwachsen in öffentlicher Verantwortung“. Die Kinder kommen immer früher in Tageseinrichtungen und sind immer länger dort. Viele von ihnen verbringen schon jetzt mehr von der wachen Zeit in Kindertagesstätten als in ihren Familien (vgl. Textor 2009). Während die Familien- und Gleichstellungspolitik der Europäischen Union in den letzten Jahrzehnten auf die Integration von Müttern in den Ar-

Tabelle 3.1: Gesetzlich festgelegte Beurlaubung zur Kindererziehung und Kinderbetreuungseinrichtungen in ausgewählten OECD-Ländern (ca. 2005–2006)

Land	Mutterschaftsurlaub		Vaterschaftsurlaub		Elternzeit		Kinder in Betreuungseinrichtungen nach Alter in % (ca. 2004)			
	Wochen	% des Einkommens	Wochen	% des Einkommens	Wochen	% des Einkommens	<3 Jahre	3 Jahre	4 Jahre	5 Jahre
Australien	0	s. Elternzeit		0	52	unbezahlt	29	55	65	91
Deutschland (ab 2007)	14	100	Teil der Elternzeit, max. 8	–	156	67	11*	81*	92 (4-5 Jahre)*	92 (4-5 Jahre)*
Dänemark	18	100	2	Bezahlt	32	90	62	82	93	94
Finnland	18	65	3	Bezahlt	26	60	35	38	46	55
Frankreich	16 (1. Kind), 26 für 2 oder mehr Kinder	100	2	Bezahlt	156	26	26	100 (3-5 Jahre)	100 (3-5 Jahre)	100 (3-5 Jahre)
Groß-britannien	26	6 Wochen 0; Rest ca. 33	2	25	26	unbezahlt	26	50	92	98
Irland	26	18 Wochen 100; Rest unbezahlt	3 Tage	Bezahlt	28	unbezahlt	15	48	47	100
Italien	21	80	Mit Mutter geteilt im 1. Jahr	–	36	12 Wochen 30; Rest unbezahlt	6	99	100 (4-5 Jahre)	100 (4-5 Jahre)

Land	Mutterschaftsurlaub		Vaterschaftsurlaub		Elternzeit		Kinder in Betreuungseinrichtungen nach Alter in % (ca. 2400)			
	Wochen	% des Einkommens	Wochen	% des Einkommens	Wochen	% des Einkommens	<3 Jahre	3 Jahre	4 Jahre	5 Jahre
Niederlande	16	100	3 Tage	Bezahlt	24	unbezahlt	30	32	74	98
Norwegen	9	80	6	4 Wochen 80; Rest unbezahlt	42	100	44	79	87	89
Österreich	16	100	3 Tage	Bezahlt	3 Tage	bezahlt	4	46	82	93
Portugal	17	100	1	Bezahlt	24	unbezahlt	24	64	80	90
Schweden	15	80	11	1 Woche 100; Rest 80	51	80	40	83	88	90
USA	12	unbezahlt in Firmen mit über 50 Beschäftigten	0	0	0	0	30	42	64	77

Besuchsquote in 2006, Statistisches Bundesamt (2007 b).
Quellen: OECD 2007 a; Eurostat 2004 a; OECD 2006; Statistisches Bundesamt 2007 b.

beitsmarkt zielte, hat die (west-)deutsche Familienpolitik eine lange Tradition darin, auf eine Freisetzung von erwerbstätigen Müttern hinzuwirken. Eine Abkehr zu dieser Tradition folgt nur langsam und mit erheblichem Widerstand.

Große internationale Unterschiede gibt es in der Benutzung von Kinderbetreuungseinrichtungen vor allem für unter Dreijährige. Während in skandinavischen Ländern eine hohe Anzahl der Kleinkinder (35 % in Finnland bis 62 % in Dänemark) in Einrichtungen sind, sind es in der BRD, Irland, Italien, Österreich und Portugal weniger als 20 %. Hinzu kommen starke regionale Unterschiede: Im Osten Deutschlands sind weithin erheblich mehr Kinder unter drei Jahren in Krippen (2006: ca. 40 %) als im Westen (8 %) (vgl. Statistisches Bundesamt 2007b). Auch bei den Dreijährigen bleibt ein Ost-West-Gefälle. Erst unter den Vier- und Fünfjährigen verschwindet dieses. Diese Zahlen weisen auf einen anhaltenden Ost-West-Unterschied in der Einstellung zu und Nutzung von außerhäuslicher Kinderbetreuung sowie auf andauernde erhebliche Unterschiede in Erwerbstätigkeit zwischen ost- und westdeutschen Müttern hin.

Nicht übersehen werden darf, dass auch bei allen Unterstützungsformen, sei es durch öffentliche und private Arrangements, die Zuständigkeit der Frauen für die Kleinkinder oder für den Haushalt fortgeschrieben wird: In den Kindertageseinrichtungen arbeiten Frauen oder es wird auf Tagesmütter, Haushalts- und Putzhilfen oder Groß- und Schwiegermütter, Freundinnen- und Mütternetzwerke zurückgegriffen. Frauen bewältigen die Belastungen durch Familienarbeit durch eine „Delegation unter Frauen“; Männer sind weitgehend ausgeschlossen.

3.3 Politische Partizipation von Frauen

Eine Gleichberechtigung der Geschlechter setzt auch voraus, dass Frauen angemessen am politischen Prozess teilhaben. Ein weiterer wichtiger Bestandteil der Analyse der Politik aus geschlechtsspezifischer Perspektive ist von daher die Frage nach der Beteiligung der Frauen an politischen Entscheidungen. Im Weiteren soll es dabei vor allem um die Formen der konventionellen Partizipation gehen. In Abgrenzung zur unkonventionellen Partizipation, worunter die Mitarbeit in Bürgerinitiativen oder Teilnahme an Demonstrationen verstanden wird, bezieht sich konventionelle Partizipation auf den institutionalisierten politischen Prozess. Als Formen der politischen Partizipation soll die Wahlbeteiligung, die Mitgliedschaft in Parteien sowie die Vertretung in Parlamenten und Regierungen betrachtet werden.

Box 3.3

Frauen in der deutschen Politik

Elisabeth Selbert (1896–1986), eine von vier „Müttern" des Grundgesetzes

Im Alter von 30 Jahren und als Mutter zweier Kinder begann Selbert in Göttingen Jura zu studieren. Sie war eine der ersten Frauen in diesem Fach. Sie berichtete, dass ein alter Professor sie gelegentlich bitten ließ, „zur nächsten Vorlesung nicht zu kommen, weil er über Sexualdelikte sprechen wollte". Selbert war Mitglied der SPD. Als eine von vier Frauen gehörte sie dem Parlamentarischen Rat an, der das Grundgesetz erarbeitete und setzte in dieser Funktion die Gleichstellungsnorm im Grundgesetz durch. Wichtige weitere Ämter wurden ihr in der Folgezeit nicht angetragen.

Elisabeth Schwarzhaupt (1901–1986), die erste Bundesministerin der BRD

Schwarzhaupt, von Beruf Juristin, wurde 1961 als erste Frau in ein Ministerium berufen, und zwar in das neu geschaffene Gesundheitsministerium. Gegenüber Bundeskanzler Konrad Adenauer, der die Kabinettssitzung weiterhin mit der Begrüßungsformel „Morjen, meine Herren" eröffnete, bestand sie darauf als Frau Ministerin angesprochen zu werden. Adenauer entgegnete ihr: „In diesem Kreis sind auch Sie ein Herr!" Schwarzhaupt blieb hartnäckig und die anschließende Debatte im Land bewirkte eine Änderung im Kabinett. Schwarzhaupt war stark durch die bürgerliche Frauenbewegung beeinflusst und stand in großer Distanz zu den Nazis. Als Politikerin der Nachkriegszeit engagierte sie sich für eine Modernisierung des Ehe- und Familienrechts. Ohne die traditionelle Rollenverteilung prinzipiell in Frage zu stellen, engagierte sie sich auch für eine stärkere politische Partizipation von Frauen. Nach drei Jahren im Amt bat sie den neuen Bundeskanzler Erhard von ihren Aufgaben entbunden zu werden. Ihr Abschiedswunsch war es, dass wieder eine Frau ins Kabinett berufen werden solle. Das war von nun an auch immer der Fall.

Hilde Benjamin (1902–1989), die erste Ministerin der DDR

Benjamin wurde 1953 als Ministerin der Justiz berufen und hatte dieses Amt bis 1967 inne. Auf Druck des damaligen DDR-Staatsratsvorsitzenden Walter Ulbricht musste sie aus „gesundheitlichen Gründen" zurücktreten. Bis 1967 war sie auch Abgeordnete der Volkskammer; Mitglied des Zentralkomitees der SED war sie bis zu ihrem Tod. Benjamin war Juristin und engagierte sich bereits in der Weimarer Republik. Nach dem 2. Weltkrieg arbeitete Hilde Benjamin am Aufbau neuer juristischer Strukturen. Sie organisierte die Schnellkurs-Ausbildung politisch unbelasteter Laien zu sogenannten Volksrichtern, war Mitbegründerin des Demokratischen Frauenbundes und wurde 1949 Vizepräsidentin des Obersten Gerichts der DDR. Als solche war Benjamin an Schauprozessen beteiligt und mitverantwortlich für Todesurteile, was ihr im Volksmund die Namen „Rote Hilde" oder „Blutige Hilde" einbrachte. Sehr engagiert setzte sich Benjamin für die Rechte der Frauen ein. Mit dem Familiengesetz 1965 schuf sie die Basis für die Gleichstellung ehelicher und nichtehelicher Kinder, die Reform des Scheidungs- und des Namensrechts.

Heide Simonis (geb. 1943), die erste Ministerpräsidentin in Deutschland

Simonis legte 1962 das Abitur an einem Nürnberger Mädchengymnasium ab und studierte anschließend Volkswirtschaft und Soziologie. Im Jahre 1969 wurde sie

Mitglied der SPD und 1976 Bundestagsmitglied. Von 1993 bis 2005 war sie Mitglied des SPD-Parteivorstandes. 1993 wurde sie zur Ministerpräsidentin in Schleswig-Holstein und in dieses Amt zwei Mal wieder genannt. Ihre dritte Wiederwahl scheiterte an einer anonymen Gegenstimme aus der eigenen Partei. Erst 2009 folgte die zweite Frau in dieses Amt. In Hessen stand die Wahl einer Frau in dieses Amt kurz davor; sie wurde aber durch vier Abgeordnete aus der eigenen Partei, darunter drei Frauen, verhindert. Erfolgreich dagegen war im Oktober 2009 Christine Lieberknecht (CDU) in Thüringen; für ihre Wahl waren drei Wahlgänge erforderlich.

Angela Merkel (geb. 1954), die erste Bundeskanzlerin

Merkel ist promovierte Diplomphysikerin und war im politischen Aufbruch in der DDR engagiert. Sie ist seit 1990 Mitglied der CDU und auch seither Mitglied des Bundestages. 1991-94 hatte sie das Amt der Ministerin für Frauen und Jugend und in der nächsten Legislaturperiode das der Ministerin für Umwelt, Naturschutz und Reaktorsicherheit inne. Nach der vorgezogenen Bundestagswahl 2005 wählte der Deutsche Bundestag sie mit den Stimmen der CDU/CSU und der SPD zur ersten Bundeskanzlerin. Nach erfolgreicher Bundestagswahl 2009 wurde sie, dieses Mal mit den Stimmen ihrer Partei und der FDP, für weitere vier Jahre wieder gewählt. Bereits seit 2000 ist sie zudem Vorsitzende der CDU; auch in diesem Amt ist sie die erste Frau in Deutschland.

Frauen waren deutlich länger als Männer von demokratischen Grundrechten ausgeschlossen. Die Verfassung des Norddeutschen Bundes von 1867 und auch die Verfassung des Deutschen Reiches von 1871 begrenzten das gleiche und geheime Wahlrecht auf männliche Deutsche, die mindestens 25 Jahre alt waren, in Deutschland wohnten, nicht beim Militär dienten, unter keiner Vormundschaft standen und auch keine Armenunterstützung bezogen. Auch nur wer das aktive Wahlrecht hatte, erweitert um die Militärangehörigen, konnte gewählt werden (passives Wahlrecht). Bis zum Jahr 1908 war den Frauen in der Mehrzahl der deutschen Bundesländer auch die Mitarbeit in politischen Parteien untersagt.

Das Frauenwahlrecht war – wie im 1. Kapitel bereits erwähnt – eine der zentralen Forderungen der ersten Frauenbewegung (vgl. Bock 2000). Eine aktive Unterstützung erfuhr die Frauenbewegung durch die Sozialdemokratische Partei, die in ihrem Erfurter Parteiprogramm das allgemeine Wahlrecht für Frauen und Männer zu ihrer Hauptforderung machte. Neuseeland war der erste Staat, der 1893 den Frauen das Wahlrecht gewährte – allerdings zunächst nur in Form des aktiven Wahlrechts. Das passive Wahlrecht folgte erst 1919. In Europa hatte Finnland eine Vorreiterrolle inne; 1906 wurde in diesem Land das uneingeschränkte Wahlrecht für beide Geschlechter gleichzeitig eingeführt. Deutschland folgte nach dem Zusammenbruch des Kaiserreichs nach dem Ersten Weltkrieg (vgl. Gerhard 1997). Die im Januar 1919 stattfindende Wahl zur verfassungsgebenden Nationalversammlung war die erste, an der Frauen aktiv und passiv teilnehmen konnten. Mit einer Wahlbeteiligung von fast 90% nutzten sie ihr neues Recht in einem außergewöhnlich hohen Maße. Nahezu zeitgleich mit

Deutschland führten 16 weitere europäische Länder während oder nach dem Ersten Weltkrieg das Frauenwahlrecht ein. Auch in den USA fällt die Einführung in diesen Zeitraum. Nachzügler in Europa waren Frankreich, Italien und Griechenland, die erst am Ende des Zweiten Weltkriegs bzw. danach diesen Schritt vollzogen haben. Der letzte europäische Staat war anfangs der 1970er Jahre die Schweiz und auch auf kantonaler Ebene in Appenzell Innerrhoden dauerte es sogar bis 1990.

Trotz Wahlrecht der Frauen war die Politik lange Zeit eine männliche Domäne. Noch in den 1960er und 1970er Jahren spielten Frauen nur eine marginale Rolle in der Politik in Deutschland. Erst in den 1980er und 1990er Jahren kann von einem „Aufbruch von Frauen in der Politik" gesprochen werden (Hoecker 2008: 12).

3.3.1 Politisches Interesse und Wahlbeteiligung

Frauen besitzen – folgt man den Ergebnissen des Allbus 2002 – ein geringeres Interesse an Politik als Männer: 43 % der Männer geben an, stark oder sogar sehr stark an Politik interessiert zu sein, bei den Frauen sind es dagegen nur 24 %. Allerdings ist hier kritisch anzumerken, dass bei dieser Frage nicht näher spezifiziert wurde, was unter Politik zu verstehen ist. Das scheinbar geringere Interesse der Frauen an Politik schlägt sich allerdings nicht in ihrer Wahlbeteiligung nieder. Bei der Bundestagswahl 2009 lag die Wahlbeteiligung der Frauen mit 71 % nur geringfügig unter der der Männer (71,8 %). In den Altersgruppen zwischen 25 und 60 Jahren wählten mehr Frauen als Männer. Nur in der Altersgruppe der über 70-Jährigen wählten deutlich mehr Männer als Frauen (+9,3 %).[8]

3.3.2 Mitgliedschaft in Parteien

Der Anteil der Frauen unter Parteimitgliedern liegt unter 30 %. Ihre Mitgliedschaft in Parteien ist zwar angestiegen – Ende der 1960er Jahre befand sie sich noch weit unter 20 % – liegt aber weiterhin deutlich unter der der Männer. Den Parteien gelingt es unterschiedlich gut, Frauen für die Mitgliedschaft zu gewinnen. Den höchsten Frauenanteil insgesamt hat die Partei „Die Linke" (früher: PDS) mit 44,4 % vor Bündnis 90/Die Grünen (37,3 %). Es folgen die SPD (30,9 %) und die CDU (25,4 %). Am niedrigsten ist der Frauenanteil bei der CSU mit 18,8 % (vgl. Statistisches Bundesamt et al. 2008).

Männer haben in Parteien häufiger Ämter inne als Frauen. Insgesamt ist der Anteil von Männern, der in der Partei schon aktiv mitgearbeitet hat, fast doppelt so hoch wie der von Frauen. Frauen sind auch weniger häufig be-

8 Vgl. http://www.bundeswahlleiter.de/de/bundestagswahlen/BTW_BUND_09/veroeffentlichungen/repraesentative/index.html (Stand: 23.10.2009).

reit, politische Ämter zu übernehmen. Besonders groß ist diese Diskrepanz bei den 18- bis 34-Jährigen. Während in dieser Altersgruppe 38% der Männer ihre Bereitschaft bekunden, ein Amt zu übernehmen, sind es bei den Frauen nur 17% (vgl. Heß-Meining 2005).

Deutlich wird, dass es den Parteien ohne gezielte Maßnahmen nicht gelingt, die Geschlechterparität in den Parteien voranzubringen. Die Parteien wählen unterschiedliche Strategien, um den Frauenanteil zu erhöhen. Außer der CSU und FDP haben sich die anderen größeren Parteien – z.T. nach längerem Ringen – entschlossen, Quotenregelungen einzuführen:

- Die SPD legte Ende der 1980er Jahre fest, dass jedes Geschlecht bei den Parteiämtern und Mandaten zu 40% vertreten sein muss.
- Die CDU führte 1994 ein Quorum von 33% aller Parteienmandate für Frauen ein.
- 1986 haben die Grünen in ihrer Parteisatzung verankert, dass in allen Gremien und Organen sowie bei öffentlichen Kandidaturen Frauen mindestens mit 50% vertreten sein sollen. Festgelegt wurde auch, dass bei Listenkandidaturen jeder ungerade Listenplatz – und somit auch der erste – an eine Frau gehen muss.

3.3.3 Anteil der Frauen im Parlament und in der Regierung

Der Frauenanteil im Deutschen Bundestag schwankte bis Ende der 1980er Jahre zwischen 6 und knapp unter 10% und lag damit auf einem Stand, der bereits bei der ersten deutschlandweiten Wahl mit Frauenbeteiligung erzielt wurde. 1919 war der Frauenanteil der Mitglieder der Nationalversammlung bei 9,6%. Ein erster deutlicher Anstieg hat sich dann aber mit der Bundestagswahl 1987 vollzogen. Der Frauenanteil erhöhte sich auf 15%. Anschließend ist der Frauenanteil in großen Schritten angestiegen und erreichte in der Legislaturperiode 2002 bis 2005 mit 33% den bislang höchsten Stand. Bei der letzten Bundestagswahl wurde dieser Frauenanteil – nach einem Rückgang in der vorletzten Wahlperiode – fast wieder erreicht (vgl. Tab. 3.2).

Differenziert man nach den Parteien, dann zeigt sich, dass Bündnis 90/Die Grünen mit 57% den höchsten und die CSU mit 20% den geringsten Frauenanteil im Deutschen Bundestag aufweisen. Beate Hoecker hat darauf hingewiesen, dass es einen Zusammenhang zwischen der unterschiedlichen parlamentarischen Repräsentanz von Frauen und dem Stand zur innerparteilichen Frauenförderung gibt. „Die Parteien, die verbindliche Quotenregelungen für die Kandidaturen von Frauen beschlossen haben, können auch auf besonders hohe Frauenanteile unter ihren Abgeordneten verweisen. Nur marginal sind demgegenüber Frauen aus den Parteien repräsentiert, die sich bisher nicht zu einer solchen Regelung durchdringen konnten." (Hoecker 1998: 72)

Tab 3.2: Frauen im Deutschen Bundestag 1949 bis 2005
(jeweils zu Anfang der Wahlperiode)

Wahlperiode	Abgeordnete insgesamt	Darunter Frauen	Frauenanteil in %
1949-53	410	28	6,8
1953-57	509	45	8,8
1957-61	519	48	9,2
1961-65	521	43	8,3
1965-69	518	36	6,9
1969-72	518	34	6,6
1972-76	518	30	5,8
1976-80	518	38	7,3
1980-83	518	44	8,5
1983-87	520	51	9,8
1987-90	519	80	15,4
1990-94	662	136	20,5
1994-98	672	177	26,3
1998-02	669	207	30,9
2002-05	603	199	33,0
2005-09	613	194	31,6
Ab 2009	622	204	32,8

Quelle: Hoecker 1998: 72; Deutscher Bundestag

Im internationalen Vergleich zeigt sich, dass der deutsche Frauenanteil im Bundestag mit knapp 33 % deutlich über dem EU-Schnitt von 24 % in den Parlamenten der 27 Staaten der Europäischen Union (Stand 2008) liegt. Höher als in Deutschland ist der Frauenanteil in sechs nationalen Parlamenten (Schweden 48 %, Niederlande 43 %, Finnland 41 %, Dänemark 37 %, Belgien 38 % und Spanien 36 %). Besonders wenige Frauen sind in den Parlamenten in Malta (9 %), Ungarn und Rumänien (jeweils 10 %) vertreten.[9]

In die Bundesregierung der vierten Legislaturperiode zog zum ersten Mal eine Frau (Schwarzhaupt, vgl. Box 3.3) in das Kabinett ein. Bis Ende der 1980er Jahre war es typisch, dass ein oder maximal zwei Ministerien von einer Frau besetzt waren und dies meist in einem „frauentypischen" Ressort

9 Vgl. http://ec.europa.eu/employment_social/women_men_stats/out/political/national_houses_of_ parliament/de010.htm (Stand: 05.10.2009).

(Gesundheit, Jugend, Familie, Bildung). Erst ab 1987 erhöhte sich der Anteil der Frauen im Bundeskabinett. Im ersten Kabinett von Merkel waren von den 16 Ministerien sieben mit Frauen besetzt. Dieser Anteil von 44% liegt deutlich über den Durchschnitt der EU-Staaten (25%). Höher ist der Anteil nur in drei Staaten: Finnland, Spanien und Schweden. Finnland ist der einzige Staat, in dem mehr Frauen als Männer in der Regierung sind: 12 Frauen sitzen im finnischen Kabinett acht Männern gegenüber. Spanien hat ein paritätisch besetztes Kabinett. Am Ende steht Ungarn, welches in der EU das einzige Land ist, das keine Ministerin hat. Vier weitere Länder (Estland, Zypern, Litauen, Slowakei) haben nur eine. Deutschland ist derzeit das einzige EU-Land mit einer Frau an der Regierungsspitze. In Finnland, Irland und Litauen haben Frauen das Präsidentenamt inne.[10]

In den Länderparlamenten liegt der Frauenanteil in Deutschland bei 32% (Stand 2008). Zwischen den Bundesländern bestehen erhebliche Unterschiede: In Brandenburg sind über 40% der Abgeordneten weiblich, in Baden-Württemberg dagegen nur knapp 24%. Noch größer sind die Unterschiede in der Besetzung der Landesregierung. In Berlin sind Frauen und Männer gleich stark vertreten, Saarland hat dagegen nur einen Anteil von 14%. Schwächer als im Bund und in den Ländern ist die Repräsentanz der Frauen auf kommunaler Ebene, hier liegt der Frauenanteil unter 25% (vgl. BMFSFJ 2009b).

Die Partizipation der Frauen in der Politik hat in den letzten drei Jahrzehnten in Deutschland deutlich zugenommen. Dennoch sind Frauen weiterhin in der Minderheit; sie sind – wie es Barbara Holland-Cunz (2004: 139) formuliert – „integrierte Außerseiterinnen". Für die andauernde Unterrepräsentanz der Frauen in der Politik führt Beate Hoecker (2008) vor allem zwei Gründe an:

- Die institutionalisierte Politik ist männlich geprägt: Sowohl die Formen der politischen Arbeit als auch Inhalte werden vor allem von Männern bestimmt. Frauen, die sich engagieren, sind gezwungen, die männlich dominierten Formen und Inhalte zu übernehmen.
- Die politischen Karrieremuster sind Aufstiegsbarrieren für Frauen: Eine politische Karriere erfordert eine ‚Ochsentour' auf lokaler Ebene, für die ein hohes Maß an Zeitsouveränität unabdingbar ist. Auch hat für den Karrierestart der Beruf eine hohe Relevanz. Die politische Standardkarriere ist sehr stark an der männlichen Biografie orientiert.

Auch wenn die Wahl von Angela Merkel an die Spitze der Bundesregierung 2005 sicherlich ein großer Schritt für eine verstärkte Partizipation von Frauen in der Politik ist, kann daraus nicht geschlussfolgert werden, dass nunmehr in diesem Handlungsfeld die Chancengleichheit von Frauen und Männern reali-

10 Vgl. http://ec.europa.eu/employment_social/women_men_stats/out/political/governments/de005.htm (Stand: 05.10.2009).

siert sei. Die Entwicklung des Frauenanteils in Bundestag oder auch in der Bundesregierung legen vielmehr die These nahe, dass sich mit Beginn des neuen Jahrtausends in der politischen Partizipation der Frauen eine neue Phase der Stagnation eingestellt habe (vgl. Hoecker 2008). Gleichwohl ist danach zu fragen, wie sich die Wahl der ersten Bundeskanzlerin längerfristig auf die politische Kultur auswirkt. Mit ihrem Forschungsteam hat Sylka Scholz (2007) untersucht, wie die Medien auf die Kandidatur von Angela Merkel im Bundestageswahlkampf 2005 reagiert haben und welche Geschlechterbilder entworfen wurden. Obwohl das Geschlechterthema im Wahlkampf 2005 – wie auch vier Jahre danach – von Merkel kaum thematisiert wurde, habe „kein anderes Thema in den vergangenen Jahren die Geschlechterdebatte so stark angeregt wie ihre Kandidatur“ (Scholz 2007: 22). Während ihr damaliger Gegenkandidat in den Medienberichten als ein „richtiger Mann“ entworfen wurde, bewegte sich die Darstellung von Merkel zwischen weiblichen und männlichen Zuschreibungen und löste dadurch Irritationen aus. Diese Irritationen – so die Schlussfolgerung – haben eine symbolische Kraft und können „langfristig einen Beitrag zur Auflösung von solchen Zuschreibungen leisten (…), auf dass sich die Frage ‚Kann die das?‘ für Politikerinnen zukünftig nicht mehr stellt“ (Scholz 2007: 22).

➲ **Schlüsselbegriffe**

Gleichberechtigungsnorm – Gleichstellungspolitik – Geschlechtergleichheit – Gender Mainstreaming – sexuelle Selbstbestimmungsrechte – Wohlfahrtsstaatsregime – Geschlechterregime – Geschlechterarrangement – politische Partizipation

Diskussionsfragen

1. Diskutieren Sie, wie sich die zunehmende Anzahl von Frauen in politischen Ämtern auf die Politik auswirken wird.
2. Diskutieren Sie, ob und inwiefern Gender Mainstreaming einen Beitrag zur Erreichung von Geschlechterdemokratie leisten kann.
3. Diskutieren Sie, welche gesetzlichen Maßnahmen notwendig wären, um im deutschen Wohlfahrtsstaat Geschlechtergerechtigkeit zu erzielen.

Weiterführende Literatur

Gerhard, Ute (Hrsg.) (1999): Frauen in der Geschichte des Rechts. Von der Frühen Neuzeit bis zur Gegenwart. München: Beck

Meuser, Michael/Neusüß, Claudia (Hrsg.) (2004): Gender Mainstreaming. Konzepte, Handlungsfelder, Instrumente. Bonn: Bundeszentrale für politische Bildung

Leitner, Sigrid/Ostner, Ilona/Schratzenstaller, Margit (Hrsg.) (2004): Wohlfahrtsstaat und Geschlechterverhältnis im Umbruch. Wiesbaden: VS Verlag für Sozialwissenschaften

Internetadressen

Informationen zur Frauen- und Gleichstellungspolitik findet man auf der Homepage des Bundesministeriums für Familie, Senioren, Frauen und Jugend:
http://www.bmfsfj.de/

Informationen zur Chancengleichheit und Gleichstellung auf der Ebene der EU findet man unter „EUROPA Das Internetportal der EU: Gleichstellung der Geschlechter"
http://ec.europa.eu/social/main.jsp?langId=de&catId=418

Wichtige Quellen für Daten auf nationaler und internationaler Ebene

Statistisches Bundesamt: www.destatis.de/

In Zusammenarbeit mit GESIS-ZUMA und dem Wissenschaftszentrum Berlin für Sozialforschung erstellt das Statistische Bundesamt kontinuierlich einen Datenreport. Der aktuelle stammt aus dem Jahr 2008:
http://www.destatis.de/jetspeed/portal/cms/Sites/destatis/Internet/DE/Navigation/Publikationen/Querschnittsveroeffentlichungen/Datenreport,templateId=renderPrint.psml__nnn=true

Eurostat, das Statistische Amt der Europäischen Kommission:
http://epp.eurostat.ec.europa.eu/

Datenbank für OECD Länder und einige Nicht-Mitgliedstaaten. Hier ist es möglich, Tabellen nach Jahren und Themen zusammenzustellen.
OECD Statistical Extracts (OECD StatExtracts): http://stats.oecd.org/wbos

Datentabellen und Grafiken zu staatlichen Ausgaben für verschiedene Leistungen nach Land und Jahr, bzw. in vergleichender Darstellung findet man unter OECD Social and Welfare Issues:
http://www.oecd.org/topic/0,3373,en_2649_37419_1_1_1_1_37419,00.html

Das *GenderKompetenzZentrum* ist als anwendungsorientiertes Forschungsinstitut unter dem Dach des Zentrums für transdisziplinäre Geschlechterforschung (ZtG) der Humboldt-Universität zu Berlin tätig. Es wird durch das Bundesministerium für Familie, Senioren, Frauen und Jugend finanziert und arbeitet an der Schnittstelle zwischen Erkenntnissen der Geschlechterforschung und den praktischen Herausforderungen in öffentlicher Verwaltung und Politik:
http://www.genderkompetenz.info/zentrum/

Gender Mainstreaming Portal des BMFSFJ

http://www.gender-mainstreaming.net

Als schneller Zugang zu den Gesetzen

Das Bundesministerium der Justiz stellt in Zusammenarbeit mit juris GmbH nahezu das gesamte aktuelle Bundesrecht online:
http://www.gesetze-im-internet.de/

4. Bildung und Geschlecht

Stellen Sie sich vor: Sie sind eins von den zehn überlebenden Kindern der Familie des berühmten Komponisten Johann Sebastian Bach (1685–1750). Sie und mehrere Ihrer Geschwister haben das musikalische Talent des Vaters und musizieren leidenschaftlich gern. Als es jedoch darum geht, die Kinder durch gezieltes Training als Musiker auszubilden, zieht man Ihnen vier Ihrer Geschwister wegen ihres Geschlechts vor. Luise Pusch schreibt bezüglich Bachs Töchter (2000: 1): „Von den vier Töchtern der Bachs, die die Kindheit überlebten, ist kaum mehr bekannt als das Geburts- und Todesdatum, während vier der sechs überlebenden Söhne Bachs bekanntlich achtbare Komponisten wurden, die stets als Beispiele für die Vererbung musikalischen Genies zitiert werden. Wir hatten uns gefragt, wie es Bach gelungen ist, sein Genie so zielgerichtet nur an die Söhne zu vererben. Und falls ihm das nicht gelungen ist – was wurde dann aus dem Genie seiner Töchter? Unser Fazit: Wenn Johann Sebastian die Ausbildung bekommen hätte, die er seinen Töchtern zukommen ließ, wüssten wir heute auch von ihm nichts." (Vgl. ausführlicher: Koch-Kanz/Pusch 1988)

Bach ist kein Einzelfall. Nicht nur die Förderung besonderer Talente, überhaupt waren die Bildungschancen von Jungen und Mädchen in der Geschichte sehr unterschiedlich und sind es – wie wir in diesem Kapitel genauer darstellen wollen – z.T. noch immer. Mit dem Aufkommen der modernen Gesellschaft hat die Bildung für die Lebenschancen der Individuen einen hohen Stellenwert gewonnen. Das Bürgertum konnte sich viel weniger als die Menschen in der Ständeordnung der vormodernen Gesellschaft auf die Vorrechte der Geburt und auf ererbten Besitz stützen. In diesem neuen Sozialmilieu musste der Erwerb der sozialen Stellung in hohem Maße auf individuell zuschreibbare Leistungen fundiert werden. Einen wesentlichen Grundstock dafür liefert die Bildung. Entsprechend der Polarisierung der Geschlechtercharaktere und der etablierten geschlechtshierarchischen Arbeitsteilung wurde im 18. und 19. Jahrhundert in der Bildung zwischen Mädchen und Jungen strikt differenziert. Galt es doch den bürgerlichen Jungen zum tüchtigen Berufsmenschen und das bürgerliche Mädchen zur liebevollen Mutter und Hausfrau zu qualifizieren. Fortgeschrieben wurde die schon ältere Annahme einer nur eingeschränkten Bildungsfähigkeit des weiblichen Geschlechts (vgl. Hollenzollern/Liedtke 1990). In der Aufklärung erhalten zwar die Erziehung zur Mündigkeit und die Allgemeinbildung eine besondere Bedeutung. Dies ging aber einher – wie sich an der Bildungstheorie von Wilhelm von Humboldt zeigen lässt – mit fundamentalen Differenzen zwischen den Geschlechtern (vgl. Kraul 1993). Im Ergebnis bedeutete dies nicht nur andere Bildungsinhalte, sondern auch eine Aussperrung der Frauen aus den weiterführenden Bildungseinrichtungen. Noch in der zweiten Hälfte des 19. Jahrhunderts endete für die meisten Frauen die Schulbildung mit der sogenannten Volksschule. Nur Mädchen aus wohlhabenden Familien war der Besuch der privaten „höheren Töchterschulen" möglich, an denen sich allerdings nur für einige wenige dann das Lehrerinnenseminar anschließen ließ. Aus diesem Grund war das Recht auf Bildung eine der zentralen Forderungen der ersten Frauenbewegung. Helene Lange (1848–1930), selbst Lehrerin, richtete mit weiteren Frauen 1887 eine Petition an das preußische Abgeordnetenhaus, in der zum ersten Mal an der Frauen- und Mädchenbildung öffentlich Kritik geübt wurde. Die Petition wurde zurück gewiesen, aber auf privatem Wege gelang Lange eine Verbesserung in der Mädchenbildung: Sie richtete die ersten sogenannten Realkurse für Frauen ein, die ein paar Jahre später zu Gymnasialkursen erweitert wurden.

Auch wenn die Frauen zu Beginn des 20. Jahrhunderts den Hochschulzugang gewinnen konnten, setzte sich die Ungleichbehandlung von Mädchen und Jungen im Bildungssystem weiter fort. Als in Westdeutschland in den 60er Jahren des 20. Jahrhunderts die „Bildungskatastrophe" (Picht 1965) konstatiert wurde, stand die Benachteiligung der Mädchen im Mittelpunkt der Ungleichheitsdiskussion. In der anschließenden bildungspolitischen Reformdiskussion wurde die Forderung nach besseren und gleichen Bildungschancen für Mädchen zu einer zentralen Forderung (vgl. Pross 1969). Wir werden im Folgenden den Fragen nachgehen, wie sich seither die Geschlechterunterschiede im Bildungssystem entwickelt haben und ob die Bildungsbenachteiligung der Frauen inzwischen verschwunden ist. Vermehrt lassen sich Stimmen vernehmen, die von einer „Jungenkatastrophe" oder – weniger dramatisch ausgedrückt – von „Bildungs(miß)erfolgen von Jungen" (Budde 2008) sprechen. Sind Mädchen im Bildungssystem inzwischen auf der Überholspur, hat sich ihr Bildungsdefizit zum Bildungsvorsprung entwickelt (vgl. Geißler 2005)?

Wir werden das allgemeinbildende Schulsystem, das Berufsbildungssystem und das Hochschulsystem getrennt betrachten. Bevor jedoch der Blick auf Deutschland fokussiert wird, gibt die Box 4.1 im Folgenden einen kurzen Überblick über die Bildungsbeteiligung von Frauen weltweit.

Box 4.1

Bildungsbeteiligung von Frauen weltweit

Die Weltfrauenkonferenz 1995 in Peking hat herausgestellt, dass Bildung nicht nur ein Menschenrecht ist, sondern auch ein wichtiges Mittel dafür, die gesellschaftlichen Ziele Gleichheit, Entwicklung und Frieden zu verwirklichen (United Nations 2006). In diesem Sinne ist für die Gleichstellung der Geschlechter der Zugang zu Bildungseinrichtungen und Bildungsabschlüssen von großer Bedeutung. Als international vergleichbare Indikatoren des Bildungszuganges können

Schülerquoten in den verschiedenen Bildungsstufen, Schulanwesenheitsquoten und die Anzahl der Lehrer nach Geschlecht herangezogen werden. Seit Mitte der 1990er Jahre sammelt die UN systematisch Daten von allen Ländern über Primär- und Sekundärstufe nach Geschlecht differenziert.

Während die Bildungslücke zwischen den Geschlechtern in den westlichen Industrienationen immer mehr abgebaut wird, ist die geschlechtliche Ungleichheit in der Bildung in Entwicklungsländern, vor allem in ländlichen Regionen, weiterhin groß. Zwei Drittel aller erwachsenen Analphabeten sind weiblich und die höchste Analphabetenquote besteht in den Regionen mit den niedrigsten Werten auf dem Human Development Index (HDI, vgl. Band 2, Kapitel 6): in den Ländern Subsahara-Afrikas[1] und Südasiens (UN 2006). Besonders auf dem afrikanischen Kontinent gibt es sehr große regionale Unterschiede in der Bildungslücke zwischen Frauen und Männern. In Guinea-Bissau sind beispielsweise nur 6 % aller Frauen und Männer zwischen 15 und 24 Jahren Analphabeten, während es in Burkina Faso 86 % der Frauen und 75 % der Männer sind (UN 2006). Den größten Geschlechtsunterschied in Lese- und Schreibfähigkeit weist Tschad auf: 77 % der Frauen und 45 % der Männer sind Analphabeten. In Swasiland, Namibia, Mauritius und Botswana sind sogar 1 bis 7 % weniger Frauen als Männer Analphabeten.

Bildung der Frauen ist von besonderer Bedeutung für die Entwicklungsländer, da Studien zeigen, dass, wenn Frauen lesen lernen, die Fertilität sinkt und Entwicklungsprozesse stark gefördert werden (vgl. World Bank 2008). Frauen mit mehr Bildung heiraten später, benutzen Kontrazeptiva, haben später und weniger Kinder und erzielen einen höheren Lebensstandard für sich und ihre Familie. Daher bemühen sich Entwicklungsprogramme heute immer mehr darum, Bildungsprogramme speziell für Frauen und Mädchen in ihre Projekte zu integrieren.

4.1 Frauen und Männer im allgemeinbildenden Schulsystem

Im deutschen Bildungssystem ist es üblich, zwischen dem allgemeinbildenden und dem berufsbildenden Schulsystem zu unterscheiden (vgl. als Überblick Cortina et al. 2008). Während die berufsbildenden Schulen der Vermittlung beruflicher Bildung (Berufsvorbereitung, Berufsausbildung, berufliche Weiterbildung) dienen, wird in allgemeinbildenden Schulen die neun- bzw. zehnjährige Vollzeit-Schulpflicht absolviert. Dabei können unterschiedliche Abschlüsse (Abitur, Realschulabschluss, Hauptschulabschluss) erworben werden.

Mit der politischen Teilung Deutschlands nach dem Zweiten Weltkrieg erfuhr das allgemeinbildende Schulsystem in den beiden Teilen Deutschlands eine jeweils unterschiedliche Ausgestaltung (vgl. Baumert/Cortina/Leschin-

---

1 In Anlehnung an den englischen Sprachraum sprechen wir von Subsahara-Afrika, um den Begriff Schwarzafrika zu vermeiden, der in seiner Bezugnahme auf die Hautfarbe der Bewohner/innen nicht frei von einer rassistischen Konnotation ist.

sky 2008; Anweiler et al. 1990). Dieser Prozess begann bereits durch die Politik der alliierten Besatzungsmächte in ihren Zonen. Zur Geltung kamen von Anfang an zwei verschiedene und bald gegensätzliche Konzeptionen für die pädagogische Neugestaltung. Im Osten wurde die Konzeption der radikalen Reform als Teil einer tiefgreifenden gesellschaftlichen Umgestaltung verfochten. Im Westen orientierte man sich besonders an den Schulstrukturen der Weimarer Republik.

In der DDR wurde das Bildungssystem zentral verwaltet und ideologisch im Sinne der Sozialistischen Einheitspartei Deutschlands (SED) ausgerichtet. Mit dem „Gesetz zur Demokratisierung der deutschen Schule" wurde noch in der Sowjetischen Besatzungszone (SBZ) eine Einheitsschule eingeführt, bestehend aus einer acht Schuljahre umfassenden Grundschule und einer vierjährigen Oberschule. Eine daran sich anschließende Experimentierphase, die vor allem unter dem Vorzeichen der Bekämpfung bürgerlich-reaktionärer Tendenzen entstand, fand mit dem „Gesetz über das einheitliche sozialistische Bildungssystem" (1965) ihren Abschluss. Das sich danach verfestigende Bildungssystem umfasste eine zehnjährige allgemeinbildende Polytechnische Oberschule (POS) mit der Möglichkeit, bereits nach acht Jahren abzugehen. Schon vorher gab es ab dem dritten Schuljahr zusätzlich Spezialschulen und Spezialklassen, z.B. für Mathematik, Sprachen und Sport. An die POS schloss sich die Erweiterte Oberschule (EOS) an, an der die Studienberechtigung erworben wurde. Diese war zunächst vierjährig und umfasste parallel zu den letzten beiden Klassenstufen der POS bereits das 9. und 10. Schuljahr; ab 1981 wurde diese auf zwei Jahre reduziert und schloss an die POS an. Außerdem gab es die Möglichkeit, das Abitur in Verbindung mit einer dreijährigen Berufsausbildung zu erwerben.

Die tiefgreifende Umgestaltung des Bildungssystems ging mit dem Bemühen einher, möglichst gute Bildungschancen für alle zu schaffen. Das Bildungsmonopol bisher bevorzugter Bildungsschichten sollte gebrochen und die bislang Benachteiligten besonders gefördert werden. Diese Bildungsöffnung hatte zur Folge, dass bis Ende der 1960er Jahre in der DDR deutlich mehr Jugendliche die Bildungswege zum Abitur einschlugen als in der alten Bundesrepublik. So machten 1965 13,7% eines Jahrganges in der DDR Abitur, in der alten BRD dagegen nur 7,5% (vgl. Anweiler et al. 1990).

In den anderen drei Besatzungszonen Westdeutschlands knüpften die bereits 1946 gebildeten Länder staatsrechtlich an den Föderalismus des Kaiserreiches und der Weimarer Republik an. Das Grundgesetz übertrug die Zuständigkeit für die Bereiche Bildung, Wissenschaft und Kultur den neu gebildeten Bundesländern. Eine gewisse Einheitlichkeit in der Bildungspolitik sollte durch die 1948 gegründete Kultusministerkonferenz hergestellt werden. Erst mit zeitlicher Verspätung wurde in Westdeutschland die hohe Bedeutung der Bildung erkannt. In den 1960er Jahren und verstärkt dann in den 1970er Jahren, trat in Verbindung mit den bildungspolitischen Debatten („Bildungskatastrophe") eine starke Bildungsexpansion ein. Mit dem Begriff der Bildungsexpansion wird der Ausbau der sekundären (Klassen 5 bis 13) und der tertiären Bereiche des Bildungssystems (Hochschulen) bezeichnet. In den sich ausbreitenden bildungspolitischen Debatten wurde auf die hohe Bedeutung der Bildung für das Wirtschaftswachstum und auf die gesellschaftliche Bedeutung der Bildung („Bildung als Bürgerrecht") mit Nachdruck hingewiesen. In der Reformperiode wurde das Bildungssystem reformiert (z. B. Verlängerung der Pflichtschulzeit, Einführung der gymnasialen Oberstufe, Einrichtung von Fachhochschulen) und vor allem wurde die weiterführende Schulbildung stark gefördert. Der Anteil der Abiturienten/innen an einem Jahrgang stieg von 11,3 % (1970) auf 20,2 % 1975 an und bis 1985 sogar auf 28,5 % (vgl. Anweiler et al. 1990).

Anders vollzog sich jedoch die Entwicklung in der DDR. Hier führte die Diskussion über die ökonomisch unerwünschte Überproduktion von Akademikern zu Beginn der 1970er Jahre zu einem vorübergehenden prozentualen Rückgang des Anteils der Abiturient/innen, der sich dann bis Ende der 1980er Jahre auf dem Stand von Mitte der 1960er Jahre einpendelte. Die Drosselung des Hochschulzuganges hatte zur Folge, dass die alte Bundesrepublik der DDR im Anteil der Jugendlichen, die eine weiterführende Schule besuchten, deutlich vorauseilte. Im Wendejahr lag der Abiturientenanteil in der DDR bei knapp 14 %, in der alten Bundesrepublik dagegen bei 32 % (vgl. Anweiler et al. 1990).

Im Zuge der Vereinigung wurde die zwei Jahrzehnte blockierte Bildungsexpansion in den neuen Bundesländern schnell nachgeholt. Es setzte sich eine Bildungsdynamik nach westlichem Muster in Gang. Mit dem Einigungsvertrag wurden in Ostdeutschland fünf Bundesländer eingeführt, denen die Bildungspolitik übertragen wurde. Mit den Landesschulgesetzen wurde das gegliederte Schulwesen eingeführt, wenngleich mit Variation zu dem gängigen dreigliedrigen System im Westen. Einige der neuen Bundesländer legten die Zeit bis zum Abitur auf 12 Schuljahre fest, was mittlerweile nach und nach auch von den alten Bundesländern übernommen wird.

Begriffs-Box 4.1

Maßzahlen für den Frauenanteil in Allgemeinbildenden Schulen

Für die Ermittlung der Geschlechteranteile in den Allgemeinbildenden Schulen können unterschiedliche Maßzahlen verwendet werden. Als Indikator können erstens die Abschlüsse dienen. Hierbei gibt es zwei Varianten, die auseinander gehalten werden müssen. Wie in Abb. 4.1 ist es möglich, den Frauenanteil unter den Abiturient/innen eines Abschlussjahrganges (bzw. von den jeweiligen anderen Abschlüssen) auszuweisen. Denkbar ist es aber auch, die Verteilung der Geschlechter über die verschiedenen Abschlüsse in einem Jahr anzugeben. Nimmt man diese Zahlen zur Hand, dann zeigt sich, dass im Jahr 2007 30,8 % aller Schulabgängerinnen die allgemeine Hochschulreife erworben, und 5,5 % die Schule ohne Abschluss verlassen haben. Bei den jungen Männern, die die Schule verlassen haben, erwarben 23,1 % eine allgemeine Hochschulreife und 9 % erreichten keinen Abschluss (Statistisches Bundesamt 2009 d: 251). Als Indikator für die Geschlechteranteile können auch die Schüler/innenzahlen dienen, aufgeteilt nach den Schulformen (Haupt-, Real-, Gymnasium und Sonder- bzw. Förderschulen).

In beiden Systemen ist der erhebliche Bildungsrückstand der Mädchen, den diese in den 1950er Jahren noch hatten, inzwischen verschwunden. Ihr „Bildungsdefizit“ hat sich in einen „Bildungsvorsprung“ verwandelt; Mädchen sind hinsichtlich der Bildungsbeteiligung „auf der Überholspur“ (Geißler 2005: 80). Diese Diagnose kann sich auf die Entwicklung des Frauenanteils an den Abiturient/innen stützen: Dabei zeigt sich, dass sich diese Entwicklung in der DDR deutlich schneller vollzogen hat als in der alten BRD. Rainer Geißler (2005) konstatiert in diesem Zusammenhang einen Modernisierungsvorsprung der DDR von ca. 15 Jahren. An der EOS wurde eine ausgeglichene Geschlechterrelation bereits Mitte der 1960er Jahre erzielt. In Westdeutschland aber war zu dieser Zeit nur ein Drittel der Schulabgänger/innen aus einer Allgemeinbildenden Schule mit allgemeiner Hochschulreife weiblichen Geschlechts. Erst Mitte der 1980er Jahre wurde dann ein ausgewogenes Verhältnis zwischen den Geschlechtern erreicht.

Abb. 4.1: Frauen- und Männeranteile bei den Schulabgänger/innen mit allgemeiner Hochschulreife 1970–2007 in %

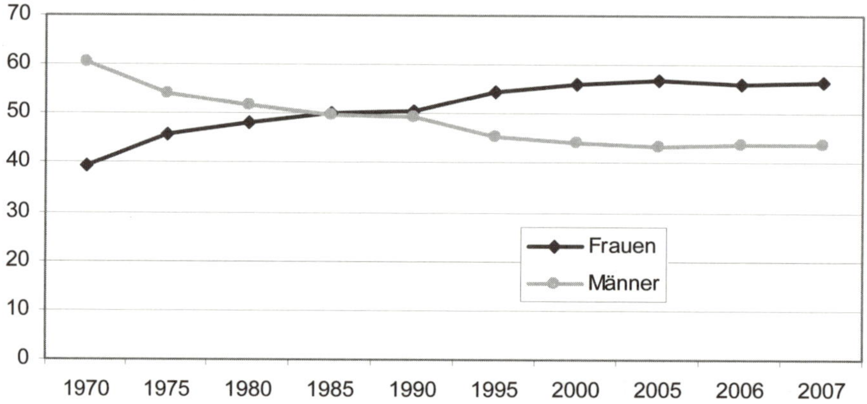

Bemerkung: Bis 1990 früheres Bundesgebiet; ab 1992 Gesamtdeutschland.
Quelle: Statistisches Bundesamt, Fachserie 11, Reihe 1, versch. Jahrgänge

Nach der Vereinigung ist der Frauenanteil unter den Abiturient/innen weiter angestiegen. Unter den Schulabgänger/innen mit allgemeiner Hochschulreife waren im Abschlussjahr 2007 56,3 % Frauen. Anders dagegen bei den niedrigeren Abschlüssen; hier dominieren immer stärker die jungen Männer. Ihr Anteil betrug 2007 bei den Hauptschulabschlüssen 57,4 % und bei den Abgänger/innen ohne Abschluss sogar 62,7 % (vgl. Statistisches Bundesamt 2009d: 251). Weitaus geringer sind die Bildungschancen für Kinder aus Familien mit Migrationshintergrund (ausführlich dazu: Arbeitsgruppe Bildungsberichterstattung 2008), wobei es jedoch je nach Herkunftsland deutliche Unterschiede gibt. Aber auch hier gilt, dass die Mädchen die Jungen in der Bildungsbeteiligung überholt haben (vgl. auch Geißler 2005). Einen Vorsprung weist das weibliche Geschlecht bereits zu Beginn der Grundschule auf. Mädchen sind beim Eintritt in die Grundschule im Durchschnitt jünger als Jungen. Sie werden zu einem höheren Anteil vorfristig eingeschult und verspätete Einschulung spielt bei ihnen eine geringere Rolle (vgl. Lenzen et al. 2009). Im Schuljahr 2007/08 wurden 7,5 % der Schulanfängerinnen vorzeitig eingeschult, bei den Schulanfängern waren es dagegen 5,9 % (vgl. Statistisches Bundesamt 2009d: 230).

Zu diesem Anstieg haben die besseren Schulleistungen der Mädchen beigetragen (vgl. Cornelißen et al. 2003). Mädchen müssen nicht nur seltener eine Klasse wiederholen; sie erzielen auch durchschnittlich bessere Noten. Schon zu Zeiten ihres noch bestehenden Bildungsdefizits war das der Fall (vgl. Rodax/Hurrelmann 1986; Hille 1990). Lange Zeit verhinderten aber Geschlechterstereotype, dass Mädchen jene Bildungszertifikate erwarben, die eigentlich ihren schulischen Leistungen entsprachen. Erst mit der Abschwächung dieser Rollenklischees wurden die sozialen Barrieren beseitigt, die verhinderten, dass sie gute Schulleistungen auch in entsprechende Schulabschlüsse umsetzen konnten (vgl. Geißler 2005).

Den Jungen gerät zum Nachteil, dass sie die Schule stärker als einen sozialen Raum nutzen, in dem sie sich geschlechtlich positionieren (vgl. Budde 2008). Die Peergroup dient ihnen als Resonanzboden für gelungene Männlichkeitsinszenierungen. Als praktizierte Strategien zur Herstellung von Männlichkeit nennt Jürgen Budde (2008) die Parallelität von Solidarität und Konkurrenz, das Nebeneinander von Inklusion und Exklusion, die Homophobie gegen marginalisierte Minderheiten sowie die Sexualisierungen gegen Mädchen. Es fällt Jungen deutlich schwerer, sich an die Erfordernisse des Schulalltags anzupassen. Sie übernehmen in ihrem Selbstbild das Ideal des „coolen" und witzigen Schülers. Diese, aus der geschlechtsspezifischen Sozialisation stammenden Männlichkeitsnormen führen dazu, dass sie schulischen Erfolg oft negativ bewerten. Sie möchten eher als Faulpelz, denn als Streber dastehen. Auch scheint sich ein hoher Medienkonsum bei den Jungen negativ auf die Schulleistungen auszuwirken (vgl. Pfeiffer et al. 2007). Hinzu kommt, dass ihre schulischen Leistungen aufgrund ihres Verhaltens von den Lehrkräften und auch den Eltern schlechter bewertet werden (vgl. Diefenbach 2008).

Auf ein breites Interesse stoßen international vergleichende Studien zum Kompetenzerwerb von Schüler/innen (als Überblick vgl. Faulstich-Wieland 2004; Stanat/Bergann 2009; Budde 2008; Lenzen et al. 2009). An erster Stelle ist hierbei die sogenannte PISA-Studie[2] zu nennen. Koordiniert von einer

2 PISA steht als Abkürzung für „Programme for International Student Assessment".

Forschergruppe der Organisation for Economic Co-Operation and Development (kurz: OECD), wurden in dieser Studie die Lesekompetenzen sowie die mathematischen und naturwissenschaftlichen Kompetenzen von 15-jährigen Schülern und Schülerinnen in verschiedenen Ländern getestet (Baumert et al. 2001). In der Öffentlichkeit wie auch in der Politik hat diese Studie deshalb eine so hohe Aufmerksamkeit erfahren, da die Ergebnisse dem deutschen (Wunsch)Bild, ein besonders leistungsfähiges Bildungssystem zu besitzen, stark widersprochen haben. In allen drei Bereichen lagen die Leistungen der deutschen Schüler/innen unter dem OECD-Durchschnitt. Mittlerweile wurde die PISA-Studie bereits zwei Mal (2003, 2006) wiederholt (Prenzel et al. 2004, 2007). Eine weitere internationale Studie mit einer großen repräsentativen Stichprobe ist die „Internationale Grundschul-Lese-Untersuchung" (IGLU), die die Kompetenzen von Grundschüler/innen am Ende des vierten Schuljahres erfasst. Diese Untersuchung wurde inzwischen zwei Mal (2001, 2006) durchgeführt (vgl. Bos et al. 2003; 2008). Im Weiteren sollen die zentralen Ergebnisse für die Kompetenzfelder Lesen, Mathematik und Naturwissenschaften mit besonderem Blick auf die Geschlechterdifferenzen dargestellt werden. Dabei werden z. T. weitere, meist kleinere Studien einbezogen.

Nach den Ergebnissen der PISA-Studien weisen die 15-jährigen Mädchen bei der *Lesekompetenz* in allen beteiligten Ländern einen Vorsprung gegenüber den gleichaltrigen Jungen auf. In Deutschland ist diese Differenz noch stärker ausgeprägt als im OECD-Durchschnitt. Mädchen kommen schon mit sprachlichen Vorteilen in die Schule und diese Unterschiede werden offensichtlich in der Schule größer (vgl. Stanat/Bergann 2009; Mengering 2005). Die IGLU-Studien zeigen, dass die Mädchen am Ende der vierten Jahrgangsstufe im Schnitt besser lesen können als die Jungen. Allerdings hat sich dieser Leistungsvorsprung der Mädchen in der Folgestudie des Jahres 2006 gegenüber der ersten IGLU-Studie deutlich reduziert und ist inzwischen nicht mehr signifikant (vgl. auch Lenzen et al. 2009). Eine derartige Tendenz findet sich allerdings im Sekundärbereich nicht. Im Gegenteil: Hier haben sich in den letzten Jahren die Geschlechterunterschiede sogar weiter verstärkt. Der Vergleich der IGLU- und PISA-Studien lässt erkennen, dass die Differenzen in den Leseleistungen bei den 15-Jährigen noch größer sind als am Ende der Grundschule. Während es in der Grundschule offensichtlich noch gelingt, beiden Geschlechtern ein relativ hohes Niveau an Lesekompetenz zu vermitteln, nehmen die Unterschiede in der Sekundarstufe I dann erheblich zu. Mädchen weisen ein hohes Leseinteresse auf und verbringen auch täglich deutlich mehr Zeit mit dem Lesen (vgl. Budde 2008). Vor vereinfachenden Geschlechterinterpretationen muss auch an dieser Stelle ausdrücklich gewarnt werden: Auf der höchsten Kompetenzstufe des Lesens gibt es Mädchen und Jungen; nur die Verteilung der Geschlechter über die Kompetenzstufen ist eine andere. Hinzu kommt, dass bei einem gleich hohen Leseinteresse die Leistungsunterschiede in der Lesekompetenz zwischen den Geschlechtern weitgehend verschwinden.

Den PISA-Studien zufolge besitzen Jungen einen Kompetenzvorsprung in der *Mathematik*, der aber deutlich kleiner ist als der Vorsprung der Mädchen in der Lesekompetenz (vgl. Lenzen et al. 2009). In Deutschland sind diese Differenzen nach der PISA-Studie größer als im OECD-Durchschnitt. Nur Japan und Österreich haben ähnlich starke Geschlechterunterschiede. Nicht in allen OECD-Ländern weisen die Jungen signifikant bessere mathematische Kompetenzen auf. In einigen Staaten erreichen die Mädchen vergleichbare Leistungen in Mathematik. In Island übertreffen die Mädchen auf diesem Gebiet sogar die Jungen. In Deutschland vergrößert sich der Kompetenzvorsprung der Jungen, wenn man statt der Gesamtbilanz die Geschlechter innerhalb der jeweiligen Schulformen betrachtet. Die Differenzen zwischen Mädchen und Jungen innerhalb einer Schulform werden durch die stärkere Bildungsbeteiligung der Mädchen an höheren Schulen verkleinert. Allerdings sollte nicht außer Acht bleiben, dass sich auf der niedrigsten Kompetenzstufe der Mathematik mehr Jungen als Mädchen befinden. Bezieht man auch die Ergebnisse der IGLU-Studien mit ein, dann zeigt sich, wie bei der Lesekompetenz, dass sich die Geschlechterunterschiede von der Grundschule bis zum Alter von 15 Jahren verstärken. Während Mädchen und Jungen in die Schule mit den gleichen mathematischen Voraussetzungen eintreten und sich auch am Ende der ersten Klasse im Rechnen kaum unterscheiden, bestehen bereits in der 4. Klasse Kompetenzunterschiede (vgl. Budde 2008). Deutlich wird, dass die Schule ganz maßgeblich an der Ausbildung der Geschlechterdifferenzen in diesem Kompetenzbereich beteiligt ist.

Auf dem Gebiet der *Naturwissenschaften* weisen die Jungen bereits in den deutschen Grundschulen einen Kompetenzvorsprung auf (vgl. Prenzel et al. 2004). In der Sekundarstufe I sind die Geschlechterunterschiede sowohl national wie auch international zwar vorhanden, aber nicht signifikant. Signifikante Unterschiede zeigen sich nur in zwei Teilskalen: Beim Erkennen naturwissenschaftlicher Fragestellungen sind Mädchen besser, die Jungen dagegen beim Erklären naturwissenschaftlicher Vorgänge. Auch gibt es Differenzen zwischen den naturwissenschaftlichen Fächern: In den Fächern Physik und Chemie weisen die Jungen einen Leistungsvorsprung auf, in der Biologie sind dagegen die Mädchen besser (vgl. auch Lenzen et al. 2009).

Für eine Erklärung dieser Ergebnisse ist es wichtig, die Interessen von Mädchen und Jungen und ihre Selbstkonzepte heranzuziehen (vgl. Faulstich-Wieland 2004; Stanat/Bergann 2009). Die Herausbildung unterschiedlicher Interessen steht in einem engen Zusammenhang mit der Identitätsentwicklung im Kindes- und Jugendalter (vgl. Hannover 2004). Schon im Vorschulalter und dann verstärkt in der Adoleszenz wenden sich Mädchen und Jungen solchen Inhalten zu, die mit der eigenen Geschlechtsidentität im Einklang stehen (vgl. dazu Band 2, Kapitel 2). Sie engagieren sich vor allem in den Fächern, die als geschlechtsadäquat gelten und entwickeln besonders dort ihre Kompetenzen weiter. Aufbauend auf geschlechtsspezifische Sozialisationsprozesse haben Kinder und Jugendliche eine klare Vorstellung von der Geschlechtskonnotation von Fächern. Das Lesen gilt als ‚weiblich' und ganz besonders der Physik haftet das Image an, ein ‚Jungenfach' zu sein. Diese geschlechtsspezifische Wahrnehmung von Schulfächern führt nicht nur dazu, dass das Interesse an diesen Fächern geringer ist, sondern auch dazu, dass weniger Kompetenz gefühlt wird und Misserfolge stärker antizipiert werden. Dies scheint im besonderen Maße für Mädchen zu gelten. Es gibt eine Reihe von Belegen dafür, dass Mädchen weniger Vertrauen in ihre eigene Leistungsfähigkeit haben (vgl. Faulstich-Wieland 2004). Auch bei vergleichbaren Fachleistungen ist das fachspezifische Selbstvertrauen von Mädchen niedriger, dies trifft insbesondere im Bereich der Mathematik und der Physik zu (vgl. Baumert et al. 1997: 175 f.). Mädchen neigen vielfach zu misserfolgsorientierten Attributionen und zur Unterschätzung ihrer Leistungsfähigkeit. Jungen wiederum tendieren viel stärker dazu, ihre Leistungsfähigkeit zu überschätzen. Diese Unterschiede finden sich bereits in der Grundschule und setzen sich über die gesamte Schullaufbahn – und zu vermuten ist auch im Studium – fort. Hinzu kommt, dass man schon im Alter von zehn Jahren unterschiedliche Bewertungskriterien für bestimmte Aktivitäten beobachten kann. Jungen neigen stark dazu, verschiedene Tätigkeiten nach dem damit verbundenen Prestige zu bewerten. Für Mädchen steht dagegen viel stärker die soziale Relevanz von Tätigkeiten im Vordergrund. Sie begeistern sich primär für jene Bereiche, die soziale Fähigkeiten erfordern und stärken (vgl. Bergmann/Eder 2000).

Schulen fördern das Interesse an bestimmten Schulfächern in geschlechtsstereotyper Weise. Nach einer Studie von Eberhardt Todt (2000) berichten deutlich mehr Jungen als Mädchen, dass ihr Interesse an Physik (+32 %), Mathematik (+18 %) und Chemie (+17 %) durch die Schule gestiegen ist. Umgekehrt sagen das Mädchen häufiger für Fremdsprachen (+30%), Kunst (+27 %), Biologie (+20 %), Deutsch (+12 %) und Musik (+12 %). Schulen können aber das Interesse nicht nur anregen, sondern auch reduzieren. In den Fächern Kunst und Musik ist der Anteil der Jungen, die einen Rückgang des Interesses anzeigen deutlich größer, als der Anteil jener, die über ein gestiegenes Interesse berichten. Bei den Mädchen ist dies für Physik und Chemie der Fall.

Eine zentrale Bedeutung kommt den Lehrkräften bei der Interessenentwicklung sowie der Entwicklung des Selbstkonzepts zu. Die Lehrkräfte neigen stark dazu, Leistungseinbrüche bei Mädchen eher auf mangelnde Fähigkeiten zurückzuführen; bei Jungen werden im gleichen Fall häufiger fehlende Anstrengungen verantwortlich gemacht. Die verbreitete Misserfolgsorientierung in der Leistungsattribuierung wird bei Schülerinnen durch die Schule nicht aufgehoben, sondern eher noch verstärkt. Wie vorliegende Studien zeigen, ist es in den Alltagstheorien von Mathematik- und Physik-Lehrkräften weiterhin gängig, von Begabungsunterschieden von Mädchen und Jungen auszugehen (vgl. Faulstich-Wieland 2004). Patricia Schmuck et al.

(2002) führen dies auf ein mangelndes „gender consciousness" der Lehrkräfte und der Schulbürokratie zurück. Gemeint ist mit diesem Begriff die Erkenntnis, dass Geschlechterdifferenzen und Privilegien tief in gesellschaftlichen Annahmen, Erwartungen und Praktiken verwurzelt sind und den Akteuren im Alltagshandeln das Bewusstsein dafür fehlt. Erforderlich ist eine gender-sensitive Lehramtsausbildung, in der die angehenden Lehrkräfte mit gender consciousness ausgestattet werden und damit ein geschlechtergerechtes Unterrichtsklima für beide Geschlechter geschaffen werden kann. Laut den Forderungen der American Association of University Women (AAUW 2008: 6) gehören zu den notwendigen Strategien „gender fair teaching methods; recruitment and visibility of female and minority administrators to provide role models".

4.2 Koedukation und Sexismus in der Schule

Im Zuge der tiefgreifenden Umgestaltung des Bildungssystems wurde in Ostdeutschland nach dem 2. Weltkrieg sofort die Koedukation eingeführt. In Westdeutschland erfolgte diese Einführung erst nach und nach in den 1950er und 1960er Jahren als eine zeitgemäße Modernisierung an den Gymnasien und später auch an den Grund-, Haupt- und Realschulen. Das koedukative Prinzip galt als ein Garant für eine gleiche Unterrichtung der Geschlechter und damit der Chancengleichheit und Gleichberechtigung.

Die Koedukation, einst Symbol des Fortschritts, ist in den 1990er Jahren stark unter Kritik geraten. Auslöser waren Forschungsergebnisse, wonach Absolventinnen von Mädchenschulen eine stärkere Neigung zu technisch-naturwissenschaftlichen Fächern haben, als Mädchen in koedukativen Schulen (vgl. als Überblick Faulstich-Wieland 1991; Stürzer 2003 b; Boldt 2008). Die Koedukation – so die These – gehe zu Lasten der Mädchen; gefordert wurde ein getrennter Unterricht. Die neue Koedukationsdebatte hat Anstoß gegeben zu einer Reihe von Tagungen, Sammelbänden und empirischen Studien. Generell gilt, dass Befürworter der Koedukation davon ausgehen, dass Mädchen und Jungen eher gleich als verschieden sind, während Befürworter der geschlechtshomogenen Schulen annehmen, die Geschlechter seien mehr unterschiedlich als gleich (vgl. Schmuck/Nagel/Brody 2002).

Die Debatte von der Koedukation hat gezeigt, dass es unerlässlich ist, den Blick auf Lehrmaterialien und die Interaktionen im Unterricht zu richten (vgl. als Überblick Stürzer 2003 a). Inhaltsanalytische Studien zu den Schulbüchern der 1970er und 1980er Jahre verdeutlichen, dass Frauen in den Inhalten stark unterrepräsentiert waren und vor allem in ihrer Rolle als Mutter in Erscheinung traten. Inzwischen ist ihre Präsenz angestiegen. Männer und Frauen kommen nach den Ergebnissen einiger Studien beinahe gleich häufig in den Inhalten von Schulbüchern vor, zumindest sind Frauen inzwischen deutlich weniger unterrepräsentiert als noch zu Beginn der Schulbuchforschung (vgl. Hunze 2003). Ferner zeigt sich aber, dass die Schulbücher den Mädchen immer noch weniger vielfältige berufliche Identifikationsmöglichkeiten bieten als den Jungen. Männer werden in einem deutlich größeren Berufsspektrum dargestellt als Frauen. Im Bereich der Familie kommen inzwischen Männer häufiger vor, aber die Darstellung der Geschlechter ist weiterhin deutlich an stereotypen Geschlechterbildern ausgerichtet. Der Sexismus ist aus den Schulbüchern trotz aller Verbesserung noch nicht verbannt. Die Forderung, Frauen und Männer durchgängig gleichberechtigt in den Schulbüchern zu präsentieren, harrt noch ihrer Erfüllung (vgl. Hunze 2003).

Auch wenn bei den Unterrichtsinteraktionen zwischen Lehrkräften und Schüler/innen noch ein hoher Forschungsbedarf besteht, verdeutlichen die vorliegenden Studien dennoch, dass Lehrkräfte, unabhängig von ihrem eigenen Geschlecht, vielfach dazu neigen, Schüler und Schülerinnen unterschiedlich zu behandeln und an die beiden Geschlechter verschiedene Verhaltenserwartungen zu stellen (vgl. Stürzer 2003 a; Diefenbach 2008). Mädchen werden im Unterricht vielfach weniger beachtet. Ungefähr zwei Drittel der Aufmerksamkeit sind auf die Jungen ausgerichtet. Versuchen Lehrkräfte ihre Aufmerksamkeit gleichmäßig über die Geschlechter zu verteilen, nehmen Jungen dies als Ungleichbehandlung und Vernachlässigung wahr. Jungen binden Aufmerksamkeit stark durch Regelverstöße an sich. Mädchen dagegen nehmen mehrheitlich am Unterricht deutlich aufmerksamer, ruhiger und angepasster teil und erfüllen damit die schulischen Erwartungen. Oftmals kommt ihnen im Unterricht eine tragende Rolle zu. Diese kooperative Grundhaltung trägt aber dazu bei, dass auf sie weniger Aufmerksamkeit gerichtet wird. Stillschweigend wird den Mädchen eine, an das Geschlecht gebundene, Zweitrangigkeit vermittelt. Sie lernen dadurch, dass ihr Verhalten weniger „wert ist" als das der Jungen. Im Schulalltag wird Geschlecht vielfach als Zuschreibungskategorie verwendet. Etwa wenn ‚die Mädchen' oder ‚die Jungen' zusammen zu bestimmten Aktivitäten aufgefordert werden (z.B. „Die Jungen räumen die Turnmatten weg") oder ihr Verhalten als Kollektivsubjekt betrachtet wird. Hannelore Faulstich-Wieland (2004) bezeichnet dies als Dramatisierung von Geschlecht. Nicht immer muss die Aktualisierung dieser Zuschreibung von den Lehrkräften ausgehen, sie kann ebenso von Seiten der Schüler/innen selbst erfolgen. Aber auch eine Entdramatisierung von Geschlecht ist möglich und kommt in der Schule vor; dies ist immer dann der Fall, wenn von solchen geschlechterdifferenten Zuschreibungen abgesehen wird.

Die verstärkte Thematisierung der „Bildungs(miss)erfolge von Jungen" (Budde 2008) und die Suche nach möglichen Gründen dafür hat die „Feminisierung der Schule" zum Thema gemacht (vgl. Boldt 2008; Diefenbach 2008). In den Schulen habe der Anteil von Frauen als Lehrkräfte stark zugenommen, dadurch fehlen den Jungen männliche Vorbilder und dies erstrecke sich auch auf die Schulinhalte. Dies beginne bereits in den Kindertageseinrichtungen (vgl. Blanck-Mathieu 2008; Wustmann 2009). Da den

Erzieher/innenberuf fast nur Frauen wählen, sind die Kitas weitgehend eine weibliche Welt. Für beide Geschlechter erweist sich dies als inadäquat (vgl. Focks 2002; Rabe-Kleberg 2003): Mädchen werden in dieser Welt an ihrer Selbstentfaltung gehindert und dadurch schnell zu unauffälligen Kindern. Die Jungen finden in dieser weiblichen Welt, die sich in der Grundschule fortsetzt (vgl. Rohrmann 2008), unter den Erwachsenen keine Bündnispartner. Gleichwohl wird ihnen aber in aller Regel auch hier schon mehr Aufmerksamkeit zuteil. Die Mädchen, die als sich gegenseitig unterstützender wahrgenommen werden, werden eher sich selbst überlassen. Stärker noch als die Interaktionen in der Schule sind die in diesem Bereich vorhandenen Medien und Spiele geschlechterstereotyp. Diese frühen Erfahrungen von Jungen und Mädchen tragen auch nachhaltig zur Ausbildung unterschiedlicher Interessenschwerpunkte bei.

Interaktionen in Schulen ereignen sich nicht nur zwischen Lehrkräften und Schüler/innen, sondern auch zwischen den Schüler/innen selbst. Als Referenzstudie zu Interaktionen unter den Kindern in der Schule ist die ethnografische Studie von Barrie Thorne (1993) in zwei amerikanischen Grundschulen zu nennen. Geschlecht erweist sich in den Interaktionen der Kinder als „master status". „Apart from age, of all the social categories of the students, gender was the most formally, and informally, highlighted in the course of each school day" (Thorne 1993: 34). Die Studie demonstriert, dass Mädchen und Jungen sich in der Schule deutlich stärker voneinander abgrenzen als in der Freizeit. Verantwortlich dafür werden die kollektiven Praktiken in der Schule gemacht. In altershomogenen Klassen wird das Geschlecht zum primären Steuerungsinstrument, auf das im Schulalltag vielfach zurückgegriffen wird (vgl. auch Breidenstein/Kelle 1998). Mädchen und Jungen spielen unterschiedliche Spiele und besetzen verschiedene Territorien. Das Hänseln und Necken dient dazu, die Geschlechtergrenzen zu markieren und aufrechtzuerhalten. Interaktionen zwischen Jungen und Mädchen in der Schule waren auch Gegenstand der Beobachtungsstudie von Lothar Krappmann und Hans Oswald (1995) zum Alltag von Schulkindern. Auch wenn die voneinander sich abgrenzende Mädchen- und Jungenwelt bei den untersuchten 10- bis 12-jährigen Mädchen noch deutlich ausgeprägt war, gab es dennoch zahlreiche Interaktionen zwischen den Geschlechtern. Die gemachten Beobachtungen wurden in den vier Bereichen Hilfe/Kooperation; Quatschmachen, Ärgern/Zurechtweisen und körperliche Berührungen untersucht. Unter den 10-Jährigen ist geschlechterübergreifendes Helfen selten und verläuft häufig problematisch. Meist sind es die Mädchen, die helfen und vielfach verbinden sie dies mit einer Maßregelung der Jungen. Zwei Jahre später ist das Helfen häufiger und auch stärker geschlechtlich ausgeglichen. Jungen neigen aber stärker dazu, ungefragt Hilfe zu leisten; sie nutzen diese um Kontakte zu knüpfen. Quatschmachen ist die häufigste Interaktionsform. Meist haben die Jungen dabei den aktiven Part inne. Die Mädchen weisen die Jungen zurück, wenn diese dabei Regeln verletzen und Grenzen überschreiten. Bei den 12-Jährigen werden bereits sexuelle Untertöne deutlich. Auch beim Ärgern, worunter u. a. Verhöhnen, Verspotten, Sachen wegnehmen oder Balgen verstanden wird, waren die Jungen die Aktiveren. Seltener sind auch Mädchen beim Ärgern aktiv, jedoch greifen sie dabei meist auf verbale Mittel zurück. Körperliche Berührungen sind in diesem Alter noch sehr zahlreich. Allerdings haben viele Kinder dabei keinen nennenswerten körperlichen Kontakt zum anderen Geschlecht. Während sich bei den Jüngeren viele Berührungen in Form von körperlichen Auseinandersetzungen (Schlagen, Treten usw.) ereignen, sind diese bei den Älteren meist in Form von Neckereien (z. B. Verwuscheln der Haare) anzutreffen. An der Initiierung von Körperkontakt sind beide Geschlechter beteiligt. Nur dann, wenn es gewalttätig wird, sind es meist die Jungen, die in diese Art der Interaktion involviert sind.

Kommen wir nun jedoch zur Koedukationsdebatte zurück. Die vehemente Forderung nach Abkehr von der Koedukation ist mittlerweile weitgehend verstummt: Dazu haben Forschungsergebnisse beigetragen, die die frühen eindeutigen Aussagen deutlich relativiert haben. Eine erste Bilanz zur internationalen Koedukationsforschung hat im Jahr 1998 die American Association of University Women (AAUW 2008) gezogen. Ergänzt wird diese Bestandsaufnahme durch eine vom U.S. Department of Education (2005) beauftragte Metaanalyse, die unter dem Titel „Single-sex versus Coeducation Schooling: A systematic Review" publiziert wurde. Die zentralen Aussagen lassen sich folgendermaßen zusammenfassen:

- Die vorliegenden Forschungsergebnisse sind weder eindeutig noch weisen sie darauf hin, dass geschlechtshomogene Schulen besser sind als koedukative. Von Seiten der Schülerinnen werden koedukative Klassen allerdings oft bevorzugt, weil sie sich dort „sicher fühlen".
- Geschlechtshomogene Schulen können jedoch für manche Schüler unter bestimmten Bedingungen (z. B. bei Minderheiten) positive Resultate erzeugen.
- Die Langzeitwirkung von geschlechtshomogener Bildung auf Mädchen und Jungen bleibt unbekannt.
- Sexismus kommt sowohl in koedukativen wie in geschlechterhomogenen Schulen vor, entscheidend sind die Einstellungen der Lehrkräfte.
- Die vorliegenden Studien variieren in Qualität und Methoden, sodass Vergleiche schwer fallen. Generell wird auf mehr Forschung in diesem Gebiet gehofft, vor allem auch in Hinblick auf die Konsequenzen des Schultypus und auf Phänomene wie „bullying", Teenschwangerschaft oder Lehrerzufriedenheit.

Für die deutschsprachige Diskussion stellt Monika Stürzer (2003 b: 186) in ihrem Überblick zur Koedukationsdebatte zusammenfassend fest: „In neueren Aufsätzen und Studien zum Thema wird kaum noch auf die Frage eingegangen, ob nun koedukativer oder monoedukativer Unterricht besser ist. Denn viele Untersuchungen zeigten, dass andere Faktoren mindestens ebenso viel Einfluss auf die Leistungs- und Interessensentwicklung von Schülerinnen und Schülern sowie das Unterrichtsklima haben, wie die getrennte oder gemeinsame Unterrichtung der Geschlechter."

Es stellt sich also die Aufgabe, die Komponenten einer „guten Bildung" jenseits der Gender Segregation zu identifizieren. Statt der Rückkehr zu einem monoedukativen Unterricht, steht in der aktuellen Diskussion das Konzept der reflexiven Koedukation oder die Forderung nach der Schaffung einer „geschlechtergerechten Schule" (Budde/Scholand/Faulstich 2008) im Zentrum. Den Begriff der reflexiven Koedukation hat Hannelore Faulstich-Wieland Anfang der 1990er Jahre eingeführt. Dabei geht es vor allem darum, „die jeweiligen Besonderheiten und Lernerfordernisse der Mädchen und Jungen bewusst zu machen, sie reflexiv zu bearbeiten und den Unterricht dementsprechend geschlechtergerecht durchzuführen, d.h. auch Geschlechterhierarchien gezielt abzubauen" (Stürzer 2003b: 182). Die Schaffung von Geschlechtergerechtigkeit ist für Schulen eine komplexe Herausforderung. Es geht dabei nicht nur um die Implementierung einzelner Maßnahmen zur Jungen- oder Mädchenförderung, sondern die Geschlechtergerechtigkeit muss als Gestaltungsaufgabe von Schulkultur betrachtet werden. Als Fazit zu ihrer ethnografischen Studie an einem österreichischen Gymnasium stellen Jürgen Budde, Barbara Scholand und Hannelore Faulstich-Wieland (2008) Handlungsperspektiven vor, deren Beachtung zu einer Geschlechtergerechtigkeit in der Schule beitragen könne:

(1) Die Produktion von und die Orientierung an stereotypen Geschlechterbildern engen die Handlungsoptionen von Mädchen und Jungen ein.

(2) Eine Akzentuierung – das Autorenteam spricht von „Dramatisierung" – von Geschlechterdifferenz verstärkt diese. „Anstatt Geschlecht in den Vordergrund zu rücken, sollte der Blick stärker auf die individuellen Kinder gerichtet werden" (Budde/Scholand/Faulstich 2008: 279).

(3) Monothematische Schulkulturen, die auf eine Differenz (z.B. Geschlecht) fokussiert sind, verhindern das Anerkennen der vorhandenen Heterogenität. Durch eine Fokussierung auf Geschlecht werden andere Kategorien wie Ethnizität, Klasse und Behinderung ‚übersehen'. Statt einer Verengung wird im Sinne des „Managing Diversity" ein produktiver Umgang mit Heterogenität gefordert.

(4) Geschlecht sollte keine permanente Technik der Unterrichtsgestaltung sein, sondern den Status einer reflexiven Kategorie innehaben. Hierfür brauchen die Lehrkräfte Gender-Kompetenz, die sich auf genderbezogenes Wissen (Wissen über doing-gender-Prozesse, Machtprozesse usw.), genderbezogene Praxiskompetenz in der Unterrichtsgestaltung und genderbezogene Selbstkompetenz erstrecken sollte.

Eingebettet in ein Diversity-Konzept, verliert die Geschlechterkategorie – wie das Autorenteam abschließend betont – ihre exponierte Stellung. Sie wird integriert in eine Perspektive, die auf die Heterogenität der Schülerinnen und Schüler gerichtet ist. Beachtet werden muss dabei allerdings, dass diese „Entdramatisierung" der Geschlechterkategorie „nicht zu einer Neutralisierung als doxischer ‚Nicht-Beachtung' wird, da letztere eine Verfestigung von Stereotypen und gerade nicht eine Ermöglichung von Heterogenität bewirken würde" (Budde/Scholand/Faulstich 2008: 281).

4.3 Frauen und Männer in der Berufsausbildung

Das System der Allgemeinbildenden Schulen ist in Deutschland vielgliedrig; es wird aber noch übertroffen durch das System der Berufsausbildung (vgl. Baethge 2008). Ca. zwei Drittel eines Altersjahrgangs erwirbt einen beruflichen Abschluss unterhalb der Hochschulebene (vgl. Arbeitsgruppe Bildungsberichterstattung 2008). Circa 70 % davon erlangen diesen im sogenannten dualen System, in dem die betriebliche Ausbildung durch den Besuch einer Berufsschule ergänzt wird. Etwa 30 % erhalten den Berufsabschluss im Schulberufssystem. Hier erfolgt die Ausbildung in vollzeitschulischer Form. Zum System der Berufsausbildung zählt auch noch das sogenannte Übergangssystem, in dem kein qualifizierender Berufsabschluss vermittelt wird. Zusammenfassend werden darunter alle Maßnahmen verstanden, die als Vorbereitung und Überbrückung dienen. Das Übergangssystem hat in den letzten Jahrzehnten erheblich an Bedeutung gewonnen und auch stark zur Komplexität des Berufsausbildungssystems beigetragen (vgl. Arbeitsgruppe Bildungsberichterstattung 2008).

Der tiefgreifende Umbau des Bildungssystems in der DDR erfasste nicht die duale Berufsausbildung; sie blieb wie im übrigen Deutschland erhalten. Als wichtigste Neuerung in der Berufsausbildung entstanden Berufsfachhochschulen als Ausbildungsstätten der volkseigenen Betriebe, die später unter die direkte Leitung der Betriebe fielen. Allerdings war in der DDR der Eintritt in die Berufsausbildung anders organisiert. Anstelle des freien Spieles von Angebot und Nachfrage von Lehrstellen gab es ein staatlich reglementiertes Zuteilungsprinzip von Ausbildungsplätzen. Dieses System garantierte allen Schulabgänger/innen einen Ausbildungsplatz, wenngleich auch vielfach nicht den gewünschten. Dies ist aber nicht nur eine Besonderheit des staatlich organisierten Berufsausbildungssystems. Auch im System der freien Berufswahl müssen die Bewerber/innen, unter den Bedingungen knapper Lehrstellen, große Zugeständnisse in ihrem Berufswunsch machen, um überhaupt einen Ausbildungsplatz zu bekommen.

Auf die ersten Geschlechtsunterschiede in der beruflichen Bildung stößt man bereits bei der Verteilung zwischen dualer Berufsausbildung und Vollzeitschulen. Nicht nur sind die Ausbilder/innen im Ausbildungssystem zu ca. drei Viertel männlich, dieser Weg wird auch deutlich häufiger von jungen Männern gewählt. Im Jahr 2008 lag der Männeranteil in der dualen Ausbildung bei 58,7 % (BMBF 2008). Vergleicht man diesen Anteil mit Zahlen aus dem Jahr 1960 – der Anteil lag in der BRD und in der DDR bei ca. 56 % – dann wird eine hohe Konstanz sichtbar. In den schulischen Angeboten dominieren dagegen mit 69% die Frauen (vgl. Arbeitsgruppe Bildungsberichterstattung 2008). Aufgrund des hohen Lehrstellenmangels in den letzten Jahren konnten viele Schulabgänger/innen ihren Berufswunsch nicht realisieren. Viele von ihnen mussten ihre Berufsausbildung aufschieben oder auf Alternativen, oftmals den Schulbesuch, ausweichen. Die Zahlen lassen erkennen, dass junge Frauen es noch schwerer haben eine Lehrstelle zu bekommen als die jungen Männer (vgl. Granato 2006b).

In beiden politischen Systemen bestand eine Einengung der Frauen auf ein kleineres Spektrum von Ausbildungsberufen. In der DDR konzentrierten sich 1987 mehr als 60% der Schulabgängerinnen auf 16 von insgesamt 355 Lehrberufen. Ihre Tätigkeitsprofile ähneln denen der westdeutschen Frauenberufe oder sind mit ihnen identisch (vgl. Nickel 1993). Diese geschlechtsspezifische Segregation nach Lehrberufen bestand fort trotz der zentralen Planung. Die Mädchen wurden also von vornherein überwiegend in solche Facharbeiterberufe gelotst, die bereits einen hohen Frauenanteil aufwiesen. Die traditionellen Geschlechterstrukturen wurden auf diese Weise planmäßig fortgeschrieben. Hildegard Nickel (1993) weist darauf hin, dass es in der DDR eine Verschiebung zugunsten der traditionellen Geschlechterverteilung und stereotyper Frauen-Männer-Berufe in den 1970er und 1980er Jahren gegeben hat. Seit Mitte der 1970er Jahre waren die Stellenangebote für Mädchen aus dem Zentrum der Technikgestaltung rückläufig. So war 1987 der Frauenanteil an den Beschäftigten im Bereich der Wartungsmechanik für Datenverarbeitung von Büromaschinen von 30,1% auf 18,4%, und der im Bereich der Elektronikfacharbeit von knapp 50% auf 20% gesunken.

Die starke Einengung von Frauen auf wenige Ausbildungsberufe besteht unvermindert fort. In ihren fünf wichtigsten Ausbildungsberufen waren im Jahr 2008 30,9% der jungen Frauen (vgl. Tab. 4.1). Bei den jungen Männern erstreckten sich die Top 5 der Ausbildungsberufe dagegen auf 23,9%. Der wichtigste Ausbildungsberuf bei den Frauen ist die Kauffrau im Einzelhandel, vor der Bürokauffrau und der Medizinischen Fachangestellten. Zwei der fünf wichtigsten Ausbildungsberufe sind Frauenberufe (ausführlicher zu dieser Klassifikation vgl. Kapitel 5). Als medizinische Fachangestellte und Friseur/in werden nahezu ausschließlich Frauen ausgebildet. Nur einer der fünf Ausbildungsberufe ist ein gemischtgeschlechtlicher Beruf. Auch bei den Männern finden sich unter den fünf wichtigsten Ausbildungsberufen sogar vier Männerberufe. Weiterhin steht bei den jungen Männern der Ausbildungsberuf des Kfz-Mechanikers ganz vorne. Die stärkere Einengung der Frauen findet sich in West- wie Ostdeutschland. Gewisse Unterschiede sind in den wichtigsten Ausbildungsberufen zu finden. Die ostdeutschen Frauen werden seltener als medizinische Fachangestellte und als Industriekauffrau ausgebildet. In das Vorderfeld rücken stattdessen die Berufe der Verkäuferin und der Kauffrau für Bürokommunikation. Bei den Männern fallen in Ostdeutschland Anlagenmechaniker für Sanitär-, Heizungs- und Klimatechnik und der Elektroniker aus der Spitzengruppe heraus. Viele werden dagegen als Koch (hinter dem Kfz-Mechaniker auf Platz 2) und als Zerspannungsmechaniker ausgebildet (vgl. Statistisches Bundesamt 2009 a).

Tab. 4.1: Top 5 der Ausbildungsberufe von Frauen und Männern in Deutschland im Jahr 2008

Ausbildungsberuf	Anteil aller Frauen in diesem Ausbildungsberuf in %	Ausbildungsberuf	Anteil aller Männer in diesem Ausbildungsberuf in %
	Frauenanteil in diesem Ausbildungsberuf in %		Männeranteil in diesem Ausbildungsberuf in %
Kauffrau im Einzelhandel	6,9	Kraftfahrzeugmechaniker	7,0
	56,2		97,5
Bürokauffrau	6,8	Industriemechaniker	5,2
	72,7		95,6
Medizinische Fachangestellte	6,2	Elektroniker	3,6
	99,1		98,7
Friseurin	5,6	Kaufmann im Einzelhandel	3,5
	90,0		43,8
Industriekauffrau	5,4	Anlagenmechaniker für Sanitär-, Heizungs- und Klimatechnik	3,4
	62,3		99,2
Insgesamt	30,9	Insgesamt	23,9

Quelle/Berechnungsgrundlage: Statistisches Bundesamt 2009 a: 23

Ausländische Jugendliche haben noch bedeutend mehr Probleme in die Arbeitswelt integriert zu werden als deutsche Jugendliche (vgl. BMBF 2008; Granato 2006 a; Stanat 2008). Sie zählen häufiger als die deutschen Jugendlichen zu den Verlierern im Zugang zur beruflichen Ausbildung. Zum deutlich höheren Teil münden sie in das Übergangssystem ein und bekommen oft – auch nach langer Wartezeit – keinen Ausbildungsplatz. Die jungen ausländischen Frauen sind davon noch stärker betroffen als die jungen Männer. Die Hälfte von ihnen konzentriert sich auf die fünf wichtigsten Ausbildungsberufe. Allein auf den Ausbildungsberuf der Friseurin entfallen 13,6 % (vgl. Statistisches Bundesamt 2009 a).

Männer wählen zu 61 % eine Ausbildung in einem Fertigungsberuf und zu 32,2 % einen Dienstleistungsberuf. Bei Frauen dominieren mit 85,5 % Dienstleistungsberufe; auf Fertigungsberufe entfällt nur ein Anteil von 9,5 % (vgl.

BMBF 2008). Die Männer bevorzugen zudem Berufsfelder, die höhere Bezahlung und bessere Aufstiegschancen versprechen (vgl. Lenzen et al. 2009). Vielfach ist auch bereits die Ausbildungsvergütung höher als in den Ausbildungsberufen der Frauen. Mit erfolgreich abgeschlossener Ausbildung haben Frauen eine geringfügig niedrigere Übernahmequote als Männer. Im weiteren Berufsverlauf erreichen Männer häufiger weiterführende Positionen als Frauen. Des Weiteren sind Frauen seltener an Fortbildungsprüfungen beteiligt. Nur ein Fünftel der Meisterprüfungen wird von Frauen abgelegt (vgl. Lenzen et al. 2009).

Wie bereits erwähnt, existiert in Deutschland neben der dualen Berufsausbildung eine *vollzeitschulische Berufsausbildung* unterhalb der Hochschulausbildung. Sie findet in Berufsfachschulen, Fachschulen und Schulen für Berufe des Gesundheitswesens statt. Bei den Berufsfachschulen wird noch dadurch differenziert, ob die Ausbildung gemäß des Berufsbildungsgesetzes bzw. der Handwerksordnung oder außerhalb dieser Regelungen erfolgt. Letztgenannte bildet den wichtigsten Bereich des Schulberufssystems (ausführlicher vgl. Arbeitsgruppe Bildungsberichterstattung 2008). Die Gesundheits- und Krankenpflegeberufe umfassen mit fast einem Viertel mit Abstand den größten Schüler/innenanteil im Schulberufssystem, gefolgt von den Erzieher/innen und Kinderpfleger/innen sowie sozialpflegerischen Berufen. In allen drei Fachrichtungen ist der Frauenanteil sehr hoch (vgl. Tab. 4.2).

Tab. 4.2: Top 5 der Fachrichtungen im Schulberufssystem im Jahr 2006 nach Geschlecht

	Anzahl	Frauen in %	Männer in %
Gesundheits- und Krankenpflegeberufe	48.967	75,5	24,5
Erzieher/innen und Kinderpfleger/innen	28.589	87,5	12,5
Sozialpflegerische Berufe	25.402	80,3	19,7
Therapeutische Berufe (Physiotherapeut/innen)	18.117	75,9	24,1
Kaufmännische Assistenzberufe	17.356	61,2	38,8
Schulberufssystem insgesamt	203.839	69,7	30,3

Quelle: Arbeitsgruppe Bildungsberichterstattung 2008: 281

Kurz soll auch auf das sogenannte *Übergangssystem* verwiesen werden, das dazu dienen soll, das Allgemeinbildungsniveau zu verbessern und durch Berufsorientierung, Berufsvorbereitung und/oder Teilqualifizierung den Übergang in das duale bzw. in das Schulberufssystems zu ermöglichen. Die Jungen sind im Übergangssystem deutlich stärker vertreten als die Mädchen; 2004 lag ihr Anteil bei 57% (vgl. Baethge 2008). Dies ist einerseits eine Folge ihrer schlechteren Schulabschlüsse. Andererseits trägt dazu auch bei, dass das Angebot an handwerklichen Berufen, in dem viele männliche Hauptschüler einmündeten, stark rückläufig ist. Überhaupt ist das duale System stark konjunkturabhängig. Die größeren Schwierigkeiten junger Männer im Berufseinstieg schlagen sich auch in der Jugendarbeitslosigkeitsquote nieder. Sie lag im ersten Quartal 2009 bei 12 %, bei den Frauen dagegen bei 9 % (vgl. Eurostat 2009).

Berufsbezeichnungen bilden für Jugendliche ein wichtiges Entscheidungskriterium in ihrer Ausbildungsorientierung (vgl. Krewerth et al. 2004). Berufe, deren Bezeichnungen unattraktiv klingen, werden schnell ausgeschlossen. Die Bezeichnungen erzeugen Vorstellungen über die Inhalte und dienen gegenüber anderen zur Selbstdarstellung und sozialen Verortung. Umbenennungen können eine erhebliche Auswirkung auf die Geschlechteranteile haben. So ging der Frauenanteil von 60 % auf 20 % zurück, als der Beruf „Mathematisch-technische(r) Assistent/in" in „Fachinformatiker/in" umbenannt wurde (vgl. Borch/Weissmann 2000). Bei der Berufsfindung wird von den Jugendlichen eine gute Entsprechung zwischen Selbstkonzept und Berufskonzept angestrebt. Junge Frauen präferieren häufig einen sozial orientierten Beruf; sie möchten ‚anderen Menschen helfen' oder ‚im Team arbeiten'. Junge Männer dagegen legen mehr Wert auf eine stärkere Technik- und Freizeitorientierung; sie möchten mit Computern bzw. moderner Technik arbeiten (vgl. Krewerth et al. 2004). Frauen zieht es – wie es Regine Gildemeister und Günther Robert (2008: 138) formulieren – „in Frauenberufe (…), weil sie Frauenberufe sind und zwar unabhängig davon, ob sie hausarbeitsnah, sozial kommunikativ oder lukrativ sind". Im Vordergrund stehen nicht die Inhalte. Entscheidend sei vielmehr die daran geknüpfte Annahme der Vereinbarkeitsleistung als Grundaxiom weiblicher Normalbiografie und ihre Vorteile für die Konstruktion und Darstellung einer weiblichen Identität (vgl. auch Ostendorf 2005). Einflüsse in dieser Richtung gehen auch vom sozialen Nahfeld aus. Eltern haben einen hohen Einfluss auf die Berufswahl ihrer Kinder und verstärken dabei häufig traditionelle Muster der Berufswahl. Ein entscheidender Wirkfaktor ist die im Haushalt gelebte Arbeitsteilung. Aus elterlicher Perspektive scheint die geschlechtsspezifische Passung vielfach wichtiger zu sein, als rationale Kriterien wie Eignung, Interesse oder Arbeitsmarktchancen (vgl. Lenzen et al. 2009). Auch die zahlreichen Gespräche unter Peers über einen Berufseinstieg wirken in Richtung einer Fortschreibung der Geschlechtsspezifik. Die Entscheidung für frauen- bzw. männerspezifische Berufe befreit von Rechtfertigungen und vermeidet, dass man zum Objekt von Hänseleien wird (vgl. Krewerth et al. 2004). Auch die professionelle Berufsberatung bricht diese Ausrichtung nicht auf, sondern verstärkt sie eher noch. Zwar gehört es zum Standardprogramm der Bundesagentur für Arbeit, das Berufsspektrum von jungen Frauen zu erweitern und sie auch für Jungenberufe zu gewinnen. Das ist auch das Ziel des seit 2001 als Gemeinschaftsinitiative, u. a. von dem BMBF und der Bundesvereinigung der Deutschen Arbeitgeber, stattfindenden „Girls'Day". Auch als „Mädchenzukunftstag" bezeichnet, haben

Schülerinnen an diesem bundesweiten Berufsorientierungstag die Möglichkeit, Einblick in Berufsfelder, insbesondere der Naturwissenschaften und der Technik, zu gewinnen. Diese ziehen Mädchen im Prozess ihrer Berufsorientierung aber eher selten für sich in Betracht. Die Studie von Helga Ostendorf über Arbeitsagenturen kann aber zeigen, dass aus der Sicht der Berufsberater und Beraterinnen wenig für eine Vermittlung von jungen Frauen in Jungenberufe spricht. Sie gehen vielmehr davon aus, dass Menschen unterschiedliche Veranlagungen und Fähigkeiten haben und die Berufe verschiedene Anforderungen stellen. Erreicht werden soll ein „Zueinanderpassen von Person und Beruf" (Ostendorf 2005: 230). In diese angestrebte Passung gehen stereotype Denkweisen von den Geschlechtern ein. Berufe mit hohem Mädchenanteil werden von den Berater/innen für Mädchen als besonders geeignet aufgefasst und umgekehrt.

4.4 Frauen und Männer an Hochschulen

Hochschulen waren lange Zeit männliche Domänen. Frauen hatten keinen Platz an den Universitäten, weder als Studierende noch als Lehrende (vgl. Soden 1997). Ab der zweiten Hälfte des 19. Jahrhunderts begann die Frauenbewegung in Deutschland das Frauenstudium zu fordern. Sie konnte sich bald schon auf Beispiele anderer europäischer Staaten berufen, die Frauen den Zugang zum Studium eröffneten: Frankreich 1863, Schweiz 1865, Spanien 1868 und England 1869 (vgl. Costas 1995). Eher einer Trotzhandlung ähnlich, legte der preußische Staat aufgrund immer lauter werdender Forderungen 1886 in einem Erlass fest, dass Frauen weder als Studierende noch als Hospitantinnen zugelassen werden dürfen.

In Weimar konstituierte sich im Jahr 1888 ein Verein, eigens zur Durchsetzung des Frauenstudiums. Der „Frauenverein Reform" hatte zum Ziel „die volle (nicht auf Bruchstücke beschränkte!) Aufschließung des wissenschaftlichen Studiums für die Frauenwelt, um so die Frauen befähigt und berechtigt zu machen, zum Betreten des weiten Gebietes der auf solchen Studien beruhenden Berufsarten" (zit. nach Soden 1997: 622). Angestrebt war, dass Frauen nicht nur zum Studium zugelassen werden sollen, sondern auch anschließend die studierten Berufe ausüben können. In den kommenden Jahren erfolgte nun eine Vielzahl von Eingaben. Hervorzuheben ist hier die 1888 von Mathilde Weber (1829–1901) verfasste Denkschrift „Ärztinnen für Frauenkrankheiten. Eine ethische und sanitäre Notwendigkeit", in der die Zulassung von Frauen zum Medizinstudium gefordert wurde.

Die einsetzende öffentliche Debatte veranlasste Arthur Kirchhoff dazu „Gutachten herausragender Universitätsprofessoren, Frauenlehrer und Schriftsteller" zu sammeln, zur „Befähigung der Frau zum wissenschaftlichen Studium und Berufe". Die gesammelten 100 Stellungnahmen sind 1897 als Buch unter dem Titel „Die akademische Frau" erschienen. Von den 100 Stellungnahmen fiel knapp die Hälfte positiv aus, ein Drittel lehnte das Frauenstudium kategorisch ab, alle übrigen blieben unentschieden. Dieses Dokument ist vor allem wertvoll, weil es Einblick gibt in das Denken der Gegner des Frauenstudiums.

Entsprechend der Naturalisierung der Geschlechterdifferenzen beriefen sich die Gegner des Frauenstudiums auf angebliche „Naturgesetze". Nachfolgend werden ausgewählte Stellungnahmen zur Veranschaulichung herangezogen:

- In besonderen Ausnahmefällen wollte Max Planck Frauen zum Studium zulassen. Er wollte „den probeweisen und stets widerruflichen Zutritt zu [s]einen Vorlesungen und Übungen" gestatten. Allerdings hielt er es für verfehlt, „Frauen zum akademischen Studium heranzuziehen", denn „Amazonen sind auch auf geistigem Gebiete naturwidrig" (Kirchhoff 1897: 256) und man kann „nicht stark genug betonen, dass die Natur selbst der Frau ihren Beruf als Mutter und als Hausfrau vorgeschrieben hat und dass Naturgesetze unter keinen Umständen ohne schwere Schädigungen, welche sich im vorliegenden Falle besonders an dem nachwachsenden Geschlecht zeigen würden, ignoriert werden können" (Kirchhoff 1897: 257).
- Mit der Zulassung der Frauen drohe – so der Rechtshistoriker Otto Gierke – der Untergang des preußischen Staates: „Also weibliche Rechtsanwälte und Notare? Oder weibliche Richter? Oder weibliche Staatsanwälte? Oder weibliche Verwaltungsbeamte? Mit jedem Schritt vorwärts beträte man hier die abschüssige Bahn, auf der es kein Halt giebt, bis die Austilgung des Unterschiedes der Geschlechter im öffentlichen Recht erreicht ist. (…) Unsere Zeit ist ernst. Das deutsche Volk hat anderes zu thun, als gewagte Versuche mit Frauenstudium anzustellen." (Kirchhoff 1897: 27)

In allen diesen Bekundungen wird – wie wir bereits im 2. Kapitel kennen gelernt haben – ein stark reduziertes Bild der Frauen klar: Nie ist vom weiblichen Intellekt die Rede, sondern sie werden auf ihre Reproduktionsorgane beschränkt.

Dieser Widerstand konnte den Fortschritt nicht aufhalten. Im Sommer 1896 wurden Frauen mit sofortiger Wirkung als Hospitantinnen zu den preußischen Universitäten zugelassen. 1898 promovierte Elsa Neumann im Fach Physik, die Gutachten verfassten Emil Warburg und Max Planck. Im Jahr 1900 errangen die Frauen in Baden das volle Immatrikulationsrecht. Die anderen deutschen Länder folgten nach und nach. Die meisten Frauen entschieden sich in der Anfangszeit für die Fächer der Philosophischen Fakultät, an zweiter Stelle stand die Medizin. Aufgrund der geringen Wirkungsmöglichkeiten wurden die Rechts- und Staatswissenschaften zunächst nur schwach belegt. Die Berufsaussichten der Akademikerinnen waren bis zum Ende der Weimarer Zeit recht unsicher. Erst ab 1922 konnten Frauen auch Ämter der Rechtspflege übernehmen.

Machen wir einen Sprung in die Zeit nach dem Zweiten Weltkrieg. Die tiefgreifende Umgestaltung des Bildungswesens in der Nachkriegszeit in der DDR erstreckte sich auch auf den Hochschulbereich. Durch die besondere Förderung, aber auch gezielte Bevorzugung von systemloyalen Arbeiter- und Bauernkindern, und einer Benachteiligung der Kinder aus bürgerlichen Schichten, sollte eine neue sozialistische Elite gebildet werden. Diese Bildungspolitik bewirkte, dass in den 1950er Jahren sehr viele Studierende aus dem Arbeitermilieu kamen. In den Folgejahren nahm dieser hohe Anteil aber wieder sehr stark ab und war in den 1980er Jahren dann sogar niedriger als in der alten Bundesrepublik. Parallel dazu wurden die Universitäten immer mehr zum Bildungsprivileg der sozialistischen Intelligenz. Ende der 1980er Jahre war der Anteil der Kinder aus diesen Familien auf fast 80% angestiegen (vgl. Geißler 2006: 267). Diese starke soziale Schließungstendenz des DDR-Bildungssystems dürfte eine Folge der Drosselung des Studiumzuganges sein und der damit einhergehenden Verschärfung des Wettbewerbs um knappe Plätze. In diesem vielfach versteckten Wettbewerb hatte die Intelligenz die besseren Karten, da sie ihre größeren Ressourcen in Hinblick auf Sozialisation und Bildungsstreben ausspielen konnte. Andererseits dürfte aber auch die starke Nivellierung der sozialen Unterschiede dazu beigetragen haben.

Abb. 4.2: Entwicklung des Frauenanteils unter den Studierenden an Hochschulen in %, 1908–2008/9

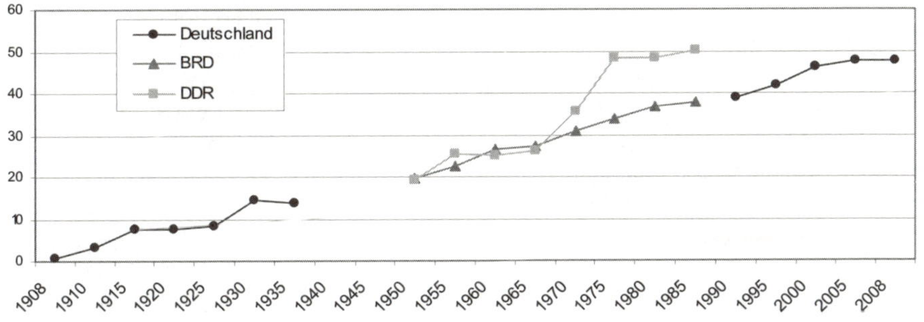

Quellen: CEWS; http://www.cews.org/statistik/hochschulen.php?aid=20&cid=16
Daten BRD und Deutschland nach 1990: Statistisches Bundesamt Fachserie 11 Reihe 4.1 verschiedene Jahrgänge; Daten für Ost: Statistisches Taschenbuch der DDR verschiedene Jahrgänge

Die Benachteiligung der jungen Frauen in den Hochschulen erweist sich als dauerhaft. Der Frauenanteil unter den Studierenden ist von 2,4% im Jahr 1908 bis nach dem Ersten Weltkrieg auf knapp unter 10% angestiegen (vgl. Abb. 4.2). In den 1930er Jahren überschritt dieser Anteil die 15%-Marke. Nimmt man die Kriegsjahre aus, in denen der Frauenanteil aufgrund der Abwesenheit der Männer hochschnellte, dann sieht man, dass dieser Anteil in beiden Teilen Deutschlands in den 1950er bis Ende der 1960er Jahre um die 25% schwankte. Es zeigt sich demnach, dass sich die starke Förderung der Arbeiterkinder in der Frühphase der DDR nicht zugunsten der jungen Frauen ausgewirkt hat. Anschließend setzte ein Anstieg ein, der in der DDR deutlich stärker ausfiel als in der BRD. Wie im Bereich der Allgemeinbildenden Schulen konnte die DDR in der Folgezeit auch an den Hochschulen einen Modernisierungsvorsprung in punkto Gleichberechtigung der Geschlechter erzielen (vgl. Geißler 2006). Schon Anfang der 1980er Jahre erreichte die DDR ein ausgeglichenes Verhältnis von Frauen und Männern. In den 1970er Jahren wurden in der DDR die stagnierenden Studienplätze zu einem höheren Anteil an Frauen vergeben, was auch damit einherging, dass man in diesem Zeitraum gleichzeitig für eine frauenfreundlichere Gestaltung der Studienbedingungen gesorgt hat. Für studierende Mütter wurde eine Reihe von Erleichterungen geschaffen, die es möglich machten, Familie und Studium miteinander zu verbinden. In der ersten Hälfte der 1980er Jahren stieg der Frauenanteil weiter an. In der zweiten Hälfte nahm er dann allerdings wieder leicht ab. Gründe hierfür sind schwer zu benennen. In Westdeutschland lag der Frauenanteil relativ konstant bei ca. 38%.

Begriffs-Box 4.2

Maßgrößen für die Beteiligung der Geschlechter an den Hochschulen

Wenn es um das Ausmaß der Beteiligung der Geschlechter an den Hochschulen geht, werden drei unterschiedliche Größen verwendet: Studienanfänger/innen, die Studierenden und Abschlussprüfungen.

Unter den *Studienanfänger/innen* versteht man die Studierenden, die sich zum jeweiligen Semester zum ersten Mal in einer deutschen Hochschule einschreiben (Studierende im 1. Hochschulsemester). Studienanfänger/innen müssen von den Studierenden im 1. Fachsemester unterschieden werden. Als Studierende im 1. Fachsemester wird nicht nur registriert, wer sich erstmalig an einer Hochschule eingeschrieben hat, sondern auch diejenigen, die bereits in einem anderen Fach immatrikuliert waren, nun aber ein neues Fach ab dem ersten Semester beginnen (sogenannte Fachwechsler/innen).

Als die *Studierenden* gelten alle zu einem bestimmten Zeitpunkt (meist am 1. Dezember) an einer Hochschule eingeschriebenen Personen über alle Semester.

Die dritte Maßgröße für die Beteiligung der Geschlechter an den Hochschulen sind die *Abschlussprüfungen.* Auch wenn der Sprachgebrauch nicht immer eindeutig ist, gilt es zu beachten, dass die deutsche Hochschulstatistik beim Abschluss nicht Personen ausweist, sondern Prüfungen. Zu unterscheiden ist zwischen Erstabschlüssen und allen Abschlüssen; bei letzteren werden auch die Promotionen mitgezählt. Die Prüfungen werden jeweils für ein Kalenderjahr angegeben, nicht für ein Studienjahr. Neben den Gesamtdaten werden die Studienanfänger/innen, Studierenden und Abschlussprüfungen in der Hochschulstatistik auch für Fächergruppen (z. B. Ingenieurwissenschaften) und einzelne Fächer (z. B. Elektrotechnik) ausgewiesen.

Wichtig ist auch, die Unterscheidung zwischen Universitäten und Fachhochschulen zu beachten. Von Hochschulen wird dann gesprochen, wenn beide Einrichtungen gemeint sind. Die Fachhochschulen wurden in Westdeutschland erst Anfang der 1970er Jahre, in Ostdeutschland zu Beginn der 1990er Jahre eingeführt. Vorher waren die Zahlen von Universitäten und Hochschulen folglich deckungsgleich. Daneben gibt es in Deutschland noch Berufsakademien, die zwar zur tertiären Bildung zählen, nicht aber zu den Hochschulen. Sie sind aus diesem Grund auch in der Hochschulstatistik nicht enthalten. Hier zeichnet sich allerdings eine Änderung ab: Baden-Württemberg rechnet seit kurzem auch die Berufsakademien zum Hochschulbereich.

Nach der Vereinigung ist der Frauenanteil für Gesamtdeutschland stark angewachsen, was anfänglich maßgeblich vom höheren Frauenanteil in Ostdeutschland getragen wurde. Seither liegt der Frauenanteil bei knapp unter 48% und inzwischen haben sich die Frauenanteile in Ost- und Westdeutschland weitgehend angeglichen. Deutlich wird, dass der Vorsprung der jungen Frauen im Erwerb des (Fach-)Abiturs an den Hochschulen noch nicht angekommen ist. Dies kommt dadurch zustande, dass Abiturientinnen eine deutlich geringere Studierneigung haben als Abiturienten. An den Fachhochschulen liegt der Frauenanteil unter den Studierenden deutlich niedriger als an den Universitäten. Dieser deutlich niedrigere Anteil geht damit einher, dass an den Fachhochschulen die technischen Fächer eine sehr große Rolle spielen und diese einen besonders geringen Frauenanteil aufweisen.

In der gesamten Europäischen Union studieren inzwischen mehr Frauen als Männer (vgl. Abb. 4.3). In den Staaten der ‚alten' Europäischen Union (kurz: EU15) – also den Mitgliedsstaaten vor der Osterweiterung – liegt der Frauenanteil unter den Studierenden im Jahr 2007 bei 53,7%. Deutschland hat in dieser Ländergruppe den niedrigsten Frauenanteil. Den höchsten Frauenanteil an Hochschulen hat Schweden mit 60%.

Abb. 4.3: Frauenanteil bei den Studierenden im Tertiärbereich in 15 Staaten der Europäischen Union im Jahr 2007 (in %)

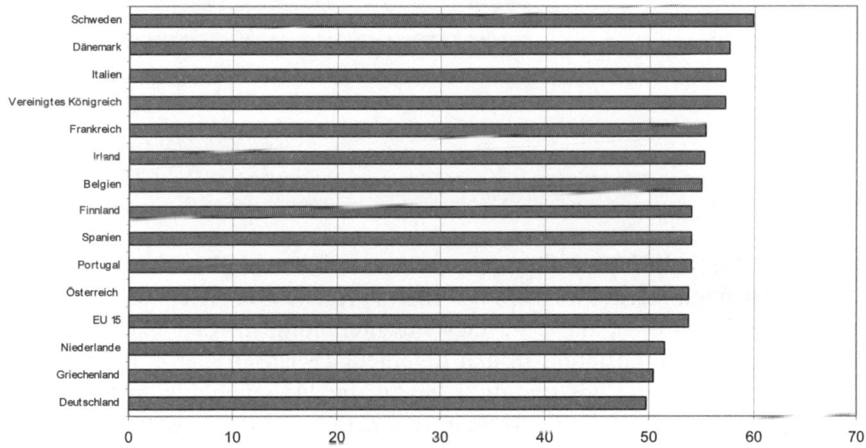

Anmerkung: Die verwendeten Bildungsstufen und Fachrichtungen beziehen sich auf die 1999er Ausgabe der Internationalen Standardklassifikation für das Bildungswesen (ISCED 97) und das Eurostat-Handbuch der Ausbildungsfelder (1999). Hier werden die Daten der ISCED Stufen 5-6 verwendet. Quelle: Eurostat 2006: 3

Trotz dieser Angleichung in der Präsenz der Geschlechter an den Hochschulen existieren weiterhin geschlechtsspezifische Muster, wenn man die von Frauen und Männern gewählten Studienfächer betrachtet. Dies zeigt sich bereits bei den Fächergruppen, in denen verwandte Studiengänge zusammengefasst werden (vgl. Abb. 4.4).

Eine nahezu ausgeglichene Geschlechterrelation findet sich in der Gegenwart in der Fächergruppe Rechts-, Wirtschafts- und Sozialwissenschaften. In den Agrar-, Forst- und Ernährungswissenschaften studieren zwar mehr Frauen, aber die Differenz ist geringer als 10 %. Größere Unterschiede finden sich in den weiteren sieben Fächergruppen. In der Humanmedizin und der Kunst/Kunstwissenschaft überwiegen die Frauen und in Sport/Sportwissenschaft sowie Mathematik/Naturwissenschaft die Männer. Sehr stark geschlechtersegregiert sind die Sprach- und Kulturwissenschaften mit einem Frauenanteil von 70 % und die Veterinärmedizin mit 85 %. Weiterhin eine Männerdomäne sind die Ingenieurwissenschaften mit einem Männeranteil von knapp 80 %.

Abb. 4.4: Frauenanteile unter den Studierenden nach Fächergruppen 1975 und 2007/08 in %

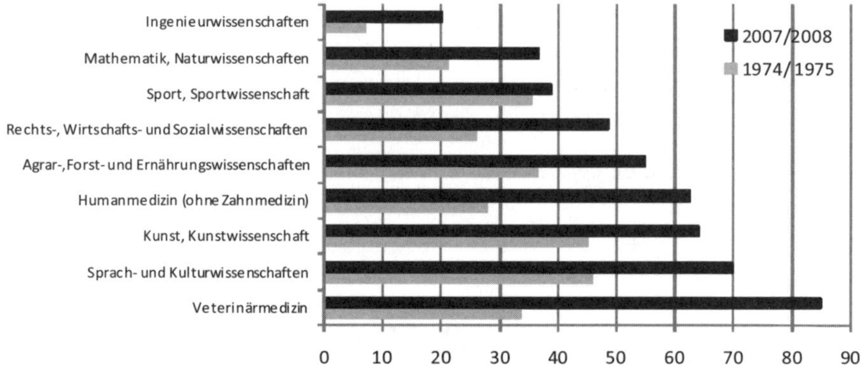

Anmerkung: Daten für 1975 beziehen sich nur auf die alten Bundesländer
Quellen: Statistisches Bundesamt 2008: 55; Statistisches Bundesamt 1976: 107

Ähnliche Geschlechterpräferenzen finden sich auch in anderen Ländern, z. T. sogar noch stärker ausgeprägt. Internationale Vergleichsdaten machen jedoch auch deutlich, dass die Geschlechteranteile in den Fächergruppen nicht unerheblich variieren. In den Ingenieurwissenschaften („Engineering, Manufacturing and Construction“) liegen die Frauenanteile in Schweden, Polen, aber auch in Italien und Spanien bei fast 30 % (Eurostat 2006). Länder wie die Niederlande und die USA haben in den Sprach- und Kulturwissenschaften („Humanities and Arts“) zwar auch mehr Studentinnen, aber der „gender gap“ ist dort deutlich geringer. In den Naturwissenschaften weisen Portugal und Italien eine ausgeglichene Geschlechterrelation auf (vgl. CEWS-Statistikportal[3]; Eurostat 2006).

Hinter der Bestandsaufnahme des Ist-Standes verbergen sich – wie auch die Abbildung 4.4 zeigt – deutliche Wandlungstendenzen. Mitte der 1970er Jahre hatten erst zwei Fächergruppen (Sprach- und Kulturwissenschaften sowie Kunst/Kunstwissenschaften) einen Frauenanteil von über 50 %. Den stärksten Anstieg in diesen 30 Jahren verzeichnet die Veterinärmedizin. In den Ingenieurwissenschaften hat sich die Geschlechterrelation innerhalb des Zeitraums nur um ca. 10 % zugunsten der Frauen verschoben. Noch geringer ist diese Erhöhung, allerdings auf höherem Niveau, in der Fächergruppe Mathematik/Naturwissenschaften.

In der Zusammenfassung zu Fächergruppen bleibt eine Reihe von unterschiedlichen Entwicklungstrends in den einzelnen Studienbereichen bzw. Studienfächern unsichtbar, wie die Studierendenzahlen des Wintersemesters 2008/09 zeigen (vgl. Statistisches Bundesamt 2009 e): In den Naturwissenschaften wird der geringere Frauenanteil vom Studienbereich Informatik[4] (15,4 %) und dem Fach Physik (18,9 %) verursacht. Andere Naturwissenschaften, wie z. B. die Chemie und Lebensmittelchemie haben inzwischen bereits nahezu eine ausgeglichene Relation. Dieser Studienbereich hat einen Frauenanteil von 45,6 %. In der Biologie überwiegen sogar deutlich die Frauen; fast zwei Drittel aller Studierenden (64,9 %) sind weiblich. Auch die Ingenieurwissenschaften weisen ein differenziertes Bild auf. Die Architektur wird inzwischen häufiger von Frauen (52,4 %) als von Männern studiert. Dagegen entscheiden sich nur wenige Frauen für ein Studium der Studienbereiche Maschinenbau/Verfahrenstechnik (17,2 %) und Elektrotechnik (8,3 %) (ausführlicher vgl. Lenz/Wolter/Jahn 2009).

Nach mehr als hundert Jahren Frauenstudium in Deutschland sind die Frauen nahezu genauso wie die Männer in der einstigen Männerinstitution Hochschule vertreten. Herausgebildet haben sich Fächer, die eine nahezu ausgeglichene Geschlechterrelation (z. B. Jura) aufweisen, Fächer, die vor allem oder ganz überwiegend von Männern (z. B. Elektrotechnik, Maschinenbau, Bauingenieurwesen) studiert werden und Fächer, die besonders oder vornehmlich von Frauen bevorzugt werden (z. B. Sozialpädagogik, Germanistik). Einige Fächer haben sich in den letzten 30 Jahren von einem männerdominierten Fach zu einem Fach gewandelt, in dem Frauen einen Vorsprung aufweisen. In der Abbildung 4.5 wird dies exemplarisch für Medizin und Jura dargestellt.

---

3 Vgl. Im CEWS-Statistikportal sind eine Reihe aktueller Daten zusammengestellt. Hier die Internet-Adresse: http://www.cews.org/statistik

4 Zum Studienbereich Informatik gehört neben der Informatik auch die Wirtschafts-, Ingenieur-, Medien-, Bioinformatik, Medizinische Informatik sowie Computer- und Kommunikationstechniken.

Abb. 4.5: Entwicklung des Frauenanteils in den Studienfächern Medizin und Jura von 1975 bis 2007 in %

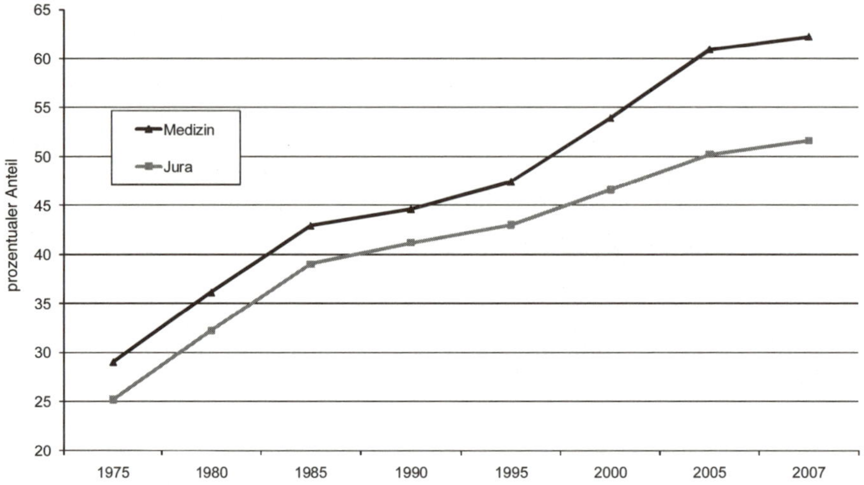

Quelle: Statistisches Bundesamt
http://www.destatis.de/jetspeed/portal/cms/Sites/destatis/Internet/DE/Content/Statistiken/Zeitreihen/LangeReihen/Bildung/Content100/lrbil05a,templateId=renderPrint.psml
http://www.destatis.de/jetspeed/portal/cms/Sites/destatis/Internet/DE/Content/Statistiken/Zeitreihen/LangeReihen/Bildung/Content100/lrbil03a,templateId=renderPrint.psml

Erklärungsbedürftig ist die Frage, warum diese Entwicklung für Jura und Medizin stattfand, sich weiterhin aber nur wenige Frauen zu einem Studium der klassisch männerdominierten Bereiche der Ingenieurwissenschaften (Maschinenbau und Elektrotechnik) und der Informatik sowie Physik aus der Fächergruppe Mathematik/Naturwissenschaften entschließen (vgl. Solga/Pfahl 2009). Als Erklärung wird auf die Geschlechterunterschiede in der Einstellung zu Technik verwiesen (vgl. Zwick/Renn 2000). 55% der jungen Männer sind stark bzw. sehr stark vom Umgang mit Technik begeistert, bei den gleichaltrigen Frauen sind es dagegen nur 18%. Allerdings sind beide Geschlechter Alltagstechnologien gegenüber, wie Autos und Multimedia, gleichermaßen positiv eingestellt. Jungen Frauen fehlen sowohl in der Familie wie auch in der Schule häufig weibliche Vorbilder, die ihre Begeisterung für Technik wecken könnten. Auch haftet dem Ingenieurstudium und -beruf das Image an, eine männliche Domäne zu sein. Die wenigen Frauen, die sich dafür entscheiden, stehen vermehrt unter Beobachtung; sie müssen stärker beweisen, dass sie es auch können (vgl. auch Lenz/Wolter/Jahn 2009). Abschreckend wirkt aber auch, dass es Absolventinnen dieser Fächer auf dem Arbeitsmarkt schwer haben. Sie sind häufiger arbeitslos als ihre männlichen Kollegen, seltener in höheren Positionen anzutreffen und erzielen niedrigere Einkommen (vgl. Biersack/Kettner/Schreyer 2007) (mehr dazu in Kapitel 5). Dass es auch eine Reihe von Studienfächern gibt, wie z. B. die Lehramtsstudiengänge oder Sozialpädagogik, die nur von wenigen jungen Männern präferiert werden, ist dagegen in der öffentlichen Wahrnehmung deutlich weniger erklärungsbedürftig. Dass der Umgang mit Kindern immer noch vor allem als Frauendomäne aufgefasst wird, scheint als Verweissystem ausreichend zu sein, um die dominante Präferenz der jungen Frauen für Erziehungsberufe plausibel zu machen.

Bei den vorhandenen Geschlechtermustern in der Studienfachwahl stellt sich die Frage, ob damit auch gleiche Berufs- und Karrierechancen einhergehen. Vielfach wird die These vertreten, dass Frauen besonders Fächer studieren, die sich durch einen Mangel an Arbeitsplätzen sowie geringe Einkommen und Aufstiegschancen auszeichnen. Des Weiteren wird darauf verwiesen, dass sich z. T. Geschlechterdifferenzen in die Fächer hinein verlagert haben. In einem Fach wählen Männer eher die „harten" Vertiefungsgebiete, während Frauen sich für „weiche" entscheiden. So wird z. B. auch in der Betriebswirtschaftslehre, die mittlerweile einen hohen Frauenanteil aufweist, berichtet, dass sich Frauen vor allem für Marketing interessieren (despektierlich auch als „Laberfächer") wohingegen Männer Vertiefungen mit einem hohen Anteil an Mathematik und Statistik wählen.

Bislang wurde in der Darstellung auf die Studierendenzahlen Bezug genommen. Wie in der Begriffs-Box 4.2 ausgeführt, können neben diesen Zahlen (und den Anfängerzahlen) auch die Abschlussprüfungen verwendet werden. Frauen schließen häufiger ein begonnenes Studium ab als Männer. In der Abbildung 4.6 werden die Abschlussprüfungen nach der Art der Prüfung aufgeschlüsselt. Unter ersten Abschlüssen wird zwischen Diplomprüfung (bzw. ein vergleichbarer Abschluss), Lehramtsprüfung, Fachhochschulprüfung und – ab 2000 – nach den im Rahmen der Bologna-Reform neu eingeführten Bachelor- und Masterabschlüssen unterschieden. Bei den Lehramtsprüfungen ist der Frauenanteil von einem hohen Niveau Anfang der 1980er Jahre weiter angestiegen. Die universitären Diplom- bzw. Fachhochschulabschlüsse haben sich von unter 30 % auf über 50 % bzw. 43 % erhöht. Der Frauenanteil bei den Bachelorabschlüssen liegt gleichauf mit den universitären Diplomabschlüssen. Der Frauenanteil bei den Masterstudiengängen hat dagegen erst zu den Fachhochschlussabschlüssen aufgeschlossen. Dies dürfte damit zusammenhängen, dass die Fachhochschulen schneller die Reform umgesetzt haben als die Universitäten. In den nächsten Jahren ist mit einem deutlichen Anstieg zu rechnen.

Weitere akademische Abschlüsse sind die Promotion und Habilitation (vgl. Abb. 4.7). Die Daten zu diesen Abschlüssen lassen eine Persistenz der horizontalen Segregation im Bildungssystem erkennen. Zwar haben sich die Frauenanteile bei beiden Qualifikationsstufen seit 1980 – im Falle der Promotion von ca. 20 % auf ca. 42 % und im Falle der Habilitation von 4,5 % auf 24 % – stark erhöht. Dennoch besteht die Ungleichheit zwischen den Geschlechtern in diesen Qualifikationsstufen fort. Bei der Habilitation noch deutlich stärker als bei der Promotion.

Abb. 4.6: Frauenanteile beim ersten Studienabschluss nach Art des Abschlusses 1980 bis 2008 in %

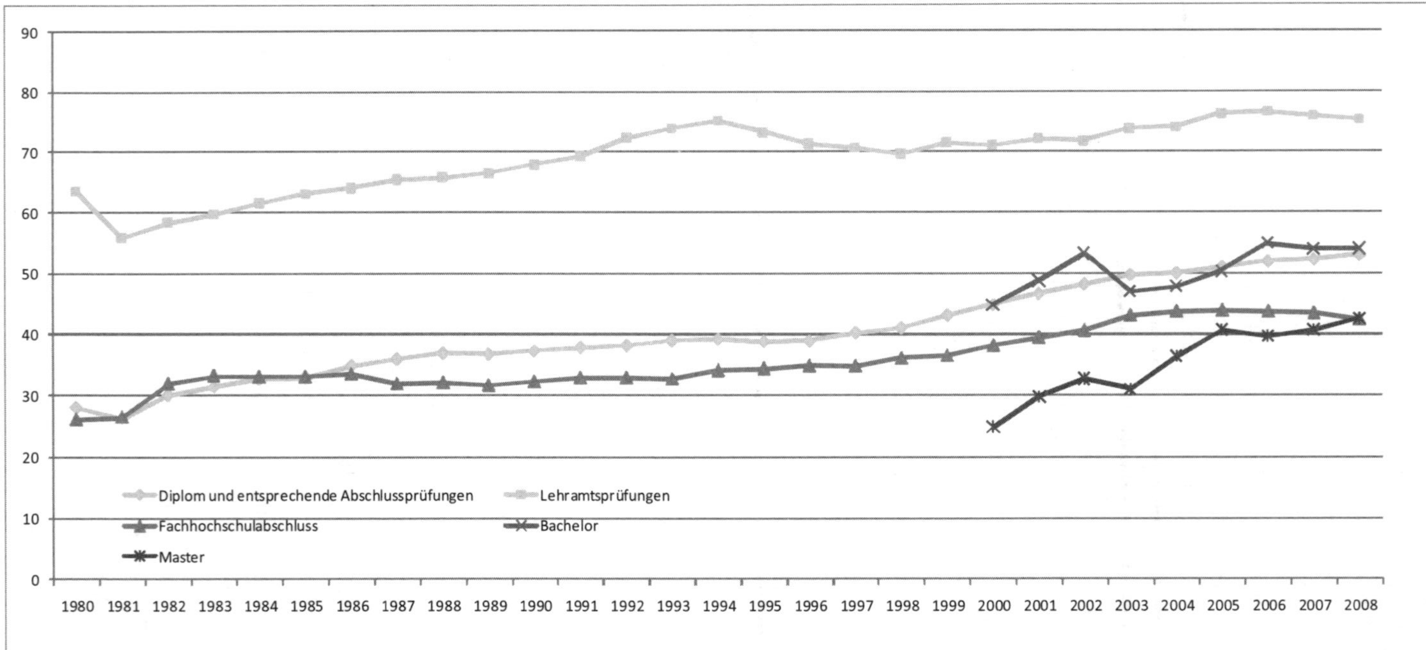

Anmerkung: Bei Bachelor- und Masterabschlüssen wird zwischen Universität und Fachhochschule nicht unterschieden. Bis 1990 frühere Bundesrepublik
Quelle: Statistisches Bundesamt 2009c: 10
CEWS-Statistikportal: http://www.cews.org/statistik/hochschulen.php?aid=46&cid=17

Abb. 4.7: Frauenanteile bei der Promotion und Habilitation 1980 bis 2008 in %

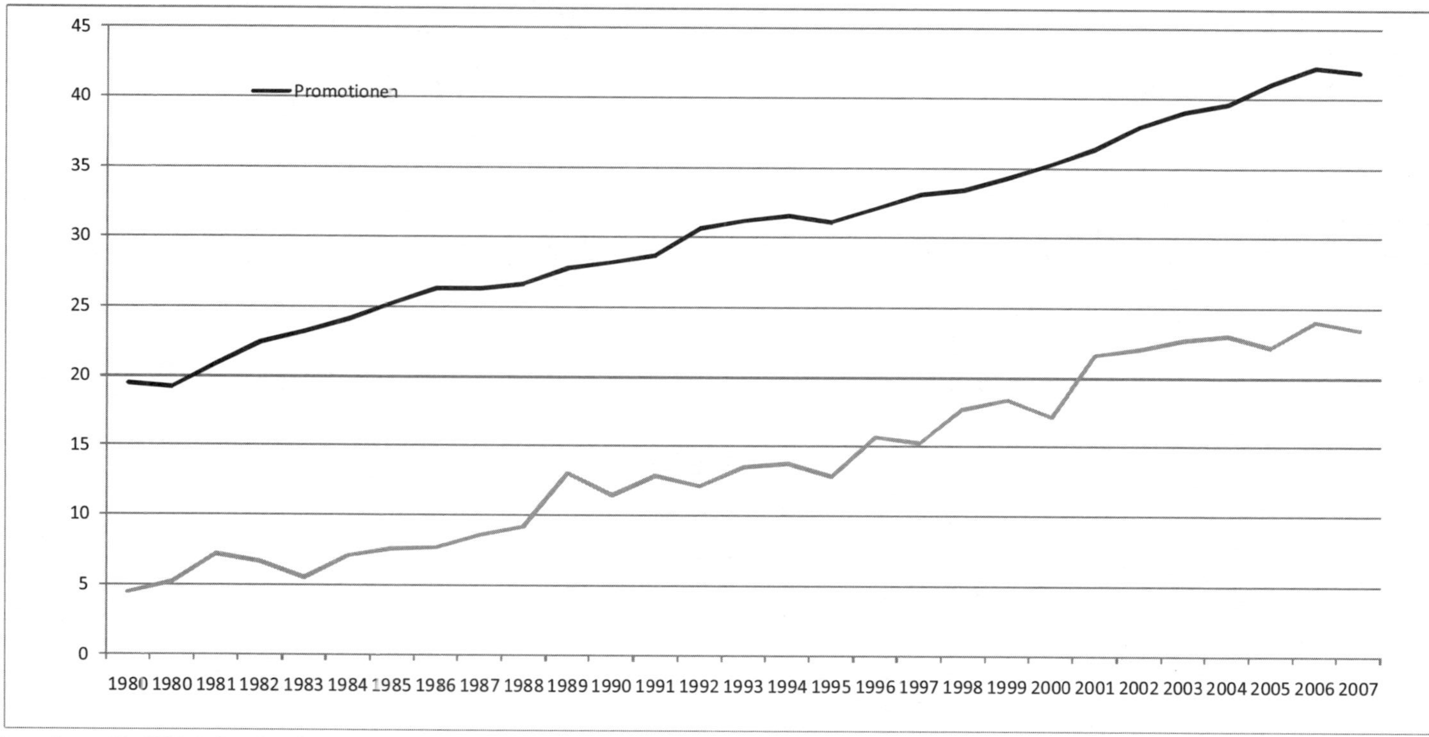

Anmerkung: Bis 1990 frühere Bundesrepublik
Quelle: Statistisches Bundesamt 2009c: 10; CEWS-Statistikportal: http://www.cews.org/statistik/hochschulen.php?aid=46&cid=17

Das volle Ausmaß der Benachteiligung von Frauen in den Karriereverläufen an Hochschulen wird anhand der vom Kompetenzzentrum Frauen in Wissenschaft und Forschung („Center of Excellence Women and Science", aufgrund der englische Bezeichnung auch kurz: CEWS) entwickelten Kohortenanalyse deutlich (vgl. Abb. 4.8). Ausgehend von der Berufung wird ermittelt, wann dieser Personenkreis mit durchschnittlichen Studien- und Qualifikationszeiten die Studienberechtigung erworben hat, das Studium aufgenommen hat, Student/in war usw. Zu diesen Statuspassagen werden die jeweils damals vorhandenen Frauenanteile abgetragen. Aufgezeigt wird damit der akademische Qualifikationsverlauf eines Studienjahrgangs vom Studienbeginn bis zur Berufung. Damit soll der gängigen These entgegen gewirkt werden, dass die Unterrepräsentanz der Frauen in der Wissenschaft lediglich eine Folge eines ebenfalls geringen Frauenanteils unter den Studierenden zu Beginn der Wissenschaftskarriere ist. Sichtbar wird ein Scherendiagramm, das deutlich macht, dass von Stufe zu Stufe mehr Frauen als Männer verloren gehen. Im Jahr 1986 lag der Frauenanteil bei den Studienberechtigten noch bei 47,6 % und beim Studienbeginn bei 40,9 %. Bis zur Promotion verringert sich der Anteil auf 31,6 % (1995–97) und bis zur Berufung (2003–2006) sogar auf 19,5 % (2003–05, alle Berufungen). Die Daten für Professuren und C4-/W3-Professuren im Jahr 2005 sind nicht Teil der Kohortenanalyse, sondern dienen nur zur Information.

Abb. 4.8: Frauen- und Männeranteile im Qualifikationsverlauf
Kohortenanalyse: Studienbeginn (1986) bis zur Berufung (2003–2005)

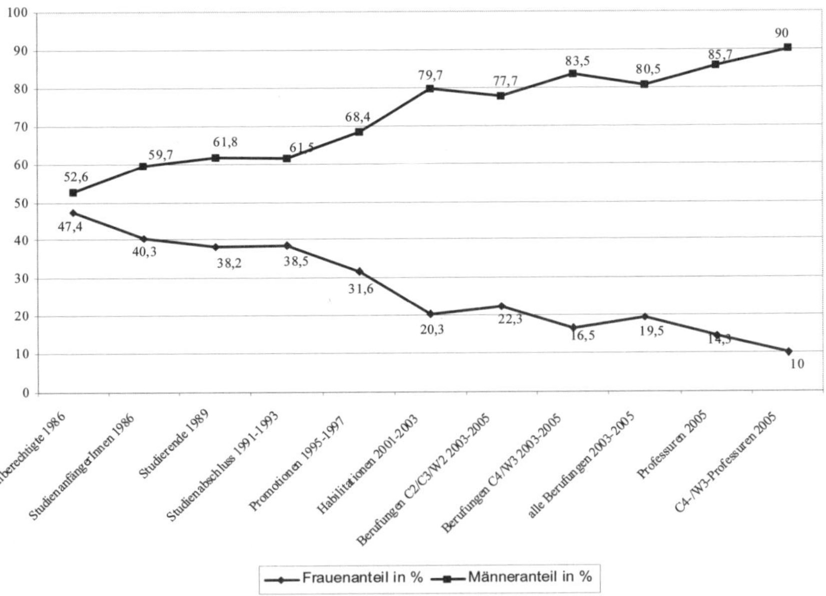

Quelle: CEWS Statistikportal: http://www.cews.org/statistik/hochschulen.php?aid=52&cid=18

Dass Frauen nur schwach auf der höchsten Rangstufe der Hochschulen vertreten sind, ist nicht nur ein deutsches Phänomen. In den Mitgliedsstaaten der EU15 ist der Frauenanteil im „grade A“ der Hochschulen gerade mal bei 17% (vgl. Abb. 4.9). Darunter werden im angloamerikanischen Raum „Full Professors“ verstanden, was in Deutschland C4- bzw. – nach der neuen Besoldungsregelung – W3-Professuren entspricht (vgl. European Commission 2009). Mit Irland, Belgien, Niederlande und Griechenland gehört Deutschland mit 12% zu den EU-Staaten mit geringstem Frauenanteil. Am höchsten ist der Frauenanteil in Finnland und Portugal. Auch in der DDR war der Frauenanteil unter den Hochschullehrer/innen gering; er betrug im Jahr 1989 9,3%. Bei dieser Zahl sind die Dozent/innen mitberücksichtigt. Bei den Professuren gab es gerade mal einen Frauenanteil von 5,3% (vgl. Burkhardt/Stein 1996: 502).

Abb. 4.9: Frauenanteile an den C4- und vergleichbaren Professuren in 15 Staaten der Europäischen Union im Jahr 2007 (in %)

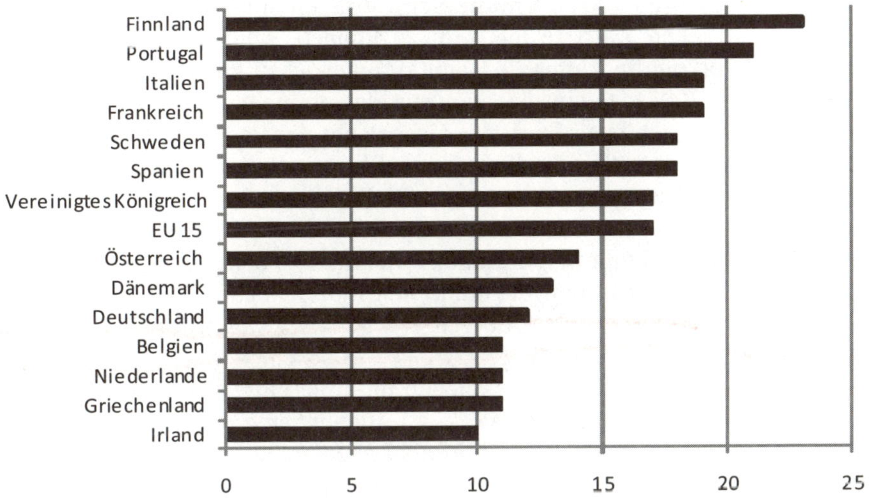

Quelle: European Commission 2009: 76

Die deutliche Unterrepräsentanz von Frauen in wissenschaftlichen Führungspositionen war in den letzten Jahren nicht nur verstärkt Gegenstand von Ursachenforschung. Die Wissenschaft als Berufsfeld ist kein Sonderfall, sondern reiht sich – wie im Kapitel 5 ausführlicher gezeigt wird – in die Fortdauer der vertikalen Segregation der Berufswelt und in die unterschiedlichen Karrierechancen von Frauen und Männern ein. An dieser Stelle soll ein kurzer Überblick über Erklärungsansätze für die Marginalisierung von Frauen in den Hochschulen erfolgen (vgl. als Überblick Lind 2004; CEWS 2006).

Vorurteile gegen die wissenschaftliche Kompetenz von Frauen, wie in der Befragung von Kirchhoff noch gängig und auch in den 1950er Jahren noch anzutreffen waren (vgl. Anger 1960), sind inzwischen verschwunden. Die als Replikation zu Kirchhoff angelegte Studie von Monika Holzhammer (1997) zeigt, dass es keine prinzipielle Infragestellung der wissenschaftlichen Befähigung von Frauen mehr gibt. An die Stelle einer direkten Diskriminierung ist eine subtile Ausgrenzung getreten. Chancenungleichheiten werden vielfach geleugnet. Die Unterrepräsentanz wird vor allem auf Ursachen zurückgeführt, die außerhalb des Wissenschaftssystems liegen: Die geringere Karriereorientierung, die tradierten Rollenmuster und die Unvereinbarkeit von Beruf und Familie. „Über die Jahre", so Jutta Allmendinger (1999: 248), „hat sich die Argumentation (…) von einem qualifikationsbedingten ‚Frauen können nicht' über ein diskriminationsbedingtes ‚Frauen dürfen nicht' zu einem subjektiv zu verantwortenden ‚Frauen wollen nicht' verschoben." Frauen, die eine Wissenschaftskarriere verfolgen, stammen noch deutlich häufiger aus einem akademischen Milieu als ihre männlichen Kollegen (vgl. Lind 2004). Um die Schwierigkeiten auf dem Weg zu einer wissenschaftlichen Karriere meistern zu können, scheinen sie stärker auf das damit verknüpfte kulturelle Kapital angewiesen zu sein. Von Andrea Abele (1994, 2002) stammt das Konzept des doppelten Einflusses des Geschlechts. Demnach beeinflusst das Geschlecht der Person Karrierechancen in doppelter Weise: Über die Innenperspektive und über die Außenperspektive. Mit der Innenperspektive ist die Selbstwahrnehmung als Frau oder Mann gemeint und mit der Außenperspektive die Fremdwahrnehmung als Frau oder Mann. Damit in Verbindung steht nach Abele die Hypothese der multiplen notwendigen und der multiplen hinreichenden Bedingungen für Berufserfolg. Aufgrund der größeren Wahlmöglichkeiten der Frauen müssen für sie multiple notwendige Gründe für eine wissenschaftliche Laufbahn gegeben sein. Für Männer reichen multiple hinreichende Gründe aus, da sie auf eine Vollzeiterwerbstätigkeit festgelegt sind. Überhaupt bewerten Männer eine Karriere und den Beruf als Lebensmittelpunkt höher als Frauen. Frauen präferieren stärker eine ‚weiche Karriereorientierung', bei der andere Lebensbereiche neben dem Beruf Bestand haben. In ihrer Berufsmotivation unterscheiden sich Frauen und Männer nicht oder nur wenig, in ihren jeweiligen Selbstwirksamkeitserwartungen jedoch sehr. Unter Selbstwirksamkeit wird in der Sozialpsychologie die Überzeugung verstanden, eine bestimmte Handlung erfolgreich ausführen zu können. Frauen besitzen geringere Selbstwirksamkeitserwartungen: Daher ist auch die Wahrscheinlichkeit größer, dass sie sich schneller entmutigen lassen und bei dem Auftreten von Barrieren und Schwierigkeiten eher dazu neigen, zu resignieren und aufzugeben.

Im Vergleich zu ihren männlichen Kollegen weisen Hochschullehrerinnen vielfach einen verzögerten Karriereverlauf auf. Im Alter von unter 40 Jahren werden deutlich mehr Hochschullehrer als Hochschullehrerinnen berufen (vgl. Zimmer/Krimmer/Stallmann 2007). Diese Verzögerung ergibt sich erst in den späteren Karrierestufen zwischen der Promotion und Habilitation. Die Statuspassagen Studienabschluss und Promotionen nehmen Frauen schneller als ihre männlichen Kollegen. Die Promotionsabsicht ist bei Frauen geringer als bei Männern, auch in Fächern mit einem hohen Frauenanteil. Männer verknüpfen mit ihrem Promotionswunsch die Erwartung, eine hochwertige berufliche Position erreichen zu können. Dazu scheint beizutragen, dass Männer schon während des Studiums stärker in die wissenschaftliche Arbeit, z.B. als studentische Hilfskraft, involviert sind (vgl. Lind 2004). Während der Promotionsphase tragen das fachliche Interesse und die fachliche und persönliche Weiterentwicklung stärker zur persönlichen Zufriedenheit bei, als die Berufschancen. Frauen klagen stärker über eine unzureichende Betreuung und fühlen sich auch zu wenig zur Teilnahme an Kongressen und Tagungen motiviert. Des Weiteren können die gleichen Angebote für Frauen und Männer einen unterschiedlichen Aufforderungscharakter haben. Auch gibt es Hinweise, dass sich die Qualität der Aufforderungen für beide Geschlechter unterscheiden. Dies kommt dadurch zustande, dass Doktoranden den im männlich konnotierten Wissenschaftsbetrieb impliziten Erwartungsstrukturen besser entsprechen. Frauen, die sich in der Promotionsphase unzureichend betreut und zu einer wissenschaftlichen Laufbahn nicht ausreichend motiviert fühlen, verlassen nach der Promotion die Wissenschaft. Der bereits in dieser Phase laufende „Cooling-out-Prozess“ manifestiert sich im Übergang zur Habilitation als der nächsten Qualifikationsstufe (vgl. Allmendinger 1999). Zudem scheint bei Frauen der lange Qualifikationsweg mit beruflicher Unsicherheit und zeitgleich die mögliche Familiengründung eine Fortsetzung der Wissenschaftslaufbahn massiv zu behindern. Erschwerend kommt weiterhin hinzu, dass Frauen diese Qualifikationsschritte oftmals auf statusschlechteren Stellen vollziehen (vgl. Enders 1997; Wimbauer 1999). Auch wenn Stipendien vielfach eine Qualifikation ermöglichen, erweisen sie sich aufgrund der meist kurzen Laufzeit und der fehlenden Einbindung in Lehre und Forschung „als ein unvollständiger Ersatz für Berufsarbeit in einem wissenschaftlichen Umfeld“ (Lind 2004: 84 f.).

In retrospektiven Befragungen beschreiben erfolgreiche Wissenschaftlerinnen ihre Karriere vielfach als eine glückliche Verkettung von Zufällen und günstigen Gelegenheiten (vgl. Wetterer 1989; Lind 2004). Erfolgreiche Wissenschaftler betonen dagegen deutlich stärker den eigenen Verdienst. Für Angelika Wetterer (1989) kommt darin die Fremdheit des Wissenschaftsbetriebs für Frauen zum Ausdruck, die einen solchen Erfolg als unrealistisch erscheinen lässt. Auch verweise dies auf ein Identitätsmanagement der Frauen, die sich mit den männlichen Durchsetzungsstrategien nicht identifizieren könnten (vgl. Zimmer/Krimmer/Stallmann 2007). Im Vergleich zu Professoren sind Professorinnen deutlich häufiger ledig und geschieden. Zudem bleiben sie häufiger kinderlos, auch im Vergleich mit

Frauen in anderen akademischen Berufen. Mittlerweile steigt auch die Kinderlosigkeit von Hochschullehrern. Vor allem Akademikerpaare sind immer häufiger kinderlos (vgl. Wissenschaftsrat 2007). Im Falle einer Paarbeziehung haben Professorinnen deutlich häufiger als ihre männlichen Kollegen einen statusgleichen Partner. Eine Nebenfolge davon ist, dass sie in nicht vergleichbaren Umfang auf Unterstützungs- und Entlastungsleistungen bauen können wie ihre männlichen Kollegen (vgl. Lind 2004). Auf diese Unterschiede hatte Arlie Russell Hochschild in ihrem autobiographischen Essay „Inside the Clockwork of Male Careers" bereits Mitte der 1970er Jahre aufmerksam gemacht.

Angeregt durch die Debatte zu „gendered organizations" (ausführlicher dazu in Kapitel 5) lenken neuere Ansätze den Blick weg von den Individuen hin auf die in der Praxis der Wissenschaft eingelagerten Mechanismen, die zur Reproduktion der hohen Geschlechterhomogenität in diesem Feld fortlaufend beitragen (vgl. Engler 2001; Beaufaÿs 2003; Beaufaÿs/Krais 2007; Haffner/Krais 2008). In der „illusio" der Akteure, also ihren festen Überzeugungen über das Funktionieren des Feldes und seiner Spielregeln, spiegelt sich die Praxis des sozialen Feldes wider. Sie bestimmt den „praktischen Sinn" (Bourdieu 1999), der die Zugehörigkeit zum sozialen Feld regelt und auch zur Orientierung in diesem dient. Ein Kernelement dieser illusio – und zugleich eine strukturelle Barriere für Frauen im Wissenschaftssystem – ist der Wissenschaftsmythos und die damit verbundene Arbeitskultur. „Wissenschaft gilt (…) nicht nur als Beruf, sondern als Berufung, die unbedingte Hingabe erfordert. Ein Wissenschaftler verfügt über außergewöhnliche Begabungen, ist vollkommen mit der Wissenschaft identifiziert und an diese gebunden. Die Wissenschaft stellt den alleinigen Lebensmittelpunkt des Wissenschaftlers dar." (Lind 2004: 97) Vom wissenschaftlichen Nachwuchs wird die Ausformung eines diesen Erwartungen konformen Habitus erwartet. Um als hoffungsvoll eingestuft zu werden, sind sie gezwungen, eine überbordende Arbeitsbereitschaft unter Beweis zu stellen. Dem Wissenschaftsmythos liegt eine Ausrichtung an männlichen Lebensmustern zugrunde (vgl. Wimbauer 1999). Viele Frauen können dieses Muster aufgrund ihres hohen Anteils an Sorgearbeit nicht übernehmen, oder wollen es aufgrund anderer Präferenzen nicht. Hinzu kommt, dass ihnen – wenn sie sich daran ausrichten – dies vielfach nicht geglaubt wird. Während Männer auf einen generellen Vertrauensvorsprung bauen können, müssen selbst kinderlose Frauen immer wieder unter Beweis stellen, dass sie, im gleichen Maße wie Männer, leistungsfähig und -bereit sind. Ein weiteres Kernelement der illusio des Wissenschaftssystems ist das Leistungsprinzip (vgl. Beaufaÿs/Krais 2007). Fortlaufend wird betont, dass die Leistung der ausschlaggebende Maßstab für die Rekrutierung des wissenschaftlichen Nachwuchses sei. Da Leistung aber nicht ‚objektiv' messbar ist, entscheiden Wissenschaftler/innen selbst durch peer-review darüber, was eine dem Feld angemessene Leistung ist. Die Grundlage hierfür bildet nicht die

Leistung an sich, sondern immer nur die Darstellung von Leistung. Die verwendeten Indikatoren zielen in erster Linie auf das Potenzial zukünftig erwartbarer Leistung ab, wofür Eigenschaften wie Ausdauer, Einsatzbereitschaft und Disziplin herangezogen werden, die wiederum geschlechtsspezifisch zugeschrieben werden. Als ein weiterer Ausschlussmechanismus fungiert die hohe Relevanz informeller Strukturen und Netzwerke für Wissenschaftskarrieren. In Deutschland ist auf dem Weg zu einer Professur eine lange Phase der Abhängigkeit von einem Mentor vorhanden, einhergehend mit einer geringen Formalisierung bei der Stellenvergabepraxis und einer langen biografischen Unsicherheit (vgl. auch Wissenschaftsrat 2007). Nach Sandra Beaufaÿs und Beate Krais (2007: 82) zeichnen sich Unterstützungsnetzwerke durch eine „gewisse Gleichgestimmtheit im Selbstverständnis als Wissenschaftler“ aus. Eigenschaften, die sich unterscheiden, werden als Störvariable wahrgenommen. Eine solche Störvariable im Wissenschaftsbetrieb kann das Geschlecht sein. Die Autorinnen fragen weiter, wie es kommt, dass Frauen von einigen Professoren in ihrer Wissenschaftskarriere gefördert werden, von anderen dagegen nicht. Anhand von zwei Fallbeispielen zeigen sie, dass hierfür die Orientierung an einem traditionellen Wissenschaftlerbild seitens des Professors entscheidend ist.

Diesen Analysen folgen inzwischen verstärkt auch Taten: Deutlich intensiviert haben sich die Anstrengungen, durch geeignete politische Maßnahmen der Unterrepräsentanz von Frauen in der Wissenschaft entgegenzuwirken. Der Wissenschaftsrat hat 1998 „Empfehlungen zur Chancengleichheit von Frauen in Wissenschaft und Forschung“ beschlossen mit dem Ziel, den Frauenanteil in allen Qualifikationsstufen deutlich zu erhöhen, insbesondere in den Leistungspositionen. Damit solle nicht nur ein Grundrecht eingelöst, sondern zugleich das Kreativitätspotential der Wissenschaft angehoben werden. Neun Jahre später hat sich der Wissenschaftsrat im Rahmen einer Tagung mit dem Titel „Exzellenz in Wissenschaft und Forschung – neue Wege in der Gleichstellungspolitik“ erneut mit dieser Thematik befasst. Resultat der Tagung war ein neues Empfehlungspapier des Wissenschaftsrates (2007): „Empfehlungen zur Chancengleichheit von Wissenschaftlerinnen und Wissenschaftlern.“ Dazu sah sich der Wissenschaftsrat veranlasst, da der „Erfolg, der von Bund und Ländern durchgeführten Initiativen (…) bislang (…) hinter den Erwartungen zurückgeblieben ist“ (Wissenschaftsrat 2007: 10). Auf dieser Tagung haben die deutschen Wissenschaftsorganisationen (Deutsche Forschungsgemeinschaften, Fraunhofer-, Leibniz-, Helmholtz-Max-Planck-Gemeinschaften und Institute, Hochschulrektorenkonferenz und Wissenschaftsrat) eine gemeinsame „Erklärung zur Offensive für Chancengleichheit“ unterschrieben. Dadurch angestoßen hat die Deutsche Forschungsgemeinschaft (DFG) alle Mitgliederhochschulen dazu aufgefordert, für alle Qualifikationsstufen bis 2013 zu erreichende Ziele im Sinne einer Selbstverpflichtung zu formulieren. Parallel dazu hat das BMBF ein Professorinnen-Programm initiiert, mit dem innerhalb von fünf Jahren 200

Professuren für Frauen geschaffen werden sollen. Um sich dafür zu bewerben, mussten die Hochschulen ein Gleichstellungskonzept vorlegen, das bewertet wurde. Immer stärker wird von den Hochschulen die Gleichstellung als zentrale Gestaltungsaufgabe verstanden (vgl. Blone et al. 2005). Dass auf diesem Weg noch viel zu tun ist, verdeutlicht das Hochschulranking nach Gleichstellungsaspekten, das vom CEWS im Jahr 2003 entwickelt und erstmalig publiziert wurde. Seither werden die Hochschulen aufgrund einer Reihe von Indikatoren alle zwei Jahre zum Stand der realisierten Gleichberechtigung bewertet.

➲ Schlüsselbegriffe

Bildungssystem – Bildungspolitik – Bildungsbe(nach)teiligung – Allgemeinbildende Schulen – Schulabschlüsse – Schulleistungen – Kompetenzerwerb – PISA Studien – Koedukation – Sexismus – Berufsausbildung – duales System – Ausbildungsberufe – Hochschule – Fächergruppen – Studienfächer – Studienabschlüsse – Marginalisierung der Frauen in Hochschulen

Diskussionsfragen

1. Die Daten zeigen, dass immer mehr Mädchen Abitur machen und auch bei Studienanfänger/innen eine Geschlechterparität erreicht ist. Wie wirkt sich dieser Trend auf die Berufschancen von Frauen und Männern aus?
2. Denken Sie an Ihr eigenes Studium und zeigen Sie anhand desselben Ihr Verständnis der vergeschlechtlichten Prozesse im Bildungssystem. Inwiefern stimmen Ihre Erfahrungen mit den in diesem Kapitel beschriebenen Mustern überein bzw. nicht überein?
3. Sie sind Leiterin bzw. Leiter einer Arbeitsgruppe deren Ziel es ist, die geschlechtsspezifische Studienwahl der Studierenden zu reduzieren. Entwickeln Sie einen Aktionsplan und erläutern Sie, wie und warum dieser Plan funktioniert.

Weiterführende Literatur

Faulstich-Wieland, Hannelore (2004): Schule und Geschlecht. In: Helsper, Werner/ Böhme, Jeanette (Hrsg.): Handbuch der Schulforschung. Wiesbaden: 673-696

Granato, Mona/Degen, Ulrich (Hrsg.) (2006): Berufliche Bildung von Frauen. Bielefeld: Bertelsmann

Zimmer, Annette/Krimmer, Holger/Stallmann, Freia (2007): Frauen an Hochschulen: Winners among Losers. Zur Feminisierung der deutschen Universität. Opladen: Barbara Budrich

Überblicke über das Bildungssystem und Datenquellen
Seit dem Jahr 2006 wird im Auftrag des Bundes und der Länder alle zwei Jahre von einer Expertenkommission ein Bildungsbericht erstellt, der einen umfassenden Überblick zum Bildungssystem in Deutschland vermittelt. Es gibt jeweils ein Schwerpunktthema. Der aktuelle Bericht mit dem Schwerpunkthema „Übergänge" stammt aus dem Jahr 2008:

Arbeitsgruppe Bildungsberichterstattung (2008): Bildung in Deutschland. Gütersloh: Bertelsmann
http://www.bildungsbericht.de/daten/gesamtbericht.pdf

Das Bundesministerium für Bildung und Forschung erstellt jährlich eine Übersicht über die wichtigsten statistischen Daten zum Bildungssystem. Die aktuelle Ausgabe ist:
Grund- und Strukturdaten 2007/2008. Daten zur Bildung in Deutschland

Vom Bundesministerium für Bildung und Forschung wird zudem jährlich ein Berufsbildungsbericht als Bilanz des Ausbildungsmarktes des Vorjahres erstellt. Aktuell ist dies:
Berufsbildungsbericht 2009

Weitere Daten sind über das Statistische Bundesamt (http://www.destatis.de/jetspeed/portal/cms/) erhältlich: Hier sind besonders die jährlichen Berichte – hier jeweils mit der aktuellen Ausgabe – zu nennen:

- Allgemeinbildende Schulen – Schuljahr 2007/08 Fachserie 11 Reihe 1
- Berufliche Schulen – Schuljahr 2007/08 Fachserie 11 Reihe 2
- Studierende an Hochschulen – Wintersemester 2007/2008 Fachserie 11 Reihe 4.1
- Prüfungen an Hochschulen – 2008 Fachserie 11 Reihe 4.2

Internationale Daten zu den Geschlechterunterschieden in der Wissenschaft werden von der European Commission alle drei Jahre in der Publikation „She figures" publiziert. Die aktuelle Ausgabe stammt von 2009.
http://ec.europa.eu/research/science-society/document_library/pdf_06/she_figures_2009_en.pdf

Internetadressen

Bundesministerium für Bildung und Forschung
Das für das Bildungssystem zuständige Ministerium bietet auf seiner Internetseite reichhaltige Information und Materialien:
http://www.bmbf.de/index.php

Kultusministerkonferenz
Die *Kultusministerkonferenz* ist ein Zusammenschluss der für Bildung, Erziehung, Hochschulen, Forschung und kulturelle Angelegenheiten zuständigen Ministerien bzw. Senatoren der Länder, mit dem Ziel eine gewisse Gemeinsamkeit trotz Länderhoheit herzustellen:
http://www.kmk.org/

Kompetenzzentrum Frauen in Wissenschaft und Forschung (Center of Excellence Women and Science CEWS)

Das CEWS als Drittmittelprojekt der Universität Bonn ist inzwischen in die GESIS (Gesellschaft sozialwissenschaftlicher Infrastruktureinrichtungen) integriert. Es ist eine forschungsbasierte Dienstleistungseinrichtung, die mit der Verwirklichung der Chancengleichheit von Frauen und Männern in Wissenschaft und Forschung in Deutschland befasst ist. Neben Forschungsprojekten und Politikberatung erstellt das CEWS auch ein Hochschulranking nach Gleichstellungsaspekten:
http://www.cews.org/cews/index.php

Wissenschaftsrat

Der Wissenschaftsrat berät die Bundesregierung und die Regierungen der Länder in Fragen der inhaltlichen und strukturellen Entwicklung der Hochschulen, der Wissenschaft und der Forschung:
http://www.wissenschaftsrat.de/

Deutscher Bildungsserver

Der Deutsche Bildungsserver als Internet-Wegweiser bietet grundlegende Informationen zum deutschen und internationalen Bildungswesen. Er verschafft mit seinen Datenbanken einen Zugang zu allen bildungsrelevanten Themen:
http://dbs.schule.de/

5. Arbeit und Geschlecht

Stellen Sie sich vor: Eine junge Bäuerin erwacht morgens und stillt ihr vier Monate altes Kind. Sie bereitet dann das Frühstück für den Rest der Familie vor und wäscht nach dem Essen das Geschirr. Darunter sind auch Töpfe, die sie für das Einkochen von Marmelade benutzt, welche sie später auf dem Markt verkaufen will. Danach wird eine Maschine Wäsche gewaschen, die im Garten aufgehängt wird. Als nächstes jätet die Bäuerin Unkraut und pflückt Erdbeeren, die teilweise auch zum Verkauf angeboten werden sollen. Später füttert sie die Gänse, die sie hinter dem Haus hält, um sie Ende des Jahres zu verkaufen. Als nächstes macht sie die Wohnräume sauber und kocht Essen für die Familie. Die ganze Zeit hat sie ihr Baby bei sich. Obwohl diese Frau den ganzen Tag über beschäftigt war, werden ihre Leistungen in der offiziellen Statistik nicht als Arbeit anerkannt. Das wirft eine Reihe von Fragen auf: Warum wird diese Arbeit nicht als solche angesehen? Wie könnte diese Arbeit als Teil unserer Wirtschaft berechnet werden (vgl. Box 5.1)? Was zählt eigentlich als Arbeit?

In diesem Kapitel werden zunächst die Arten der Arbeit vorgestellt. Danach wird die Entwicklung der Erwerbsbeteiligung von Frauen und Männern in Deutschland behandelt. Einen breiten Raum nehmen die Beschäftigung von Frauen und Männern in verschiedenen Berufen bzw. Tätigkeitsbereichen (horizontale Segregation) sowie die Unterschiede in den Erwerbseinkommen und Karrierechancen (vertikale Segregation) ein. Auch werden eine Reihe von Erklärungsansätzen für die geschlechtsspezifische Ungleichheit im Arbeitsmarkt dargestellt. Abgeschlossen wird das Kapitel mit einer Diskussion der Arbeitslosigkeit und der Armut aus geschlechtsspezifischer Perspektive und mit einem internationalen Blick auf den Stand der Frauenerwerbstätigkeit und von Einkommen im Kontext der Globalisierung.

5.1 Arten der Arbeit: Erwerbsarbeit und Sorgearbeit

Ausgangspunkt herkömmlicher Definitionen von Arbeit ist ein (männlicher) Arbeiter im Erwerbssystem. Das Aufkommen der bürgerlichen Gesellschaft (vgl. Kapitel 2) hat die strikte Trennung von Produktion als männlicher Sphäre und Reproduktion als weiblicher Sphäre hervorgebracht. Mit der industriellen Revolution kam es zu einer massenhaften Ausweitung der Lohnarbeit. Im Gegensatz zur Lohnarbeit galt die Reproduktionsarbeit als Tätigkeit der Frauen, die keine ‚richtige Arbeit‘ war, sondern von ihnen als Ausdruck der Liebe (Bock/Duden 1977) für ihre Familie verrichtet wurde. Sie bedarf daher keiner monetären Entlohnung, sondern ihr genügt der immaterielle Dank der Familie (vgl. Geissler 2009).

In dieser Traditionslinie bezieht sich der Arbeitsbegriff herkömmlich nur auf Erwerbsarbeit, d. h. auf den Austausch von Arbeitskraft für Lohn, bzw. auf selbstständige Arbeit, mit der auf dem Markt angebotene Güter und Dienstleistungen hergestellt werden. Alle anderen produktiven Tätigkeiten sind aus dem Arbeitsbegriff ausgeschlossen (vgl. Notz 2008; Schneider/Ernste 2005). Laut Lourdes Beneria (1992) lassen sich fünf Arten der Arbeit unterscheiden: Formelle Erwerbsarbeit, informelle Erwerbsarbeit, Subsistenzarbeit, unbezahlte Versorgungs- bzw. Sorgearbeit und ehrenamtliche Arbeit. Die über die formelle Erwerbsarbeit hinausgehenden Formen sollen an dieser Stelle kurz vorgestellt werden.

- *Informelle Erwerbsarbeit*: Unter informeller Erwerbsarbeit werden bezahlte Beschäftigungsverhältnisse verstanden, die nicht in das staatlich regulierte Erwerbssystem integriert sind. Viele Haushaltsreinigungs- oder Gärtnertätigkeiten für Privathaushalte fallen darunter. Diese Form der Arbeit wird in ökonomischen Statistiken nicht erfasst. Über die Verbreitung gibt es nur Schätzungen. Vor allem Frauen sind im informellen Sektor tätig.
- *Subsistenz- oder Eigenversorgungsarbeit:* Darunter wird unentlohnte Arbeit verstanden, die für den unmittelbaren Konsum der Haushaltsmitglieder und zur Selbstversorgung des Haushaltes dient. Vor allem in Entwicklungsländern leben viele Menschen noch von der eigenen Lebensmittelproduktion, z. B. durch Landwirtschaft. Auch bei dieser Art von Arbeit führt die hohe Partizipation von Frauen zur Unterschätzung des weiblichen Beitrags.
- *Unbezahlte Versorgungs- bzw. Sorgearbeit:* Im Gegensatz zur Subsistenzarbeit entsteht durch die Sorgearbeit kein Produkt, sondern es handelt sich gewissermaßen um einen unbezahlten „Service“. Es werden die unmittelbaren Bedürfnisse der Haushaltsmitglieder durch Arbeitsleistungen, wie Wäschewaschen, Wohnraumsäuberung, Essen kochen, Kinder- und Altenbetreuung, befriedigt.
- *Ehrenamtliche Arbeit:* Diese Form der Arbeit grenzt sich von entgeltlicher Arbeit nur durch ihre Unbezahltheit ab. Anders als die Subsistenz- und Sorgearbeit, wird sie nicht für den eigenen Haushalt geleistet. Menschen, die ehrenamtlich arbeiten, geben unentgeltlich von ihrem Wissen und ihrer Zeit an ihr soziales Umfeld ab. Ziel dieser Arbeit ist das Gemeinwohl. Nach einer Studie des BMFSFJ (2000) sind etwas mehr Männer (38 %) als Frauen (30 %) ehrenamtlich tätig. Innerhalb des ehrenamtlichen Engagements zeigt sich ein geschlechtsspezifisches Muster: Männer übernehmen häufiger Leitungsfunktionen in Vereinen und in Aufsichtsräten, Frauen dagegen sind überwiegend im Bereich der sozialen Dienstleistungen tätig (vgl. Notz 1999 a).

Die aus der sozialwissenschaftlichen Frauenforschung stammende Neubestimmung der Kategorie „Arbeit“ thematisiert das Verhältnis zwischen Erwerbsarbeit und Sorgearbeit, sowie die Diskriminierungs- und Ausschließungsprozesse, die den Arbeitsmarkt charakterisieren. Die Kritik an erwerbszentrierten Arbeitsbegriffen weist auf zwei Notwendigkeiten hin: Erstens, die Arbeitsleistungen von Frauen im Privaten sichtbar zu machen und zweitens, das Private allgemein zu „entnaturalisieren“ (vgl. Hausen 1976). Dass die Arbeit im Haushalt generell unsichtbar und daher unterbewertet ist, liegt daran, dass sie vielfach als bloße Routine gilt, die keine besonderen Fähigkeiten erfordert. Hauptsache, die Wäsche liegt sauber und gut gefaltet im Schrank, die Wohnung ist aufgeräumt und das Essen gekocht. Über die Arbeit und die Zeit, die für diesen Prozess ‚hinter der Bühne‘ erforderlich sind, wird nicht gesprochen. Beides wird auch von den Nutznießern dieser Arbeitsleistungen nicht hinterfragt.

Aufbauend auf und gleichzeitig als Kritik gegenüber ökonomischen Konzeptualisierungen der Arbeit als Mittel zur Produktion von Gütern und Diensten, die auf dem Markt gehandelt werden, bestimmen Randy Hodson und Teresa Sullivan (2002: 3) Arbeit als „the creation of material goods or services, which may be directly consumed by the worker or sold to someone else. Work thus includes not only paid labor but also self-employed labor and unpaid labor, including that of homemakers useful work done in the home.“ Dieser umfassende Arbeitsbegriff schließt alle entlohnten und unentlohnten Tätigkeiten zur Daseinsbeschaffung ein und bildet daher die Grundlage unserer weiteren Erörterungen. Alternative Ansätze zur Berechnung der Arbeit sind in Box 5.1 zu finden.

Box 5.1

Alternative Ansätze zur Berechnung der Arbeit

Aus Sicht der Ökonomen/innen im United Nations System of National Accounts (SNA) hat die Bäuerin am Anfang des Kapitels den ganzen Tag fast nichts zur Weltwirtschaft beigetragen, weil sie hauptsächlich sogenannte unproduktive, unaktive, primäre Produktionsarbeit leistet, die von Haushaltsmitgliedern konsumiert wird (vgl. Waring 2003).

Mitte der 1990er Jahre setzen Ansätze zu einer Änderung ein (UNIFEM 2005). Zunächst wurde die Produktion aller Haushaltskonsumgüter in den Begriff der produktiven Arbeit einbegriffen, was viele Haushaltsaktivitäten, die von Frauen verrichtet werden (z. B. Wassertragen, Weben, Nähen, Töpfern und Holzsammeln) zur produktiven Arbeit machte. Die Leistung von Diensten, die von Haushaltsmitgliedern konsumiert werden, wie z. B. Kochen, Putzen, Waschen sowie die Kinder- und Altenbetreuung, bleibt jedoch weiterhin aus der produktiven Arbeit ausgeschlossen. Um auch diese Formen der Arbeit einzubeziehen, müssten neue Indikatoren, Methoden der Datensammlung und auch Definitionen entwickelt werden. Der Begriff „unbezahlte Sorgearbeit“ wurde eingeführt, um die Dienstleistungen von Frauen im Haushalt und in der Gemeinschaft zu beschreiben. Um diese Leistungen erfassen zu können, wurden „Time Use Surveys" durchgeführt, die den Zeitaufwand einer bestimmten Arbeitsleistung sichtbar machten (UNIFEM 2005).

Während der 4. Weltfrauenkonferenz im Jahr 1995 wurde beschlossen, dass neue Arten der Berechnung der Arbeit, die das SNA nicht berücksichtigt, gesucht werden müssen. Arbeit in nicht-SNA Bereichen, wie in der informellen Wirtschaft und die Arbeit von Familienmitarbeiterinnen, muss berechnet werden und in öffentlichen Statistiken erscheinen. Die International Labor Organization (ILO) schlug einen neuen Gender Indikator vor, den „share of women in employment by type". Auch die Task Force on Education and Gender Equality empfiehlt diesen Indikator als dem 3. Ziel der Millennium Development Declaration der Vereinten Nationen aus dem Jahre 2000 („promote gender equality and empower women") entsprechend (Grown et al. 2005)[1]. Dieser Indikator zeigt den Anteil von Frauen ausdifferenziert nach formellem und informellem Arbeitsmarkt in der landwirtschaftlichen und nicht-landwirtschaftlichen Erwerbsarbeit, sowie in der Selbstständigkeit an. Hier wird versucht, den Austausch von geldlichen und nicht-geldlichen Leistungen sichtbar zu machen und einzuschätzen, und dadurch den Beitrag und den Wert weiblicher Arbeit in wirtschaftliche Rechnungen konkret einzubeziehen (vgl. Waring 2003). Andere Ökonom/innen haben versucht, die unbezahlte, von Frauen geleistete Sorgearbeit dadurch zu messen, dass entweder geschätzt wird, wie viel eine spezialisierte Arbeitskraft (z. B. Köchin oder Reinigungspersonal) kosten würde, oder wie viel es den Haushalt kosten würde, wenn die Sorgearbeit leistende Frau erwerbstätig wäre („opportunity costs"), anstelle zu Hause zu bleiben (z. B. Kinderbetreuungskosten).

Im Weiteren werden wir uns zunächst der vor allem von Frauen geleisteten Reproduktionsarbeit zuwenden. Statt von Haus- oder Familienarbeit zu sprechen, wird der heute in der Literatur verbreitete Begriff der „Sorgearbeit" (engl.: „care work", vgl. England 2005) verwendet, da dieser den Inhalt und die Spannbreite der Tätigkeiten im Privatraum genauer erfasst.

5.1.1 Sorgearbeit (care work)

Das, was unter Sorgearbeit verstanden wird, ist bestimmt durch den Gegensatz zur Erwerbsarbeit als einer den Frauen zugewiesenen, residualen und im Privatraum geleisteten Aktivität, die einen anderen Zeit-, Kosten- und Wertkriterien unterliegenden Arbeitsinhalt hat. Nach Paula England, Michelle Budig und Nancy Folbre (2002: 455) kann Sorgearbeit unbezahlte und bezahlte Arbeit umfassen und „provide a face-to-face service that develops the human capabilities of the recipient". Nach Trudie Knijn und Monique Kremer (1997: 330) umfasst Sorgearbeit „the provision of daily social, psychological, emotional, and physical attention for people." Sorge-

1 Mehr zu den „Millennium Development Goals" der Vereinten Nationen, sowie zu internationalen Messziffern zur allgemeinen Geschlechterdifferenz finden Sie in Band 2, Kapitel 6.

arbeit ist demnach eine „Mischarbeit“, die sich sowohl auf personenbezogene als auch auf sachbezogene Aktivitäten erstreckt. Neben der Kinderbetreuung zählen noch Putzen, Kochen, Aufräumen, Abwaschen, Wäschewaschen, Bügeln und Einkaufen zu den Routineleistungen der Sorgearbeit. Sorgearbeit umfasst also die Gesamtheit der Arbeitsleistungen, die im Haushalt erbracht werden, um die physische und psychische Reproduktion aller Haushaltsmitglieder zu sichern. Vielfach wird in der Tatsache, dass sich die Sorgearbeit unmittelbar an den Bedürfnissen der Familienmitglieder orientiert und nicht an der Sicherung der Existenz durch den Tausch von Arbeit gegen Lohn, die entscheidende Differenz zur Erwerbsarbeit gesehen. Die Haushaltsführung und Kindererziehung fordere andere Kenntnisse und Fähigkeiten, nämlich solche, die auf personenbezogenem Erfahrungswissen und Gebrauchswert, und nicht – wie die Berufsarbeit – auf Leistungsmotivation und Tauschwert in der Geldwirtschaft, ausgerichtet sind. Silvia Kontos und Karin Walser (1979) meinen ferner, dass sich Sorgearbeit als Beziehungsarbeit nicht nur qualitativ von Berufsarbeit unterscheidet und durch Mangel an monetärem Tauschwert abgewertet wird. Vielmehr sei Sorgearbeit auch durch private Abhängigkeitsverhältnisse gekennzeichnet, deren emotionale Grundlage deutlich von den im Arbeitsmarkt herrschenden Machtverhältnissen zu unterscheiden ist.

Aus ökonomischer Sicht ist Sorgearbeit – wie bereits eingangs erwähnt – allerdings keine produktive Arbeit und daher eigentlich überhaupt keine Arbeit (vgl. Opielka 2002). Gleichwohl bildet sie eine wesentliche Voraussetzung für die Wirtschaft. Die unbezahlte Reproduktionsarbeit der Frauen im Haushalt ist eine Grundlage der Erwerbsarbeit der anderen Haushaltsmitglieder, sie werden dadurch entlastet und können sich regenerieren. Durch die Professionalisierung personenbezogener Versorgungstätigkeiten ist die bezahlte Sorgearbeit immer mehr in den Vordergrund der Haushaltsführung in Doppelverdienerhaushalten gerückt. Reinigungspersonal und sogenannte „Bügelfrauen“ sind vor allem in Mittelschichtfamilien verbreitet. Allerdings ist dieses Personal oft nicht Teil des offiziellen Arbeitsmarkts, sondern findet sich in der sogenannten „Schwarzarbeit“ in der „Schattenwirtschaft“ (vgl. Lutz 2001). Oft wird die bezahlte Sorgearbeit von Frauen mit Migrationshintergrund ohne Arbeitsvertrag, d.h. im informellen Arbeitsmarkt, geleistet. Über das Ausmaß dieser Arbeit gibt es nur Schätzungen (vgl. Ernste 2004). Sie gehen davon aus, dass ca. vier Millionen deutsche Haushalte Haushaltshilfen haben, von denen jedoch nur 32.000 sozialversicherungspflichtig angestellt sind (vgl. Thiessen 2006). Eine Studie der European Foundation teilt ferner mit, dass sich die Beschäftigung in Privathaushalten jährlich mindestens um 5 % erhöht und dass zwischen 50 % und 80 % der Haushaltshilfen schwarzarbeiten (vgl. Cancedda 2001).

Die Entwicklung dieser, von einer ‚Hausfrau‘ geleisteten Residualkategorie Sorgearbeit ist ein im Zuge der Modernisierung entstandenes Phänomen.

Sie geht mit einer, durch die Verkleinerung der Haushalte auf Kernfamilien und durch technologische Fortschritte bedingten, Spezialisierung auf das körperliche und seelische Wohlbefinden der Familienmitglieder einher. Was an Sorgearbeit anfällt, hat sich über die Generationen hinweg verändert. Zwar hatte die frühe Nachkriegszeit noch eine strikte geschlechtsspezifische Aufteilung der Aufgaben zwischen den Geschlechtern. Die Arbeit im Privatraum schloss aber auch die Männer mit ein. Hausbau, Hausan- oder -umbau, Renovieren und Reparaturarbeiten aller Art gehörten ebenso zum männlichen Beitrag zur Familienarbeit, wie das Transportieren von Holz und Kohlen zum Beheizen der Wohnung. Durch die in den 1960er Jahren einsetzende Rationalisierung der Hausarbeit, sei es durch Auslagerung an Dienstleistungsbetriebe (z.B. Reinigung) oder durch die Umstrukturierung der Nahrungszubereitung (z.B. mehr Fertigprodukte), entstanden größere, individuell auszufüllende Handlungsspielräume. Männer haben allerdings von diesem Prozess stärker profitiert als Frauen. Es waren vor allem ihre familialen Aufgaben, die wegfielen oder ausgelagert wurden und dadurch in freie Zeit umgesetzt werden konnten. Durch die Technisierung der Hausarbeit (z.B. Einzug der Waschmaschinen) wurden die Frauen zwar etwas entlastet. Dies hat sich aber nicht in vergleichbarer Weise in mehr Freizeit niedergeschlagen, da zugleich andere Tätigkeiten der Frauen im Haushalt mehr Zeit erfordern. Angestiegen sind die Ansprüche an Hygiene, an eine gesunde Ernährung und Lebensführung ebenso, wie sich selbstverständliche Erwartungen an eine Frühförderung bzw. ein Mikromanagement des Nachwuchses durchgesetzt haben (vgl. BMFSFJ 2006).

Nach den Angaben des 7. Familienberichts betrug 2001 das Gesamtvolumen an in Privathaushalten geleisteten, unbezahlten Arbeitsstunden das 1,7-fache der Zeit, die für Erwerbsarbeit aufgewandt wurde (vgl. BMFJFS 2006). Die Ergebnisse der 2001/2002 im Auftrag des BMFJFS vom Statistischen Bundesamt (2003; 2006b) durchgeführten Zeitbudgetstudie basierten auf rund 37.000 Tagesabläufen von über 12.000 Personen. Die Daten beziehen sich auf die aus dieser Studie berechneten Zeitbudgets von erwerbstätigen Frauen und Männern im Alter von 20 bis 74 Jahren (vgl. Eurostat 2004b). Erwerbstätige Frauen in deutschen Haushalten leisten im Vergleich täglich durchschnittlich 79 Minuten mehr Hausarbeit als Männer (3 Stunden 11 Minuten verglichen mit 1 Stunde und 52 Minuten). Zudem verrichten Frauen 73 Minuten weniger Erwerbsarbeit als Männer (3 Stunden 52 Minuten zu 5 Stunden und 5 Minuten) (vgl. Tab. 5.1).

Auch die *Art* der Sorgearbeit, die von den Geschlechtern jeweils geleistet wird, unterscheidet sich (vgl. Tab. 5.2): Während Frauen mehr von der Routinehaushaltsarbeit, wie Wäschewaschen, Kochen und Putzen leisten, sind Männer mehr mit weniger regelmäßigen Arbeiten, wie Gartenarbeiten, Reparaturen und Einkäufen beschäftigt. Generell bleibt vor allem die Wäschepflege Frauensache. Diese Muster sind im Einklang mit den in anderen europäischen Ländern gefundenen Ergebnissen (vgl. Eurostat 2004b).

Tab. 5.1: Zeitstruktur erwerbstätiger Frauen und Männer in Stunden und Minuten am Tage

	Frauen Std.:Min.	Männer Std.:Min.	Männerzeit in % der Frauenzeit
Freizeit undefiniert	4:49	5:11	114
Essen, persönliche Zeit	2:31	2:21	96
Schlafen	8:11	8:00	99
Reisen, Transport	1:27	1:31	103
Hausarbeit	3:11	1:52	49
Erwerbsarbeit, Studium	3:52	5:05	143
Summe	24:00	24:00	

Quelle: Eurostat 2004 b: 1

Tab. 5.2: Prozentuale Zeitverteilung der Sorgeaktivitäten von erwerbstätigen Frauen und Männern

	Frauen % der Zeit	Männer % der Zeit	Männerzeit in % der Frauenzeit
Essenszubereitung	20	12	60
Abwaschen	8	6	75
Saubermachen	21	18	86
Wäsche u. Bügeln	12	2	17
Gartenarbeiten	4	7	175
Reparaturen	1	13	130
Einkaufen, Botengänge	15	20	133
Kindererziehung	10	7	70
Sonstiges	9	15	166
Total	100	100	

Quelle: Eurostat 2004 b: 2

5.1.2 Kinderbetreuung als Sorgearbeit

Die Familiengründung hat vielfältige und weitreichende Auswirkungen auf das Leben des Paares. Nach Muna El-Giamal (1999), die das Verhalten von Eltern in natürlichen Situationen protokolliert hat, erleben Mütter eine Verschiebung ihrer Aktivitäten von berufs- und partnerschaftsbezogenen hin zu familien- und kindbezogenen Tätigkeiten. Die Geburt des ersten Kindes bringt für die Eltern einen so nicht antizipierten Bruch mit dem vorher etablierten Tagesablauf mit sich. Der Ablauf aller Alltagsroutinen, angefangen mit dem morgendlichen Aufstehen, muss sich nun an den Bedürfnissen des Säuglings orientieren (vgl. Monk et al. 1996). Diese notwendige Anpassung an den vom Kind vorgegebenen Rhythmus bereitet nicht wenigen Eltern Schwierigkeiten. Vor allem die Mütter als primäre Bezugspersonen leiden oftmals unter dem starken Angebundensein. Da die Nachtruhe selten ungestört verläuft, leiden die Eltern, auch hier insbesondere die Mütter, fast ausnahmslos unter Schlafmangel. Die Folgen der Dauerbelastung sind häufig Gereiztheit und ständige Müdigkeit bis hin zur völligen körperlichen Erschöpfung. Erschwerend kommt die Unvorhersehbarkeit des kindlichen Verhaltens hinzu. Die daraus resultierende schlechte Planbarkeit des Tagesablaufs und die ständige Unterbrechung von Handlungsabläufen durch das Kind, können zu Gefühlen von Hilflosigkeit, Überforderung und Kontrollverlust führen.

Aus den Ergebnissen der Zeitbudgetstudie von Jan Künzler, Wolfgang Walter, Elisabeth Reichart und Gert Pfister (2001) geht hervor, dass Mütter im Schnitt pro Woche über 28 Stunden für die Kinderbetreuung aufwenden, Väter dagegen nur knapp 19 Stunden. Wichtiger noch als diese zeitliche Differenz, ist der damit einhergehende Verpflichtungscharakter: Für die meisten Väter ist die Kinderbetreuung „keine Notwendigkeit, sondern ein entscheidungsgebundener Einsatz“ (Walter/Künzler 2002: 114). Sie füllen die nach Abzug der Erwerbstätigkeit und eigenen Freizeitaktivitäten verbleibende Zeit mit kinderbezogenen Aktivitäten auf. Für die Mütter aber ist die Kinderbetreuung „eine Pflichtaufgabe, die sie zeitökonomisch rational gestalten müssen“ (ebd.). Martina Gille und Jan Marbach (2004) zeigen, dass erwerbstätige Mütter etwa doppelt soviel unbezahlte Arbeit leisten wie erwerbstätige Väter. Ferner ergab die Zeitbudgetstudie des Statistischen Bundesamts auch, dass vor allem im Alter von 25 bis 45 – den Jahren der Familienversorgung – erwerbstätige Frauen viel mehr Zeit mit Essenszubereitung, Kinderbetreuung und Instandhaltung der Wohnung verbringen als Männer (Statistisches Bundesamt 2004 b). Generell gilt, dass, obwohl Väter heute durchschnittlich etwas mehr Zeit für Sorgearbeit aufwenden als in der Vergangenheit, Kinder das Leben von Vätern nach wie vor weit weniger beeinflussen als das der Mütter (vgl. Dressel/Corneliessen/Wolf 2005).

Vorhandene egalitäre Muster der Arbeitsteilung setzen sich bei der Familiengründung in aller Regel nicht fort. Im Gegenteil: Die Elternschaft bewirkt in den meisten Fällen eine Retraditionalisierung der Paarbeziehung. Die Mütter wenden nicht nur mehr Zeit in der Kindererziehung auf als die Väter. Die Familiengründung bringt es auch hier mit sich, dass sie nun mehr Zeit in die Hausarbeit investieren. Junge Mütter werden stärker in die „klassische“ Hausfrauenrolle gedrängt oder übernehmen sie mehr oder weniger freiwillig. Vielfach geht dies einher mit der Aufgabe oder Reduzierung der eigenen Erwerbstätigkeit und einer, durch die Kinderbetreuung bedingten, verstärkten Anwesenheit im gemeinsamen Haushalt. Häufig müssen sie dann hinnehmen, dass ihre Erwartungen an eine gerechte innerfamiliale Arbeitsteilung nicht erfüllt werden. Ihre Rollenauffassungen bleiben oft egalitär, während die Einstellungen der Männer mit der Familiengründung wieder traditioneller werden. Folge davon ist, dass für die Mütter Erwartungen und Realität immer weiter auseinander klaffen, was zur Belastung der Paarbeziehung führt (vgl. auch Huinink/Röhler 2005).

Amerikanische Studien zeigen, dass Eltern heute mehr Zeit für die Betreuung der Kinder aufwenden als in den 1960er Jahren (vgl. Sayer/Bianchi/Robinson 2004) und dies, obwohl Mütter heute stärker erwerbstätig und auch seltener verheiratet sind als damals. Berufstätige Mütter verbringen heute im Schnitt mehr Zeit mit ihren Kindern als dies noch 1965 der Fall war. Noch deutlicher sind die Veränderungen bei den Vätern, die heute signifikant mehr Zeit in Routine- und Betreuungsaufgaben investieren als in der Vergangenheit. Deutlich angewachsen sind die Differenzen unter den Eltern: Auf der einen Seite stehen die Eltern, die viel Zeit, auf der anderen Seite die Eltern, die wenig Zeit für ihre Kinder aufwenden. Mehr Zeit mit den Kindern zu verbringen hat zur Konsequenz, dass sich die Zeit, die Eltern für Freizeitaktivitäten und für Unternehmungen als Paar zur Verfügung haben, reduziert hat. Die Freizeit ist für Eltern deutlich geringer als für andere Erwachsene (vgl. Jacobs/Gerson 2005). Ein Ergebnis, das sich auch unmittelbar für Deutschland bestätigen lässt (vgl. Jurczyk et al. 2009).

5.1.3 Altenbetreuung als Sorgearbeit

Zur Sorgearbeit zählt auch die Pflege der alt gewordenen Eltern (vgl. als Überblick Schroeter/Rosenthal 2005). Alte Menschen sind in den Wohlfahrtstaaten nicht mehr – wie in der Vergangenheit – auf die materielle Versorgung durch die eigenen, nunmehr erwachsenen Kinder angewiesen. Die modernen Wohlfahrtsstaaten haben die materielle Altersvorsorge *entfamilialisiert;* sie durch Errichtung von Rentenkassen aus der Familie ausgelagert. Diese Regelung hat als Nebeneffekt nachhaltig zu einer Verbesserung der Generationsbeziehungen auf der emotionalen Ebene beigetragen (vgl. Münchmeier 1999). Nicht mehr die eigenen Kinder haben den Lebensunterhalt ihrer Eltern zu sichern, sondern die aus dem Erwerbsleben Ausgeschiedenen erhalten Leistungen aus einer Rentenkasse. Diese Auslagerung der materiellen Alterssicherung heißt jedoch nicht, dass Kinder keine Leistungen für ihre alt gewordenen Eltern erbringen. Trotz getrennter Haushalte bleibt in aller Regel durch Besuche und Telefongespräche ein reger Kontakt erhalten, der eine Fülle von Unterstützungsleistungen einschließt. Bei fortschreitender Altersgebrechlichkeit werden vielfach vormals getrennte Haushalte wieder zusammengelegt.

Weiterhin findet aber die Pflege alter Menschen ganz überwiegend in Familien statt. Mit fortschreitendem Alter übernehmen die Kinder wesentliche Versorgungs- und Betreuungsleistungen für ihre Eltern bzw. für ein Elternteil. Das große Maß an Pflege- und Hilfeleistungen in den privaten Haushalten wirft die Frage auf, wer diese Form sozialer Unterstützung leistet. Es sind meist Frauen, die diese Betreuungsleistungen erfüllen (vgl. Rosenkranz/Schneider 1997; Nestmann 1999; Höpflinger 2005; Backes 2005). Nimmt man nur die Pflegebedürftigen im Alter von 65 bis 79 Jahren in den Blick, dann zeigt sich, dass die Hauptpflegeperson in dieser Altersgruppe vor allem der/die Ehe- bzw. Lebenspartner/in ist. In der Altersgruppe der 80-Jährigen und Älteren kann diese Unterstützungsleistung vielfach nicht mehr durch den/die Beziehungspartner/in geleistet werden, da der andere Teil der Zweierbeziehung, häufig der Mann, nicht mehr lebt. Für diese Altersgruppe pflegebedürftiger Personen ist mit deutlichem Abstand die Tochter die wichtigste Pflegeperson, gefolgt von der Schwiegertochter. Während für die Tochter in der Zuständigkeit für die Pflege im Vergleich der beiden Altersgruppen ein hoher Zuwachs sichtbar wird, verändert sich das Engagement des Sohnes auch bei Eltern im hohen Alter nicht. Unabhängig vom Alter der Eltern übernehmen Söhne nur äußerst selten die Zuständigkeit für die Pflege der Eltern. Die Söhne als Hauptpflegepersonen kommen nahezu nicht vor; sie verlassen sich auf verwandte Frauen oder bezahltes Pflegepersonal. Zieht man in Betracht, dass es sich auch in dem Bereich der Pflege durch Verwandte, Freunde und Nachbarn vorwiegend um Frauen handeln dürfte, dann wird deutlich, dass Männer Pflegetätigkeiten fast ausschließlich für ihre Ehe- und Lebenspartnerin durchführen. Der Pflege anderer Personen, auch der eigenen Eltern, entziehen sie sich fast vollständig.

5.2 Erwerbsbeteiligung von Frauen und Männern

Die Teilhabe von Frauen und Männern am Arbeitsmarkt hängt von verschiedenen Faktoren ab und hat sich historisch durch den Wandel der Arbeitswelt verändert. Nicht zuletzt haben die jeweils gängigen Leitvorstellungen über männliche und weibliche Arbeit einen großen Einfluss auf die Erwerbsbeteiligung. Ermittelt wird die Erwerbsbeteiligung anhand der sogenannten Erwerbsquote oder Erwerbstätigenquote (s. Begriffs-Box 5.1).

Begriffs-Box 5.1

Erwerbsquote und Erwerbstätigenquote

Bei der Erwerbsquote wird die Anzahl der Erwerbspersonen auf eine Gesamteinheit bezogen. Zu den Erwerbspersonen gehören neben den Erwerbstätigen auch die Erwerbslosen. Als erwerbstätig werden alle Personen erfasst, die in einem Arbeitsverhältnis (abhängig Beschäftigte) stehen, sowie alle Selbstständigen, Freiberuflichen und mithelfenden Familienangehörigen. Als erwerbslos gelten alle Personen, die sich um eine Arbeitsstelle bemühen, unabhängig davon, ob sie beim Arbeitsamt registriert sind oder nicht. Der Begriff der Erwerbslosen ist somit weiter gefasst als der der Arbeitslosen. Als arbeitslos gilt nur, wer beim Arbeitsamt als arbeitslos gemeldet ist. Die Grundeinheit als Bezugsgröße der Erwerbspersonen kann die gesamte Wohnbevölkerung sein. In diesem Falle spricht man von der *allgemeinen Erwerbsquote.* Die allgemeine Erwerbsquote lässt jedoch außer Betracht, dass ein Teil der Wohnbevölkerung – aufgrund des zu jungen bzw. des zu hohen Alters – dem Arbeitsmarkt überhaupt nicht zur Verfügung steht. Aus diesem Grund wird die Anzahl der Erwerbspersonen auf die Wohnbevölkerung im erwerbsfähigen Alter als Grundeinheit bezogen (*Erwerbsquote im erwerbsfähigen Alter*). Hier ist allerdings darauf zu achten, dass die untere und obere Altersgrenze des erwerbsfähigen Alters unterschiedlich definiert sein kann. Daneben gibt es auch noch *altersspezifische Erwerbsquoten.* Hier wird die Erwerbsbeteiligung für bestimmte Altersgruppen ermittelt. Als Novum bei den Frauen gibt es schließlich noch die Erwerbsquote, die auf den Familienstand oder auf die Anzahl bzw. das Alter der Kinder bezogen ist.

Von den Erwerbsquoten ist die *Erwerbstätigenquote* (auch Beschäftigungsquote) zu unterscheiden: Sie bezieht sich nicht auf die Erwerbspersonen, sondern nur auf die Erwerbstätigen. Sie ist daher generell niedriger als die Erwerbsquote. In internationalen Datenbanken, wie z.B. Eurostat, wird oft die Erwerbstätigenquote verwendet. Nicht außer Acht zu lassen ist jedoch auch hier, dass sich die Daten auf unterschiedliche Altersgruppen beziehen können.

Schon seit 1882, dem Jahr der ersten Berufszählung des Deutschen Reichs, liegen Daten zu den Erwerbsquoten von Frauen und Männern vor. Entgegen verbreiteten Vermutungen waren Ende des 19. Jahrhunderts immerhin mehr als ein Drittel der Frauen (38%) erwerbstätig. Mit dieser Zahl wird dabei die tatsächlich vorhandene Frauenerwerbstätigkeit sogar noch unterschätzt, da bei den ersten drei Berufszählungen der Begriff der mithelfenden Familienangehörigen – und damit eine Kategorie, die bei den Frauen eine wichtige Rolle spielte – sehr eng gefasst war (vgl. Willms 1983: 123f.). Die Erwerbsquote der Männer schwankte über den gesamten Zeitraum auf einem hohen Niveau nur geringfügig, wie aus der Tabelle 5.3 sichtbar wird.

Tab. 5.3: Erwerbsquoten im erwerbsfähigen Alter* nach Familienstand, 1882 bis 1950 (in %)

Jahr	Frauen	Männer	Verheiratete Frauen	Ledige Frauen
1882	37,5	95,9	9,5	69,4
1907	45,9	95,2	26,3	71,7
1925	48,9	95,3	29,1	73,8
1933	48,0	93,9	30,1	73,7
1939	49,8	95,6	33,8	77,2
1950	44,4	93,5	26,4	68,7

* Anteil der Erwerbspersonen an der Wohnbevölkerung im Alter von 15 bis unter 65 Jahren
Quelle: Willms-Herget 1985, Tabelle 2.1

Markante Unterschiede in der Erwerbsbeteiligung bestanden zwischen den alleinstehenden und den verheirateten Frauen. 1882 gehörten fast 70% der ledigen Frauen, jedoch nur knapp 10% der verheirateten Frauen im erwerbsfähigen Alter zu den Erwerbspersonen. Um die Jahrhundertwende und fortdauernd bis nach dem Zweiten Weltkrieg, gab es für Frauen als Beamtinnen eine Zölibatsregel. Nach der Heirat mussten so z.B. Lehrerinnen ihre Berufstätigkeit aufgeben (vgl. Huerkamp 1999). Die wenigen verheirateten Frauen, die überhaupt erwerbstätig waren, standen zudem nicht dem organisierten Arbeitsmarkt zur Verfügung, sondern waren ganz überwiegend als Mithelfende in einem Familienbetrieb tätig.

Der Hauptort der Beschäftigung von ledigen Frauen war damals nicht die Fabrik, sondern mit deutlichem Vorsprung die Haus- und Landwirtschaft (vgl. Willms 1983; Lauterbach 1994). Mehr als 60% der Frauen waren in diesen Bereichen tätig. Nimmt man die mithelfenden Familienangehörigen hinzu, erhöht sich dieser Anteil sogar auf über 80%. Die persönliche Abhängigkeit vom Arbeitgeber prägte vor hundert Jahren die Arbeitserfahrungen der jungen Frauen. Ein nicht geringer Teil des Lohnes wurde in Form von Unterkunft und Verpflegung gewährt und die knapp bemessene Freizeit stand unter der sozialen Kontrolle der Arbeitgeber.

Diese, von Angelika Willms (1983: 125) als „quasi-feudalen Arbeitsformen“ bezeichneten, Bedingungen verloren in den folgenden Jahrzehnten deutlich an Dominanz. Bis Mitte der 1920er Jahre hatte sich der Anteil von erwerbstätigen ledigen Frauen in der Landwirtschaft mehr als halbiert und der Anteil in häuslichen Diensten nahezu halbiert. Im selben Zeitraum war ein deutlicher Zuwachs des Anteils der ledigen Arbeiterinnen in der Industrie (1925 ca. 20%) zu verzeichnen. Insbesondere die Ende des 19. Jahrhunderts noch vernachlässigte Kategorie der Angestellten erlebte einen starken Aufschwung. Die ersten Jahrzehnte des 20. Jahrhunderts wiesen auch einen Anstieg der Erwerbsquote der verheirateten Frauen auf: 1907 waren schon 46% der Frauen allgemein, und 26% der verheirateten Frauen erwerbstätig.

Bis zum Jahr 1925 steigt – wie der Tabelle 5.3 zu entnehmen ist – die Erwerbsquote der Frauen im erwerbsfähigen Alter an, auf fast 49%. Dieser Anstieg wird zum überwiegenden Teil getragen von der wachsenden Erwerbsbeteiligung der verheirateten Frauen. Die Erwerbsquote der verheirateten Frauen stieg im Jahr 1925 auf knapp 30% (vgl. Willms 1983). Die Norm der nicht-erwerbstätigen verheirateten Frau verlor in dieser Zeit im zunehmenden Maße an Geltung (vgl. Lauterbach 1994). Je näher der Krieg rückte, und dann insbesondere während des Zweiten Weltkriegs, desto stärker wurden Frauen zur Rüstungsproduktion gebraucht und in anderen Bereichen als Ersatz für die zum Militär eingezogenen Männer herangezogen. Dieser Arbeitskräftebedarf wurde dabei vor allem durch verheiratete Frauen gedeckt. Trotz des deutlichen Anstieges des Anteils der verheirateten Frauen, die als Arbeiterinnen in der Industrie – forciert durch die Kriegswirtschaft des Nationalsozialismus – erwerbstätig wurden, war weiterhin die große Mehrheit der verheirateten Frauen als mithelfende Familienangehörige erwerbstätig. Auffällig war auch, fortgesetzt bis in die Nachkriegszeit, dass verheiratete Frauen auf dem Arbeitsmarkt nur zu einem sehr geringen Anteil als Angestellte vorkamen. Zwar wurden seit Anfang des 20. Jahrhunderts immer mehr Frauen Angestellte, aber die Angestellte war fast immer ledig.

Ausgehend von dieser gemeinsamen Vorgeschichte entwickelte sich die Integration der Frauen in die Arbeitswelt nach dem Zweiten Weltkrieg in den beiden Teilen Deutschlands auf sehr verschiedene Weise (vgl. Tab. 5.4). Die Erwerbsbeteiligung der Frauen hat sich in den vier Jahrzehnten, die in der Tabelle abgebildet sind, in stark unterschiedlichem Tempo entwickelt und auf ein unterschiedliches Niveau gesteigert. Während die DDR zu den (wenigen) Industriestaaten zählte, in denen sich die Frauen- der Männererwerbstätigkeit fast angeglichen hatte, hinkte die alte BRD diesem Modernisierungstrend deutlich hinterher. Demnach stieg die Erwerbsquote der Frauen in der DDR erheblich von 52 % im Jahr 1950 auf 86 % im Jahr 1980 an. Im Westen vollzog sich in diesem Zeitraum ein vergleichsweise geringer Anstieg von 44 % auf 53 %. Hier sind vor allem verheiratete Frauen vermehrt in den Arbeitsmarkt eingestiegen: Im Jahr 1980 waren dort fast die Hälfte aller verheirateten Frauen erwerbstätig.

Tab. 5.4: Erwerbsquoten im erwerbsfähigen Alter* nach Geschlecht, Familienstand und Land, 1950-1980 (in %)

Jahr	Früheres Bundesgebiet			DDR		
	Frauen	Männer	Verh. Frauen	Frauen	Männer	Verh. Frauen
1950	44,4	93,5	26,4	51,9	94,2	×
1960	48,9	93,5	36,5	65,3	95,3	×
1970	49,6	91,1	40,9	80,9	96,4	×
1980	52,9	86,4	48,3	86,0	93,6	×

* Anteil der Erwerbspersonen an der Wohnbevölkerung im Alter von 15 bis unter 65 Jahren
Quellen: Willms-Herget 1985, Tabelle 2.1; Statistisches Bundesamt, Wiesbaden, FS 1 R 4.1.1. (verschiedene Jahrgänge), Arbeitstabellen

Die *DDR* gehörte weltweit zu den Ländern mit der höchsten Frauenerwerbsbeteiligung. Aufbauend auf einen kriegsbedingten hohen Stand, ist die Erwerbsbeteiligung der Frauen kontinuierlich und in rascher Folge stark angestiegen. Es lassen sich vor allem zwei Ursachen für diesen starken Zuwachs erkennen. Einerseits haben dazu kulturelle Vorgaben beigetragen: Die Gleichstellung der Geschlechter gehörte in der sozialistischen Weltanschauung zu den zentralen Forderungen, wobei die Emanzipation besonders durch die Teilhabe am Produktionsprozess erreicht werden sollte (ausführlich vgl. Penrose 1990). Andererseits bestand auch ein ökonomischer

Zwang für die hohe Erwerbsbeteiligung der Frauen in der DDR, denn bereits der Wiederaufbau nach dem Krieg machte die Erhöhung des Frauenanteils an den Berufstätigen erforderlich. Durch die zahlreichen Kriegstoten und die andauernde Kriegsgefangenschaft vieler Männer, waren in der unmittelbaren Nachkriegszeit die Frauen im erwerbsfähigen Alter in der Bevölkerung stark überrepräsentiert. Im Unterschied zu den westlichen Gebieten, die einen hohen Bevölkerungszugewinn durch Wanderungen hatten, kommt im Osten in der Folgezeit eine starke Abwanderung hinzu. Zwischen 1949 und 1961 verließen etwa 2,7 Millionen Menschen (das entspricht 14% der ursprünglichen Bevölkerung) die DDR in Richtung Westen. Diese starke Fluchtwelle führte zu einem erheblichen Arbeitskräftemangel, der durch die Ausweitung der Frauenerwerbstätigkeit abgefangen werden sollte (vgl. Trappe 1995).

In der DDR wurden von Anfang an große Anstrengungen in Bezug auf die Integration der Frauen in den Arbeitsprozess unternommen. Die Verfassung aus dem Jahr 1949 erhob – wie im Kapitel 3 dargestellt – die Gleichberechtigung der Geschlechter zur Verfassungsnorm. Ein Jahr später wurde den Frauen das Recht eingeräumt, jederzeit einen Beruf auszuüben, selbst wenn dadurch eine örtliche Trennung von der Familie erforderlich sein sollte. Zudem appellierte die politische Führung an das Verantwortungsbewusstsein der Frauen und war bestrebt, weit verbreitete Vorurteile über die Erwerbstätigkeit von Frauen aktiv abzubauen. Unabhängig vom Geschlecht, wurde die Berufsarbeit als ein inneres Bedürfnis aller Menschen und als ein wesentlicher Bestandteil der Persönlichkeitsentfaltung dargestellt. Gegenüber den Hausfrauen erfuhren die berufstätigen Frauen in der öffentlichen Wahrnehmung eine deutliche Aufwertung (vgl. Trappe 1995).

Der Erfolg stellte sich nur langsam ein. Trotz aller Anstrengungen konnten anfangs nur die alleinstehenden, d.h. ledigen, geschiedenen und verwitweten, Frauen zur Aufnahme einer Berufsarbeit gewonnen werden. Ende der 1950er und Anfang der 1960er Jahre kam es aber dann zu einer „Verallgemeinerung der Berufstätigkeit von Frauen" (Trappe 1995: 58). Die Strategien der Arbeitskräftegewinnung wurden nun auch verstärkt auf die durch ihre Ehe materiell abgesicherten Frauen ausgedehnt. Den Anfang bildeten die sogenannten Hausfrauenbrigaden, in denen ungelernte Hausfrauen saisonal in der Produktion aushalfen. Sie stellten eine Übergangslösung dar, um insbesondere verheiratete Frauen an die ständige Berufstätigkeit heranzuführen. In diese Richtung wirkte auch ein ökonomischer Druck, denn die Abschaffung der Lebensmittelkarten führte zu Preissteigerungen für Lebensmittel. Dadurch wurden Familien mit nur einem Einkommen gegenüber Doppelverdienern deutlich benachteiligt. Die nicht-erwerbstätige Ehefrau fand im Lohnsteuersystem der DDR keine Berücksichtigung.

Die Anfang der 1970er Jahre als problematisch konstatierte Bevölkerungs- und Familienentwicklung führte in der Folgezeit zu einer Verschiebung. Das Leitbild der berufstätigen Frau wandelte sich in das Leitbild der berufstätigen Mutter. Die neue Sozialpolitik sollte die Vereinbarkeit der beiden sozialen Hauptfunktionen der Frau – Produzentin im gesellschaftlichen Arbeitsprozess und Reproduzentin des unmittelbaren Lebens – ermöglichen. In diesem Zusammenhang wurde das Kinderbetreuungssystem erheblich ausgebaut und eine Reihe von Maßnahmen ergriffen, die die Berufstätigkeit von Müttern erleichtern sollten. Eingeführt wurde eine bezahlte, einjährige Freistellung („Baby-Jahr", zunächst ab der Geburt des zweiten Kindes, ab 1986 bereits nach der Geburt des ersten Kindes), eine Verlängerung des Schwangerschafts- und Wochenurlaubs auf insgesamt 26 Wochen, die 40-Stunden-Arbeitswoche für vollbeschäftigte Mütter mit zwei Kindern ohne Lohnminderung, sowie die Erhöhung des Grundurlaubes in Abhängigkeit von der Kinderzahl.

In *Westdeutschland* entwickelte sich die Erwerbsbeteiligung der Frauen dadurch anders, da sich der Staat – im Unterschied zum Osten – die Zunahme der Frauenerwerbstätigkeit nicht als Ziel seiner Politik setzte. Im Gegenteil, es verfestigte sich die Auffassung, dass die beste Kinderversorgung von Müttern selbst geleistet werde und dass Mütter demzufolge die Pflicht und das Recht haben, ihre Kinder zuhause zu versorgen. Um diesen normativen Vorsätzen zu entsprechen, entwickelte der westdeutsche Staat eine Familienpolitik, die nicht nur die männliche Ernährerehe unterstützte, sondern Mütter durch langfristige Beurlaubung zur Kindererziehung vom Arbeitsmarkt ausschloss. Das Resultat dieser Norm war – neben der dauerhaften Hausfrauenehe – das sogenannte Drei-Phasen-Modell: Junge, unverheiratete Frauen gingen bis zur Heirat, oder spätestens bis zur Geburt des ersten Kindes, ihrer (Aus-)Bildung oder einer Erwerbsarbeit nach. Mit der Familiengründung blieben sie als Hausfrau und Mutter zuhause, bis das jüngste Kind mindestens das Schulalter erreicht hatte. Danach nahmen sie eine Teilzeitbeschäftigung als „Dazuverdienerin" auf. Dieser normative Lebensverlauf war bis in die 1980er Jahre deutlich in der Verlaufskurve der altersspezifischen Arbeitsmarktbeteiligung von Frauen („M-Kurve") zwischen dem Alter von 25 und 45 Jahren zu sehen.

Zwar ist die Erwerbsbeteiligung von Frauen im Westen – trotz der normativen Vorgaben – in den Jahrzehnten nach dem zweiten Weltkrieg kontinuierlich angestiegen. Aber erst durch die Frauenbewegung der 1970er Jahre, die folgende Bildungsexpansion für Frauen, sowie die Expansion des Dienstleistungssektors, wurde Erwerbsarbeit zu einem wichtigen Teil der weiblichen Biographie im Westen. In den 1980er und 1990er Jahren wurde, aufgrund der erhöhten Berufschancen für Frauen, eine „doppelte Vergesellschaftung" junger Frauen auch im Westen immer mehr sichtbar (vgl. Becker-Schmidt 1987, 1992). Diese erhöhte Erwerbsorientierung von Frauen brachte das Thema der Vereinbarkeit von Beruf und Familie in den Mittelpunkt der Gleichstellungspolitik, der Familienpolitik und der Frauenförderung.

Seit der *deutschen Vereinigung* verläuft die Entwicklung der Frauenerwerbsbeteiligung in beiden Teilen Deutschlands unterschiedlich (vgl. auch Falk 2005). Während sich die Erwerbsquote westdeutscher Frauen um elf Prozentpunkte von 57% im Jahr 1991 auf 68% im Jahr 2008 deutlich erhöht hat, sank die Quote in Ostdeutschland zunächst und erreichte 2008 wieder den Stand von 1991 (vgl. Tab. 5.5). Weiterhin ist die Erwerbsbeteiligung bei den Frauen im Osten höher als im Westen. Die Erwerbsquote der ostdeutschen Männer ist rückläufig und entspricht inzwischen der der westdeutschen. Deutlich abgenommen hat die Erwerbsbeteiligung der Mütter in den neuen Bundesländern; sie ist aber weiterhin höher als im Westen.

Die Anzahl der erwerbstätigen Mütter von Kleinkindern hat sich im Westen verglichen mit 1991 nur geringfügig verändert, im Osten zeigt sich ein uneinheitlicher Verlauf. Trotzdem sind mehr dieser ostdeutschen Mütter erwerbstätig als westdeutsche Mütter, und das besonders in Vollzeitarbeit.

Tab. 5.5: Erwerbsquoten nach Geschlecht und Erwerbstätigenquoten von Müttern im erwerbsfähigen Alter nach Geschlecht, 1991–2008 (in %)

Jahr	Alte Bundesländer				Neue Bundesländer			
	Erwerbsquote[1]		Erwerbstätigenquoten d. Mütter[2]		Erwerbsquote[1]		Erwerbstätigenquoten d. Mütter[2]	
	Frauen	Männer	insgesamt	mit Kind < 3 J.	Frauen	Männer	insgesamt	mit Kind < 3 J.
1991	57	81	–[1]	–[1]	75	85	–[1]	–[1]
1996	59	80	51	26	72	78	70	33
2000	61	79	56	29	70	78	68	38
2004	64	79	58	29	72	79	65	42
2005	66	81	59	31	72	79	65	41
2006	67	81	57	27	73	80	60	32
2007	68	82	59	29	74	81	62	34
2008	68	82	58	28	75	82	61	33

Quellen: Statistisches Bundesamt 2009 a

1 Erwerbsquoten bis einschließl. 2006: Bundesagentur für Arbeit 2008, Tab. III A.2, S. 102; Erwerbsquoten ab 2007: Statistisches Bundesamt 2009b, Tab. 5.5, S. 159 f.

2 Die Erwerbstätigenquote ist nur auf aktiv Erwerbstätige bezogen, also ohne vorübergehend Beurlaubte (z. B. wegen Mutterschutz, Elternzeit). Dies wird erst seit 1996 ausgewiesen.

Nicht außer Acht gelassen werden darf, dass der Anstieg der Erwerbstätigenquote der Frauen mit Verlusten an Arbeitszeit und an geschützten Arbeitsverhältnissen einhergegangen ist (vgl. Notz 1999b). Vor allem seit der Vereinigung hat sich für Frauen der Zugang zur Vollzeitbeschäftigung und zu gut bezahlten und tariflich gesicherten Arbeitsplätzen verschlechtert. Als Teilzeit gilt eine Beschäftigungszeit von 31 Stunden in der Woche und weniger. Ungefähr 84% aller deutschen Teilzeitbeschäftigten sind Frauen (vgl. Bundesagentur für Arbeit 2008). Die allgemeine Teilzeitquote (einschließlich Beschäftigung, die nicht sozialversicherungspflichtig ist) deutscher Frauen hat sich von 30% im Jahr 1991 auf 45% im Jahr 2007 erhöht, was weit über dem EU-Durchschnitt liegt (vgl. Bundesagentur für Arbeit 2008; Statistisches Bundesamt 2005 b, 2007 a; Eurostat 2006). Männer arbeiten ganz überwiegend Vollzeit; nur ca. 8% der Männer sind teilzeitbeschäftigt (vgl. Statistisches Bundesamt 2007 a). Teilzeitarbeit kommt bei Männern vor allem zu Beginn ihres Berufslebens vor. Dagegen ist bei Frauen unabhängig vom Alter die Übernahme von Sorgearbeit der entscheidende Grund für ihre Teilzeitbeschäftigung.

Nicht nur die Teilzeitarbeitsbeschäftigung für Frauen hat zugenommen, sondern auch ihre Beschäftigung in Niedriglohnbereichen. Als „Niedriglohn“ gilt laut des Instituts für Arbeitsmarkt- und Berufsforschung (IAB) ein Verdienst, der geringer als zwei Drittel des Medianeinkommens ist. Im Juni 2007 waren 67% der ca. 4.8 Millionen Personen, die in geringfügig entlohnten Beschäftigungen tätig sind, Frauen (vgl. Bundesagentur für Arbeit 2008). Ungefähr 31% aller Frauen arbeiten in Tätigkeiten mit einem Stundenlohn unter 10 Euro, verglichen mit nur 16% aller Männer (vgl. Brenke 2006). In Ostdeutschland liegt der Anteil der gering verdienenden Frauen sogar bei ca. 48% (27% für westdeutsche Frauen). Auch unter Männern gibt es dieses regionale Gefälle: Während 35% aller ostdeutschen Männer unter 10 Euro die Stunde verdienen, sind es nur 12% aller westdeutschen Männer.

Während reguläre sozialversicherungspflichtige Teilzeitarbeitsplätze durch vertraglich gesicherte Stundenzahl, Vertragsdauer, Urlaub und Sozialleistungen gekennzeichnet sind, ist das in tarifvertragslosen Niedriglohnjobs nicht der Fall. Die Beschäftigung von Frauen in diesen ungeschützten Beschäftigungsverhältnissen hat zugenommen. Mit der Einführung und Neuregelung des Niedriglohnkonzepts durch die tarifvertragslosen Niedriglohn-Jobs („Mini-Jobs“ mit geringfügigen Beschäftigungen, deren Bruttoverdienstgrenze 400 Euro ist und „Midi-Jobs“ mit monatlichem Verdienst von über 400 bis 800 Euro) im Jahr 2003, wurden diese atypischen Beschäftigungsverhältnisse in der BRD stark erweitert. Laut Daten der Bundesagentur für Arbeit (2004) arbeiten vor allem Frauen in Mini- und Midi-Jobs: 75% der hier Beschäftigten sind Frauen. Ganze 16% aller erwerbstätigen Frauen, verglichen mit nur 3% der Männer, waren in Mini- und Midi-Jobs beschäftigt (vgl. Brenke 2006). Frauen sind unter den geringfügig Beschäftigten (nur eine Tätigkeit), unter den Nebenerwerbstätigen, sowie unter den Arbeitnehmern mit befristeten Arbeitsverträgen überrepräsentiert. Diese sogenannten ungeschützten Erwerbsverhältnisse sind vor allem in typischen Frauenjobs, wie „haushaltsnahen Tätigkeiten“, z.B. Putzarbeiten, Kinderbetreuung oder Heimarbeiten zu finden. Laut dem Statistischen Bundesamt ist die Anzahl der geringfügig Beschäftigten statistisch schwer zu erfassen, weil diese Art der Erwerbstätigkeit eine Reihe von Erscheinungsformen hat. Es kann sich hierbei um stundenweise Arbeit, bestimmte Tage in regel- oder unregelmäßigem Wochenrhythmus, jahreszeitlich bedingte Saisonarbeit oder auch monatliche Arbeitsphasen handeln. Ferner gibt es neben der geringfügigen Beschäftigung als einzige Tätigkeit noch den Nebenerwerb, d.h. den Zuverdienst. Die Teilzeitbeschäftigung und die geringfügige Beschäftigung werden von Frauen oft als Wege genutzt, Familie und Beruf zu vereinbaren. Daher gingen z.B. im Jahr 2005 76% der Mütter im Westen einer Teilzeitbeschäftigung nach, verglichen mit 43% im Osten (Statistisches Bundesamt 2006c). Die Teilzeit- und geringfügige Beschäftigung wird also von Frauen „mit Nachteilen beim Einkommen, der Karriere und der sozialen Sicherung erkauft. Teilzeitarbeit entspricht zwar häufig den Wünschen von Frauen. Dies aber oft nur, weil sie wegen ungünstiger Rahmenbedingungen keine bessere Alternative haben, um berufliche und familiäre Interessen unter einen Hut zu bringen“ (Wanger 2005: 5).

5.3 Geschlechtersegregation am Arbeitsmarkt

Trotz des starken Anstiegs der Bildungsbeteiligung und der wachsenden Erwerbstätigkeit von Frauen sind die beiden Geschlechter weiterhin stark unterschiedlich auf die Wirtschaftsbereiche und Berufsfelder verteilt. Die Aufteilung von Frauen und Männern in verschiedene Tätigkeitsbereiche wird als *horizontale Segregation* bezeichnet. Neben dieser Dimension hat die Geschlechtersegregation am Arbeitsmarkt noch eine vertikale Dimension. Unter der *vertikalen Segregation* wird verstanden, dass Frauen und Männer ungleich in der Berufshierarchie anzutreffen sind. Frauen arbeiten in niedrigeren Hierarchieebenen, haben schlechtere Chancen beruflich aufzusteigen und bekommen für ihre Tätigkeit auch weniger Geld. Beide Dimensionen sind vielfach eng miteinander verknüpft.

Die geschlechtsgebundene Zuordnung von bestimmten Tätigkeiten ist eine Konsequenz der sozialen Konstruktion von Weiblichkeit und Männlichkeit (vgl. Wetterer 2009). Durch das Eindringen der Frauen in den Arbeitsmarkt haben sich – wie Regine Gildemeister und Günther Robert (2008: 121) unter Bezugnahme auf Karin Hausen (1976) formulieren – „Aspekte der Grenzziehungen in der ‚Dissoziation von Familien- und Erwerbsarbeit‘ in die Erwerbssphäre selber verlagert“. Die mit dem Bürgertum aufkommende Aufteilung in eine männliche und weibliche Sphäre findet sich nunmehr in der Erwerbsarbeit, wodurch die Bereiche der Erwerbsarbeit vergeschlechtlicht wurden. Die „in dem spezifischen Modus der sozialen Konstruktion von Geschlecht verankerte Arbeitsteilung (stellt) eine der zentralen institutionellen Grundlagen für den Arbeitsmarkt dar, ohne jedoch i.d.R. als solche explizit zu werden“ (ebd.). Das dominante System der Zweigeschlechtlichkeit produziert nicht nur unterschwellig eine soziale Kategorisierung von Menschen, sondern definiert auch Tätigkeitsbereiche als ‚männlich' bzw. ‚weiblich'. Die Geschlechtersegregation am Arbeitsmarkt ist kein deutsches Phänomen, sondern findet sich, wenngleich unterschiedlich ausgeprägt, auch in anderen Ländern (vgl. Charles/Grusky 2004). Durchaus variieren kann dabei, welche Tätigkeit als ‚männlich' bzw. ‚weiblich' gilt. Anders als bei uns, gilt z.B. die Arbeit in der Bauindustrie in Indien als Frauenarbeit. In osteuropäischen Ländern ist Arzt/Ärztin ein Frauenberuf, weil die Betreuung Kranker (wie auch im Falle der Krankenpflege allgemein) als Sorgearbeit interpretiert wird. Im Westen wird dagegen die ärztliche Arbeit mit hohen technologischen Qualifikationen assoziiert, die als Männerdomäne gelten. Durchaus möglich ist es auch, dass ein Beruf sein Geschlecht wechselt und so von einem Männer- zu einem Frauenberuf wird. Diese zeitliche Dynamisierung geschlechtstypischer Berufe zeigt sich beispielsweise in der Geschichte des Sekretärberufs, der ursprünglich ein Männerberuf war. Als solcher erforderte er hohe Qualifikationen in der Bildung, hatte hohes Ansehen und wurde entsprechend gut bezahlt. Nach der Bildungserweiterung für Frauen und der Mechanisierung durch die Schreibmaschine hielten Frauen massiv Einzug in diesen, gesellschaftlich als „saubere" Angestelltenarbeit eingeschätzten und deshalb als für junge Frauen vor der Ehe als besonders geeignet erachteten, Beruf. Mit der Mechanisierung ging ein Prestige- und Einkommensverlust einher, der auf der Durchsetzung der Allgemeinbildung und der Reduktion der zur Berufsausübung nötigen Qualifikationen – dem sogenannten „de-skilling" – beruhte.

Nachdem die Arbeits- und Arbeitsmarktforschung lange Zeit ein Paradebeispiel für die Geschlechtsblindheit in der Wissenschaft war, ist die Geschlechtersegregation seit den 1980er und 1990er Jahren in diesen Bereichen zu einem zentralen Thema aufgestiegen. Neben der Diskussion von Erklärungsansätzen nimmt die Suche nach methodischen Indices, um die unterschiedliche Verteilung der Geschlechter auf Berufe zu quantifizieren, einen breiten Raum ein. Deutlich erkennbar ist eine Schwerpunktverlagerung von der Untersuchung von Männer- und Frauenberufen hin zur Analyse der geschlechtstypischen Konstruktion des Berufssystems und deren Auswirkungen (vgl. Teubner 2008; Wetterer 2009). Es besteht inzwischen ein weitreichender Konsens unter Sozialwissenschaftler/innen, dass die geschlechtsspezifische berufliche Segregation eine der Hauptursachen der Ungleichheit zwischen den Geschlechtern ist. Die Fortdauer der horizontalen Segregation verfestigt nicht nur Geschlechterstereotype, sondern ist auch für einen großen Teil des bestehenden Lohngefälles zwischen den Geschlechtern verantwortlich. Zudem trägt diese Form der Segregation dazu bei, dass die „gläserne Decke", die weibliche Karrieremöglichkeiten begrenzt, aufrechterhalten wird (vgl. Anker 1998).

5.3.1 Horizontale Segregation

Dass die horizontale Segregation in Deutschland eine hohe Konstanz aufweist, zeigt die bereits an anderer Stelle aufgegriffene Studie von Angelika Willms-Herget (1985). Für den Zeitraum von 1925 bis 1982 untersuchte Willms-Herget die Geschlechterverteilung in 102 Berufsfeldern. Über das gesamte Berufsspektrum betrachtet, ist die ungleiche Verteilung der Frauen und Männer weitgehend konstant geblieben. Der Dissimilaritätsindex – mehr dazu in der Begriffs-Box 5.2 – schwankt in diesem Zeitraum um 58 %. Das heißt, dass weitgehend unverändert sechs von zehn Frauen bzw. Männer den Beruf wechseln müssten, um sich der Berufsverteilung des anderen Geschlechts anzugleichen. Diese Konstanz in der horizontalen Segregation geht mit einer Reihe unterschiedlicher Tendenzen einher (vgl. Falk 2005). „Von Bestand ist" – wie Juliane Achatz (2008: 117) formuliert – „die Intensität der Segregation selbst, die beruflichen Trennlinien hingegen verschieben sich im Zuge des sozioökonomischen Wandels immer wieder. Die Geschlechtstypisierung von Tätigkeiten ist somit flexibel und mit sehr unterschiedlichen Arbeitsinhalten kompatibel". Für den genannten Zeitraum ist die Konstanz der horizontalen Segregation zudem eingebettet in den Tertiärisierungsprozess, worunter eine Verlagerung der Berufe vom sekundären Sektor zum Dienstleistungssektor („tertiärer Sektor") verstanden wird. Frauen konnten in diesem Zeitraum verstärkt in Berufen des Bildungs- und Gesundheitswesens Fuß fassen. Auch geht diese Konstanz einher mit Veränderungen der Geschlechtstypik einiger Berufe. Einzelne Berufe haben sich stärker als Männer- bzw. Frauenberufe typisiert (z. B. Bergmann, Näherin). In anderen Fällen verringerte sich die geschlechtliche Typisierung von manchen Berufen, indem sich ein Männer- bzw. Frauenberuf für das jeweils andere Geschlecht öffnete (z. B. evangelischer Seelsorger für Frauen, soziale Berufe für Männer). Auch kam es vor, dass Berufe das Geschlecht wechselten. Aus Männerberufen (z. B. Friseur, Apotheker, Kellner, Volks-/Grundschullehrer) wurden Frauenberufe oder aus einem Frauenberuf – was ganz selten der Fall ist – ein Männerberuf (z. B. Wächter).

Begriffs-Box 5.2

Messkonzepte für die horizontale Segregation

Um Aussagen zur beruflichen Segregation der Geschlechter machen zu können, werden Informationen zur Geschlechterzusammensetzung in den Berufskategorien betrachtet. Die Berufsklassifikation kann in unterschiedlichen Aggregatsstufen erfasst werden. Nach der Statistik der Bundesagentur für Arbeit kann zwischen Berufsbereichen, Berufsfeldern, Berufsgruppen und Berufsordnungen unterschieden werden. Bei den Berufsbereichen, die nicht mit den Wirtschaftsbereichen (primärer: Land- und Forstwirtschaft, Fischerei; sekundärer: produzierendes Gewerbe und tertiärer Sektor: Dienstleistungen) verwechselt werden dürfen, wird zwischen Produktionsorientierten Berufen (Gewinnen/Herstellen, Maschinen einrichten/warten, Reparieren), Primären Dienstleistungsberufen (Handels-, Bürotätigkeiten, allgemeine Dienste wie Reinigen, Bewirten, Lagern, Transportieren) und Sekundären Dienstleistungsberufen (Forschen, Entwickeln, Organisieren, Managen, Betreuen, Pflegen, Beraten, Lehren, Publizieren) unterschieden. Auf der nächsten Ebene wird nach 20 Berufsfeldern differenziert (z. B. Gesundheitsdienstberufe, Elektroberufe). Dem schließen sich 83 Berufsgruppen an (z. B. übrige Gesundheitsberufe, Elektriker/innen) und daran wiederum 319 Berufsordnungen (z. B. Sprechstundenhelfer/innen, Elektrogerätebauer/innen). Je differenzierter die Berufe erfasst werden, umso stärker ist die berufliche Segregation. Auch sind die Klassifikationen selbst „gender biased". Männertypische Tätigkeiten werden differenzierter erfasst als frauentypische Tätigkeiten (vgl. Achatz 2005).

Die Erfassung der Geschlechtersegregation kann tabellarisch oder mittels Indexmaßen erfolgen (vgl. Achatz 2008). In der tabellarischen Darstellung werden die Frauen- bzw. Männeranteile der ausgewählten Berufskategorien ausgewiesen. Für eine prägnante Darstellung wird vielfach eine Typologie von „Frauenberufen", „Männerberufen" und „geschlechterintegrierten Berufen" verwendet. Dabei kommen häufig unterschiedliche Grenzwerte für die Einteilung zur Anwendung. Das Institut für Arbeitsmarkt- und Berufsforschung der Bundesanstalt für Arbeit schlägt vor, dann von einem Frauenberuf bzw. von einem Männerberuf zu sprechen, wenn über 80 % der Berufstätigen aus der jeweiligen Geschlechtergruppe stammen (vgl. Engelbrech/Nagel 2002). Uneinigkeit besteht darin, ob bei dem Typus der geschlechterintegrierten Berufe (oder synonym dazu gemischtgeschlechtlichen Berufe) von einem 50 %-Anteil oder vom jeweiligen Frauenanteil in der Erwerbsbevölkerung (jeweils plus/minus einer gewissen Abweichung) ausgegangen werden soll. Im ersten Fall liegt dann ein geschlechterintegrierter Beruf vor, wenn die Anteile beider Geschlechter zwischen 40 % und 60 % liegen. Im zweiten Fall – bei einer aktuellen Erwerbsquote von 45 % – wenn sich die Anteile zwischen 35 % und 55 % bewegen. Liegen die Anteile zwischen dem, was einen Frauen- bzw. Männerberuf und einen gemischtgeschlechtlichen Beruf auszeichnet, dann wird von einem männlich bzw. weiblich dominierten Beruf gesprochen.

Indexmaße haben im Unterschied dazu den Vorteil, in einer Maßzahl komprimiert die Geschlechterverteilung zum Ausdruck zu bringen. Als Segregationsindexe sind vor allem der Sex-Ratio-Index (SR oder schlicht Segregationsindex) und der Dissimilaritätsindex (DI) zu nennen (vgl. Siltanen 1992). Der SR berechnet die Differenz zwischen der Frauenüberrepräsentation in Frauenberufen und der Frauenunterrepräsentation in Männerberufen. Der resultierende Wert, entweder höher oder niedriger als 0 (perfekte Gleichverteilung), erhebt das Ausmaß der Über- bzw. Unterrepräsentation. Der DI berechnet den Prozentsatz der Frauen und Männer, die den Beruf wechseln müssten, um eine gleichmäßige Verteilung der Geschlechter über alle Berufe herzustellen. Dieser Index ist am besten in standardisierter Form anzuwenden, weil er vom Umfang der einzelnen Berufe beeinflusst wird (vgl. Jacobs/Lim 1992).

Tab. 5.6: Die zwanzig häufigsten Berufe 2007

Berufsbezeichnung	Sozialversicherungspflichtig Beschäftigte (absolut)	Anteil an allen weibl. Beschäftigten in %	Frauenanteil im Beruf in %
Bürofachkräfte	3.534.173	14,6	71,3
Verkäufer/innen	1.258.651	5,2	75,9
Kraftfahrzeugführer/innen	777.058	3,2	3,8
Krankenschwestern, -pfleger, Hebammen	638.797	2,6	86,3
Bankfachleute	551.500	2,3	56,4
Raum-, Hausratreiniger/innen	519.119	2,1	88,0
Lager-, Transportarbeiter/innen	497.563	2,1	21,1
Datenverarbeitungsfachleute	469.880	1,9	19,1
Sprechstundenhelfer/innen	453.107	1,9	99,3
Groß- und Einzelhandelskaufleute, Einkäufer/innen	426.758	1,8	46,7
Elektroinstallateure/innen, -monteure/innen	402.401	1,7	2,9
Sozialarbeiter/innen, -pfleger/innen	399.905	1,7	80,0
Kindergärtner/innen, Kinderpfleger/innen	383.773	1,6	96,3
Köche/innen	383.701	1,6	56,4
Sonstige Techniker/innen	358.377	1,5	15,0
Manager/innen, Geschäftsführer/innen, Geschäftsbereichsleiter/innen	345.104	1,4	22,3
Stenographen/innen, Stenotypisten/innen, Maschinenschreiber/innen	270.667	1,1	95,0
Kraftfahrzeuginstandsetzer/innen	252.136	1,0	1,4
Lagerverwalter/innen, Magaziner/innen	251.820	1,0	17,2
Metallarbeiter/innen o. n. A.	249.349	1,0	19,5

Anmerkung: Beschäftige insgesamt: 24.208.134 (Frauen: 11.047.114; Männer: 13.161.020)
Quelle: Glöckner 2009: XII – Datengrundlage: IAB 2008, Beschäftigtenstatistik der BA

Es mag überraschen, aber das Niveau der horizontalen Segregation war in der DDR höher als in der BRD und zugleich waren frauentypische Tätigkeiten stärker abgeschottet (vgl. Achatz 2005; Trappe/Rosenfeld 2001). Nach den Berechnungen von Susanne Falk (2002; 2005) lag der Dissimilaritätsindex für Ostdeutschland bei 63 %, und damit fast um 6 % höher als in Westdeutschland. Durch den Transformationsprozess polarisierte sich die berufliche Spaltung zunächst noch mehr und kehrte um das Jahr 2000 fast wieder auf ihr Ausgangsniveau zurück.

Anhand der Beschäftigtenstatistik der Bundesagentur für Arbeit hat Mandy Glöckner (2009) eine Analyse der horizontalen Arbeitsmarktsegregation in Deutschland für das Jahr 2007 durchgeführt. Von den 20 Berufsfeldern sind sieben Männerdomänen (Männeranteil von 80 % und mehr). Am stärksten davon sind die Bergbauberufe, die lediglich einen Frauenanteil von etwas über 2 % aufweisen. Zwei Berufsfelder – Ernährungsberufe bzw. Medien-, geisteswissenschaftliche und künstlerische Berufe – sind geschlechtlich sehr integriert (Frauenanteil zwischen 35 % und 55 %). Die Gesundheitsdienstberufe sind eine Domäne der Frauen (Frauenanteil von 80 % und mehr).

Differenzierter wird die Analyse, wenn man auf die Ebene der Berufsordnungen geht. Von den zwanzig am stärksten frequentierten Berufen, ist nur einer geschlechtlich integriert (Groß- und Einzelhandelskaufleute, Einkäufer/innen), sieben sind Männerberufe und sechs Frauenberufe (vgl. Tab. 5.6). Insgesamt zeigt sich, dass es deutlich mehr Männerberufe als Frauenberufe gibt. Den 139 Männerberufen stehen nur 22 Frauenberufe gegenüber. Auch sind Männerberufe im Vergleich zu Frauenberufen stärker segregiert: In Männerberufen ist der Frauenanteil geringer, als der Männeranteil in Frauenberufen. Unter den 24.489 Baumaschinenführer/innen gibt es nur 49 Frauen, was einem Anteil von 0,2 % entspricht. Überhaupt zeigt sich, dass sich Frauen nur auf wenige Berufe konzentrieren. Fast 40 % der Frauen arbeiten in vier Berufen, die den geschlechtstypischen Zuschreibungen entsprechen: 22,8 % der sozialversicherungspflichtig beschäftigten Frauen arbeiten als Bürofachkräfte, 8,7 % als Verkäuferinnen, 6,0 % als Krankenschwestern und 4,1 % als Raum- und Hausratreinigerinnen.

5.3.2 Frauen und Männer in geschlechtsatypischen Berufen

Als Nächstes soll der Blick auf Frauen in Männerberufen bzw. Männer in Frauenberufen geworfen werden. Trotz der ausgeprägten horizontalen Segregation gibt es immer auch – wie die Zahlen gezeigt haben – Frauen und Männer, die in einem geschlechtsatypischen Beruf arbeiten: Eine Frau als Kfz-Mechanikerin oder ein Mann als Erzieher. Welche Erfahrungen sammeln sie?

Die inzwischen breiten Forschungsaktivitäten in diesem Bereich haben deutlich gemacht, dass es große Unterschiede zwischen Frauen in Männerberufen und Männern in Frauenberufen gibt. Diese Formen ‚beruflicher Devianz' haben für die beiden Geschlechter unterschiedliche Konsequenzen und sie scheinen auch unterschiedlich darauf zu reagieren. Bettina Heintz, Eva Nadai, Regula Fischer und Hannes Ummel (1997) haben sich in zwei Fallstudien mit Frauen und Männern befasst, die berufliche Grenzen überschritten haben und in einem Männerberuf bzw. Frauenberuf arbeiten. Als Beschäftigungsfelder ausgewählt wurden die Krankenpflege und die Informatik. Zu Vergleichszwecken hat das Team zusätzlich mit der Sachbearbeitung noch einen gemischtgeschlechtlichen Beruf einbezogen. Der Eintritt in einen geschlechtsfremden Beruf kann durch strukturelle Hindernisse (z.B. formale Zulassungsregeln, Arbeitszeitnormen) oder durch Grenzen, die über praktisches Handeln und materielle Symbolisierungen (symbolische Grenzen) gesetzt werden, erschwert sein. Da formelle Grenzen immer mehr wegfallen und die Sensibilität für Geschlechterdiskriminierung wächst, kommt der symbolischen Grenzziehung immer mehr Bedeutung zu. Mit der Entscheidung für einen gegengeschlechtlichen Beruf wird eine symbolische Grenze überschritten, die kulturell fest verankert ist. Frauen, die sich für den Informatikberuf entscheiden, haben hohe fachliche Selbstzweifel und brauchen die positive Unterstützung signifikanter Anderer. Für Männer ist die Krankenpflege meist zweite Wahl; sie ergreifen den Beruf, nachdem sie in ‚männlicheren' Berufen gescheitert sind. Zum Entscheidungsprozess trägt die Angst bei, durch diesen Beruf ‚feminisiert' oder homosexualisiert zu werden.

In einem gegengeschlechtlichen Beruf wird das Geschlecht zu einem Master-Status, der in allen Interaktionen präsent ist. Für Männer hat das Vorteile, für Frauen dagegen Nachteile (vgl. auch Rohrmann 2006; Glöckner 2009). Frauen sind in Männerberufen gezwungen, die Geschlechterdifferenzen herunterzuspielen, ohne sie dabei jedoch völlig verschwinden zu lassen. „Während Geschlechtsneutralität im Falle der Männer institutionell gesichert ist, ist sie auf Seiten der Frauen Ergebnis einer höchst voraussetzungsreichen ‚Neutralisierungsarbeit', die ein subtiles Oszillieren zwischen doing und undoing gender erfordert" (Heintz et al. 1997: 228). Während hoch qualifizierte Informatikerinnen dies nicht einfach hinnehmen, neigen geringer qualifizierte Kolleginnen sehr stark dazu, das Geschlechterproblem zu individualisieren und mit ihrer Außenseiterposition angepasst umzugehen. Anders dagegen die Krankenpfleger; sie akzentuieren ihre ‚Andersartigkeit', um sich vom ‚weiblichen' Charakter des Berufs abzugrenzen. Eine praktizierte Strategie ist dabei ein männlich „cooler" Pflegestil. Dieser Pflegestil grenzt sich von weiblichen Tugenden ab und zeigt ein ‚männliches Profil': Der Pfleger ist ruhig, sachlich, überlegt, distanziert, behält in schwierigen Situationen die Übersicht und kann im Umgang mit Ärzten von Mann zu Mann (d.h. von gleich zu gleich) sprechen. Auch der Einsatz der eigenen Körperkraft für schwere Hebearbeiten oder technische Kompetenz kann zur Inszenierung von Männlichkeit dienen. Anders als Frauen profitieren sie von ihrer Geschlechtszugehörigkeit, die mit fachlicher Autorität, sachlicher Kompetenz und Führungsqualitäten assoziiert wird. Im Vergleich zu ihren Kolleginnen wird ihnen mehr Eigenständigkeit, Ansehen, Kompetenz und Respekt zugesprochen, sie werden mehr gefördert und haben bessere Chancen auf Führungspositionen. Über Männlichkeitsstereotype, die ihnen berufliche Kompetenz qua Geschlecht zuschreiben, gewinnen sie oftmals einen professionellen Vorteil gegenüber Frauen.

Wie auch aus anderen Studien deutlich wird, sind Frauen in Männerberufen stärker mit Ausgrenzung konfrontiert als Männer in Frauenberufen. Auch wenn dies besonders für traditionelle Männerberufe mit ausgeprägter Gemeinschaftskultur gilt, wird für die Fallstudie Informatik deutlich, dass die Informatikerinnen trotz aller Gleichheitsrhetorik von ihren männlichen Kollegen auf Distanz gehalten werden. Dagegen sind die Krankenpfleger in die Arbeitsgemeinschaft voll integriert. ‚Berufsdeviante' Männer werden von ihren Kolleginnen anerkannt. Auch werden sie kaum als Konkurrenz wahrgenommen, vielmehr erhoffen sich die Krankenschwestern durch die ‚Maskulinisierung' ihres Berufes einen Prestigezugewinn. Sichtbar wird, dass in der Krankenpflege die Grenzerhaltung nicht – wie bei Frauen in Männerberufen – von der Geschlechtsmehrheit ausgeht, sondern von der männlichen Minderheit. Es sind die Krankenpfleger selbst, die den Geschlechterunterschied betonen. Egal, ob Männer in geschlechterdifferenten Berufen in der Mehrheits- oder Minderheitsposition sind, die Geschlechterdifferenz wird vor allem von ihnen betont, wodurch auch von ihnen mehr „boundary work" geleistet wird. Es sind zudem in erster Linie die Männer, die das „sameness taboo" aufrechterhalten. Als „sameness taboo" bezeichnet Gayle Rubin (1975) die Angst vor geschlechtlicher Grenzverwischung. „Männer und Frauen haben different zu sein, und wo es Angleichungen und Überschneidungen gibt, (…) werden symbolische oder räumliche Markierungen eingesetzt, um die Differenz trotzdem sichtbar zu machen" (Heintz et al. 1997: 36). Es hat den Anschein, dass für Männer die Abgrenzung vom anderen Geschlecht eine höhere Relevanz besitzt als für Frauen. Dies kann damit in Verbindung stehen, dass Männer einen stärkeren Bedarf an der Absicherung ihrer Geschlechteridentität haben. Darin kann aber auch eine Strategie für die Aufrechterhaltung der Geschlechterhierarchie gesehen werden (vgl. auch Wetterer 2009).

Anders, als in diesen beiden Berufen, ist die Geschlechtszugehörigkeit für den Beruf des/der Sachbearbeiter/in keine relevante Kategorie. Deutlich wird dadurch, dass sich die Geschlechterdifferenz je nach Kontext unterschiedlich auswirken kann. „Nicht in jeder Situation begegnen sich Menschen primär als Männer bzw. Frauen, und nicht in allen sozialen Gebilden ist das Geschlecht ein zentrales Ordnungsprinzip. Zudem kann eine strukturelle Differenzierung nach Geschlecht durchaus mit einer Kultur gekoppelt sein, in der die Geschlechterdifferenz als Strukturierungsprinzip keine große Bedeutung besitzt" (Heintz et al. 1997: 233). An die Stelle der Semantik der Differenz kann eine

Semantik der Gleichheit treten. Bettina Heintz und Eva Nadai (1998) haben dies an anderer Stelle als „Deinstitutionalisierung“ der Geschlechterdifferenz bezeichnet. Unter Einbeziehung einer Reihe weiterer Studien – u a. der von Regine Gildemeister, Kai-Olaf Maiwald, Claudia Scheid und Elisabeth Seyfahrt-Konau (2003) – kommen Regine Gildemeister und Günther Robert (2008: 252) im typisierenden Vergleich von drei Konstellationen, die sie als „segregierte Felder – getrennte Welten“, „ungleiche Verteilung/programmatische Gleichheit“ und „integrierte Felder – neutralisierte Zonen“ bezeichnen, zu einem vergleichbaren Ergebnis: In der Welt der Arbeit und Berufe war und ist Geschlecht „eine zentrale, orientierende, handlungsleitende und strukturierende Kategorie“, jedoch in „sehr heterogener Weise“. Die Praxis des doing gender hängt von den Berufen und den Rahmenbedingungen der Organisationen ab. In den beiden Konstellationen „ungleiche Verteilung/programmatische Gleichheit“, zu der die Arbeitsfelder Familienrecht und Polizei gerechnet werden, und „integrierte Felder – neutralisierte Zonen“, zeigen sich in Teilen entgeschlechtlichte berufliche Kommunikations- und Handlungsmuster. In diesen Organisationen lassen sich Bereiche identifizieren, „in denen die Zuweisung und Bewältigung jeweiliger Aufgabenstellung (…) keine vergeschlechtlichende Konnotation aufweist. Das Geschlecht kann (..) bei dessen Ausübung hinter die jeweiligen Profile eines Berufes (…), deren Aufgaben und Kompetenzen zurücktreten. Geschlecht ist diesbezüglich ‚kein Thema‘ mehr“ (Gildemeister/Robert 2008: 253).

In Frauenberufen ebenso wie in gemischtgeschlechtlichen Berufen scheint die männliche Norm – wie Bettina Heintz et al. (1997) zeigen – „Modellfunktion“ zu haben. Dieser androzentrische Bias findet sich nicht nur in den strukturellen Merkmalen (z. B. Arbeitszeitnormen), sondern auch auf der kulturellen Ebene: Der symbolischen Darstellung der unbedingten Hingabe an den Beruf, Rationalität, emotionale Abgrenzung gegenüber Kollegen, Abspaltung der Bedürfnisse des Reproduktionsbereichs, Kleidungsstile oder auch maskuline Sprachformen. Auch für die Krankenpflege als Frauenberuf zeigt sich, dass trotz der zahlenmäßigen Dominanz das ‚Weibliche‘ keinen hegemonialen Status hat. Männlich konnotierte Werte (z. B. Coolness) werden erstaunlich hoch geschätzt.

5.3.3 Vertikale Segregation

Wie bereits ausgeführt, wird unter vertikaler Segregation die Ungleichheit der Geschlechter in der Berufshierarchie verstanden. Eine vertikale Segregation kann auch vorhanden sein, wenn keine horizontale Segregation existiert. Das zeigt sich bei dem geschlechterintegrierten Beruf der Sachbearbeitung, in dem Frauen dennoch schlechtere Karrierechancen haben. Vielfach trägt aber die horizontale Segregation zur Benachteiligung von Frauen in der Berufshierarchie bei. Im Weiteren sollen als Ausprägungen der vertikalen Segregation die Einkommensunterschiede und die Karrierechancen gesondert betrachtet werden.

Einkommensunterschiede zwischen Frauen und Männern

Gesetzlich gilt in Deutschland das Prinzip „gleicher Lohn für gleichwertige Arbeit“ schon seit über 50 Jahren, aber dennoch verdienen Männer auch heute noch mehr als Frauen. Geht man von den Monatseinkommen oder Altersrenten aus eigener Erwerbstätigkeit aus, dann zeigt sich, dass Frauen 2005 durchschnittlich 1.864 Euro (brutto) verdienten und damit fast 40% weniger als Männer (vgl. Allmendinger/Leuze/Blanck 2008: 23). Diese Zahlen sind sehr aussagekräftig, wenn es um die Unterschiede in den Lebensstandards von Frauen und Männern geht. Diese großen Differenzen kommen dadurch zustande, dass hierbei auch die unterschiedlichen Arbeitszeiten eine wichtige Rolle spielen: Frauen arbeiten durchschnittlich weniger Stunden pro Woche als Männer.

Am häufigsten werden für den Vergleich der Einkommen von Frauen und Männern Daten verwendet, die von einer Vollzeiterwerbstätigkeit ausgehen: Die Löhne und Gehälter von Frauen im Westen Deutschlands waren 1950 durchschnittlich um ca. 45% niedriger als die ihrer männlichen Kollegen. Diese enorme Kluft ist seither stetig kleiner geworden; liegt aber 2006 immer noch bei 20% (vgl. BMFSFJ 2008a). Im europäischen Vergleich gehört Deutschland zu den Ländern mit einer starken Einkommensungleichheit zwischen den Geschlechtern. In Frankreich liegt der Unterschied bei 11% und in Belgien nur bei 7% (vgl. Eurostat 2008b).

Diese Einkommensunterschiede stehen in einem engen Zusammenhang mit der horizontalen Segregation. Es zeigt sich, dass der Frauenanteil in einem Beruf negativ mit der Höhe des Einkommens korreliert (vgl. Achatz/Gartnern/Glück 2004). Frauen arbeiten häufiger in Tätigkeitsfeldern, die schlechter vergütet werden. Sie sind vor allem in Dienstleistungsberufen tätig, die schlechter bezahlt werden als von Männern dominierte Berufe. Laut BMFSFJ (2008a) ist der Verdienstabstand von Vollzeit arbeitenden Frauen relativ zu Männerverdiensten am größten in Luftverkehrsberufen; er liegt dort bei 42%. Ein sehr geringer Verdienstabstand ist z.B. unter Postverteiler/innen (2%) zu verzeichnen. In Tabelle 5.7 werden die Verdienste von Frauen und Männern in den fünf am stärksten besetzten Berufen, getrennt nach Angestellten und Arbeiter/innen, gegenübergestellt. Es wird deutlich, dass Frauen in Berufen überwiegen, die einen geringeren Durchschnittsverdienst haben: Unter weiblichen Angestellten beträgt der Durchschnittsverdienst des höchstbezahlten Top-5-Berufes (Sekretärin: 3.289 Euro) nur ca. 50% des höchstbezahlten männlichen Top-5-Berufes (Geschäftsführer: 6.428 Euro). Ferner ist der am niedrigsten bezahlte Top-5-Beruf der männlichen Angestellten (Bürofachkraft: 3.640 Euro) höher bezahlt als der höchstbezahlte der Top-5-Berufe der Frauen (Sekretärin 3.289 Euro). Unter Arbeiter/innen ist das gleiche Muster zu beobachten, allerdings ist der Unterschied weniger drastisch: Lager- und Transportarbeiter (der am niedrigsten bezahlte Beruf unter Arbeitern) verdienen im Schnitt mehr (2.318 Euro) als die am höchsten bezahlten Elektromontiererinnen (2.127 Euro). Aus der

Tabelle geht weiter hervor, dass die Geschlechter innerhalb der gleichen Berufe unterschiedlich verdienen: Während weibliche Bürofachkräfte im Durchschnitt monatlich 2.751 Euro verdienten, waren es bei ihren männlichen Kollegen 3.640 Euro und weibliche Bankfachkräfte verdienten nur 3.049 Euro im Gegensatz zu 4.215 Euro bei ihren männlichen Kollegen. Metallarbeiterinnen verdienten 2.055 Euro, verglichen mit 2.587 Euro bei Metallarbeitern.

Tab. 5.7: Bruttomonatsverdienste in den fünf am stärksten besetzten Berufen nach Geschlecht und Arbeitsverhältnis im Jahr 2006 (in Euro)

Weibliche Angestellte		Männlicher Angestellter	
Beruf	Durchschnittsverdienst im Beruf	Beruf	Durchschnittsverdienst im Beruf
Bürofachkraft	2.751	Bürofachkraft	3.640
Verkäuferin	1.990	Geschäftsführer	6.428
Bankfachkraft	3.049	Datenverarbeitung	4.716
Groß- und Einzelhandel	2.812	Bankfachkraft	4.215
Sekretärin	3.289	Sonstige Techniker	4.001
Arbeiterinnen		Arbeiter	
Versand	1.854	Kraftfahrzeugführer	2.506
Elektromontiererinnen	2.127	Elektroinstallateure	2.686
Hilfsarbeiterinnen	1.811	Lager-, Transportarbeiter	2.318
Kunststoffverarbeiterinnen	1.899	Metallarbeiter	2.587
Metallarbeiterinnen	2.055	Maschinenschlosser	2.748

Quelle: Statistisches Bundesamt et al. 2008: 137

Zu diesen Unterschieden trägt auch bei, dass die Tarifverträge in Deutschland auch heute nicht durchgehend geschlechtsneutral konzipiert sind. Jutta Allmendinger, Kathrin Leuze und Joanna M. Blanck (2008) führen als Beispiele eine Bäckereifachverkäuferin und einen Hilfsbäcker an. Eine Bäckereifachverkäuferin verdient nach dreijähriger Ausbildung 1.254 Euro, ein Hilfsbäcker nach wenigen Monaten Anlernzeit jedoch bereits 1.465 Euro. Auch werden in männlich dominierten Berufen häufiger Leistungsprämien gezahlt.

Auch wenn man alle bekannten Einflussgrößen der Einkommenshöhe kontrolliert und statistische Zwillinge bildet, die sich nur nach dem Geschlecht unterscheiden, bleibt eine Lohndifferenz von 12 % (vgl. Allmendinger/Leuze/Blanck 2008; Hinz/Gartner 2005). Das macht deutlich, dass Frauen und Männer auch bei vergleichbarer Arbeit einen ungleichen Lohn bekommen. Direkte oder unmittelbare Lohndiskriminierungen von Frauen sind zwar verschwunden, indirekte oder mittelbare bestehen jedoch fort, die – wie Bothfeld/Klammer/Klenner (2005: 24) betonen – „viel schwerer nachzuweisen sind".

Karrierechancen von Frauen und Männern

Die Karrierechancen von Frauen sind weiterhin – nicht nur an den Hochschulen, wie bereits gezeigt – deutlich schlechter als die von Männern. Nach den Daten der Längsschnittstudie Sozio-oekonomisches Panel (SOEP)[2] sind unter ca. 5,9 Millionen Führungskräften 34 % Frauen (vgl. Holst 2009)[3]. In einem weiten Verständnis werden unter Führungskräften Personen verstanden, die „in Tätigkeiten mit umfassenden Führungsaufgaben, sonstigen Leistungsfunktionen oder in hoch qualifizierten Tätigkeiten beschäftigt" sind (Holst 2009: 16). In der Privatwirtschaft liegt der Frauenanteil unter den Führungskräften bei 31 %. Dieser Anteil ist niedriger als der Frauenanteil bei den Angestellten in Führungspositionen im öffentlichen Dienst (43 %) und etwa genauso hoch wie der Frauenanteil bei Beamtinnen/Beamte im höheren Dienst (30 %). Im Unterschied zu diesen beiden Bereichen ist der Frauenanteil in der Privatwirtschaft in den letzten Jahren gestiegen; 2001 lag er noch bei 26 %. Es zeigt sich, dass je größer ein Unternehmen ist, desto niedriger ist der Frauenanteil in der Leitungsebene. Frauen haben im Dienstleistungs- und Gastgewerbe, im Gesundheits- und Sozialwesen sowie im Erziehungsbereich eine bessere Chance in die Führung zu kommen als im produzierenden Gewerbe.

Fasst man den Begriff der Führungskräfte enger, dann wird der Frauenanteil noch deutlicher geringer. Da die Fallzahlen im SOEP einer weitgehenden Analyse Grenzen setzen, bietet sich hier an, die Repräsentanz der Frauen in den Spitzengremien (Aufsichtsgremien und Vorstände) der großen Unternehmen zu betrachten. Das DIW Berlin legt regelmäßig entsprechende Untersuchungen der 200 größten privaten Unternehmen (ohne Finanzsektor), der 100 größten Banken und 58 größten Versicherungen vor (vgl. Holst/Schimeta 2009). Der Finanzsektor wird getrennt betrachtet, da hier

---

2 Das Sozio-oekonomische Panel ist eine vom Deutschen Institut für Wirtschaftsforschung (DIW) durchgeführte repräsentative Wiederholungsbefragung privater Haushalte und Personen in Deutschland, die seit 1984 in der BRD und seit 1990 einschließlich Ostdeutschland jährlich mit denselben Personen und Familien durchgeführt wird. Um auf Dauer eine entsprechende Größe zu sichern, wurde die Stichprobe mehrmals ergänzt. Weitere Informationen: http://www.diw.de/deutsch/soep/29004.html.

3 Im von BMFSFJ herausgegebenen „Führungskräftemonitor 2001-2006" findet sich ein Vergleich mit anderen aktuellen Studien zum weiblichen Führungspersonal, vgl. Holst 2009: 143ff.

mehrheitlich Frauen arbeiten. Im Untersuchungszeitraum 2008/09 waren von 934 Vorstandssitzen in den Top-200-Unternehmen gerade mal 23 mit einer Frau besetzt, was einen Anteil von 2,5 % entspricht. Nur ein einziges Unternehmen hatte eine Frau als Vorstandsvorsitz. Auch im Finanzsektor ist es nicht anders, die Vorstände der Banken haben einen Frauenanteil von 1,9 % und die Versicherungen von 2,4 %. Zum Erhebungszeitpunkt hatten keine Frauen einen Vorsitz inne. In den Aufsichtsräten sind die Frauen im Vergleich zwar etwas stärker vertreten. Bei den Top-200-Unternehmen (ohne Finanzsektor) liegt der Frauenanteil im Aufsichtsrat unter 10 % und nur zwei Aufsichtsräte werden von einer Frau geleitet. Ganz überwiegend werden die wenigen Frauen aufgrund der Mitbestimmungsregelungen von der Arbeitnehmerseite entsandt. Bei den Banken/Sparkassen bzw. Versicherungen liegt der Frauenanteil in den Aufsichtsräten bei 15,5 % bzw. 13,5 %.

Zur Beschreibung der vertikalen Segregation werden vielfach die Konzepte „glass ceiling" („gläsernen Decke") und „sticky floor" („klebriger Boden") verwendet. Um zu verdeutlichen, dass weniger Frauen als Männer Zugang zu höheren Berufspositionen (z.B. Management) in Unternehmen haben, wird der Begriff der gläsernen Decke verwendet. Zwischen den mittlerem und oberem Management existiere für Frauen eine gläserne Decke, die ihren Aufstieg verhindere. Mit dem Konzept des „klebrigen Bodens" wird darauf verwiesen, dass viele berufstätige Frauen nicht einmal in der Lage sind, von den untersten Rängen in die nächst höheren aufzusteigen oder in Sackgassenjobs stecken bleiben.

Zusammenfassend kann festgehalten werden, dass Frauen in Führungspositionen weiterhin stark unterrepräsentiert sind. Vor allem in der Privatwirtschaft, in männerdominierten Branchen und in Großbetrieben sind Frauen oft von den obersten Führungsebenen ausgeschlossen. Erklärungsansätze für diese Muster müssen die Karriereverläufe von Frauen in den Kontext der strukturellen Rahmenbedingungen einbetten, die die Vereinbarkeit von Beruf und Familie beeinflussen. Kleinert (2006) zeigt beispielsweise, dass sich Erwerbstätigkeit und Sorgearbeit vor allem für weibliche Führungskräfte selten vereinbaren lassen. Die wöchentlichen Arbeitsstunden sind in Führungspositionen deutlich höher und erlauben selten Teilzeitbeschäftigung. Frauen in Führungspositionen leben öfter als Männer allein (26 % verglichen mit 15 %) und haben seltener Kinder als Männer in vergleichbarer Position (32 % verglichen mit 53 %).

5.4 Erklärungsansätze für die Geschlechtersegregation im Arbeitsmarkt

Wie lassen sich diese beharrlichen Muster geschlechtsspezifischer Ungleichheit in der Arbeitswelt erklären? Es wurden eine Reihe von Ansätzen zur Erklärung der von Frauen und Männern im Arbeitsmarkt erlebten Ungleichheiten entwickelt und vorgeschlagen. Diese Ansätze können grob in akteurs- und strukturorientierte Ansätze unterteilt werden. In der aktuellen Diskussion haben die strukturorientierten Ansätze deutlich die Oberhand gewonnen.

5.4.1 Akteursorientierte Ansätze

Als akteursorientierte Ansätze werden die Humankapitaltheorie und die These des weiblichen Arbeitsvermögens vorgestellt. Aus unterschiedlichen Theoriekontexten hervorgegangen ist diesen Ansätzen gemein, dass sie vom Individuum ausgehen und seine vorhandenen Präferenzen bzw. erworbenen Eigenschaften als ausschlaggebend für die geschlechtsspezifische Ungleichheit in der Arbeitswelt betrachten. Demnach werden die von Frauen und Männern erreichten Positionen im Arbeitsmarkt als Ergebnis der von ihnen gefällten Entscheidungen interpretiert.

Humankapitaltheorie

Die Humankapitaltheorie, aus der Tradition des neoklassischen Arbeitsmarktmodells kommend, rückt die individuelle Berufswahl in den Vordergrund. Diese wird als Ergebnis eines rationalen Nutzen-Kosten-Kalküls aufgefasst (vgl. Maier 1998). Dieser auf individuelles Handeln bezogene Ansatz geht davon aus, dass Individuen frei und rational unter verschiedenen Optionen wählen können, dass der Arbeitsmarkt geschlechtsneutral wirkt und dass Frauen freiwillig Familienverpflichtungen einer Karriere vorziehen. Unterschiedliche individuelle Investitionen in das Humankapital führen zu unterschiedlicher Produktivität, welche dementsprechend unterschiedlich entlohnt wird. Dieser Logik folgend meint Solomon Polacheck (1981), dass Frauen angesichts der geschlechtlichen Arbeitsteilung geringer in den Arbeitsmarkt eingebunden seien. Wegen den Haushaltsverpflichtungen investieren sie zunächst weniger Zeit in ihre Ausbildung und zeigen später weniger Engagement in der Erwerbsarbeit. Die resultierende diskontinuierliche Erwerbstätigkeit in „Frauenberufen“ schlüge sich in geringerer Berufserfahrung und folglich in geringerem Lohn, sowie in geringeren Karrierechancen nieder. Nicht Diskriminierung und Segregation bedingen die geschlechtlichen Unterschiede im Arbeitsmarkt, sondern die Qualifikationsunterschiede: Frauen seien für gewisse Berufe und Spitzenpositionen unterqualifiziert. Frauen verdienen demnach weniger als Männer, weil sie weniger in ihre Bildung investieren und weil sie wegen ihrer Familienorientierung weniger Berufserfahrung sammeln und geringer bezahlte „Frauenberufe“ wählen (vgl. Polachek 1981; Kreimer 1999).

Seit den 1980er Jahren zeigen zahlreiche empirische Überprüfungen der neoklassischen Argumente, dass dieser Ansatz als Erklärung der geschlechtsspezifischen Ungleichheit im Arbeitsmarkt nicht überzeugt und bestenfalls ein sehr unvollständiges bzw. einseitiges Portrait der Situation verschafft (vgl.

Glass 1990; England 1982; Jacobs/Steinberg 1995; Roos 1985). Untersuchungen in den USA bestätigen beispielsweise, dass Frauenberufe keineswegs unbedingt weniger negative Konsequenzen bezüglich Erwerbsunterbrechungen mit sich bringen (vgl. England 1982) oder zeitlich leichter mit Familienverpflichtungen zu koordinieren sind (vgl. Glass 1990). Die Auswertung von deutschen tätigkeitsspezifischen Daten zeigt außerdem, dass frauendominierte Tätigkeiten berufstätigen Müttern nicht unbedingt günstigere Vereinbarungsmöglichkeiten bieten als andere Tätigkeiten (vgl. Trappe/Rosenfeld 2001). Auch hätten die durch die Bildungsexpansion reduzierten geschlechtsspezifischen Qualifikationsdisparitäten für einen drastischen Abbau der geschlechtsspezifischen Arbeitsmarktsegregation sorgen sollen. Empirische Befunde zeigen allerdings nach wie vor stabile Ungleichheiten. Die Humankapitaltheorie ignoriert strukturelle Barrieren im Arbeitsmarkt und geht von einem durch Konkurrenzbedingungen ausgeglichenen, offenen Arbeitsmarkt aus, der jedoch in dieser Konzeption realitätsfern ist. Ausgeklammert bleiben Erklärungen der beharrlichen Ungleichheiten in Erwerbschancen, Mobilität und Einkommen von Individuen mit gleichen Merkmalen, sowie die Einschränkungen individueller Wahl durch einen unterschiedlichen Zugang zu geschlechtsspezifischen Berufen und durch die gesellschaftliche Zuordnung der Sorgearbeit zu den Frauen (vgl. Trappe/Rosenfeld 2001). Vor allem die „Schnittstellen“ zwischen Ausbildungssystem, Beschäftigungssystem und Familie bleiben in dieser Erklärung geschlechtsspezifischer Erwerbsmuster unberücksichtigt (vgl. Trappe/Rosenfeld 2001).

These des weiblichen Arbeitsvermögens

Zu den sozialisationstheoretischen Ansätzen gehört das von Elisabeth Beck-Gernsheim und Ilona Ostner (1978) Ende der 1970er Jahre entwickelte Konzept des weiblichen Arbeitsvermögens. Sozialisationstheoretische Ansätze rücken, wie die zuvor genannte Humankapitaltheorie auch, die Berufswahl in den Vordergrund. Diese wird aber nicht über rationale Nutzen-Kosten-Kalküle erklärt, sondern es wird auf kulturell vermittelte Werte und Normen Bezug genommen. Das Konzept des weiblichen Arbeitsvermögens verknüpft sozialisationstheoretische Ansätze mit einer Analyse der geschlechtlichen Arbeitsteilung und der Strukturdifferenz von Berufs- und Hausarbeit. Frauen sind weiterhin vor allem auf den Privatbereich verwiesen. Berufs- und Hausarbeit weisen unterschiedliche Handlungslogiken auf, die unterschiedliche Arbeitsvermögen erfordern. Die dominante Zuweisung der Frauen zum Privatbereich bringt vor allem personen- und bedürfnisbezogene Fähigkeiten hervor. Dieses besondere weibliche Arbeitsvermögen wird dann auch in der Berufswahl sogenannter Frauenberufe wirksam, d.h. Frauen wählen vor allem Berufe, in denen der Arbeitsinhalt und die Arbeitsmittel der Reproduktionsarbeit ähnlich sind. Betriebe nutzen das weibliche Arbeitsvermögen, indem sie die Fertigkeiten von Frauen eher für kurzfristige und unmittelbare Tätigkeiten geeignet einschätzen, die in oft weniger qualifizierten Arbeitsplätzen eingesetzt werden können. Diese Erklärung der geschlechtsspezifischen Segregation des Arbeitsmarktes versucht zwar, das weibliche Berufswahlverhalten mit strukturellen Arbeitsmarktbedingungen unter Berücksichtigung der Sorgearbeit zu verknüpfen. Kritiker dieses Ansatzes stellen aber vor allem fest, dass diese Theorie nicht etwa diskriminierende Arbeitsmarktstrukturen als Ursache für die berufliche Benachteiligung der Frauen herausstellt, sondern die erworbenen Orientierungen der Frauen (vgl. Gottschall 1995). Dabei würden sozusagen Frauen für ihre Nachteile selbst verantwortlich gemacht und das System des segregierten Arbeitsmarktes legitimiert. Ferner sei zu beobachten, dass viele sogenannte Frauenberufe, wie z.B. kaufmännische Angestellte, weder reproduktions- noch hausarbeitsbezogen sind. Auch diesem Ansatz wird eine Essentialisierung der Geschlechterdifferenz vorgeworfen. Frauen werden als homogene Gruppe aufgefasst und im Rückgriff auf stereotype Geschlechterbilder beschrieben (vgl. Heintz et al. 1997).

5.4.2 Strukturorientierte Ansätze

Im Unterschied zur ersten Gruppe von Ansätzen sehen strukturorientierte Ansätze die Ursachen für die geschlechtsspezifische Ungleichheit im Arbeitsmarkt nicht im Individuum selbst, sondern primär in den strukturellen Mechanismen, Hindernissen und Zwängen der Arbeitswelt (vgl. Hördt 2006). Aufgezeigt werden in diesen Ansätzen die im Arbeitsmarkt strukturell verankerten ungleichen Machtverhältnisse und Chancenungleichheiten mit denen Frauen konfrontiert werden. Im Weiteren werden vier zentrale Ansätze kurz vorgestellt, die von unterschiedlicher Komplexität sind.

These der statistischen Diskriminierung

Bei der These der statistischen Diskriminierung handelt es sich wie bei der Humankapitaltheorie um einen ökonomischen Erklärungsansatz, der allerdings von der Perspektive der Nachfrageseite ausgeht und aus diesem Grund zu den strukturorientierten Ansätzen gerechnet werden kann.

Die Argumentation dieser These hebt die strukturelle betriebliche Einstellungs- und Beförderungspräferenz hervor. Es wird davon ausgegangen, dass Firmenchefs und Personalverantwortliche Frauen bei Einstellungen und Beförderungen übergehen, weil ihnen aufgrund von Familienaufgaben (sogar oft erst zukünftiger) unterstellt wird, weniger produktiv zu sein oder sogar aus dem Betrieb ausscheiden zu wollen. Diese Hypothese ist angelehnt an die Tatsache, dass die Organisation der Erwerbswelt sich an männlichen Karrieremustern orientiert, die darauf basieren, dass Erwerbstätige dem Betrieb flexibel zur Verfügung stehen. Statistische Diskriminierung erfolgt durch ein Informationsdefizit auf Seiten der Arbeitgeber, die ihre Entscheidungen auf (oft stereotype) Durchschnittscharaktere einer ganzen Gruppe (mit dem Merkmal Geschlecht) beziehen und nicht auf die Qualifikationen individueller Bewerber/innen eingehen. Tatsächlich mögen Männer im Durchschnitt höhere Qualifikationen für bestimmte Jobs haben als Frauen. Das heißt aber nicht, dass eine spezifische Bewerberin weniger qualifiziert ist als ein spezifischer Bewerber. Dabei ist diese Praxis auf Seiten des Arbeitgebers nicht unbedingt auf persönliche Vorurteile zurückzuführen, sondern vielmehr auf die Bereitschaft, allen Mitgliedern einer sozialen Gruppe die gleichen Durchschnittswerte zuzuschreiben (vgl. Hodson/Sullivan 2002). Demnach werden beispielsweise Arbeiterinnen, die eventuell durch Familiengründung die Berufstätigkeit zeitweise unterbrechen oder ihre Arbeitszeit verringern, als im Arbeitsmarkt weniger engagiert eingestuft. Als Konsequenzen sind ein geringeres Einkommen oder verminderte Aufstiegschancen, sowie die Beschäftigung in sogenannten „Sackgassenjobs" zu nennen. Diskriminierend ist an dieser Einstellung, dass alle Frauen unter Verdacht geraten, mehr an Familie als an Karriere interessiert zu sein und dadurch nicht genug in ihre Karriere zu investieren. Die von Birgit Geissler und Mechtild Oechsle (1996) erstellte Lebensplanungsstudie junger Frauen widerlegt jedoch die Unterstellung, dass Frauen wenig arbeitsorientiert bzw. beruflich engagiert sind. Eher sei zu beobachten, dass sie erstens in eine Ausbildung investieren, um lebenslang einen sinnvollen Beruf auszuüben, und zweitens nach Möglichkeiten suchen, ihre beruflichen Interessen mit etwaiger Familiengründung zu vereinbaren (vgl. auch Adler 2004).

Job-Queue-Labor-Queue-Ansatz

Dieser Ansatz wurde von Barbara Reskin und Patricia Roos (1990) entwickelt, um die geschlechtliche Zusammensetzung von Berufen und deren Änderung zu erklären. „Queue" bedeutet Warteschlange, weswegen dieser Ansatz manchmal auch als Warteschlangen-Ansatz bezeichnet wird. Nach Reskin und Roos ist die Geschlechtersegregation am Arbeitsmarkt das Ergebnis zweier Warteschlangen: Der labor-queue (Arbeitskräfteschlange) und der job-queue (Arbeitsplätzeschlange). Bei der labor-queue reihen die Arbeitgeber die Arbeitskräfte nach bestimmten Kriterien auf, wie z. B. Geschlecht, und bevorzugen diejenigen, die in den höheren Positionen sind – meist Männer. Bei der job-queue bewerten die Arbeitnehmer Arbeitsplätze nach ihrer Attraktivität (Einkommen, Prestige usw.) und versuchen diejenigen zu erlangen, die möglichst hoch angeordnet sind. Das besondere Anliegen dieses Ansatzes ist es, den Geschlechterwechsel von Berufen zu erklären. Möglich wird dies, indem (1) entsprechend der job-queue ein Beruf an Attraktivität verliert, oder entsprechend der labor-queue (2) die Arbeitgeber andere Prioritäten bei der Auswahl der Arbeitnehmer setzen. Beides kommt vor, aber zu einer Feminisierung eines Berufs kommt es vor allem dann, wenn ein neues attraktives Berufsfeld entsteht, die privilegierten Arbeitskräfte dorthin abwandern und ihr bisheriges Berufsfeld den in der job-queue wartenden Frauen freigeben. Männerdominierte Berufe öffnen sich meist erst dann, „wenn die gesellschaftliche Wertschätzung und damit das Prestige dieses Berufes sinkt und eine Dequalifizierung stattfindet" (Wimbauer

1999: 15), so wie dies für den Beruf des Sekretärs in diesem Kapitel beschrieben wurde.

Segmentationstheorien des Arbeitsmarkts

Aufbauend auf den in den 1970er Jahren in der Arbeitsmarktforschung entwickelten Segmentationstheorien (vgl. Doeringer/Piore 1971) lieferten vor allem die Theorien der Geschlechtersegregation der 1980er und 1990er Jahre neue Erklärungsmodelle für die horizontalen Abgrenzungen und vertikalen Ausschließungen von bestimmten Bevölkerungsgruppen (vgl. Kreckel 1992). Argumentiert wird, dass verschiedene Spaltungen und Ebenen im Arbeitsmarkt über die Arbeitnehmergruppen unterschiedlich verteilt sind, die deren Einkommensvermögen und Aufstiegschancen beeinflussen. Der „duale" Arbeitsmarkt der USA lasse sich nach Sektor (öffentlich, privat), nach Betriebsqualität (primär und sekundär) und nach Arbeitsplatzqualität („core" und „periphery") unterteilen. Ferner werden Sektoren, Betriebe und Arbeitsplätze nach ihrer Bezahlung, ihren Aufstiegschancen, ihrer Beständigkeit bzw. Arbeitssicherheit, ihrer Produktivität, ihrem Bildungs- und Qualifikationsniveau, ihrem Standort und ihren Arbeitsbedingungen in „gut" und „weniger gut" eingeordnet (vgl. Sengenberger 1987). Aufbauend auf diese strukturelle Konzeptualisierung, können sich Analysen auf Ausgrenzungsprozesse zwischen Sektoren und Betrieben oder auf inner-betriebliche Ungleichheiten (hierarchische Organisationen, Karriereleitern) konzentrieren, die vor allem für Frauen von Nachteil sein können.

In der Bundesrepublik lassen sich drei Teilsegmente unterscheiden, die sich durch unterschiedliche Humankapitalerfordernisse und Aufstiegseinschränkungen für Beschäftigte in Betrieben auszeichnen: der innerbetriebliche, fachliche und „Jedermanns"-Arbeitsmarkt (vgl. Sengenberger 1987). Der innerbetriebliche Arbeitsmarkt ist der ranghöchste Teilarbeitsmarkt, der die höchste Entlohnung, die besten Karrierechancen und die höchste Arbeitsplatzsicherheit durch hohe Betriebsbindung mit sich bringt. An zweiter Stelle befindet sich der Facharbeitsmarkt, in dem ähnlich hochqualifizierte Beschäftigte weniger an Betriebe gebunden sind und daher ein Wechsel ohne großen Entlohnungsverlust eher gewährleistet ist. Der „Jedermanns"- bzw. „Jederfraus"-Arbeitsmarkt hat die niedrigsten Qualifikationserfordernisse, einen hohen Anteil an Teilzeit- oder befristeter Beschäftigung, er bietet keine Arbeitsplatzsicherheit und nur eine geringe Entlohnung. Hier sind vor allem weniger qualifizierte Jugendliche, Frauen und Migranten/innen zu finden.

Allerdings differenzierte – und verkomplizierte – sich das Bild der Ungleichheit der Geschlechter auf dem Arbeitsmarkt nach der Bildungsexpansion und der Erweiterung des Dienstleistungsbereiches insofern, dass immer mehr Frauen in innerbetrieblichen und fachlichen Arbeitsmärkten Fuß fassten (vgl. Pfau-Effinger 1990). Forschungsergebnisse weisen beispielsweise darauf hin, dass Frauen nicht etwa nur in den undefinierten „Jederfraus"-Arbeitsmärkten beschäftigt sind. Vielmehr fällt auf, dass alle drei Arbeitsmarktsegmente auch vertikal nach Geschlecht strukturiert sind (vgl. Maier 1990). Daher ergibt sich die Schlussfolgerung, dass das Merkmal Geschlecht selbst den Arbeitsmarkt in horizontale und vertikale Segregationslinien strukturiert (vgl. Pfau-Effinger 1990). Untersuchungen zeigen, dass vor allem die Mechanismen zur horizontalen Abgrenzung und vertikalen Ausschließung der Teilarbeitsmärkte in Unternehmen und in Berufen die individuellen Arbeitsmarktchancen von Frauen und Männern unterschiedlich beeinflussen. Auf Kritik stößt dieser Ansatz, da sein ausschließlicher Fokus auf den Arbeitsmarkt, die durch die gesellschaftliche Verschränkung der Produktions- und Reproduktionsbereiche vor allem für Frauen entstehenden Benachteiligungen ausblendet (vgl. Gottschall 1995).

Gendered Organizations

Ein weiterer Ansatz richtet den Blick insbesondere auf die Organisation und ihre vergesellschaftlichten Strukturen (vgl. auch Hofbauer/Holtgreve 2009). Angestoßen wurde diese Perspektive schon in den 1970er Jahren von Rosabeth Moss Kanter (1977) durch ihren Klassiker „Men and Women of the Corporation", der auf eine breite Resonanz stieß und vielfältige Forschungsaktivitäten angeregte. Ihre Perspektive richtet die Aufmerksamkeit weniger auf den Arbeitsmarkt oder Berufe und mehr auf die Organisationsstruktur, in deren Kontext die Arbeit in geschlechtsspezifischer Weise geleistet wird. Dadurch wurde Kanters Analyse zum Vorläufer der „gendered organizations" Perspektive. Organisationen mit einem hohen Männeranteil, so Kanter, verhalten sich gegenüber Frauen als (potentiellen) Arbeitskräften aus- und abgrenzend. Für Kanter ist hierfür nicht das Geschlecht per se ausschlaggebend, sondern die zahlenmäßige Minorität einer Gruppe. Aus diesem Grund geht sie davon aus, dass ihre Analyse auf alle Minderheiten in Organisationen übertragen werden kann. Auf Männer ebenso wie auf ethnische Minderheiten. Jede Minderheit, mit ihren von der Mehrheit als abweichend zugeschriebenen Merkmalen, gefährde aus der Sicht der dominanten Gruppe das ordnungsgemäße Funktionieren der Arbeitsabläufe. Kanter bezeichnet Minderheiten in Organisationen als „token", also als „Scheinrepräsentant/in" (z.B. „token women" sind „Alibifrauen"). Damit soll auf die scheinbare Präsenz hingewiesen werden, die sie in der Organisation innehaben. Die Angehörigen einer Minorität werden nicht primär als Individuen gesehen, sondern als Repräsentanten ihrer jeweiligen sozialen Kategorie. Es geht nicht vorrangig um ihre individuelle Leistung, sondern als einzelne Frauen werden sie ständig damit konfrontiert, was Frauen allgemein machen können und was nicht. Ihre erbrachte Leistung verschwindet hinter dem von der Majorität zugeschriebenen Rollenbild. Von vornherein wird angenommen, dass Frauen gefühlsbetont und unselbstständig sind. Auch neigt die Mehrheitsgruppe dazu, die Gemeinsamkeiten der jeweiligen Gruppe zu betonen und dadurch die Geschlechterdifferenz als zentralen Unterschied zu akzentuieren. Diese Differenzierung verläuft entlang von Geschlechterstereotypen und geht einher mit einer Hierarchisierung der Geschlechter und dem Aufbau geschlechtshomogener Allianzen, zu denen Frauen keinen Zugang haben. Frauen bleibt nur die Wahl, entweder den Außenseiterstatus anzunehmen und damit den geschlechterstereotypen Erwartungen zu entsprechen, oder Sich-wie-ein-Mann-zu-verhalten und damit gegen die Erwartungen zu verstoßen.

Der Gendered Organization-Ansatz geht davon aus, dass Geschlecht nicht auf individuelle Handlungen oder Eigenschaften der in Organisationen arbeitenden Personen reduziert werden kann, sondern in der Organisationsstruktur selbst verankert ist (vgl. Wharton 2005; Allmendinger/Hinz 2006). Die Organisation ist nicht etwa nur der Kontext, in dem Frauen und Männer ihre geschlechtsspezifischen Rollen ausüben. Der Blick richtet sich vielmehr auf die Merkmale der Organisation selbst, deren Hierarchien und Praktiken die geschlechtsspezifischen Differenzen und stereotypen Verhaltensmuster bewirken und aufrechterhalten. Demnach operieren Organisationen in geschlechtsspezifischer Weise, d. h. gender strukturiert die organisatorischen Prozesse, Regeln und Machtverhältnisse. Aus der Gendered Organizations-Perspektive beruht stereotypisches Arbeitsverhalten weniger auf dem Einfluss der Sozialisation, sondern auf den Merkmalen der Organisationen, die dieses Verhalten hervorrufen. Schon Kanter (1977) zeigte den Einfluss der Eigenschaften der organisatorischen Positionen auf das Verhalten der mit ihnen besetzten Personen. Allerdings ließ Kanters Analyse die Auswirkungen der geschlechtlichen Zusammensetzung innerhalb von organisatorischen Positionen insofern außer Acht, dass Frauen und Männer, die in der gleichen Position arbeiten, oft sehr unterschiedlichen Arbeitsrealitäten begegnen. Wie das weiter oben beschriebene Fallbeispiel der Krankenpfleger gezeigt hat, werden Frauen und Männer in Minderheitsposition unterschiedlich behandelt.

Eine Fortführung dieses Ansatzes stammt von Joan Acker (1990): „To say that an organization, or any other analytic unit is gendered means, that advantage and disadvantage, exploitation and control, action and emotion, meaning and identity, are patterned through and in terms of a distinction between male and female, masculine and feminine. Gender is not an addition to ongoing processes, conceived as gender neutral. Rather, it is an integral part of those processes, which cannot properly be understood without an analysis of gender." (Acker 1990: 146) Demnach produzieren die für selbstverständlich (oder als geschlechtsneutral) angesehenen Eigenschaften der Organisationsstruktur geschlechtsspezifische Ungleichheiten und männliche Privilegien am Arbeitsplatz. Organisationen können als maskulin gelten, denn sie sind auf die Lebensläufe von Männern ausgerichtet, werden von Männern dominiert und generell nach männlichen Standpunkten strukturiert. Ronnie Steinberg (1992) konstatiert daher, dass die informellen und formellen Strukturen von Organisationen auf maskulinen Werten basieren. Die Vorstellungen von Männlichkeit (und „Nicht-Männlichkeit") werden zum Bestandteil der von Frauen und Männern erwarteten Arbeitstätigkeiten, sowie der Interaktionsmuster zwischen Erwerbstätigen. Geschlecht ist demnach nicht nur als Organisationsmerkmal zu verstehen, sondern wird zu einem multidimensionalen System von Beziehungen, das auf allen Ebenen der Organisation ausgehandelt wird (vgl. Ridgeway/Smith-Lovin 1999). Diese Aushandlung wird als Prozess des „gendering" aufgefasst, der in seiner Form dynamisch und veränderlich ist (vgl. Britton 2000). Die organisatorische Struktur unterstützt also geschlechtsspezifische Interaktionsmuster, die zwar situationsbedingt sein können, aber die Geschlechterordnung am Arbeitsplatz verstärken.

Empirische Studien zu Mobilitäts-Pfaden, weiblichen Arbeitsbereichen und internen Arbeitsmärkten von Betrieben zeigen verschiedene identifizierbare Bedingungen auf, unter denen Geschlecht als Ordnungskategorie zum Strukturmerkmal institutioneller Gliederungsmechanismen wird (vgl. Trappe/Rosenfeld 2001). Die geschlechtliche Einordnung aktiviert im Arbeitsbereich Geschlechterstereotypen, die mit Statusunterschieden in Beziehung gebracht werden. Geschlechterunterschiede werden dadurch relevant gemacht, dass die Arbeitsteilung auf Geschlechterstereotypen basiert. Die geschlechtliche Trennung der Erwerbsbereiche erfolgt dadurch, dass angenommen wird, Männer hätten mehr Durchsetzungsvermögen, Willenskraft und Rationalität. Dadurch erlangen sie Vorteile in Einkommen und Karrierechancen.

5.5 Arbeitslosigkeit und Armut

Arbeitslosigkeit und Armut sind ein globales Massenphänomen. Als arbeitslos gelten in Deutschland arbeitsfähige Personen im Alter von 15 bis 64 Jahren, die als Arbeitssuchende bei der Agentur für Arbeit gemeldet sind und die für eine Beschäftigung von mindestens 15 Stunden pro Woche zur Verfügung stehen. Die jüngsten Arbeitsmarktregelungen („Hartz-Reform"), die auf die Integration aller erwerbsfähigen Personen in den Arbeitsmarkt zielen, bieten Arbeitslosen Leistungen in der Form von Arbeitslosengeld I (ALG I) und Arbeitslosengeld II (ALG II). Anspruch auf ALG haben Personen, die in den letzten zwei Jahren mindestens 12 Monate beitragspflichtig erwerbstätig waren; ALG II erhalten arbeitsfähige und hilfsbedürftige Personen. Während ALG eine Lohnersatzleistung ist und aus den Beiträgen zur Arbeitslosenversicherung finanziert wird, ist ALG II eine staatliche, aus Steuern finanzierte Versorgungsleistung. Beide Leistungen verpflichten die Empfänger dazu jede Arbeit anzunehmen, zu der sie in der Lage sind. Personen, die zumutbare Arbeit ohne wichtige Begründung ablehnen, droht eine Kürzung der ALG-Zahlung.

Tab. 5.8: Entwicklung der Arbeitslosigkeit in Deutschland (Jahresdurchschnittszahlen) von 1950 bis 2008

Jahr	Westdeutschland			Ostdeutschland ab 1991			Gesamtdeutschland ab 1991		
	Frauenquote[1]	Männerquote[1]	Frauenanteil an allen Arbeits- losen in %	Frauenquote[1]	Männerquote[1]	Frauenanteil an allen Arbeits- losen in %	Frauenquote[1]	Männer- quote[1]	Frauenanteil an allen Arbeits- losen in%
1950	11,5	10,8	32,8	×	×	×	×	×	×
1960	1,3	1,3	34,2	×	×	×	×	×	×
1970	0,8	0,7	37,6	×	×	×	×	×	×
1980	5,2	3,0	52,0	×	×	×	×	×	×
1990	8,4	6,3	48,6	×	×	×	×	×	×
1991	7,0	5,6	47,2	11,9	8,7	56,5	8,5	6,4	50,8
2000	8,3	8,5	44,9	19,3	17,8	50,9	10,9	10,5	47,2
2004	8,4	10,3	42,2	19,5	20,6	47,4	10,8	12,5	44,1
2005	9,9	9,8	46,1	18,6	19,0	46,9	11,7	11,7	46,4
2006	9,3	8,8	47,9	17,5	17,2	47,9	11,0	10,5	47,9
2007	8,0	7,0	49,8	15,6	14,5	49,2	9,6	8,5	49,6
2008	7,4	7,0	49,2	14,5	14,8	48,4	8,9	8,6	48,9

[1] Bei der Frauen- bzw. Männerquote werden die weiblichen bzw. männlichen Arbeitslosen bezogen auf abhängige zivile Erwerbspersonen gleichen Geschlechts erfasst.
Quelle: Bundesagentur für Arbeit, Arbeitsstatistik-Jahreszahlen (verschiedene Jahrgänge)

In der frühen Nachkriegszeit lag die Arbeitslosigkeit in Westdeutschland für beide Geschlechter bei etwa 11 %; bis 1970 war sie auf unter 1 % gesunken. Diese Phase der Vollbeschäftigung war aber nur kurz. Seit Mitte der 1970er Jahre ist die Arbeitslosigkeit in Deutschland wieder stark angestiegen (vgl. Tab. 5.8). Während in den 1960er und 1970er Jahren Frauen und Männer in einem ähnlichen Umfang von Arbeitslosigkeit betroffen waren, wird in den 1980er Jahren ein stärkerer Anstieg der Arbeitslosigkeit bei Frauen sichtbar. Auch der durch die Vereinigung hervorgebrachte Strukturwandel im Osten Deutschlands führte in den 1990er Jahren dazu, dass noch mehr Frauen als Männer ihren Arbeitsplatz verloren haben. Nach 2000 ereignete sich dann eine vorübergehende Umkehrung dieses Trends: Das Arbeitslosenrisiko steigt für Männer im Osten und Westen stärker an als für Frauen, sodass 2004 die Männerquoten über den Frauenquoten liegen. Nach 2004 gleichen sich die Arbeitslosenquoten der Geschlechter zunächst an und aktuell sind die der Frauen wieder etwas höher als die der Männer.

Wegen ihrer durch Familienverpflichtungen unterbrochenen Erwerbsbiographie erwerben Frauen geringere Ansprüche auf Leistungen und sind zudem bei der Agentur für Arbeit häufiger nicht als arbeitslos gemeldet (vgl. Rudolph 2009). Es kann also angenommen werden, dass offizielle Statistiken, wie jene in Tabelle 5.8, die tatsächliche Zahl der erwerbslosen Frauen unterschätzen. Oft leben an Erwerbsarbeit interessierte Frauen in Bedarfsgemeinschaften, die sie von Ansprüchen ausklammern. Im Jahr 2007 wurde diese, hauptsächlich aus Frauen bestehende, „stille Reserve" vom IAB auf 1,38 Millionen Personen geschätzt (Bundesagentur für Arbeit 2008: 18).

Schon die Marienthal-Studie (Jahoda/Lazarsfeld/Zeisel 1975, orig. 1933), der Klassiker der Arbeitslosenforschung, hat aufgezeigt, dass Frauen und Männer mit Arbeitslosigkeit unterschiedlich umgehen. Während bei Männern aufgrund der starken und nicht selten ausschließlichen Ausrichtung auf die Erwerbsarbeit eine Infragestellung ihres Selbstwerts einhergeht, haben Frauen im Haushalt eine Alternative zur Erwerbsarbeit. Dadurch bringt die Arbeitslosigkeit jedoch die Gefahr mit sich, dass es in der häuslichen Arbeitsteilung zu einer Retraditionalisierung kommt (vgl. Rudolph 2009). Daran hat auch die Hartz-IV-Reform nichts geändert. Das Grundprinzip des Förderns und Forderns richtet sich zwar genauso an Frauen wie an Männer, wodurch gleichberechtigte Partizipationschancen gegeben sind. Durch das Konstrukt der Bedarfsgemeinschaften geht es dann doch nicht darum, „den Einzelnen wieder berufliche Perspektiven zu eröffnen". Stattdessen soll „die Bedarfsgemeinschaft als Ganzes aus der Hilfsbedürftigkeit" (Rudolph 2009: 147) geführt werden. Dies hat aber zur Konsequenz, dass derjenige gefördert wird, der die besten Chancen hat, in das Erwerbsleben zurückzukehren. Erhebungen zeigen, dass dies aus der Sicht der Jobcenter häufiger Männer sind. Zur Retraditionalisierung führt die scheinbar familienfreundliche Regelung, da Frauen mit Kindern unter drei Jahren keine Förderung durch die Jobcenter bekommen. Auch sind unter den Nicht-Leistungsempfänger/innen, die nach Auslaufen des ALG I aufgrund des hohen Einkommens oder Vermögens des Partners nicht als hilfsbedürftig gelten, deutlich mehr Frauen (vgl. Rudolph 2009).

Arbeitslosigkeit ist die Hauptursache von Armut. Ungefähr 56% aller Arbeitslosen in der BRD waren im Jahr 2007 armutsgefährdet[4]. Während in den USA vom Staat eine *absolute* Armutsgrenze errechnet wird, die sich auf ein zur Sicherung des Subsistenzminimums notwendiges Einkommen stützt (siehe Box 5.2), gilt in Europa als arm, wer den allgemeingültigen Lebensstandard einer Gesellschaft deutlich unterschreitet, das heißt, die

---

4 Vgl. Statistische Bundesamt (2009 f): Leben in Europa 2008 (Europäische Bezeichnung: EU-SILC = European Union Statistics on Income and Living Conditions) http://www.destatis.de/jetspeed/portal/cms/Sites/destatis/Internet/DE/Content/Statistiken/WirtschaftsrechnungenZeitbudgets/LebenInEuropa/Tabellen/Content75/ArmutsgefQuoteNachSozialtrErwerbstatus,templateId=renderPrint.psm.l

Konzeptualisierung der Armut geht vom *relativen* Wohlstandsniveau der Gesellschaft aus. Die Armutsrisiko- oder Armutsgefährdungsgrenze orientiert sich an einem sozio-kulturellen Existenzminimum in einer Gesellschaft, und nicht an einer absoluten Demarkationsgrenze.

Zur Erfassung der relativen Armut gibt es unterschiedliche Konzepte: Neben dem von Amartya Kumar Sen (2000) entwickelten Konzept der Verwirklichungschancen („capabilities") und dem Lebenslagenkonzept, wird vielfach das verfügbare Einkommen zur Bestimmung von Armut verwendet (vgl. Hauser 2008). Nach dem vom Statistischen Amt der EU empfohlenen Schwellenwert für Einkommensarmut gilt als arm, wer in einem Haushalt lebt, dessen Äquivalenzeinkommen weniger als 60 % des Medians des Einkommens der gesamten Bevölkerung beträgt. Bei der Berechnung des Äquivalenzeinkommens wird die unterschiedliche Größe und Zusammensetzung der Haushalte berücksichtigt. Diese Bestimmung von Armut macht das Armutsrisiko temporal und international vergleichbar. Im Jahr 2006 lebten 13,9 % der gesamtdeutschen Bevölkerung in Armut. Die Armutsquote ist in Ostdeutschland mit 22,7 % deutlich höher als in Westdeutschland (13,9 %). In Ostdeutschland sind Frauen und Männer gleich stark von Armut betroffen (22,8 % zu 22,6 %). In Westdeutschland ist die Armut unter Frauen geringfügig weiter verbreitet (14,7 %) als bei den Männern (13,1 %). Alleinerziehende – und das sind ganz überwiegend zu ca. 85% Frauen – haben das höchste Armutsrisiko aller Haushaltstypen. In Ostdeutschland befand sich im Jahr 2006 über die Hälfte der Einelternhaushalte (54,8 %) und in Westdeutschland mehr als ein Drittel davon (35,4 %) in Armutslagen (vgl. Statistisches Bundesamt et al. 2008). Auch wenn die Armutsrate in Deutschland in den letzten Jahren angestiegen ist, liegt sie immer noch unter dem EU-Durchschnitt (16 %).

Box 5.2

Armut in den USA

In den USA wird offiziell von einer absoluten Definition von Armut ausgegangen, d. h. die Basis der Armutsdefinition ist das Subsistenzniveau. Die Armutsgrenze wird seit 1965 von einem, durch Ernährungswissenschaftler/innen etablierten, Existenzminimum abgeleitet. Demnach errechnet sich die Armutsgrenze aus dem Dreifachen der zum Überleben notwendigen Mindesternährung („thrifty food budget"). Die finanzielle Höhe wird jährlich mithilfe des Verbraucherpreisindexes der Inflation angepasst, und nach der Größe des Haushaltes und dem Alter der Personen differenziert. Nach dieser Definition waren ca. 37 Millionen Amerikaner bzw. 12,5 % der Bevölkerung arm (US Census Bureau 2009). Unter Anwendung der relativen Definition von Armut würde sich diese Anzahl dramatisch erhöhen. Kinder, allein erziehende Mütter und Minoritäten sind unter den von Armut Betroffenen stark überrepräsentiert. Da sich die Sozialpolitik der USA erheblich von der der BRD unterscheidet, ist amerikanische Armut mehr „feminisiert" und auch das soziale Sicherheitsnetz ist für Betroffene viel weniger ausgeprägt.

5.6 Internationaler Vergleich und Globalisierung

Die Beschäftigungsstrategie der Europäischen Union strebt an, im Laufe der Gleichstellung der Geschlechter bis zum Jahr 2010 eine Frauenerwerbstätigenquote von mindestens 60% in allen Mitgliedsstaaten der EU zu erreichen. Neben den skandinavischen Ländern haben auch die englischsprachigen Länder sogar schon die 65%-Marke überschritten (vgl. Tab. 5.9). Deutschland liegt laut vorhandenen international vergleichenden Daten mit einer weiblichen Erwerbsbeteiligung von 64% im Europavergleich zwar über dem Durchschnitt von 58% der 27-EU-Nationen bzw. 30 OECD-Länder. Gleichzeitig ist die Frauenerwerbstätigkeit in der BRD aber weit niedriger als in Schweden, Dänemark und der Schweiz – Länder, die Prozentzahlen von über 70% vorweisen können. Von diesen ausgewählten Ländern hat Griechenland die niedrigste Erwerbstätigenquote bei den Frauen – ein Land, in dem das herkömmliche Rollenbild des Mannes als Versorger und der Frau als Hausfrau und Mutter noch stark präsent ist.

In OECD-Ländern sind inzwischen durchschnittlich nur etwas mehr als ein Viertel aller erwerbstätigen Frauen bzw. in der EU ungefähr ein Drittel der Frauen teilzeitbeschäftigt. In Deutschland ist dieser Anteil deutlich höher: 45% der deutschen erwerbstätigen Frauen gehen einer Teilzeitbeschäftigung nach. Daten dieser Art bestätigen, dass das Einzelverdienermodell heute in Europa relativ selten vorkommt, und dass das Eineinhalb- bzw. Doppelverdienermodell, in dem sowohl Frauen als auch Männer einer Erwerbstätigkeit nachgehen, sich stark ausgebreitet hat.

Deutliche Variationen bestehen auch in der Müttererwerbstätigkeit. Durchschnittlich sind in den OECD-Staaten 62% der Mütter erwerbstätig. Die niedrigste Erwerbstätigkeit von Müttern hat Griechenland (51%), die höchste Schweden (83%). Deutschland liegt mit 68% über dem Durchschnitt. Diese Statistik bezieht Mütter von Kindern bis 16 Jahren ein und differenziert nicht nach Arbeitsstundenzahl. Betrachtet man die Situation für Mütter, deren jüngstes Kind unter zwei Jahre alt ist, dann liegt die Müttererwerbstätigkeit im OECD-Durchschnitt bei 52%, mit einer Reichweite von 14% in Ungarn und 72% in Schweden (vgl. OECD 2007a). Die BRD liegt mit 36% weit unter dem Durchschnitt. Diese Muster zeigen, dass Län der, die die Erwerbstätigkeit von Müttern aktiv fördern (wie z.B. Norwegen oder Schweden) und die sogar Mütter von Kleinkindern in den Arbeitsmarkt einbinden, tatsächlich in der Lage sind, höhere Müttererwerbstätigkeit zu erzielen. In Ländern, deren Politik Vollzeit-Mütter zu Hause unterstützt (wie z.B. Griechenland oder Polen), ist dagegen eine geringere Müttererwerbsarbeit zu finden.

Tab. 5.9: Internationale Erwerbsdaten für ausgewählte Länder

	Erwerbs-tätigenquote Männer (2007)[1,2]	Erwerbs-tätigenquote Frauen (2007)[1,2]	Teilzeitarb. Frauen in % (2007)[1,2]	Erwerbstätige Mütter in % (2007)[3]	Lohngefälle (2007)[4]
Australien	76,4	62,6	40,7	63,1	17,0
Belgien	68,7	55,3	40,5	72,7	9,1
Deutschland	74,7	64,0	45,3	68,1	23,0
Dänemark	81,0	73,2	35,8	76,5	17,7
Finnland	72,1	68,5	18,8	76,0	20,0
Frankreich	69,3	60,0	30,2	72,8	16,9
Griechenland	74,9	47,9	9,9	50,9	20,7
Irland	77,4	60,6	31,9	57,5	17,1
Japan	80,0	57,4	40,9	52,4	33,0
Kanada	76,7	68,4	26,2	70,5	21,0
Neuseeland	80,8	66,5	34,5	64,6	10,0
Polen	63,6	50,6	11,7	67,9	7,5
Portugal	73,8	61,9	13,6	76,4	8,3
Schweden	76,5	71,8	39,5	82,5	17,9
Schweiz	85,6	71,6	45,7	69,7	18,7
Spanien	76,2	54,7	22,7	61,9	17,6
Tschechische Republik	74,8	57,3	7,9	61,5	23,6
Ungarn	64,0	50,9	5,5	57,0	16,3
USA	77,2	65,4	17,8	66,7	19,0
Vereinigtes Königreich	77,3	65,5	41,6	67,9	21,1
OECD Durchschnitt (2006)	74,2	58,1	26,4	61,5	17,6
EU 27	72,5	58,3	30,7	×	17,5
EU 15	73,4	58,0	36,3	×	18,3

[1] Für EU Länder: Beschäftigte Personen im Alter von 15-64 in % der gesamten Bevölkerung gleichen Alters; Teilzeitbeschäftigte in % der Erwerbstätigen im Alter von 15-64 (Eurostat 2008b: 2-3).
[2] Für Australien, Japan, Kanada, Neuseeland, USA: OECD Daten für 2006 (OECD 2007 Tabelle 1.1: 3; Tabelle 3.2: 4).
[3] Mütter im Alter von 15-64 mit Kindern im Alter von 0-16; Schweiz: 2006; Australien, Japan, Neuseeland, USA: 2005; Kanada: 2001; Dänemark: 1999. OECD (2009): OECD Family Database: Chart LMF2.1, keine Seite.
[4] Für EU Länder: Unterschied in Brutto-Stundenverdiensten zwischen weiblichen und männlichen Beschäftigten, ohne Anpassungen. Eurostat (2009): online Tabelle, keine Seite. Für Australien, Japan, Kanada, Neuseeland, USA: Unterschied im Medianeinkommen von Vollzeit Beschäftigten, 2006. OECD (2009): OECD Earnings Database, Chart LMF5.1, keine Seite.
Quellen: OECD 2007: Tabelle 1.1: 3; Tabelle 3.2: 4, Bundesagentur für Arbeit 2008: Tabelle II-IA,B: 123, Eurostat 2009: online. OECD 2009: OECD Family Database, Chart LMF2.1, OECD 2009: Earnings Database, Chart LMF5.1.

Der OECD-Durchschnitt des Lohngefälles zwischen den Geschlechtern (Medianeinkommen) betrug im Jahr 2006 18 %. Ähnlich zeigen die neuesten Daten der EU, dass sich der durchschnittliche Stundenlohnunterschied zwischen den Geschlechtern auch auf 18% beläuft. Deutschland weist mit 23 %, nach Japan (33 %) und der Tschechischen Republik (24 %), das größte Lohngefälle unter den Ländern in Tabelle 5.9 auf. Polen (7,5 %) und Portugal (8 %) haben die geringste Differenz.

Ein internationaler Vergleich zu den Karrierechancen in der Privatwirtschaft ist auf der Basis der 34 Staaten[5] umfassenden Datenbank „Frauen und Männer in Entscheidungsprozessen" möglich, die die Europäische Kommission seit 2004 erstellt. Von der Europäischen Kommission wird der Frauenanteil in den höchsten Entscheidungsgremien der größten börsennotierte Unternehmen in den jeweiligen Staaten ausgewiesen.[6] Für Deutschland wurde im Jahr 2009 ein Anteil von 13 % ermittelt, der geringfügig über dem Durchschnitt der 27 EU-Staaten von 11 % liegt. Den höchsten Frauenanteil in großen börsennotierten Unternehmen in der Europäischen Union findet man in Schweden mit 27 %. Noch deutlich übertroffen wird Schweden von dem Nicht-EU-Land Norwegen, das einen Frauenanteil in den Top-Entscheidungsgremien der Privatwirtschaft von 42 % hat. Norwegen hat Anfang 2008 eine 40 %-Quote für Aufsichtsräte gesetzlich verankert. Die meisten Großunternehmen hatten allerdings schon vorher diese Quote erfüllt (vgl. Holst/Schimeta 2009).

Auch wenn es hier nicht vertieft werden kann, soll dennoch darauf hingewiesen werden, dass Arbeit und Geschlecht heute im Kontext von Globalisierungsprozessen betrachtet werden müssen. Die Weltwirtschaft hat sich durch die Entwicklung des neoliberalen Kapitalismus seit dem Zweiten Weltkrieg ungemein verändert, und brachte Umschichtungen in der Position der entwickelten Länder und in der Umverteilung der knappen Ressourcen auf dem Weltmarkt mit sich. Im Zuge dieses Wandels entstanden Verschiebungen in den traditionellen Arbeitsstrukturen und Märkten, die für die Geschlechterordnung global von großer Bedeutung sind. Die reichen Länder erlebten eine interne Expansion des Dienstleistungssektors und das Wachstum von internationalen Großunternehmen. Obwohl die Globalisierung durch die Expansion der High-Tech-Ökonomie viele neue Möglichkeiten und Arbeitsstellen für die gebildete Bevölkerung mit sich brachte, hat sie auch die bestehende Armut und Unsicherheit noch vertieft. Entwicklungsländer, wie schon anhand des Dienstmädchen-Beispiels gezeigt, wurden immer mehr zum Hinterland,

5 Die Länder setzen sich aus den 27 Mitgliedstaaten der Europäischen Union, den verbleibenden EWR-Ländern (Island, Liechtenstein und Norwegen), den drei Kandidatenländern (Kroatien, Ehemalige Jugoslawische Republik Mazedonien und Türkei) und dem Bewerberland Serbien zusammen.

6 Vgl. http://ec.europa.eu/social/main.jsp?catId=777&langId=de&intPageId=675.

dessen Ressourcen, wie z.B. billige Arbeitskräfte oder Rohstoffe, vor allem den entwickelten Ländern zugutekommen.

Die Vereinten Nationen schätzen, dass es heute ca. eine Milliarde Menschen gibt, die von unter einem Dollar am Tag, d.h. in extremer Armut leben. Die Hälfte dieser Menschen ist zwar erwerbstätig, kann aber trotz Arbeitsmarktbeteiligung der Armut nicht entkommen. Und diese Armut ist nicht geschlechtsneutral, denn von ihr sind mehr Frauen und Kinder als Männer betroffen. Neben mangelndem Zugang zu Bildung und gut bezahlter Arbeit, leiden Frauen und Mädchen aufgrund ihres niedrigeren sozialen Status unter weiteren Formen der Ausbeutung und Diskriminierung (vgl. Box 5.3). In vielen Teilen der Welt arbeiten Menschen, vor allem Frauen, unter Bedingungen, die es heute nicht mehr geben sollte. Ob in Heimarbeit, auf dem Feld oder in Fabriken arbeiten Frauen für wenige Cents viele Stunden an Produkten, die international für hohe Profite vermarktet werden. Je ungesicherter der Arbeitsplatz und je niedriger bezahlt, umso mehr Frauen sind dort angestellt (vgl. Unifem 2005). In vielen Entwicklungsländern ist zu beobachten, dass ländliche Gemeinden zerfallen, weil die Agrarwirtschaft durch die Konkurrenz von Großunternehmen zerstört wurde und die Menschen nur im informellen Arbeitsmarkt Beschäftigung finden bzw. auswandern müssen. Oft sind die Migranten männlich und über 60% der Arbeiter/innen im informellen Markt sind Frauen (vgl. Unifem 2005).

Im Prozess der Globalisierung und in einem Klima ökonomischen Wachstums wurden Marktfreiheit, Privatisierung und Deregulierung immer mehr verbreitet. Gleichzeitig verlangen internationale Konzerne Arbeitsmarktflexibilität. Gewerkschaftlich vereinbarte Löhne, Arbeitszeiten und Arbeitsbedingungen existieren in den meisten Exportzonen nicht. Die World Trade Organization (WTO) wurde 1995 gegründet, um internationalen Konzernen den freien Handel zu erleichtern. Freihandelsabkommen, wie das „North American Free Trade Agreement" (NAFTA) und die „Free Trade Area of the Americas" (FTAA), erhöhen die Macht der multinationalen Konzerne zuungunsten der betroffenen Arbeiter/innen. Die sogenannten freien Handelszonen kreieren Armutssiedlungen im Umkreis der Konzerne, in denen die Arbeiter/innen in Arbeiterwohnheimen unter den ärmlichsten Bedingungen leben müssen. Die Konzerne investieren zwar in ihr Firmennetzwerk und neue Technologien, nicht jedoch in ihre Arbeiter/innen. Vor allem US-Konzerne suchen im Wettbewerb um Niedrigstpreise, hohe Verkaufsziffern und höhere Profite nach Gegenden, in denen Subunternehmer willens sind, Löhne noch mehr herunterzudrücken. Dadurch gibt es zunehmend Verstöße gegen die Arbeitnehmer- und Menschenrechte. Die Produkte, die die Konsumenten in deutschen Läden kaufen, sind zwar billig, haben aber einen hohen menschlichen Preis, den die Arbeiter/innen, die sie hergestellt haben, bezahlen.

Laut Unifem (2005) kann erwerbstätigen Frauen in Entwicklungsländern nur dadurch geholfen werden, dass Regierungen mit den verantwortlichen internationalen Konzernen und nicht-staatlichen Organisationen zusammenarbeiten. Frauen müssen in Gewerkschaften organisiert werden, sodass sie rechtliche und soziale Sicherheit bei der Arbeit haben. Es bedarf Bildungsprogrammen, um die Fähigkeiten von Mädchen und Frauen zu fördern und zu erhöhen, damit sie in besser qualifizierte Jobs einsteigen können. Erforderlich sind des Weiteren Regelungen, die Arbeiterinnen im informellen Sektor unterstützen und schützen. Außerdem müssen die Strukturen, die die Geschlechterungleichheiten im Arbeitsmarkt und in der Familie fördern, weiter gezielt abgebaut werden.

Box 5.3

Ausbeutung von Frauen in Sweatshops

Als ein *Sweatshop* (engl.: sweat – Schweiß) gilt „any factory where workers' basic human rights to form independent trade unions are violated, or where employees are not paid a living wage – which means enough money to support their families with dignitiy." (Global Exchange, ohne Jahr). Hauptmerkmale der Sweatshops sind ungesicherte und oft unwürdige Arbeitsverhältnisse, Niedrigstlöhne sowie lange Arbeitszeiten, das Verbot von Gewerkschaften, fehlende Tarifverträge und fehlender Kündigungsschutz, sowie mangelnder Arbeitsschutz. Sweatshops existieren nicht nur in Entwicklungsländern wie Asien und Lateinamerika, sondern auch in den USA und Osteuropa.

Für Frauen bedeutet die Beschäftigung in Sweatshops nicht nur Niedrigstlöhne, sondern auch hohe Gesundheitsrisiken und die Gefahr der sexuellen Nötigung. Frauen werden als Arbeiterinnen in Sweatshops bevorzugt, da ihr Einkommen gesellschaftlich als weniger notwendig interpretiert wird und weil sie als „sanftere" und „leichter manipulierbare" Arbeitskräfte gelten. Vor allem in der Textilindustrie in den Exportzonen Mexikos und Asiens werden junge Frauen angestellt, um unter gesundheitsgefährdenden Bedingungen stundenlang monotone Arbeit zu verrichten, ohne jegliche Sozialleistungen oder Schutz vor Gewalt und Missbrauch. Die Bekleidungsindustrie ist nur begrenzt maschinisierbar, weshalb auch heute noch die Nähmaschine, meist von einer Frau bedient, die beste Produktionsweise darstellt. Die meisten Kleidungsstücke, die wir in deutschen Geschäften kaufen, wurden von einer Arbeiterin zugeschnitten und genäht, die wahrscheinlich „nach Stück" bezahlt wurde, d. h. sie bekam keinen regulären Stundenlohn, sondern wurde nach der Anzahl von T-Shirts, Schuhen oder Blusen, die sie in einer Schicht fertig stellt, bezahlt. Daher ist das Einkommen der Arbeiterinnen von pausenloser Schnelligkeit und langen Schichten abhängig. Oft können die Arbeiterinnen wegen der hohen Stückquoten und dem daraus resultierenden Zeitdruck in der Schicht weder auf Toilette gehen noch essen oder trinken. Dazu kommt verbaler, physischer und sexueller Missbrauch durch die meist männlichen Manager, schlechte Belüftung und eine hohe Anzahl von Arbeitsunfällen.

Immer wieder wird in den Medien von neuen Arbeitsrechtsverletzungen in der Bekleidungsindustrie, die in den internationalen freien Handelszonen ansässig sind, berichtet. Daher gibt es inzwischen eine Reihe von Kampagnen gegen Sweatshops, vor allem ausgehend von Hochschulstudenten und -studentinnen in den USA, die es sich zum Ziel machen durch Boykotte, Proteste und die Aufklärung der Konsument/innen Anti-Sweatshop-Gesetze durchzusetzen. Die Kampagne für „saubere Kleidung“ der Deutschen Christlichen Initiative „Romero“ (angelehnt an die Clean Clothes Campaign http://www.cleanclothes.org/) hat beispielsweise in einer Partnerschaft mit der Firma PUMA angeregt, dass bei der Herstellung von PUMA Sportbekleidung in El Salvador durch Fabrikkontrollen die Arbeitsbedingungen überprüft werden. In der BRD gibt es inzwischen auch eine Reihe von Organisationen, die „Fair Trade“ Produkte verkaufen, wie z. B. FAIRWEAR (http://www.fairwear.de/). Sie garantieren, dass die Produkte unter würdigen Arbeitsbedingungen hergestellt und fair gehandelt wurden. Die Initiative Fair Play konzentriert sich dabei auf die Sportartikelindustrie (http://www.inkota.de/wm2006/index.htm).

➲ Schlüsselbegriffe

Erwerbsarbeit – Sorgearbeit – Erwerbsquote – Erwerbstätigenquote – horizontale Segregation – vertikale Segregation – Armut – Arbeitslosigkeit

Diskussionsfragen

1. Stellen Sie sich vor, Sie sind eine Betriebsleiterin, die daran interessiert ist, das Karrierepotential ihrer weiblichen Angestellten zu erhöhen. Welche betrieblichen Maßnahmen würden Sie vorschlagen, um Ihr Ziel zu erreichen? Zeigen Sie ferner, wie diese Maßnahmen auch Ihren männlichen Angestellten helfen würden.
2. Im internationalen Vergleich hat die BRD eine relativ niedrige Frauenerwerbsquote. Wie könnte man die Erwerbsbeteiligung der Frauen Ihrer Meinung nach in der BRD erhöhen?
3. Wie wirkt sich Ihrer Ansicht nach die unbezahlte Arbeit von Frauen auf deren Erwerbstätigkeit, die Familie und auf die Gesellschaft aus? Welche Maßnahmen könnten dazu beitragen, dieser Art von Arbeit mehr gesellschaftliche Anerkennung zukommen zu lassen?

Weiterführende Literatur

Aulenbacher, Brigitte/Wetterer, Angelika (Hrsg.) (2009): Arbeit – Perspektiven und Diagnosen der Geschlechterforschung. Münster: Westfälisches Dampfboot

Achatz, Juliane (2005): Geschlechtersegregation im Arbeitsmarkt. In: Abraham, Martin/Hinz, Thomas (Hrsg.): Arbeitsmarktsoziologie. Probleme, Theorien, empirische Befunde. Wiesbaden: VS Verlag für Sozialwissenschaften: 263-301

Falk, Susanne (2005): Geschlechtsspezifische Ungleichheit im Erwerbsverlauf. Analysen für den deutschen Arbeitsmarkt. Wiesbaden: VS Verlag für Sozialwissenschaften

Internetadressen

Bundesministerium für Arbeit und Soziales (BMAS)
http://www.bmas.de/portal/16702/startseite.html
Die Seite des BMAS bietet Informationen über Arbeitsmarkt, Arbeitsrecht, Arbeitsschutz und soziale Sicherung in der BRD sowie in der EU. Zahlreiche Publikationen können kostenlos heruntergeladen werden.

Institut für Arbeitsmarkt- und Berufsforschung (IAB)
http://www.iab.de/infoplattform
Das IAB ist ein Forschungsinstitut der Bundesagentur für Arbeit. Diese Seite bietet Zugang zu verschiedenen IAB-Publikationen, Forschungsberichten und aktuellen Arbeitsmarktdaten. Auf der Infoplattform findet sich umfangreiche Informationen zu Geschlecht und Arbeitsmarkt.

Bundesagentur für Arbeit
http://www.arbeitsagentur.de
Auf dieser Seite stehen Veröffentlichungen zu Arbeitsmarktgesetzen, monatliche und jährliche Arbeitsmarktberichte und aktuelle Statistiken zur Verfügung.

Deutsches Institut für Wirtschaftsforschung (DIW)
http://www.diw.de/
Die Seite des DIW verfügt über eine Reihe von aktuellen Forschungsberichten und Datenbanken zu verschiedenen Arbeitsmarktthemen.

Eurostat
http://epp.eurostat.ec.europa.eu
Diese Seite gibt Zugang zur statistischen Datenbank der Europäischen Kommission. Hier können ökonomische und soziale Daten über alle EU-Mitgliedsstaaten direkt am Bildschirm abgerufen und in Tabellenform bearbeitet bzw. heruntergeladen werden.

Organisation for Economic Co-Operation and Development (OECD)
http://www.oecd.org/
Die OECD Seite bietet internationale ökonomische und soziale Daten nach Land gegliedert sowie Berichte und andere Veröffentlichungen. Die aktuellen Statistiken eignen sich zum internationalen Vergleich von Arbeitsmarktdaten.

United Nations Development Fund for Women (Unifem)
http://www.unifem.org/
Diese Seite gibt Zugang zu UN-Daten über die ökonomische Situation von Frauen weltweit. Ferner werden Veröffentlichungen zur Verfügung gestellt und internationale Programme vorgestellt.

Literatur

AAUW (2008): Separated by Sex: Title IX and Single-Sex Education. Public Policy and Government Relations Department. Online verfügbar unter: http://www.aauw.org/advocacy/issue_advocacy/actionpages/upload/single-sex_ed111.pdf (Stand: 26.01.2010)

Abele, Andrea (1994): Karriereorientierungen angehender Akademikerinnen und Akademiker. Bielefeld: Kleine Verlag

Abele, Andrea (2002): Geschlechterdifferenz in der beruflichen Karriereentwicklung. Warum sind Frauen weniger erfolgreich als Männer? In: Keller, Barbara/Mischau, Anina (Hrsg.): Frauen machen Karriere in der Wissenschaft, Wirtschaft und Politik. Baden-Baden: 49-64

Achatz, Juliane (2005): Geschlechtersegregation im Arbeitsmarkt. In: Abraham, Martin/Hinz, Thomas (Hrsg.): Arbeitsmarktsoziologie. Probleme, Theorien, empirische Befunde. Wiesbaden: 263-301

Achatz, Juliane (2008): Die Integration von Frauen in Arbeitsmärkten und Organisationen. In: Wilz, Sylvia M. (Hrsg.): Geschlechterdifferenzen – Geschlechterdifferenzierungen. Ein Überblick über gesellschaftliche Entwicklungen und theoretischen Positionen. Wiesbaden: 105-138

Achatz, Juliane/Gartnern, Hermann/Glück, Timea (2004): Bonus oder Bias? Mechanismen geschlechtsspezifischer Entlohnung. IAB Discussion Paper No. 2. Nürnberg: Bundesagentur für Arbeit

Acker, Joan (1990): Hierarchies, Bodies, and Jobs: A Gendered Theory of Organizations. In: Gender & Society 4: 139-158

Adler, Marina A. (2004): Child-free and Unmarried: Changes in the Life Planning of Young East German Women. In: Journal of Marriage and Family 66: 1167-1176

Adler, Marina A./Brayfield, April (2006): Gender Regimes & Cultures of Care. Public Support for Maternal Employment in Germany and the United States. In: Marriage and Family Review 39: 229-253

Allbus (2002): Allgemeine Bevölkerungsumfrage der Sozialwissenschaften. Codebuch ZA-Studien-Nr. 3700. Köln: Zentralarchiv

Allmendinger, Jutta (1999): Hochschulen im 21. Jahrhundert – Abschied von der Männerdominanz? In: Beiträge zur Hochschulforschung 21: 247-256

Allmendinger, Jutta/Hinz, Thomas (2006): Geschlechtersegregation in Organisationen und die Lohndifferenz zwischen Männern und Frauen. In: Gildemeister, Regine/Wetterer, Angelika (Hrsg.): Erosion oder Reproduktion geschlechtlicher Differenzierungen? Widersprüchliche Entwicklungen in professionalisierten Berufsfeldern und Organisationen. Münster: 172-188

Allmendinger, Jutta/Leuze, Kathrin/Blanck, Joanna M. (2008): 50 Jahre Geschlechtergerechtigkeit und Arbeitsmarkt. In: Aus Politik und Zeitgeschichte. Heft 24/25: 18-25

Althoff, Martina/Bereswill, Mechthild/Riegraf, Birgit (2001): Feministische Methodologie und Methoden. Opladen: Leske + Budrich

Andersen, Margaret L. (2005): Thinking about Women. Sociological Perspectives on Sex and Gender. Boston: Allyn & Bacon

Ang, Ien (1986): Das Gefühl Dallas. Zur Produktion des Trivialen. Bielefeld: Daedalus

Anger, Hans (1960): Probleme der deutschen Universität. Bericht über eine Erhebung unter Professuren und Dozenten. Tübingen: Mohr

Anker, Richard (1998): Gender and Jobs: Sex Segregation of Occupations in the World. Geneva: International Labour Office

Anweiler, Oskar et al. (1990): Vergleich der Bildung und Erziehung in der Bundesrepublik Deutschland und in der Deutschen Demokratischen Republik. Köln: Verlag Wissenschaft und Politik

Arbeitsgruppe Bildungsberichterstattung (2008): Bildung in Deutschland. Gütersloh: Bertelsmann

Aulenbacher, Brigitte/Wetterer, Angelika (Hrsg.) (2009): Arbeit – Perspektiven und Diagnosen der Geschlechterforschung. Münster: Westfälisches Dampfboot

Austin, John L. (1976): Zur Theorie der Sprechakte. Stuttgart: Reclam (orig. 1967)

Ayaß, Ruth (2008): Kommunikation und Geschlecht. Eine Einführung. Stuttgart: Kohlhammer

Bachofen, Johann J. (1997): Das Mutterrecht. Eine Untersuchung über die Gynaikokratie der alten Welt nach ihrer religiösen und rechtlichen Natur. Frankfurt/Main: Suhrkamp (orig. 1861)

Backes, Gertrud (2005): Geschlecht, Alter(n) und Pflege – ein allseits (un-)bekanntes Thema? Oder: Zur Begründung einer geschlechtersensiblen Altenpflege. In: Schroeter, Klaus R./Rosenthal, Thomas (Hrsg.): Soziologie der Pflege. Grundlagen, Wissensbestände und Perspektiven. Weinheim und München: 359-384

Badinter, Elisabeth (1984): Die Mutterliebe. Geschichte eines Gefühls vom 17. Jahrhundert bis heute. München: dtv (orig. 1980)

Baethge, Martin (2008): Das berufliche Bildungswesen in Deutschland am Beginn des 21. Jahrhunderts. In: Cortina, Kai S. et al. (Hrsg.): Das Bildungswesen in der Bundesrepublik Deutschland. Strukturen und Entwicklungen im Überblick. Reinbek: 541-598

Baker, Christina N. (2005): Images of Women's Sexuality in Advertisements: A Content Analysis of Black- and White-Oriented Women's and Men's Magazines. In: Sex Roles 52: 13-27

Balthasar, Susanne (2001): Die Tatbestände der Vergewaltigung und sexuellen Nötigung: eine rechtsvergleichende Betrachtung des deutschen und österreichischen Rechts mit Schwerpunkt im 20. Jahrhundert. Linz: Trauner

Barash, David P./Lipton, Judith E. (1997): Making Sense of Sex. How Genes and Gender Influence our Relationships. Washington, DC: Island Press

Baron-Cohen, Simon (2004): Vom ersten Tag an anders. Das männliche und weibliche Gehirn. Düsseldorf: Walter (orig. 2000)

Baumert, Jürgen et al. (2001): PISA 2000. Basiskompetenzen von Schülerinnen und Schülern im internationalen Vergleich. Deutsches PISA-Konsortium. Opladen: Leske+Budrich

Baumert, Jürgen/Cortina, Kai S./Leschinsky, Achim (2008): Grundlegende Entwicklung und Strukturprobleme im allgemeinbildenden Schulwesen. In: Cortina, Kai S. et al. (Hrsg.): Das Bildungswesen in der Bundesrepublik Deutschland. Strukturen und Entwicklungen im Überblick. Reinbek: 53-130

Beaufaÿs, Sandra (2003): Wie werden Wissenschaftler gemacht? Beobachtungen zur wechselseitigen Konstitution von Wissenschaft und Geschlecht. Bielefeld: Transcript

Beaufaÿs, Sandra/Krais, Beate (2007): Wissenschaftliche Leistung, Universalismus und Objektivität. Professionelles Selbstverständnis und die Kategorie Geschlecht im sozialen Feld Wissenschaft. In: Gildemeister, Regine/Wetterer, Angelika (Hrsg.): Erosion und Reproduktion geschlechtlicher Differenzierungen? Widersprüchliche Entwicklungen in professionalisierten Berufsfeldern und Organisationen. Münster: 76-98

Beauvoir, Simone de (2002): Das andere Geschlecht. Sitte und Sexus der Frau. Reinbek: Rowohlt (orig. 1949)

Becker-Schmidt, Regina (1987): Die doppelte Vergesellschaftung, die doppelte Unterdrückung: Besonderheiten der Frauenforschung in den Sozialwissenschaften. In: Wagner, Ina/Unterkircher, Lilo (Hrsg.): Die andere Hälfte der Gesellschaft. Wien: 10-25

Becker-Schmidt, Regina (1992): Geschlechterverhältnisse und Herrschaftszusammenhänge. In: Kuhlke, Christine/Kopp Degeltiff, Heidi/Ramming, Ulrike (Hrsg.): Wider das schlichte Vergessen. Berlin: 216-236

Becker-Schmidt, Regina/Knapp, Gudrun-Axeli (1995): Einleitung. In: Becker-Schmidt, Regina/Knapp, Gudrun-Axeli (Hrsg.): Das Geschlechterverhältnis als Gegenstand der Sozialwissenschaften. Frankfurt/Main: 7-18

Becker-Schmidt, Regina/Knapp, Gudrun-Axeli (2001): Feministische Theorien zur Einführung. 2. Aufl. Hamburg: Junius

Beck-Gernsheim, Elisabeth (2006): Die Kinderfrage heute. Über Frauenleben, Kinderwunsch und Geburtenrückgang. München: Beck

Beck-Gernsheim, Elisabeth/Ostner, Ilona (1978): Frauen verändern – Berufe nicht? Ein theoretischer Ansatz zur Problematik „Frau und Beruf“. In: Soziale Welt 29: 257-287

Bednarz-Braun, Iris (2004): Entwicklung von Theorieansätzen im Schnittpunkt von Ethnie, Migration und Geschlecht. In: Bednarz-Braun, Iris/Hess-Meining, Ulrike (Hrsg.): Migration, Ethnie und Geschlecht. Theorieansätze – Forschungsstand – Forschungsperspektiven. Wiesbaden: 19-94

Beer, Ursula (1990): Geschlecht, Struktur, Geschichte. Soziale Konstituierung des Geschlechterverhältnisses. Frankfurt/Main: Campus Verlag

Behning, Ute (2004): Implementation von Gender Mainstreaming auf europäischer Ebene. Geschlechtergleichstellung ohne Zielvorstellung? In: Meuser, Michael/Neusüß, Claudia (Hrsg.): Gender Mainstreaming. Konzepte, Handlungsfelder, Instrumente. Bonn: 122-134

Behrend, Heike (1994): „Mothers do not make babies“. Zur Frauen- und Geschlechterforschung in der Ethnologie. In: Zeitschrift für Ethnologie 119: 175-184

Benda, Ernst (1986): Notwendigkeit und Möglichkeit positiver Aktionen zugunsten von Frauen im öffentlichen Dienst. Rechtsgutachten erstattet im Auftr. der Senatskanzlei – Leitstelle Gleichstellung der Frau – der Freien und Hansestadt Hamburg. Hamburg: Leitstelle Gleichstellung der Frau

Beneria, Lourdes (1992): Accounting for Women’s Work: The Progress of Two Decades. In: World Development 20: 1547-1560

Berghahn, Sabine (2003): Der Ritt auf der Schnecke – Rechtliche Gleichstellung in der Bundesrepublik Deutschland. Online verfügbar unter: http://web.fu-berlin.de/gpo/pdf/berghahn/Ritt_auf_der_Schnecke.pdf (Stand: 23.10.2009)

Berghahn, Sabine (2004): Der Ritt auf der Schnecke – Rechtliche Gleichstellung in der Bundesrepublik Deutschland. In: Koreuber, Mechthild/Mager, Ute (Hrsg.):

Recht und Geschlecht. Zwischen Gleichberechtigung, Gleichstellung und Differenz. Baden-Baden: 59-78

Bergmann, Christian/Eder, Ferdinand (2000): Geschlechtsspezifische Interessen in der Sekundarstufe II. In: Empirische Pädagogik 14: 255-285

Bernard, Jessica (1973): My Four Revolutions. An Autobiographical History of the ASA. In: American Journal of Society 78: 773-791

Best, Stefanie/Engel, Bernhard (2007): Qualitäten der Mediennutzung. In: Media-Perspektiven. Heft 1: 20-37

Bien, Walter/Rauschenbach, Thomas/Riedel, Birgit (2007): Wer betreut Deutschlands Kinder? DJI-Kinderbetreuungsstudie. 2. überarb. Aufl. Berlin: Cornelsen

Biersack, Wolfgang/Kettner, Anja/Schreyer, Franziska (2007): Fachkräftebedarf. Engpässe, aber noch kein allgemeiner Ingenieurmangel. IAB Kurzbericht. Nr. 16. Nürnberg: Bundesagentur für Arbeit

Blanck-Mathieu, Margarete (2008): Jungen im Kindergarten. In: Matzner, Michael/ Tischner, Wolfgang (Hrsg.): Handbuch Jungen-Pädagogik. Weinheim/Basel: 78-90

Blone, Eva/Erfinder, Alexandra/Gülcher, Nina/Smasal, Kerstin/Smykalla, Sandra (2005): Handbuch universitärer Gleichstellungspolitik. Von der Frauenförderung zum Gendermanagement? Wiesbaden: VS Verlag für Sozialwissenschaften

BMBF (2008): Berufsbildungsbericht 2008. Bonn/Berlin: Bundesministerium für Bildung und Forschung

BMFSFJ (Hrsg.) (2000): Freiwilliges Engagement in Deutschland. Ergebnisse der Repräsentativerhebung zu Ehrenamt, Freiwilligenarbeit und bürgerschaftlichem Engagement. 3 Bände. Schriftenreihe Band 194. 1.-3. Stuttgart: Kohlhammer

BMFSFJ (2002): Elfter Kinder- und Jugendbericht: Aufwachsen in öffentlicher Verantwortung. Berlin

BMFSFJ (2004): Bericht über die Auswirkungen der §§15 und 16 Bundeserziehungsgeldgesetz. Online verfügbar unter: http://www.bmfsfj.de/bmfsfj/generator/ RedaktionBMFSFJ/Abteilung2/Pdf-Anlagen/bericht-_C3_BCber-die-elternzeit, property=pdf,bereich=bmfsfj,sprache=de,rwb=true.pdf (Stand: 23.10.2009)

BMFSFJ (Hrsg.) (2006): Familie zwischen Flexibilität und Verlässlichkeit. Perspektiven für eine lebenslaufbezogene Familienpolitik. Siebter Familienbericht. Berlin: Deutscher Bundestag

BMFSFJ (2007): 20 Jahre Bundesfrauenministerium: Rollen erweitern – Perspektiven gewinnen – Gleichstellung verwirklichen. Online verfügbar unter: http://www.bmfsfj.de/bmfsfj/generator/RedaktionBMFSFJ/Abteilung4/Pdf-Anlagen/20-jahre-frauenministerium,property=pdf,bereich=bmfsfj,sprache=de, rwb=true.pdf (Stand: 23.10.2009)

BMFSFJ (Hrsg.) (2008 a): Entgeltungleichheit zwischen Frauen und Männern. Online verfügbar unter: http://www.bmfsfj.de/bmfsfj/generator/RedaktionBMFSFJ/ Abteilung4/Pdf-Anlagen/entgeltungleichheit-sinusstudie,property=pdf, rwb=true.pdf (Stand: 10.12.2009)

BMFSFJ (Hrsg.) (2008 b): 3. Bilanz Chancengleichheit. Europa im Blick. Berlin: Deutscher Bundestag

BMFSFJ (2009 a): Evaluationsbericht Bundeselterngeld- und Elternzeitgesetz 2009. Online verfügbar unter: http://www.bmfsfj.de/bmfsfj/generator/Redaktion BMFSFJ/Broschuerenstelle/Pdf-Anlagen/beeg-evaluation,property=pdf,bereich= bmfsfj, sprache=de,rwb=true.pdf (Stand: 23.10.2009)

BMFSFJ (2009 b): Atlas zur Gleichberechtigung von Frauen und Männern in Deutschland. Online verfügbar unter: http://www.bmfsfj.de/bmfsfj/generator/

RedaktionBMFSFJ/Broschuerenstelle/Pdf-Anlagen/atlas-gleichstellung-deutschland, property=pdf,bereich=bmfsfj,sprache=de,rwb=true.pdf (Stand: 23.10.2009)
Bock, Gisela (2000): Frauen in der europäischen Geschichte. Vom Mittelalter bis zur Gegenwart. München: Beck
Bock, Gisela/Duden, Anne (1977): Arbeit aus Liebe – Liebe als Arbeit. Zur Entstehung der Hausarbeit im Kapitalismus. In: Gruppe Berliner Dozentinnen (Hrsg.): Beiträge zur Berliner Sommeruniversität für Frauen. Berlin: 118-199
Böhnisch, Lothar (2003): Die Entgrenzung der Männlichkeit. Weinheim und München: Juventa
Böhnisch, Lothar (2004): Männliche Sozialisation. Eine Einführung. Weinheim und München: Juventa
Böhnisch, Lothar/Arnold, Helmut/Schröer, Wolfgang (1999): Sozialpolitik. Eine sozialwissenschaftliche Einführung. Weinheim und München: Juventa
Böhnisch, Lothar/Winter, Reinhard (1993): Männliche Sozialisation. Weinheim und München: Juventa
Boldt, Udo (2008): Jungen und Koeduktion. In: Matzner, Michael/Tischner, Wolfgang (Hrsg.): Handbuch Jungen-Pädagogik. Weinheim/Basel: 136-149
Bonvillain, Nancy (2007): Women and Men. Cultural Construction of Gender. 4. Aufl. Englewood Cliffs: Prentice Hall
Borch, Hans/Weissmann, Hans (2000): Erfolgsgeschichte IT-Berufe. In: Berufsbildung in Wissenschaft und Praxis (BWP) 29: 9-12
Borstnar, Nils (2002): Männlichkeit und Werbung. Inszenierung – Typologie – Bedeutung. Kiel: Ludwig
Bos, Wilfried/Lankes, Eva-Maria/Prenzel, Manfred/Schwippert, Knut/Walther, Gerd/ Valtin, Renate (Hrsg.) (2003): Erste Ergebnisse aus IGLU. Schülerleistungen am Ende der vierten Jahrgangsstufe im internationalen Vergleich. Münster: Waxmann
Bos, Wilfried/Hornberg, Sabine/Arnold, Karl-Heinz/Faust, Gabriele/Fried, Lilian/ Lankes, Eva-Maria/Schwippert, Knut/Valtin, Renate (Hrsg.) (2008): IGLU-E 2006. Die Länder der Bundesrepublik Deutschland im nationalen und internationalen Vergleich. Münster: Waxmann
Bothfeld, Silke/Klammer, Ute/Klenner, Christina (2005): WSI-FrauenDatenReport 2005. Berlin: Sigma
Böttger, Barbara (1990): Das Recht auf Gleichheit und Differenz. Elisabeth Selbert und der Kampf der Frauen um Art. II Grundgesetz. Münster: Westfälisches Dampfboot
Bourdieu, Pierre (1997 a): Dic männlichc Herrschaft. In: Dölling, Irene/Krais, Beate (Hrsg.): Ein alltägliches Spiel. Geschlechterkonstruktion in der Praxis. Frankfurt/ Main: 153-217
Bourdieu, Pierre (1997 b): Eine sanfte Gewalt. Pierre Bourdieu im Gespräch mit Irene Dölling und Margareta Steinrücke. In: Dölling, Irene/Krais, Beate (Hrsg.): Ein alltägliches Spiel. Geschlechterkonstruktion in der Praxis. Frankfurt/Main: 218-230
Bourdieu, Pierre (1997 c): Männliche Herrschaft revisited. In: Feministische Studien 15: 88-99
Bourdieu, Pierre (1999): Sozialer Sinn. Kritik der theoretischen Vernunft. Frankfurt/ Main: Suhrkamp
Bourdieu, Pierre (2005): Die männliche Herrschaft. Frankfurt/Main: Suhrkamp
Breidenstein, Georg/Kelle, Helga (1998): Geschlechteralltag in der Schulklasse. Ethnographische Studien zur Gleichaltrigenkultur. Weinheim und München: Juventa

Brenke, Karl (2006): Wachsender Niedriglohnsektor in Deutschland – sind Mindestlöhne sinnvoll? In: Wochenbericht des DIW Berlin 73: 197-206
Bretell, Caroline B./Sargent, Carolyn F. (Hrsg.) (2001): Gender in Cross Cultural Perspective. 3. Aufl. New Jersey: Prentice Hall
Britton, Dana M. (2000): The Epistemology of the Gendered Organization. In: Gender & Society 14: 418-434
Brown, Judith R. (1995): Irokesinnen. Eine ethnohistorische Betrachtung. In: Lenz, Ilse/Luig, Ute (Hrsg.): Frauenmacht ohne Herrschaft. Geschlechterverhältnisse in nichtpatriarchalischen Gesellschaften. Frankfurt/Main: 170-189
Brück, Brigitte/Kahlert, Heike/Krüll, Marianne/Milz, Helga/Osterland, Astrid/Wegehaupt-Schneider, Ingeborg (1992): Feministische Soziologie. Eine Einführung. Frankfurt/Main: Campus Verlag
Bublitz, Hannelore (1999): Foucaults Archäologie des kulturellen Unbewussten. Zum Wissensarchiv und Wissensbegehren in modernen Gesellschaften. Frankfurt/Main: Campus Verlag
Bublitz, Hannelore (2002): Judith Butler zur Einführung. Hamburg: Junius
Budde, Jürgen (2008): Bildungs(miss)erfolge von Jungen und Berufswahlverhalten bei Jungen/männlichen Jugendlichen. Bildungsforschung. Band 23. Bonn/Berlin: Bundesministerium für Bildung und Forschung
Budde, Jürgen/Scholand, Barbara/Faulstich-Wieland, Hannelore (2008): Geschlechtergerechtigkeit in der Schule. Eine Studie zu Chancen, Blockaden und Perspektiven einer gender-sensiblen Schulkultur. Weinheim und München: Juventa
Bundesagentur für Arbeit (2004): Mini- und Midijobs in Deutschland – Sonderbericht. Online verfügbar unter: http://www.pub.arbeitsamt.de/hst/services/statistik/000100/html/sonder/001_mini_midi_jobs.pdf (Stand: 10.12.2009)
Bundesagentur für Arbeit (2008): Arbeitsmarkt 2007. Amtliche Nachrichten der Bundesagentur für Arbeit. Online verfügbar unter: http://www.pub.arbeitsagentur.de/hst/services/statistik/000100/html/jahr/arbeitsmarkt_2007_gesamt.pdf (Stand: 11.12.2009)
Burkart, Günter/Koppetsch, Cornelia (2001): Geschlecht und Liebe. Überlegungen zu einer Soziologie des Paares. In: Heintz, Bettina (Hrsg.): Geschlechtersoziologie. Sonderheft der Kölner Zeitschrift für Soziologie und Sozialpsychologie 41. Wiesbaden: 431-543
Burkhardt, Anke/Stein, Ruth Heidi (1996): Frauen an ostdeutschen Hochschulen vor und nach der Wende. In: Kleinau, Elke/Opitz, Claudia (Hrsg.): Geschichte der Frauen- und Mädchenbildung. Band 2: Vom Vormärz bis zur Gegenwart. Frankfurt/Main: 497-516
Butler, Judith (1991): Das Unbehagen der Geschlechter. Frankfurt/Main: Suhrkamp
Callender, Charles/Kochens, Lee (1983): The North American Berdache. In: Current Anthropology 24: 443-470
Canaan, Joyce/Griffin, Christine (1990): The New Men's Studies. Part of the Problem or Part of the Solution? In: Hearn, Jeff/Morgan, David (Hrsg.): Men, Masculinities and Social Theory. London: 206-214
Cancedda, Alessandra (Hrsg.) (2001): Employment in Household Services. Dublin: European Foundation for the Improvement of Living & Working Conditions
Carrigan, Tim/Connell, Robert W./Lee, John (1985): Toward a New Sociology of Masculinity. In: Theory and Society 14: 551-604

CEWS (Kompetenzzentrum Frauen in Wissenschaft und Forschung) (2006): Kurzexpertise zum Themenfeld Frauen in Wissenschaft und Forschung im Auftrag der Robert Bosch Stiftung. Bonn

Charles, Maria/Grusky, David B. (2004): Occupational Ghettos. The Worldwide Segregation of Men and Women. Stanfort: Stanfort University Press

Chiñas, Beverly Newbold (1992): The Isthmus Zapotecs: A Matrifocal Culture of Mexico. Fort Worth: Harcourt Brace Jovanovich College Publishers

Christiansen, Kerrin (1995): Biologische Grundlagen der Geschlechterdifferenz. In: Pasero, Ursula/Braun, Friederike (Hrsg.): Konstruktion von Geschlecht. Pfaffenweiler: 13-28

Collins, Patricia Hill (1998): The Social Construction of Black Feminist Thought. In: Meyers, Kristen A./Andersen, Cynthia D./Risman, Barbara (Hrsg.): Feminist Foundations. Toward Transforming Sociology. London: 371-396

Collins, Patricia Hill (2000): Black Feminist Thought. Knowledge, Consciousness, and the Politics of Empowerment. New York: Routledge

Connell, Robert W. (1992): A Very Straight Guy. Masculinity, Heterosexual Experience and the Dynamics of Gender. In: American Sociological Review 57: 735-751

Connell, Robert W. (1998): Männer in der Welt. Männlichkeiten und Globalisierung. In: Widersprüche 18: 91-106

Connell, Robert W. (1999): Der gemachte Mann. Opladen: Leske + Budrich

Connell, Robert W. (2002): Gender. Cambridge: Polity Press

Connell, Robert W./Messerschmidt, James W. (2005): Hegemonic Masculinity. Rethinking the concept. In: Gender & Society 19: 829-859

Cordes, Mechthild (2008): Gleichstellungspolitiken. Von der Frauenförderung zum Gender Mainstreaming. In: Becker, Ruth/Kortendiek, Beate (Hrsg.): Handbuch der Frauen- und Geschlechterforschung. Theorie, Methoden, Empirie. Wiesbaden: 916-924

Cornelißen, Waltraud (2002): Der Stellenwert des Fernsehens im Alltag von Frauen und Männern. In: Dorer, Johanna/Geiger, Brigitte (Hrsg.): Feministische Kommunikations- und Medienwissenschaftliche Ansätze. Befunde und Perspektiven der aktuellen Entwicklung. Wiesbaden: 267-289

Cornelißen, Waltraud/Stürzer, Monika/Roisch, Henrike/Hunze, Annette (2003): Dreißig Jahre Forschung zu Geschlechterverhältnissen in der Schule. In: Stürzer, Monika/Roisch, Henrike/Hunze, Annette/Cornelißen, Waltraud (Hrsg.): Geschlechterverhältnisse in der Schule. Opladen: 217-244

Cortina, Kai S./Baumert, Jürgen /Lechinsky, Achim/Mayer, Karl Ulrich/Tommer, Luitgard (Hrsg.) (2008): Das Bildungswesen in der Bundesrepublik Deutschland. Strukturen und Entwicklungen im Überblick. Reinbek: Rowohlt

Costas, Ilse (1995): Die Öffnung der Universitäten für Frauen – Ein internationaler Vergleich der Zeit vor 1914. In: Leviathan 23: 496-516

Coulon, Alain (1995): Ethnomethodology. Thousand Oaks, Calif.: Sage

Crompton, Rosemary (1999): Restructuring Gender Relations and Employment. The Decline of Male Breadwinner. Oxford: Oxford University Press

Crompton, Rosemary (2001): Gender Restructuring, Employment, and Caring. In: Social Politics 8: 266-291

Cyba, Eva (2008): Patriarchat. Wandel und Aktualität. In: Becker, Ruth/Kortendiek, Beate (Hrsg.): Handbuch der Frauen- und Geschlechterforschung. Theorie, Methoden, Empirie. Wiesbaden: 17-22

Dahlberg, Francis (Hrsg.) (1981): Woman the Gatherer. New Haven/London: Yale University Press

Davis, Shannon N. (2003): Sex Stereotypes in Commercials Targeted toward Children: A Content Analysis. In: Sociological Spectrum 23: 407-424

Davis-Sulikowski, Ulrike/Diemberger, Hilde/Gingrich, Andre/Helbing, Jürg (Hrsg.) (2001): Körper, Religion und Macht. Sozialanthropologie der Geschlechterbeziehungen. Frankfurt/Main: Campus Verlag

Degele, Nina (2008): Gender/Queer Studies. Eine Einführung. München: Fink

Degener, Theresia (1997): Der Streit der Gleichheit und Differenz in der Bundesrepublik seit 1945. In: Gerhard, Ute (Hrsg.): Frauen in der Geschichte des Rechts. Von der Frühen Neuzeit bis zur Gegenwart. München: 871-899

Dekker, Rudolf M./van de Pol, Lotte (1990): Frauen in Männerkleidern. Weibliche Transvestiten und ihre Geschichte. Berlin: Wagenbach (orig. 1989)

Delmar, Rosalind (1986): What is Feminism? In: Mitchell, Juliet/Oakley, Ann (Hrsg.): What is Feminism? A Re-examination. New York: 8-33

Der Spiegel (2007): Mein Kopf gehört mir. Nr. 24, 11.06.2007: 56-71

Diefenbach, Heike (2008): Jungen und schulische Bildung. In: Matzner, Michael/ Tischner, Wolfgang (Hrsg.): Handbuch Jungen-Pädagogik. Weinheim/Basel: 92-108

Dinges, Martin (2005): „Hegemoniale Männlichkeit“ – ein Konzept auf dem Prüfstand. In: Ders. (Hrsg.): Männer – Macht – Körper. Hegemoniale Männlichkeiten vom Mittelalter bis heute. Frankfurt/Main: 7-33

Doeringer, Peter/Piore, Michael J. (1971): Internal Labor Markets and Manpower Analysis. Lexington: Heath

Döge, Peter/Stiegler, Barbara (2004): Gender Mainstreaming in Deutschland. In: Meuser, Michael/Neusüß, Claudia (Hrsg): Gender Mainstreaming. Konzepte, Handlungsfelder, Instrumente. Bonn: 135-157

Dölling, Irene (2007): ‚Geschlechter-Wissen‘ – ein nützlicher Begriff für die ‚verstehende‘ Analyse von Vergeschlechtlichungsprozessen? In: Gildemeister, Regine/ Wetterer, Angelika (Hrsg.): Erosion und Reproduktion geschlechtlicher Differenzierungen? Widersprüchliche Entwicklungen in professionalisierten Berufsfeldern und Organisationen. Münster: 9-31

Dölling, Irene (2009): Männliche Herrschaft (domination masculine). In: Fröhlich, Gerhard/Rehbein, Boike (Hrsg.): Bourdieu-Handbuch. Leben – Werk – Wirkung, Stuttgart: 172-178

Dorer, Johanna/Geiger Brigitte (2002): Feministische Kommunikations- und Medienwissenschaftliche Ansätze, Befunde und Perspektiven der aktuellen Entwicklung. Wiesbaden: Westdeutscher Verlag

Dorer, Johanna/Marschik, Matthias (1999): Wie die Medien Frauen konstruieren. Gesellschaftlicher Wandel und seine Darstellung in den Medien. In: Medienimpulse. Beiträge zur Medienpädagogik 8: 4-10

Dorn, Thea (2007): Die neue F-Klasse. Wie die Zukunft von Frauen gemacht wird. München: Piper

Dressel, Christian/Cornelissen, Waltraud/Wolf, Karin (2005): Vereinbarkeit von Beruf und Familie. In: Cornelissen, Waltraud (Hrsg.): Gender-Datenreport. München: 278-356

Dressel, Christian et al. (2005): Soziale Sicherung. In: Cornelissen, Waltraud (2005): Gender-Datenreport. München: 406-469

Duden, Barbara (1987): Geschichte unter der Haut. Ein Eisenacher Arzt und seine Patientinnen um 1730. Stuttgart: Klett-Cotta

Dumont du Voitel, Waltraud (1994): Macht und Entmachtung der Frau. Eine ethnologisch-historische Analyse. Frankfurt M./New York: Campus Verlag
Eckes, Thomas (1997): Geschlechterstereotype. Frau und Mann in sozialpsychologischer Sicht. Pfaffenweiler: Centaurus
Eder, Franz X. (2002): Kultur der Begierde. Eine Geschichte der Sexualität. München: Beck
Eicherhöfer, Eberhard (2002): Geschichte des Sozialstaates. München: Beck
Eichhoff-Cyrus, Karin M. (Hrsg.) (2004): Adam, Eva und die Sprache. Beiträge zur Geschlechterforschung. Mannheim: Dudenverlag
El-Giamal, Muna (1999): Wenn ein Paar zur Familie wird. Alltag, Belastungen und Belastungsbewältigung beim ersten Kind. Bern: Huber
Eller, Cynthia (2000): The Myth of Matriarchal Prehistory. Boston: Beacon Press
Enders, Jürgen (1997): Hochschulen im Umbruch – Chancen für Frauen. Würzburg: Universität Bonn
Engelbrech, Gerhard/Nagel, Elisabeth (2002): Einkommen von Männern und Frauen beim Berufseintritt. Betriebliche Ausbildung und geschlechtsspezifische berufliche Segregation. In: IAB Werkstattbericht Nr. 17. Nürnberg: Bundesagentur für Arbeit. Online verfügbar unter: http://doku.iab.de/werkber/2002/wb1702.pdf (Stand: 11.12.2009)
Engelfried, Constance (1997): Männlichkeiten. Die Öffnung des feministischen Blicks auf den Mann. Weinheim und München: Juventa
Engels, Friedrich (1969): Der Ursprung der Familie, des Privateigentums und des Staates. In: MEW. Band 21. Berlin: 25-173 (orig. 1884)
England, Paula (1982): The Failure of Human Capital Theory to Explain Occupational Segregation. In: Journal of Human Resources 17: 358-370
England, Paula (2005): Emerging Theories of Care Work. In: Annual Review of Sociology 31: 381-399
England, Paula/Budig, Michelle/Folbre, Nancy (2002): Wages of Virtue: The Relative Pay of Care Work. In: Social Problems 49: 455-473
Engler, Stefanie (1997): Geschlecht in der Gesellschaft – Jenseits des Patriarchats. In: Kneer, Georg/Nassehi, Armin/Schroer, Markus (Hrsg.): Soziologische Gesellschaftsbegriffe. Konzepte moderner Zeitdiagnosen. München: 127-156
Engler, Steffanie (2001): „In Einsamkeit und Freiheit“? Zur Konstruktion der wissenschaftlichen Persönlichkeit auf dem Weg zur Professur. Konstanz: UVK Verlag
Ernste, Dominik H. (2004): Schattenwirtschaft und Korruption in Mittel- und Osteuropa. Köln: Institut der deutschen Wirtschaft (IDW)
Esping-Andersen, Gosta (1990): The Three Worlds of Welfare Capitalism. Cambridge: Polity Press
Europarat (1998): Gender mainstreaming. Conceptual framework, methodology and presentation of good practices. Final report of Activities of the Group of Specialists on Mainstreaming (EG-S-MS). Online verfügbar unter: http://www.coe.int/T/E/Human_Rights/Equality/02._Gender_mainstreaming/ (Stand: 23.10.2009)
European Commission (2009): She Figures 2009. Statistics and Indicators on Gender Equality in Science. Luxembourg: Publications Office of the European Union
Eurostat (2004 a): Development of a Methodology for the Collection of Harmonized Statistics on Childcare. Online verfügbar unter http://www.eds-destatis.de/ downloads/work/en3wp_childcare.pdf (Stand: 23.10.2009)
Eurostat (2004 b): European Time Use Survey. How is the time of Europeans distributed? Differences between women and men. Eurostat News Release 93. Statistical

Office of the European Communities. Online verfügbar unter: http://www.lex.unict.it/eurolabor/documentazione/altrestat/eurostat270704.pdf (Stand: 11.12.2009)

Eurostat (2006): A statistical view of the life of women and men in the EU25. Eurostat News Release vom 29.03. 2006. Online verfügbar unter: http://ec.europa.eu/justice_home/news/information_dossiers/international_womens_day_06/statistics_men_women_en_06.pdf (Stand: 20.01.2010)

Eurostat (2008 a): Bericht der Kommission an den Rat, das Europäische Parlament, den Europäischen Wirtschafts- und Sozialausschuss und den Ausschuss der Regionen zur Gleichstellung von Frauen und Männern. Online verfügbar unter: http://europa.eu/legislation_summaries/employment_and_social_policy/equality_between_men_and_women/c10167_de.htm (Stand: 20.01.2010)

Eurostat (2008 b): Arbeitskräfteerhebung. Abstand zwischen den Beschäftigungsquoten von Männern und Frauen in der EU27 verringert. Pressemitteilung 158

Eurostat (2009): Geschlechtsspezifischer Lohnunterschied ohne Anpassungen. Lohnstrukturerhebung 2007. Online verfügbar unter: http://epp.eurostat.ec.europa.eu/tgm/table.do?tab=table&init=1&language=de&pcode=tsdsc340&plugin=0 (Stand: 11.12.2009)

Eurostat (2009 b): Fünf Millionen Jugendliche arbeitslos in der EU27 im ersten Quartal 2009. Online verfügbar unter: http://epp.eurostat.ec.europa.eu/cache/ITY_PUBLIC/3-23072009-BP/DE/3-23072009-BP_DE.PDF (Stand: 11.12.2009)

Falk, Susanne (2002): Geschlechtsspezifische berufliche Segregation in Ostdeutschland zwischen Persistenz, Verdrängung und Angleichung: Ein Vergleich mit Westdeutschland für die Jahre 1991-2000. In: Mitteilungen aus der Arbeitsmarkt- und Berufsforschung 35: 37-59

Falk, Susanne (2005): Geschlechtsspezifische Ungleichheit im Erwerbsverlauf. Analysen für den deutschen Arbeitsmarkt Wiesbaden: VS Verlag für Sozialwissenschaften

Farrokhzad, Schahrzad (2006): Exotin, Unterdrückte und Fundamentalistin – Konstruktionen der „fremden Frau“ in deutschen Medien. In: Butterwegge, Christoph/ Hentges, Gudrun (Hrsg.): Massenmedien, Migration und Integration. Wiesbaden: 55-88

Faulstich-Wieland, Hannelore (1991): Koedukation – Enttäuschte Hoffnungen? Darmstadt: Wissenschaftliche Buchgesellschaft

Faulstich-Wieland, Hannelore (2003): Einführung in die Genderstudien. Opladen: Leske + Budrich

Faulstich-Wieland, Hannelore (2004): Schule und Geschlecht. In: Helsper, Werner/ Böhme, Jeanette (Hrsg.): Handbuch der Schulforschung. Wiesbaden: 673-696

Fausto-Sterling, Anne (1988): Gefangene des Geschlechts? Was biologische Theorien über Mann und Frau sagen. München: Piper

Fausto-Sterling, Anne (1993): The Five Sexes. Why Male and Female Are Not Enough? In: The Science 33: 20-24

Fenner, Burkhardt (1985): Autorität und Einfluss. Geschlechterbeziehungen im Kulturvergleich. In: Vögler, Giesela/Welck, Karin v. (Hrsg.): Die Braut. Geliebt – Verkauft – Getauscht – Geraubt. Zur Rolle der Frau im Kulturvergleich. Köln: Rautenstrauch-Jöst-Museum

Ferrara, Maurizio (1996): The „Southern Model“ of Welfare in Social Europe. In: Journal of European Social Policy 6: 17-37

Fichte, Johann Gottlieb (1960): Grundlage des Naturrechts nach Prinzipien der Wissenschaftslehre. Hamburg: Meiner (orig. 1796)

Fischer, Joachim (2008): Philosophische Anthropologie. Eine Denkrichtung des 20. Jahrhunderts. Freiburg: Karl Alber
Fishman, Pamela M. (1984): Macht und Ohnmacht in Paargesprächen. In: Trömel-Ploetz, Senta (Hrsg.): Gewalt durch Sprache. Frankfurt/Main: 127-140
Focks, Petra (2002): Starke Mädchen, starke Jungs. Leitfaden für eine geschlechtsbewusste Pädagogik. Freiburg/Basel/Wien: Herder
Foucault, Michel (1983): Sexualität und Wahrheit. Erster Band. Der Wille zum Wissen. Frankfurt/Main: Suhrkamp (orig. 1976)
Fraser, Nancy (2004): Feministische Politik im Zeitalter der Anerkennung. Ein zweidimensionaler Ansatz für Geschlechtergerechtigkeit. In: Beerhorst, Joachim/Demirovic, Alex/Guggemos, Michael (Hrsg.): Kritische Theorie im gesellschaftlichen Strukturwandel. Frankfurt/Main: 453-473
Fraisse, Geneviève/Perrot, Michelle (Hrsg.) (1994): Geschichte der Frauen. Band 4. 19. Jahrhundert. Frankfurt/Main: Campus Verlag
Frevert, Ute (1989): Ehrenmänner. Das Duell in der bürgerlichen Gesellschaft. Habilitationsschrift. Bielefeld: Beck
Frevert, Ute (1995): „Mann und Weib, und Weib und Mann". Geschlechterdifferenzen in der Moderne. München: Beck
Frey, Regina (2004): Entwicklungslinien. Zur Entstehung von Gender Mainstreaming in internationalen Zusammenhängen. In: Meuser, Michael/Neusüß, Claudia (Hrsg.): Gender Mainstreaming. Konzepte, Handlungsfelder, Instrumente. Bonn: 24-39
Fuhrmann, Nora (2005): Geschlechterpolitik im Prozess der europäischen Integration. Wiesbaden: VS Verlag für Sozialwissenschaften
Garfinkel, Harold (1967): Passing and the Managed Achievement of Sex Status in an ‚Intersexed Person'. In: Garfinkel, Harold: Studies in Ethnomethodology. Englewood Cliffs: 116-185
Geissler, Birgit/Oechsle, Mechtild (1996): Lebensplanung junger Frauen. Zur widersprüchlichen Modernisierung weiblicher Lebensläufe. Weinheim: Dt. Studienverlag
Geissler, Birgit (2009): Die Arbeit im Haushalt und ihre Anforderungen. Empathie und Distanzierung. In: Aulenbacher, Brigitte/Wetterer, Angelika (Hrsg.): Arbeit – Perspektiven und Diagnosen der Geschlechterforschung. Münster: 212-228
Geißler, Rainer (2005): Die Metamorphose der Arbeitertochter zum Migrantensohn. Zum Wandel der Chancenstruktur im Bildungssystem nach Schicht, Geschlecht. Ethnie und deren Verknüpfungen. In: Berger, Peter A./Kahlert, Heike (Hrsg.): Institutionalisierte Ungleichheiten. Wie das Bildungssystem Chancen blockiert. Weinheim und München: 71-99
Geißler, Rainer (2006): Die Sozialstruktur Deutschlands. 3. Aufl. Wiesbaden: Westdeutscher Verlag
Gerhard, Ute (1990): Gleichheit ohne Angleichung: Frauen im Recht. München: Beck
Gerhard, Ute (1993): Differenz und Vielfalt – Die Diskurse der Frauenforschung. In: Zeitschrift für Frauenforschung 93: 10-21
Gerhard, Ute (1995): Unerhört. Die Geschichte der deutschen Frauenbewegung. Reinbek: Rowohlt
Gerhard, Ute (1997): Grenzziehungen und Überschreitungen. Die Rechte der Frauen auf dem Weg in die politische Öffentlichkeit. In: Gerhard, Ute (Hrsg.): Frauen in der Geschichte des Rechts. München: 509-546
Giddens, Anthony (1984): Die Konstitution der Gesellschaft. Grundzüge einer Theorie der Strukturierung. Frankfurt/Main: Suhrkamp

Gildemeister, Regine/Maiwald, Kai-Olaf/Scheid, Claudia/Seyfarth-Konau, Elisabeth (2003): Geschlechterdifferenzierungen im Horizont der Gleichheit. Exemplarische Analysen zu Berufskarrieren und zur beruflichen Praxis im Familienrecht. Wiesbaden: Westdeutscher Verlag

Gildemeister, Regine/Robert, Günther (2003): Politik und Geschlecht. Programmatische Gleichheit und die Praxis der Unterscheidung. In: Nassehi, Armin/Schroer, Markus (Hrsg.): Der Begriff des Politischen. Baden-Baden: 217-239

Gildemeister, Regine/Robert, Günther (2008): Geschlechterdifferenzierungen in lebenszeitlicher Perspektive. Interaktion – Institution – Biografie. Wiesbaden: VS Verlag für Sozialwissenschaften

Gildemeister, Regine/Wetterer, Angelika (1992): Wie Geschlechter gemacht werden. Die soziale Konstruktion der Zweigeschlechtlichkeit und ihre Reifizierung in der Frauenforschung. In: Gildemeister, Regine/Wetterer, Angelika (Hrsg.): Traditionsbrüche. Entwicklungen feministischer Theorie. Freiburg: 201-254

Gille, Martina/Marbach, Jan (2004): Arbeitsteilung von Paaren und ihre Belastung mit Zeitstress. In: Statistisches Bundesamt (Hrsg.): Alltag in Deutschland – Analysen zur Zeitverwendung. Band 43 der Schriftreihe Forum der Bundesstatistik. Wiesbaden: 86-113

Glass, Jennifer (1990): The Impact of Occupational Segregation on Working Conditions. In: Social Forces 68: 779-796

Glenn, Evelyn (1999): The Social Construction and Institutionalization of Gender and Race. An Integrative Framework. In: Ferree, Myra Marx/Lorber, Judith/Hess, Beth (Hrsg.): Revisioning Gender. London: 3-43

Global Exchange (ohne Jahr): Sweatshops – The Global Sweatfree Movement. Online verfügbar unter: http://www.globalexchange.org/campaigns/sweatshops/backgroundandresources.html (Stand: 11.12.2009)

Glöckner, Mandy (2009): Frauen und Männer in geschlechtsatypischen Berufen. Dresden: unveröffentlichte Diplomarbeit

Goffman, Erving (1981): Geschlecht und Werbung. Frankfurt/Main: Suhrkamp (orig. 1979)

Goffman, Erving (1994): Das Arrangement der Geschlechter. In: Goffman, Erving: Interaktion und Geschlecht. Hrsg. von Knoblauch, Hubert A. Frankfurt/Main: 105-158 (orig. 1977)

Gomolla, Mechthild/Radtke, Frank-Olaf (2002): Institutionelle Diskriminierung. Die Herstellung ethnischer Differenz in der Schule. Opladen: Leske + Budrich

Goodman, Madeleine J./Griffin, P. Bion (1985): The Compatibility of Hunting and Mothering among the Agta-Hunter-Gatherer of the Philippines. In: Sex Roles 12: 1199-1209

Gornick, Janet C./Meyers, Marcia K./Ross, Kathrin E. (1997): Supporting the Employment of Mothers. Policy Variation across Fourteen Welfare States. In: Journal of European Social Policy 7: 45-70

Gottburgsen, Anja (2000): Stereotype Muster des sprachlichen doing gender. Eine empirische Untersuchung. Opladen: Westdeutscher Verlag

Gottburgsen, Anja (2004): Kleiner Unterschied, große Wirkung. Die Wahrnehmung von weiblichem und männlichem Kommunikationsverhalten. In: Eichhoff-Cyrus, Karin M. (Hrsg.): Adam, Eva und die Sprache. Beiträge zur Geschlechterforschung. Mannheim: 27-41

Gottfried, Heidi/O'Reilly, Jaqueline (2002): Reregulating Breadwinner Models in Socially Conservative Welfare Systems. Comparing Germany and Japan. In: Social Politics 9: 29-59

Göttner-Abendroth, Heide (2008): Matriarchat. Forschung und Zukunftsvision. In: Becker, Ruth/Kortendiek, Beate (Hrsg.): Handbuch der Frauen- und Geschlechterforschung. Theorie, Methoden, Empirie. Wiesbaden: 23-29

Gottschall, Karin (1995): Geschlechterverhältnis und Arbeitsmarktsegregation. In: Becker-Schmidt, Regina/Knapp, Gudrun-Axeli (Hrsg.): Das Geschlechterverhältnis als Gegenstand der Sozialwissenschaften. Frankfurt/Main: 125-162

Gottschall, Karin (1997): Zum Erkenntnispotential sozialkonstruktivistischer Perspektiven für die Analyse von sozialer Ungleichheit und Geschlecht. In: Hradil, Stefan (Hrsg.): Differenz und Integration. Die Zukunft moderner Gesellschaften. Verhandlungen des 28. Kongresses der Deutschen Gesellschaft für Soziologie in Dresden 1996. Frankfurt/Main: 479-496

Granato, Mona (2006 a): Junge Frauen mit Migrationshintergrund. In: Granato, Mona/ Degen, Ulrich (Hrsg.): Berufliche Bildung von Frauen. Bielefeld: 98-114

Granato, Mona (2006 b): Chancengleichheit in der beruflichen Ausbildung für die bestgebildete Generation junger Frauen in Deutschland? In: Granato, Mona/Degen, Ulrich (Hrsg.): Berufliche Bildung von Frauen. Bielefeld: Bertelsmann: 115-135

Gräßel, Ulrike (1991): Sprachverhalten und Geschlecht. Eine empirische Studie zu geschlechtsspezifischem Sprachverhalten in Fernsehdiskussionen. Pfaffenweiler: Centaurus

Gräßel, Ulrike (2004): Weibliche Kommunikationsfähigkeit – Chancen oder Risiken für Frauen an der Spitze? In: Eichhoff-Cyrus, Karin M. (Hrsg.): Adam, Eva und die Sprache. Beiträge zur Geschlechterforschung. Mannheim: 56-68

Gray, John (1998): Männer sind anders. Frauen auch. Männer sind vom Mars. Frauen von der Venus. München: Wilhelm Goldmann

Grown, Caren/Gupta, Geeta Rao/Kes, Aslihan (2005): Achieving Gender. Equality and Empowering Women. Report of UN Millenniom Project Task Force on Education and Gender Equality. Sterling; VA: Earthscan

Gugutzer, Robert (2002): Soziologie des Körpers. Bielefeld: Transcript

Gukenbiehl, Hermann L. (2008): Institution und Organisation. In: Korte, Hermann/ Schäfers, Bernhard (Hrsg.): Einführung in die Hauptbegriffe der Soziologie. 7. Aufl. Wiesbaden: 145-162

Günthner, Susanne (1992): Sprache und Geschlecht. Ist Kommunikation zwischen Frauen und Männer interkulturelle Kommunikation. In: Linguistische Berichte. Heft 138: 123-143

Haas, Barbara (2005): The Work-Care Balance: Is it Possible to Identify Typologies for Cross-National Comparisons? In: Current Sociology 53: 487-508

Haffner, Yvonne/Krais, Beate (Hrsg.) (2008): Arbeit als Lebensform? Beruflicher Erfolg, private Lebensführung und Chancengleichheit in akademischen Berufsfeldern. Frankfurt/Main: Campus Verlag

Hagemann-White, Carol (1984): Sozialisation: weiblich – männlich? Opladen: Leske + Budrich

Hagemann-White, Carol (1995): Frauenforschung – der Weg in die Institution. Ideen, Persönlichkeiten und Strukturbedingungen am Beispiel Niedersachsens. Bielefeld: Kleine Verlag

Hannover, Bettina (2004): Gender revisited. Konsequenzen aus PISA für die Geschlechterforschung. In: Lenzen, Dieter et al. (Hrsg.): PISA und die Konsequenzen für die erziehungswissenschaftliche Forschung. Zeitschrift für Erziehungswissenschaft. Beiheft 3. Wiesbaden: 81-99

Hark, Sabine (2005): Dissidente Partizipation. Eine Diskursgeschichte des Feminismus. Frankfurt/Main: Suhrkamp

Hark, Sabine (Hrsg.) (2007): Dis/Kontinuitäten. Feministische Theorie. 2. aktualisierte und erweiterte Aufl. Wiesbaden: VS Verlag für Sozialwissenschaften

Harris, Marvin (1993): Culture, People, Nature. An Introduction to General Anthropology. 6. Aufl. New York: Harper/Collins

Hausen, Karin (1976): Polarisierung der „Geschlechtscharaktere" – Eine Spiegelung der Dissoziation von Erwerbs- und Familienleben. In: Conze, Werner (Hrsg.): Sozialgeschichte der Familie in der Neuzeit Europas. Stuttgart: 363-393

Hausen, Karin (1986): Patriarchat – Vom Nutzen und Nachteil eines Konzeptes für Frauenpolitik und Frauengeschichte. In: Journal für Geschichte. Heft 5: 12-21

Hausen, Karin/Wunder, Heide (1992): Einleitung. In: Hausen, Karin/Wunder, Heide (Hrsg.): Frauengeschichte – Geschlechtergeschichte. Frankfurt/Main: 9-18

Hauser, Richard (2008): Das Ausmaß der Armut. Armutsgrenzen im sozialstaatlichen Kontext. In: Huster, Ernst-Ulrich/Boeckh, Jürgen/Mogge-Grotjahn, Hildegard (Hrsg.): Handbuch Armut und Soziale Ausgrenzung. Wiesbaden: 94-117

Hauser-Schäublin, Brigitta/Röttger-Rössler, Birgitt (Hrsg.) (1998): Differenz und Geschlecht. Neue Ansätze in der ethnologischen Forschung. Berlin: Reimer

Hearn, Jeff (2004): From Hegemonic Masculinity to the Hegemony of Men. In: Feminist Theory 5: 49-72

Heintz, Bettina et al. (1997): Ungleich unter Gleichen. Studien zur geschlechtsspezifischen Segregation des Arbeitsmarktes. Frankfurt M./New York: Campus Verlag

Heintz, Bettina/Nadai, Eva (1998): Geschlecht und Kontext. De-Institutionalisierungsprozesse und geschlechtliche Differenzierung. In: Zeitschrift für Soziologie 27: 75-93

Heitzmann, Daniela (2008): „Dabei und doch nicht mittendrin". Zur Etablierung der Genderprofessuren an den deutschen Universitäten. Dresden: unveröffentlichte Diplomarbeit

Hellinger, Marlis (2004): Vorschläge zur sprachlichen Gleichbehandlung von Frauen und Männern. In: Eichhoff-Cyrus, Karin M. (Hrsg.): Adam, Eva und die Sprache. Beiträge zur Geschlechterforschung. Mannheim: 275-291

Hennessy, Rosemary (2003): Feminismus. In: Haug, Frigga (Hrsg.): Historisch-Kritisches Wörterbuch des Feminismus. Band 1. Hamburg: 155-170

Herring, Cedric/Keith, Verna/Horton, Heyward Derrick (2003): Skin Deep. How Race and Complexion Matter in the ‚Color-blind' Era. Chicago/Urbana-Champaign, IL: University of Illinois Press

Heß-Meining, Ulrike (2005): Politische Partizipation und bürgerschaftliches Engagement. In: Cornelissen, Waltraud: Gender-Datenreport. München: 357-405

Hille, Barbara (1990): Mädchen- und Frauenbildung. In: Anweiler, Oskar et al. (Hrsg.): Vergleich der Bildung und Erziehung in der Bundesrepublik Deutschland und in der Deutschen Demokratischen Republik. Köln: 581-596

Hinz, Thomas/Gartner, Hermann (2005): Lohnunterschiede zwischen Frauen und Männern in Branchen, Berufen und Betrieben. IAB Diskussionspapier Nr. 4. Nürnberg: Bundesagentur für Arbeit

Hirschauer, Stefan (1993): Die soziale Konstruktion der Transsexualität. Frankfurt/Main: Suhrkamp

Hirschauer, Stefan (1994): Die soziale Fortpflanzung der Zweigeschlechtlichkeit. In: Kölner Zeitschrift für Soziologie und Sozialpsychologie 46: 668-692
Hirschauer, Stefan (2001): Das Vergessen des Geschlechts. Zur Praxeologie einer Kategorie sozialer Ordnung. In: Heintz, Bettina (Hrsg.): Geschlechtersoziologie. Sonderheft der Kölner Zeitschrift für Soziologie und Sozialpsychologie 41. Opladen: 208-235
Hirschauer, Stefan (2003): Wozu ‚Gender Studies'? Geschlechtsdifferenzierungsforschung zwischen politischen Populismus und naturwissenschaftlicher Konkurrenz. In: Soziale Welt 54: 461-482
Hirschauer, Stefan/Knapp, Gudrun-Axeli (2009): Wozu Geschlechterforschung? Ein Dialog über Politik und den Willen zu Wissen. In: Aulenbacher, Brigitte et al. (Hrsg.): FrauenMännerGeschlechterforschung. State of the Art. 2. Aufl. Münster: 22-63
Hochschild, Arlie R. (1975): Inside the Clockwork of Male Careers. In: Howe, P. (Hrsg.): Women and the Power to Change. New York: 47-80 (wieder abgedruckt 2 in: Hochschild, Arlie R. (2003): The Commercialization of Intimate Life. Notes From Home And Work. San Francisco/Los Angeles: 227-254)
Hodson, Randy/Sullivan, Teresa A. (2002): The Social Organization of Work. Wadsworth: Belmont
Hoecker, Beate (Hrsg.) (1998): Handbuch Politische Partizipation von Frauen in Europa. Opladen: Leske + Budrich
Hoecker, Beate (2008): 50 Jahre Frauen in der Politik. Späte Erfolge, aber nicht am Ziel. In: Aus Politik und Zeitgeschichte. Beilage zur Wochenzeitschrift DAS PARLAMENT. Heft B 24/25: 10-18
Hofäcker, Dirk (2004): Typen europäischer Familienpolitik – Vehikel oder Hemmnis für das „adult worker model"? In: Leitner, Sigrid/Ostner, Ilona/Schratzenstaller, Margit (Hrsg.): Wohlfahrtsstaat und Geschlechterverhältnis im Umbruch. Wiesbaden: 257-284
Hofbauer, Johanna/Holtgreve, Ursula (2009): Geschlechter organisieren – Organisationen gendern. Zur Entwicklung feministischer und geschlechtersoziologischer Reflexion über Organisationen. In: Aulenbacher, Brigitte/Wetterer, Angelika (Hrsg.): Arbeit – Perspektiven und Diagnosen der Geschlechterforschung. Münster: 64-81
Holland-Cunz, Barbara (2001): Zwanzig Jahre wissenschaftliche Revolution? Über Normalisierungen und Zukunftswege der feministischen Forschung. In: Hornung, Ursula/Gümen, Sedef/Weilandt, Sabine (Hrsg.): Zwischen Emanzipationsvision und Gesellschaftskritik. (Re)Konstruktionen der Geschlechterordnung in Frauenforschung – Frauenbewegung – Frauenpolitik. Münster: 42-55
Holland-Cunz, Barbara (2004): Demokratie – Staatsbürgerschaft – Partizipation. In: Rosenberger, Sieglinde R./Sauer, Birgit (Hrsg.): Politikwissenschaft und Geschlecht. Konzepte – Verknüpfungen – Perspektiven. Wien: 127-148
Hollenzollern, Johann Georg von/Liedtke, Max (Hrsg.) (1990): Der weite Schulweg der Mädchen. Die Geschichte der Mädchenbildung als Beispiel anthropologischer Vorurteile. Bad Heilbrunn: Klinkhardt
Hollstein, Walter (1989): Nicht Herrscher, aber kräftig. Hamburg: Hoffmann und Campe
Hollstein, Walter (1990): Die Männer. Vorwärts oder rückwärts? Stuttgart: Deutsche Verlags-Anstalt
Hollstein, Walter (2004): Geschlechterdemokratie. Männer und Frauen. Besser miteinander leben. Wiesbaden: VS Verlag für Sozialwissenschaften

Holst, Elke (2009): Führungskräftemonitor 2001-2006. Forschungsreihe Band 7 des BMFSFJ. Baden-Baden: Nomos

Holst, Elke/Schimeta, Julia (2009): Nach wie vor kaum Frauen in den Top-Gremien großer Unternehmen. In: Wochenbericht DIW 18: 301-309

Holtz-Bacha, Christina (2008): Frauen und Männer in der Werbung – ein thematischer Dauerbrenner. In: Holtz-Bacha, Christina (Hrsg.): Stereotype? Frauen und Männer in der Werbung. Wiesbaden: 5-12

Holzhammer, Monika (1997): Einstellungen von Hochschullehrern und Hochschullehrerinnen zur Hochschule als Ort für Frauen. In: Macha, Hildegard/Klinkhammer, Monika (Hrsg.): Die andere Stimme der Wissenschaft. Stimmen der Frauen an Hochschulen. Bielefeld: 39-45

Honegger, Claudia (1991): Die Ordnung der Geschlechter. Die Wissenschaften vom Menschen und das Weib 1750–1850. Frankfurt/Main: Campus Verlag

Hooks, Bell (2000): Feminist Theory: From Margin to Center. Boston: South End

Höpflinger, Francois (2005): Pflege und das Generationenproblem – Pflegesituationen und intergenerationelle Zusammenhänge. In: Schroeter, Klaus R./Rosenthal, Thomas (Hrsg.): Soziologie der Pflege. Grundlagen, Wissensbestände und Perspektiven. Weinheim und München: 157-175

Hördt, Olga (2006): Spitzenleistungen für Spitzenpositionen? Eine empirische Untersuchung geschlechtsspezifischer beruflicher Entwicklungsverläufe in einem Wirtschaftsunternehmen. Wiesbaden: Deutscher Universitäts-Verlag

Hrdy, Sarah (1999): Mother Nature. A History of Mothers Infants and Natural Selection. New York: Pantheon Books

Huerkamp, Claudia (1999): Die Lehrerin. In: Frevert, Ute/Haupt, Heinz-Gerhard (Hrsg.): Der Mensch im 19. Jahrhundert. Frankfurt/Main: 176-200

Huinink, Johannes J./Röhler, Alexander (2005): Liebe und Arbeit in Paarbeziehungen. Zur Erklärung geschlechtstypischer Arbeitsteilung in nichtehelichen und ehelichen Lebensgemeinschaften. Würzburg: Ergon

Hunze, Annette (2003): Geschlechtertypisierung in Schulbüchern. In: Stürzer, Monika/Roisch, Henrike/Hunze, Annette/Cornelißen, Waltraud (Hrsg.): Geschlechterverhältnisse in der Schule. Opladen: 53-82

Irigaray, Luce (1990): Weiblichkeit – der blinde Fleck der Menschenrechte? In: Gerhard, Ute (Hrsg.): Differenz und Gleichheit. Menschenrechte haben (k)ein Geschlecht. Frankfurt/Main: 338-351

Jacobs, Jerry A./Gerson, Kathleen (2005): The Time Divide. Work, Family and Gender Inequality. Harvard: Harvard University Press

Jacobs, Jerry A./Lim, Suet T. (1992): Trends in Occupational and Industrial Sex Segregation in 56 Countries 1960-1980. In: Work and Occupations 19: 450-486

Jacobs, Jerry A./Steinberg, Ronnie (1995): Further Evidence on Compensating Differentials and the Gender Gap in Wages. In: Jacobs, Jerry A. (Hrsg.): Gender Inequality at Work. Thousand Oaks: 93-124

Jahoda, Marie/Lazarsfeld, Paul F./Zeisel Hans (1975): Die Arbeitslosen von Marienthal. Ein soziographischer Versuch über die Wirkungen langandauernder Arbeitslosigkeit. Frankfurt/Main: Suhrkamp (orig. 1933)

Jud-Krepper, Helga (1997): Das Mädchen- und Jungenbild im Fernsehen und seine sozialisierende Wirkung. In: Erlinger, Hans Dieter (Hrsg.): Neue Medien, Edutainment, Medienkompetenz. Deutschunterricht im Wandel. München: 105-118

Jung, Dörthe/Küpper, Gunhild (2001): Gender Mainstreaming und betriebliche Veränderungsprozesse. Bielefeld: Kleine Verlag

Jurczyk, Karin/Schier, Michaela/Szymenderski, Peggy/Lange, Andreas/Voß, G. Günter (2009): Entgrenzte Arbeit – entgrenzte Familie. Grenzmanagement im Alltag als neue Herausforderung. Berlin: Sigma

Kanter, Rosabeth Moss (1977): Men and Women of the Corporation. New York: Basic Books

Keil, Susanne (2001): Medienfrauen in Führungspositionen. Gibt es einen weiblichen Journalismus. In: Klaus, Elisabeth/Röser, Jutta/Wischermann, Ulla (Hrsg.): Kommunikationswissenschaft und Gender Studies. Wiesbaden: 144-162

Kessler, Suzanne (1998): Lessons from the Intersexed. New Brunswick/New Jersey: Rutgers University Press

Kessler, Wendy/McKenna, Suzanne J. (1978): Gender. An Ethnomethodological Approach. New York: John Wiley & Sons

Kimmel, Michael S. (2008): The Gendered Society. 3. Edition Oxford: Oxford University Press

Kirchhoff, Arthur (Hrsg.) (1897): Die akademische Frau. Gutachten herausragender Universitätsprofessoren, Frauenlehrer und Schriftsteller über die Befähigung der Frau zum wissenschaftlichen Studium und Berufe. Berlin: Hugo Steinitz Verlag

Klann-Delius, Gisela (2005): Sprache und Geschlecht. Eine Einführung. Stuttgart: Metzler

Klaus, Elisabeth (2005): Kommunikationswissenschaftliche Geschlechterforschung. Zur Bedeutung der Frauen in den Massenmedien und im Journalismus. Münster/Hamburg: Lit Verlag

Klaus, Elisabeth/Röser, Jutta (1996): Fernsehen und Geschlecht. Geschlechtsgebundene Kommunikationsstile in der Medienrezeption und -produktion. In: Marci-Boehncke, Gudrun/Werner, Petra/Wischermann, Ulla (Hrsg.): BlickRichtung Frauen. Theorien und Methoden geschlechtsspezifischer Rezeptionsforschung. Weinheim: 37-60

Klein, Josef (2004): Der Mann als Prototyp des Menschen – immer noch? Empirische Studien zum generischen Maskulinum und zur feminin-maskulinen Paarform. In: Eichhoff-Cyrus, Karin M. (Hrsg.): Adam, Eva und die Sprache. Beiträge zur Geschlechterforschung. Mannheim: 292-307

Klein, Uta (2004): Geschlechterverhältnisse und Gleichstellungspolitik in der europäischen Union. Akteure – Themen – Ergebnisse. Wiesbaden: VS Verlag für Sozialwissenschaften

Kleinert, Corinna (2006): Frauen in Führungspositionen. Karriere mit Hindernissen. In: IAB Kurzbericht Nr. 6. Nürnberg: Bundesagentur für Arbeit

Klinger, Lori J./Hamilton, James A./Cantrell, Peggy J. (2001): Children's Perceptions of Aggression and Gender-Specific Content in Toy Commercials. In: Social Behavior and Personality 29: 11-20

Knapp, Gudrun-Axeli (1987): Arbeitsteilung und Sozialisation. Konstellation von Arbeitsvermögen und Arbeitskraft im Lebenszusammenhang von Frauen. In: Beer, Ursula (Hrsg.): Klasse, Geschlecht. Bielefeld: 267-308

Knapp, Gudrun-Axeli (1997): Differenz und Dekonstruktion. Anmerkungen zum „Paradigmenwechsel" in der Frauenforschung. In: Hradil, Stefan (Hrsg.): Differenz und Integration. Die Zukunft moderner Gesellschaften. Verhandlungen des 28. Kongresses der Deutschen Gesellschaft für Soziologie in Dresden 1996. Frankfurt/Main: 497-513

Knapp, Gundrun-Axeli (2005): Achsen der Differenz. Was verbindet Frauen, was trennt sie? In: Vogel, Ulrike (Hrsg.): Was ist weiblich – was ist männlich? Aktuelles zur Geschlechterforschung in den Sozialwissenschaften. Bielefeld: 113-134

Knijn, Trudie/Kremer, Monique (1997): Gender and the Caring Dimension of Welfare States: Toward Inclusive Citizenship. In: Social Politics 4: 328-361

Knorr-Cetina, Karin (1989): Spielarten des Konstruktivismus. Einige Notizen und Anmerkungen. In: Soziale Welt 40: 86-96

Koch-Kanz, Swantje/Pusch, Luise F. (1988): „Die Töchter von Johann Sebastian Bach". In: Pusch, Luise F. (Hrsg.): Töchter berühmter Männer. Neun biografische Portraits. Frankfurt/Main: 117-154

Kontos, Silvia/Walser, Karin (1979): „... weil nur zählt, was Geld einbringt" – Probleme der Hausfrauenarbeit. Gelnhausen/Berlin: Burckhardthaus-Laetare-Verlag

Kotelmann, Joachim/Mikos, Lothar (1981): Frühjahrsputz und Südseezauber. Die Darstellung der Frau in der Fernsehwerbung und das Bewußtsein von Zuschauerinnen. Baden-Baden: Baur

Krafft-Ebing, Richard von (1984): Psychopathia Sexualis. Mit besonderer Berücksichtigung der konträren Sexualempfindungen. Eine medizinisch-gerichtliche Studie über Ärzte und Juristen. München: Matthes und Seitz (orig. 1886)

Krais, Beate/Gebauer, Gunter (2002): Habitus. Bielefeld: Transcript

Krappmann, Lothar/Oswald, Hans (1995): Alltag der Schulkinder. Beobachtungen und Analysen von Interaktion und Sozialbeziehungen. Weinheim und München: Juventa

Kraß, Andreas (Hrsg.) (2003): Queer denken. Frankfurt/Main: Suhrkamp

Kraul, Margret (1993): Bildungstheorie oder Pragmatik? Determinanten in der Geschichte der Koedukation. In: Jahrbuch für Historische Bildungsforschung 1: 69-87

Kreckel, Reinhard (1989): Klasse und Geschlecht. Die Geschlechtsindifferenz der soziologischen Ungleichheitsforschung und ihre theoretischen Implikationen. In: Leviathan 17: 305-321

Kreckel, Reinhard (1992): Politische Soziologie der sozialen Ungleichheit. Frankfurt/Main: Campus Verlag

Kreimer, Margareta (1999): Arbeitsteilung als Diskriminierungsmechanismus. Theorie und Empirie geschlechtsspezifischer Arbeitsmarktsegregation. Frankfurt/ Main: Peter Lang

Krell, Gertraude (2001): Chancengleichheit durch Personalpolitik – von „Frauenförderung" zu „Diversity Management". In: Krell, Gertraude (Hrsg.): Chancengleichheit durch Personalpolitik. Gleichstellung von Frauen und Männern in Unternehmen und Verwaltungen. Rechtliche Grundlagen – Problemanalysen – Lösungen. Wiesbaden: 107-117

Krewerth, Andreas/Tschöpe, Tanja/Ulrich, Joachim G./Witzki, Alexander (Hrsg.) (2004): Berufsbezeichnungen und ihr Einfluss auf die Berufswahl von Jugendlichen. Theoretische Überlegungen und empirische Ergebnisse. Bielefeld: Bertelsmann

Küchenhoff, Erich (1975): Die Darstellung der Frau und die Behandlung von Frauenfragen im Fernsehen. Schriftenreihe des Bundesministers für Jugend, Familie und Gesundheit. Band 34. Stuttgart: Kohlhammer

Kulawik, Teresa (1989): Auf unsicheren Wegen. Perspektiven der sozialen Sicherung von Frauen. In: Riedmüller, Barbara/Rodenstein, Marianne (Hrsg.): Wie sicher ist die soziale Sicherung? Frankfurt/Main: 241-265

Kulick, Don (1998): Travesti. Sex, Gender and Culture among Brazilian Transgendered Prostitutes. Chicago: University Press

Künzler, Jan/Walter, Wolfgang/Reichart, Elisabeth/Pfister, Gert (2001): Gender Division of Labour in Unified Germany. European WORC Report vom 01.04.2007.

Tilburg: Tilburg University Press. Online verfügbar unter: http://www.soziologie.uni-wuerzburg.de/na_rep.pdf (Stand: 11.12.2009)
Lakoff, Robin (1975): Language and Women's Place. New York: Colsphon
Lang, Claudia (2007): Intersexualität. Menschen zwischen den Geschlechtern. Frankfurt/Main: Campus Verlag
Lang, Sabine (1990): Männer als Frauen – Frauen als Männer. Geschlechtsrollenwechsel bei den Indianern Nordamerikas. Hamburg: Wayasbah
Laqueur, Thomas (1992): Auf den Leib geschrieben. Die Inszenierung der Geschlechter von der Antike bis Freud. Frankfurt/Main: Campus Verlag (orig. 1990)
Larson, Mary S. (2003): Gender, Race, and Aggression in Television Commercials That Feature Children. In: Sex Roles 48: 67-75
Lauterbach, Wolfgang (1994): Berufsverläufe von Frauen. Erwerbstätigkeit, Unterbrechung und Wiedereintritt. Frankfurt/Main: Campus Verlag
Leacock, Eleanor (1981): Myths of Male Dominance. Collected Articles on Women Cross-Culturally. New York: Monthly Review Press
Leacock, Eleanor (1989): Der Status der Frauen in egalitären Gesellschaften. Implikationen für die soziale Evolution. In: Arbeitsgruppe Ethnologie Wien (Hrsg.): Von fremden Frauen. Frausein und Geschlechterbeziehungen in nichtindustriellen Gesellschaften. Frankfurt/Main: 29-67 (orig. 1978)
Lee, Richard B./DeVore, Irven (Hrsg.) (1968): Man the Hunter. New York: de Gruyter
Leitner, Sigrid/Ostner, Ilona/Schratzenstaller, Margit (Hrsg.) (2004): Wohlfahrtsstaat und Geschlechterverhältnis im Umbruch. Was kommt nach dem Ernährermodell? Wiesbaden: VS Verlag für Sozialwissenschaften
Lenz, Ilse (1995): Geschlechtersymmetrische Gesellschaften. In: Lenz, Ilse/Luig, Ute (Hrsg.): Frauenmacht ohne Herrschaft. Geschlechterverhältnisse in nichtpatriarchalischen Gesellschaften. Frankfurt/Main: 26-88
Lenz, Ilse (1996 a): Grenzziehunegn und Öffnungen: Zum Verhältnis von Geschlecht und Ethnizität zu Zeiten der Globalisierung. In: Lenz, Ilse/Germer, Andrea/Hasenjürgen, Brigitte (Hrsg.): Wechselnde Blicke. Frauenforschung in internationaler Perspektive. Opladen: 200-229
Lenz, Ilse (1996 b): Globalisierung, Frauenbewegung und internationale Regulierung. In: Zeitschrift für Frauenforschung und Geschlechterstudien 19: 8-28
Lenz, Ilse (2008): Die Neue Frauenbewegung in Deutschland. Abschied vom kleinen Unterschied. Eine Quellensammlung. Wiesbaden: VS Verlag für Sozialwissenschaften
Lenz, Ilse/Luig, Ute (Hrsg.) (1995): Frauenmacht ohne Herrschaft. Geschlechterverhältnisse in nichtpatriarchalischen Gesellschaften. Frankfurt/Main: Fischer (orig. 1990)
Lenz, Karl (1991): Erving Goffman – Werk und Rezeption. In: Hettlage, Robert/ Lenz, Karl (Hrsg.): Erving Goffman – ein soziologischer Klassiker der zweiten Generation. Bern: 27-95
Lenz, Karl (2001): Im ehernen Gehäuse der Kultur. Geschlechterkonstruktion in heterosexuellen Zweierbeziehungen. In: Brückner, Margrit/Böhnisch, Lothar (Hrsg.): Geschlechterverhältnisse. Gesellschaftliche Konstruktionen und Perspektiven ihrer Veränderung. Weinheim und München: 179-207
Lenz, Karl/Nestmann, Frank (Hrsg.) (2009): Handbuch Persönliche Beziehungen. Weinheim und München: Juventa

Lenz, Karl/Wolter, Andrä/Jahn, Antje (2009): Studienwahl Ingenieurwissenschaften. Eine Expertise zu Studiennachfrage und Absolventenangebot im Freistaat Sachsen. Studie im Auftrag des Sächsischen Staatsministerium für Wissenschaft und Kunst Dresden: KfBH-Publikation

Lenzen, Dieter et al. (2009): Geschlechterdifferenzen im Bildungssystem. Jahresgutachten des Aktionsrats Bildung 2009. Hrsg. v. d. Vereinigung der Bayerischen Wirtschaft. Wiesbaden: VS Verlag für Sozialwissenschaften

Lerner, Gerda (1993): Die Entstehung des feministischen Bewusstseins vom Mittelalter bis zur ersten Frauenbewegung. Frankfurt/Main: Campus Verlag

Lerner, Gerda (1995): Die Entstehung des Patriarchats. Frankfurt M./New York: Campus Verlag

Lewis, Jane (1992): Gender and the Development of Welfare Regimes. In: Journal of European Social Policy 2: 159-173

Lewis, Jane (1997): Gender and Welfare Regimes. Further Thoughts. In: Social Politics 4: 160-177

Lewis, Jane (2004): Auf dem Weg zur „Zwei-Erwerbstätigen"-Familie. In: Leitner, Sigrid/Ostner, Ilona/Schratzenstaller, Margit (Hrsg.): Wohlfahrtsstaat und Geschlechterverhältnis im Umbruch. Was kommt nach dem Ernährermodell? Wiesbaden: 62-84

Lewis, Jane/Ostner, Ilona (1994): Gender and the Evolution of European Social Policies. Zentrum für Sozialpolitik der Universität Bremen, Arbeitspapier Nr. 4

Limbach, Jutta/Willutzki, Siegfried (2002): Die Entwicklung des Familienrechts seit 1949. In: Nave-Herz, Rosemarie (Hrsg.): Kontinuität und Wandel der Familie in Deutschland. Eine zeitgeschichtliche Analyse. Stuttgart: 7-43

Lind, Inken (2004): Aufstieg oder Ausstieg? Karrierewege von Wissenschaftlerinnen – Ein Forschungsüberblick. Bielefeld: Kleine Verlag

Lindemann, Gesa (1993): Das paradoxe Geschlecht. Transsexualität im Spannungsfeld von Körper, Leib und Gefühl. Frankfurt/Main: Fischer

Lorber, Judith (1998): Gender Inequality. Feminist Theories and Politics. Los Angeles: Roxbury

Lorber, Judith (1999): Gender-Paradoxien. Opladen: Leske + Budrich (orig. 1994)

Luhmann, Niklas (2003): Frauen, Männer und George Spencer Brown. In: Pasero, Ursula/Weinbach, Christine (Hrsg.): Frauen, Männer, Gender Trouble. Frankfurt/Main: Suhrkamp: 15-62

Luig, Ute (1990): Konfliktlösung als Wiederherstellung von Gleichheit: Die !Kung San. In: Kohl, Karl-Heinz et al. (Hrsg.): Die Vielfalt der Kultur. Berlin: 202-215

Luig, Ute (1995): Sind egalitäre Gesellschaften auch geschlechtsegalitär? Untersuchungen zur Geschlechterbeziehung in afrikanischen Wildbeutergesellschaften. In: Lenz, Ilse/Luig, Ute (Hrsg.): Frauenmacht ohne Herrschaft. Geschlechterverhältnisse in nichtpatriarchalischen Gesellschaften. Frankfurt/Main: 88-169

Lutz, Helma (2001): In fremden Diensten. Die neue Dienstmädchenfrage als Herausforderung für Migrations- und Genderforschung. In: Gottschall, Karin/Pfau-Effinger, Brigit (Hrsg.): Zukunft der Arbeit und Geschlecht – Diskurse, Entwicklungspfade und Reformoptionen im internationalen Vergleich. Opladen: 161-181

Maccoby, Eleanor/Jacklin, Carol N. (1974): The Psychology of Sex Differences. Stanford, Calif.: Stanford University Press

Maier, Friederike (1990): Arbeitsmarktsegregation und patriarchale Gesellschaftsstruktur – Thesen zu einem gesellschaftssystem-übergreifenden Zusammenhang.

In: SAMF (Hrsg.): Erklärungsansätze zur geschlechtsspezifischen Strukturierung des Arbeitsmarktes. Band 1. Paderborn: 54-90

Maier, Friederike (1998): Ökonomische Arbeitsmarktforschung und Frauenerwerbstätigkeit – Versuch einer kritischen Bilanz. In: Geissler, Birgit/Maier, Friederike/Pfau-Effinger, Birgit (Hrsg.): FrauenArbeitsMarkt. Der Beitrag der Frauenforschung zur sozio-ökonomischen Theorieentwicklung. Berlin: 17-35

Maihofer, Andrea (1994a): Geschlecht als hegemonialer Diskurs. Ansätze zu einer kritischen Theorie des ‚Geschlechts'. In: Wobbe, Theresa/Lindemann, Gesa (Hrsg.): Denkachsen. Zur theoretischen und institutionellen Rede von Geschlecht. Frankfurt/Main: 236-263

Maihofer, Andrea (1994b): Gleichberechtigung in der Differenz oder Gleichheit und Differenz. Zur Kritik des herrschenden Gleichheitsverständnisses. In: Gebhardt, Jürgen/Schmalz-Bruns, Rainer (Hrsg.): Demokratie, Verfassung und Nation. Die politische Integration moderner Gesellschaften. Baden-Baden: 345-363

Maihofer, Andrea (1995): Geschlecht als Existenzweise. Macht, Moral, Recht und die Geschlechterdifferenz. Frankfurt/Main: Ulrike Helmer Verlag

Maihofer, Andrea (2009): Von der Frauen- zur Geschlechterforschung – Ein bedeutsamer Perspektivwechsel nebst aktuellen Herausforderungen an die Geschlechterforschung. In: Aulenbacher, Brigitte et al. (Hrsg.): FrauenMännerGeschlechterforschung. State of the Art. 2. Aufl. Münster: 64-77

Marshall, Thomas H. (1964): Class, Citizenship, and Societal Development. New York: Doubleday

Martin, Patricia Yankey (2004): Gender as Social Institution. In: Social Forces 82: 1249-1274

Martschukat, Jürgen/Stieglitz, Olaf (2008): Geschichte der Männlichkeiten. Frankfurt/Main: Campus Verlag

McCormack, Carol/Strathern, Marilyn (Hrsg.) (1980): Nature, Culture and Gender. Cambridge: Cambridge University Press

McIntosh, Peggy (2005): White Privilege and Male Privilege. A Personal Account of Coming to See Correspondences Through Work in Women's Studies. In: Shapiro, Thomas (Hrsg.): Great Divides. Readings in Social Inequality in the United States. New York: 300-308

Mead, Margaret (1959): Geschlecht und Temperament in drei primitiven Gesellschaften. Hamburg: rde (orig. 1935)

Mead, Margaret (1992): Mann und Weib. Das Verhältnis der Geschlechter in einer sich wandelnden Welt. Frankfurt/Main: Ullstein (orig. 1949)

Mengering, Fred (2005): Bärenstark – Empirische Ergebnisse der Berliner Sprachstandserhebung an Kindern im Vorschulalter. In: Zeitschrift für Erziehungswissenschaft 8: 241-262

Metz-Göckel, Sigrid (2003): Feminismus. In: Haus, Frigga (Hrsg.): Historisch-Kritisches Wörterbuch des Feminismus. Hamburg: 170-179

Meuser, Michael (2006): Geschlecht und Männlichkeit. Soziologische Theorie und kulturelle Deutungsmuster. 2. Aufl. Wiesbaden: VS Verlag für Sozialwissenschaften

Meuser, Michael/Neusüß, Claudia (2004): Gender Mainstreaming. Konzepte, Handlungsfelder, Instrumente. Bonn: Bundeszentrale für politische Bildung

Meuser, Michael/Scholz, Sylka (2005): Hegemoniale Männlichkeit. Versuch einer Begriffsklärung aus soziologischer Perspektive. In: Dinges, Martin (Hrsg.): Männer – Macht – Körper. Hegemoniale Männlichkeiten vom Mittelalter bis heute. Frankfurt/Main: 211-228

Mies, Maria (1978): Methodische Postulate zur Frauenforschung – dargestellt am Beispiel der Gewalt gegen Frauen. In: Beiträge zur feministischen Theorie und Praxis 7: 7-25

Mitterauer, Michael (1989): Geschlechtsspezifische Arbeitsteilung und Geschlechterrollen in ländlichen Gesellschaften Mitteleuropas. In: Martin, Jochen/Zoepffel, Renate (Hrsg.): Aufgaben, Rollen und Räume von Frau und Mann. Freiburg/München: 819-914

Möbius, Paul J. (1900): Über den physiologischen Schwachsinn des Weibes. Halle: Marhold

Monk, Timothy H./Essex, Marilyn J./Smider, Nancy A./Klein, Marjorie H./Lowe, Karen K./Kupfer, David J. (1996): The Impact of the Birth of a Baby on the Time Structure and Social Mixture of a Couple's Daily Life and Its Consequences for Well-Being. In: Journal of Applied Social Psychology 26: 1237-1258

Müller, Christa (2008): Parteilichkeit und Betroffenheit. In: Becker, Ruth/ Kortendiek, Beate (Hrsg.): Handbuch der Frauen- und Geschlechterforschung. Theorie, Methoden, Empirie. Wiesbaden: 332-335

Müller, Klaus E. (1984): Die bessere und die schlechtere Hälfte. Ethnologie des Geschlechterkonflikts. Frankfurt M./New York: Campus Verlag

Müller, Sigrid/Fuchs, Claudia (1993): Handbuch zur nichtsexistischen Sprachverwendung in öffentlichen Texten. Frankfurt/Main: Fischer

Münchmeier, Richard (1999): Von der Unterordnung zum Gegenüber. Zum Wandel im Generationenverständnis. In: Böhnisch, Lothar/Lenz, Karl (Hrsg.): Familien. Eine interdisziplinäre Einführung. Weinheim und München: 113-128

Nanda, Serena (1994): Hijras. An Alternative Sex and Gender Role in India. In: Herdt, Gilbert H. (Hrsg.): Third Sex. Third Gender. New York: 373-418

Nanda, Serena (2000): Gender Diversity. Crosscultural Variations. Illinois: Waveland Press

Nestmann, Frank (1999): Familie als soziales Netzwerk und Familie im sozialen Netzwerk. In: Böhnisch, Lothar/Lenz, Karl (Hrsg.): Familien. Eine interdisziplinäre Einführung. Weinheim und München: 213-234

Nickel, Hildegard M. (1993): Mitgestalterinnen des Sozialismus. Frauenarbeit in der DDR. In: Helwig, Gisela/Nickel, Hildegard M. (Hrsg.): Frauen in Deutschland 1945-1992. Bonn: 233-256

Nickel, Hildegard M. (1999): Industriegesellschaft am Ende – Arbeit abgeschafft? Frauen und der Geschlechterkampf um Erwerbsarbeit. In: Stolz-Willig, Brigitte/ Veil, Mechthild (Hrsg.): Es rettet uns kein höh'res Wesen. Feministische Perspektiven der Arbeitsgesellschaft. Hamburg: 9-28

Notz, Gisela (1999 a): Die neuen Freiwilligen. Das Ehrenamt – Eine Antwort auf die Krise? Neu-Ulm: AG Spak-Verlag

Notz, Gisela (1999 b): Frauen im Kampf um Arbeit und Menschenrecht – Die Auseinandersetzung dauert an. In: Klammer, Ute/Plonz, Sabine (Hrsg.): Menschenrechte auch für Frauen?! Berlin: 49-80

Notz, Gisela (2006): Warum flog die Tomate? Die autonomen Frauenbewegungen der Siebzigerjahre. Entstehungsgeschichte, Organisationsformen, politische Konzepte. Neu-Ulm: AG SPAK

Notz, Gisela (2008): Arbeit, Hausarbeit, Ehrenamt, Erwerbsarbeit. In: Becker, Ruth/ Kortendiek, Beate (Hrsg.): Handbuch Frauen- und Geschlechterforschung. Theorie, Methoden, Empirie. Wiesbaden: 472-480

OECD (2006): Country profiles. Starting strong II: Early education and care. Online verfügbar unter: http://www.oecd.org/dataoecd/14/32/37425999.pdf (Stand: 23.10.2009)
OECD (2007): Babies and Bosses: Reconciling Work and Family Life (Vol 5). A Synthesis of Findings for OECD Countries. Onling verfügbar unter: http://www.oecd.org/els/social/family (Stand: 11.12.2009)
OECD (2007 a): Family Database OECD – Social Policy Division – Directorate of Employment, Labor and Social Affairs. Online verfügbar unter: www.oecd.org/els/social/family/database (Stand: 23.10.2009)
OECD (2007 b): Social Expenditure Database SOCX. Online verfügbar unter: www.oecd.org/els/social/expenditure (Stand: 23.10.2009)
OECD (2009): European Labour Force Survey 2007. OECD Family Database. The Labor Market Position of Families. Online verfügbar unter: http://www.oecd.org/els/social/family/database (Stand: 11.12.12009)
Opielka, Michael (2002): Familie und Beruf. Eine deutsche Geschichte. In: Aus Politik und Zeitgeschichte. B 22/23: 20-30
Opitz-Belakhal, Claudia (2005): Um-Ordnungen der Geschlechter. Einführung in die Geschlechtergeschichte. Frankfurt/Main: Campus Verlag
Orloff, Ann Shola (1993): Gender and the Social Rights of Citizenship. In: American Sociological Review 58: 303-328
Orloff, Ann Shola (1996): Gender and the Welfare State. In: Annual Review of Sociology 22: 51-70
Ortner, Sherry B. (1974): Is Female to Male as Nature is to Culture? In: Rosaldo, Michelle Z./Lamphere, Louise (Hrsg.): Woman, Culture and Society. Stanford: 67-87 (dt. Übersetzung 1993 unter dem Titel: Verhält sich weiblich zu männlich wie Natur zu Kultur? In: Rippl, Gabriele (Hrsg.) Unbeschreiblich weiblich. Texte zur Feministischen Anthropologie. Frankfurt/Main: 27-54)
Ostendorf, Helga (2005): Steuerung des Geschlechterverhältnisses durch eine politische Institution. Die Mädchenpolitik der Berufsberatung. Opladen: Budrich
Ostner, Ilona (2003): Patriarchat. In: Schäfers, Bernhard: Grundbegriffe der Soziologie. Opladen: 269-270
Parsons, Talcott (1986): Sozialstruktur und Persönlichkeit. Frankfurt/Main: Europäische Verlagsanstalt
Parsons, Talcott/Bales, Robert F. (1955): Family, Socialization and Interaction Process. Glencoe, Ill.: Free Press
Pasero, Ursula/Weinbach, Christine (Hrsg.) (2003): Frauen, Männer, Gender Trouble. Frankfurt/Main: Suhrkamp
Pease, Allan/Pease, Barbara (2001): Warum Männer nicht zuhören und Frauen schlecht einparken. München: Ullstein
Pease, Allan/Pease, Barbara (2003): Warum Männer lügen und Frauen immer Schuhe kaufen. München: Ullstein
Penrose, Virginia (1990): 40 Jahre SED-Frauenpolitik. Ziele, Strategien und Ergebnisse. In: Frauenforschung 4: 60-77
Pfarr, Heide M. (1988): Quoten und Grundgesetz. Notwendigkeit und Verfassungsmäßigkeit von Frauenförderung. Baden-Baden: Nomos
Pfarr, Heide M. (Hrsg.) (2001): Ein Gesetz zur Gleichstellung der Geschlechter in der Privatwirtschaft. Düsseldorf: Hans-Böckler-Stiftung
Pfau-Effinger, Birgit (1990): Geschlechtsspezifische Unterschiede auf dem Arbeitsmarkt. Grenzen segmentationstheoretischer Erklärung. In: Arbeitskreis Sozialwis-

senschaftliche Arbeitsmarktforschung (Hrsg.): Erklärungsansätze zur geschlechtsspezifischen Strukturierung des Arbeitsmarktes. Paderborn: 3-21

Pfau-Effinger, Birgit (2000): Kultur und Erwerbstätigkeit in Europa. Opladen: Leske + Budrich

Pfau-Effinger, Birgit (2001): Wandel wohlfahrtsstaatlicher Geschlechterpolitiken im soziokulturellen Kontext. In: Heintz, Bettina (Hrsg.): Geschlechtersoziologie. Sonderheft der Kölner Zeitschrift für Soziologie und Sozialpsychologie 41. Wiesbaden: 487-511

Pfeiffer, Christian/Mößle, Thomas/Kleimann, Matthias/Rehbein, Florian (2007): Die PISA-Verlierer – Opfer ihres Medienkonsums. Eine Analyse auf der Basis verschiedener empirischer Untersuchungen. Hannover: Kriminologisches Forschungsinstitut Niedersachsen

Physicians for Human Rights (1999): PHR Report. The Taliban's War on Women – A Health and Human Rights Crisis in Afghanistan. Online verfügbar unter: http://www.phrusa.org/research/health_effects/exec.html (Stand: 23.10.2009)

Picht, Georg (1965): Die deutsche Bildungskatastrophe. Analyse und Dokumentation. München: dtv

Pike, Jennifer J./Jennings, Nancy A. (2005): The Effects of Commercials on Children's Perceptions of Gender Appropriate Toy Use. In: Sex Roles 52: 83-91

Plessner, Helmuth (1975): Die Stufen des Organischen und der Mensch. Berlin: de Gruyter

Polacheck, Solomon (1981): Occupational Self-Selection. A Human Capital Approach to Sex Differences in Occupational Structure. In: The Review of Economics and Statistics 63: 60-69

Prenzel, Manfred et al. (Hrsg.) (2004): PISA 2003. Ergebnisse des zweiten internationalen Vergleichs. Deutsches PISA-Konsortium. Zusammenfassung. Kiel: Leibniz-Institut für die Pädagogik der Naturwissenschaften

Prenzel, Manfred et al. (Hrsg.) (2007): PISA 2006. Die Ergebnisse der dritten internationalen Vergleichsstudie. Münster: Waxmann

Pross, Helge (1969): Über Bildungschancen für Mädchen in der BRD. Frankfurt/Main: Suhrkamp

Pusch, Luise F. (2000): Nachrichten aus dem Patriarchat. In: Das Argument – Zeitschrift für Philosophie und Sozialwissenschaften. Online verfügbar unter: http://www. argument.de/wissenschaft/nachrichten_patriarchat.html (Stand: 23.10.2009)

Pusch, Luise F. (1984): Das Deutsche als Männersprache. Frankfurt/Main: Suhrkamp

Rabe-Kleberg, Ursula (2003). Gender Mainstreaming und Kindergarten. Weinheim/Basel: Beltz

Reimers, Tekla (1994): Die Natur des Geschlechterverhältnisses. Biologische Grundlagen und soziale Folgen sexueller Unterschiede. Frankfurt/Main: Campus Verlag

Reiter, Rayna (Hrsg.) (1975): Toward an Anthropology of Women. New York: Monthly Review Press

Renzetti, Claire M./Curran, Daniel J. (2003): Women, Men, and Society. 5. Edition Boston: Allyn & Bacon

Reskin, Barbara F./Roos, Patricia A. (1990): Job Queues, Gender Queues. Explaining Women's Inroads into Male Dominated Occupations. Philadelphia: University Press

Reuband, Karl-Heinz (1989): Über gesellschaftlichen Wandel, AIDS und die Beurteilung von Homosexualität als moralisches Vergehen. In: Zeitschrift für Soziologie 18: 65-73

Ridgeway, Cecilia L. (2001): Gender, Status, and Leadership. In: Journal of Social Issues 57: 637-655

Ridgeway, Cecilia L./Smith-Lovin, Lynn (1999): The Gender System and Interaction. In: Annual Review of Sociology 25: 191-216

Ridgeway, Cecilia L./Correll, Shelley J. (2004): Unpacking the Gender System. A Theoretical Perspective on Cultural Beliefs and Social Relations. In: Gender & Society 18: 510-531

Risman, Barbara J. (1998): Gender Vertigo. American Families in Transition. New Haven, CT: Yale University Press

Risman, Barbara J. (2004): Gender as a Social Structure. Theory Wrestling with Activism. In: Gender & Society 18: 429-450

Rodax, Klaus/Hurrelmann, Klaus (1986): Die Bildungsbeteiligung von Mädchen und Frauen – ein Indikator für wachsende Chancengleichheit? In: Zeitschrift für Sozialisationsforschung und Erziehungssoziologie 6: 137-147

Rohrmann, Tim (2006): Männer in Kindertageseinrichtungen und Grundschulen. Bestandsaufnahme und Perspektiven. In: Krabel, Jens/Stuve, Olaf (Hrsg.): Männer in „Frauen-Berufen" der Pflege und Erziehung. Opladen: 111-134

Rohrmann, Tim (2008): Jungen in der Grundschule. In: Matzner, Michael/Tischner, Wolfgang (Hrsg.): Handbuch Jungen-Pädagogik. Weinheim/Basel: 109-121

Roloff, Christine (1998): Gleichstellung ist Strukturpolitik. In: Plöyer, Lydia/Riegraf, Birgit (Hrsg.): Gleichstellungspolitik als Element innovativer Hochschulpolitik. Bielefeld: 125-141

Roos, Patricia A. (1985): Gender and Work. A Comparative Analysis of Industrial Societies. New York: State University of New York Press

Rosaldo, Michelle Z./Lamphere, Louise (Hrsg.) (1974): Woman, Culture and Society. Stanford: Stanford University Press

Rosenbaum, Heidi (1982): Formen der Familie. Untersuchungen zum Zusammenhang von Familienverhältnissen, Sozialstruktur und sozialem Wandel in der deutschen Gesellschaft des 19. Jahrhunderts. Frankfurt/Main: Suhrkamp

Rosenfeld, Rachel/Trappe, Heike/Gornick, Janet (2004): Gender and Work in Germany. Before and After Reunification. In: Annual Review of Sociology 30: 103-124

Rosenkranz, Doris/Schneider, Norbert F. (1997): Wer pflegt morgen? Auswirkungen des Wandels der privaten Lebensführung auf die häusliche Pflege. In: Becker, Ruth (Hrsg.): Generationen und sozialer Wandel. Generationsdynamik, Generationenbeziehungen und Differenzierung von Generationen. Opladen: 137-156

Röser, Jutta (2006): Der Pressejournalismus als Konstrukteur männlicher Dominanz. In: Journalistinnenbund e.V. (2006): Präsenz von Frauen in den Nachrichten. Medienbeobachtungen 2005. Bonn: 27-37. Online verfügbar unter: www.journalistinnen.de/verein/pdf/jb_gmmp_2005.pdf (Stand: 23.10.2009)

Rösing, Ina (1999): Geschlechtliche Zeit, geschlechtlicher Raum. Heidelberg: Universitätsverlag C. Winter

Rousseau, Jean-Jacques (1971): Emile oder über die Erziehung. Paderborn: Ferdinand Schöningh Verlag (orig. 1762)

Roussel, Pierre (1775): Système physique et moral de la femme. Paris: Vincent

Rubin, Gayle (1975): The Traffic in Women. Notes on the ‚Political Economy' of Sex. In: Reiter, Rayna (Hrsg.): Toward an Anthropology of Women. New York/ London: 157-210

Rudolph, Clarissa (2009): Arbeitslosigkeit. Bremse oder Motor beim Wandel der Geschlechterverhältnisse. In: Aulenbacher, Brigitte/Wetterer, Angelika (Hrsg.): Arbeit – Perspektiven und Diagnosen der Geschlechterforschung. Münster: 138-156

Sacks, Karen (1974): Engels Revisited. Women, the Organization of Production, and Private Property. In: Rosaldo, Michelle Z./Lamphere, Louise (Hrsg.): Woman, Culture and Society. Stanford: 207-222

Sacks, Karen (1979): Sisters and Wives. The Past and the Future of Sexual Equality. Westport: Greenwood Press

Sacksofsky, Ute (1991): Das Grundrecht auf Gleichberechtigung. Eine rechtsdogmatische Untersuchung zu Artikel 3 Absatz 2 des Grundgesetzes. 1. Aufl. Baden-Baden: Nomos

Sacksofsky, Ute (2007): Diskriminierung und Gleichheit – aus verfassungsrechtlicher Perspektive. In: Opfermann, Susanne (Hrsg.): Geschlechtergerechtigkeit in Gesellschaft, Recht und Literatur. Königstein/Ts.: 31-51

Sainsbury, Diane (Hrsg.) (1999): Gender and Welfare State Regimes. Oxford: Oxford University Press

Sayer, Liana/Bianchi, Suzanne/Robinson, John P. (2004): Are Parents Investing Less in Children? Trends in Mothers' and Fathers' Time with Children. In: American Journal of Sociology 110: 1-43

Schaser, Angelika (2006): Frauenbewegung in Deutschland 1848-1933. Darmstadt: Wissenschaftliche Buchgesellschaft

Schlegel, Alice (1989): Männliches und Weibliches im Denken und Handeln der Hopi. In: Arbeitsgruppe Ethnologie Wien (Hrsg.): Von fremden Frauen. Frausein und Geschlechterbeziehungen in nichtindustriellen Gesellschaften. Frankfurt/Main: 279-306 (orig. 1977)

Schlehe, Judith (Hrsg.) (2001): Interkulturelle Geschlechterforschung. Identitäten – Imaginationen – Repräsentationen. Frankfurt/Main: Campus Verlag

Schmale, Wolfgang (2003): Geschichte der Männlichkeit in Europa (1450-2000). Köln/Weimar/Wien: Böhlau

Schmerl, Christiane (1981): Frauenfeindliche Werbung. Sexismus als frauenfeindlicher Lehrplan. Berlin: Elefanten Press

Schmerl, Christiane (1992): Vorwärts in die Vergangenheit. In: Schmerl, Christiane (Hrsg.): Frauenzoo der Werbung: Aufklärung über Fabeltiere. München: 14-78

Schmidt, Siegfried J. (2002): Werbung oder die ersehnte Verführung. In: Willems, Herbert (Hrsg.): Die Gesellschaft der Werbung. Wiesbaden: 101-119

Schmuck, Patricia/Nagel, Nancy/Brody, Celeste (2002): Studying gender consciousness in single-sex and coeducational high schools. In: Datnow, Amanda/Hubbard, Lea (Hrsg.): Gender in Policy and Practice: Perspectives on single-sex and coeducational Schooling. New York: Routledge

Schneider, David/Gough, Kathleen (Hrsg.) (1961): Matrilineal Kinship. Berkeley: University California Press

Schneider, Friedrich/Ernste, Dominik H. (Hrsg.) (2005): Jahrbuch Schattenwirtschaft 2006. Zum Spannungsfeld von Politik und Ökonomie. Münster/Hamburg/Berlin u. a.: Lit Verlag

Scholz, Sylka (2004): „Hegomoniale Männlichkeit" – Innovatives Konzept oder Leerformel? In: Hertzfeld, Hella/Schäfgen, Katrin/Vieth, Silke (Hrsg.): Geschlechterverhältnisse. Analysen aus Wissenschaft, Politik und Praxis. Berlin: 33-45

Scholz, Sylka (2007): Geschlechterbilder und Geschlechterpolitiken im Bundestagswahlkampf 2005. Eine Einleitung. In: Scholz, Sylka (Hrsg.): „Kann die das?". Angela Merkels Kampf um die Macht. Geschlechterbilder und Geschlechterpolitiken im Bundestagswahlkampf 2005. Berlin: 7-24

Schroeter, Klaus R./Rosenthal, Thomas (Hrsg.) (2005): Soziologie der Pflege. Grundlagen, Wissensbestände und Perspektiven. Weinheim und München: Juventa

Schröter, Susanne (2002): FeMale. Über Grenzverläufe zwischen Geschlechtern. Frankfurt/Main: Fischer

Schütz, Alfred/Luckmann, Thomas (1975): Strukturen der Lebenswelt. Bd. 1. Darmstadt: Neuwied

Schütze, Yvonne (1991): Die gute Mutter. Zur Geschichte des normativen Musters „Mutterliebe". Bielefeld: Kleine Verlag

Schwab, Dieter (1991): Schutz und Entrechtung. Zur Rechtsstellung der Frau nach älterem Recht mit Bezug auf Regensburger Quellen. In: Altner, Helmut (Hrsg.): Emanzipiert und doch nicht gleichberechtigt? Regensburg: 83-99

Schwarzer, Alice (1975): Der „kleine Unterschied" und seine großen Folgen. Frauen über sich. Beginn einer Befreiung. Frankfurt/Main: Fischer

Schweikert, Birgit (2001): Wer schlägt, der geht?! – Das geplante Gewaltschutzgesetz – Hintergrund, Chancen und offene Fragen. In: STREIT – feministische Rechtszeitschrift. Heft 2: 51-64

Sen, Amartya Kumar (2000): Ökonomie für den Menschen. Wege zu Gerechtigkeit und Solidarität in der Marktwirtschaft. München/Wien: Hanser

Sengenberger, Werner (1987): Struktur und Funktionsweise von Arbeitsmärkten. Die Bundesrepublik Deutschland im internationalen Vergleich. Frankfurt/Main/New York: Campus

Shorter, Edward (1987): Der weibliche Körper als Schicksal. Zur Sozialgeschichte der Frau. München: Piper

Sieder, Reinhard (1995): Sozialgeschichte der Familie. 4. Aufl. Frankfurt/Main: Suhrkamp

Siltanen, Janet (1992): Social Change and the Measurement of Occupational Segregation by Sex. In: Work, Employment and Society 4: 1-29

Simmel, Georg (1985): Das Relative und das Absolute im Geschlechter-Problem. In: Simmel, Georg: Schriften zur Philosophie und Soziologie der Geschlechter. Hrsg. von Dahme, Heinz-Jürgen/Köhnke, Klaus Christian. Frankfurt/Main: 200-223

Soden, Kristine von (1997): Auf dem Weg in die Tempel der Wissenschaft. Zur Durchsetzung des Frauenstudiums im wilhelminischen Deutschland. In: Gerhard, Ute (Hrsg.): Frauen in der Geschichte des Rechts. Von der frühen Neuzeit bis zur Gegenwart. München: 617-632

Solga, Heike/Pfahl, Lisa (2009): Doing Gender im technisch-naturwissenschaftlichen Bereich. In: Milberg, Joachim (Hrsg.): Förderung des Nachwuchses in Technik und Naturwissenschaft. Berlin: 155-219

Special Task Force for the Secretary of HEW (Hrsg.) (1973): Work in America. Cambridge: MIT Press

Stanat, Petra (2008): Heranwachsende mit Migrationshintergrund im deutschen Bildungssystem. In: Cortina, Kai S. et al. (Hrsg.): Das Bildungswesen in der Bundesrepublik Deutschland. Strukturen und Entwicklungen im Überblick. Reinbek: 685-743

Stanat, Petra/Bergann, Susanne (2009): Geschlechtsbezogene Disparitäten in der Bildung. In: Tippelt, Rudolf/Schmidt, Bernhard (Hrsg.): Handbuch Bildungsforschung. Wiesbaden: 513-528

Statistisches Bundesamt (1976): Statistisches Jahrbuch 1976 für die Bundesrepublik Deutschland. Wiesbaden

Statistisches Bundesamt (2003): Wo bleibt die Zeit? Die Zeitverwendung der Bevölkerung in Deutschland 2001/02. Bonn/Wiesbaden

Statistisches Bundesamt (2004 a): Statistik der Sozialhilfe – Ausländer in der Sozialhilfe – und Asylbewerberleistungsstatistik 2002. Wiesbaden

Statistisches Bundesamt (2004 b): Datenreport 2004. Zahlen und Fakten über die Bundesrepublik Deutschland. In Zusammenarbeit mit dem Wissenschaftszentrum Berlin für Sozialforschung (WZB) und dem Zentrum für Umfragen, Methoden und Analysen Mannheim (ZUMA). Bonn

Statistisches Bundesamt (2005 a): Leben und Arbeiten in Deutschland. Ergebnisse des Mikrozensus 2004 – Tabellenanhang zur Pressebroschüre. Wiesbaden. Online verfügbar unter: http://www.destatis.de/presse/deutsch/pk/2005/Tabanhang_MZ2004_neu.pdf (Stand: 11.12.2009)

Statistisches Bundesamt (2005 b): Bevölkerung und Erwerbstätigkeit. Fachserie 1. Reihe 4.1.1:. Stand und Entwicklung. Wiesbaden

Statistisches Bundesamt (2006): Wahl zum 16. Deutschen Bundestag am 18. September 2005. Heft 4: Wahlbeteiligung und Stimmabgabe der Männer und Frauen nach Altersgruppen. Wiesbaden

Statistisches Bundesamt (2006 a): Armut und Lebensbedingungen. Ergebnisse aus Leben in Europa für Deutschland 2005. Wiesbaden

Statistisches Bundesamt (2006 b): Tabellenband I zur Zeitbudgeterhebung 2001/02. Aktivitäten in Stunden und Minuten nach Geschlecht, Alter und Haushaltstyp. Online verfügbar unter: http://destatis.de (Stand: 11.12.2009)

Statistisches Bundesamt (2006 c): Leben und Arbeiten in Deutschland. Sonderheft 2. Vereinbarkeit von Familie und Beruf. Ergebnisse den Mikrozensus 2005. Wiesbaden

Statistisches Bundesamt (2007 a): Bruttojahresverdiensterhebung im produzierenden Gewerbe, Handel, Kredit- und Versicherungsgewerbe. Wiesbaden

Statistisches Bundesamt (2007 b): Statistiken der Kinder- und Jugendhilfe – Kinder und tätige Personen in Tageseinrichtungen 2006. Wiesbaden

Statistischen Bundesamt/Gesellschaft Sozialwissenschaftlicher Infrastruktureinrichtungen (GESIS-ZUMA)/Wissenschaftszentrum Berlin für Sozialforschung (WZB) (2008) (Hrsg.): Datenbericht 2008. Ein Sozialbericht für die Bundesrepublik Deutschland. Bonn: Bundeszentrale für politische Bildung

Statistisches Bundesamt (2008): Bildung und Kultur. Studierende an Hochschulen – Wintersemester 2007/2008. Fachserie 11/4.1. Wiesbaden

Statistisches Bundesamt (2009): Statistik zum Elterngeld – Gemeldete beendete Leistungsbezüge im 2. Vierteljahr 2009. Wiesbaden

Statistisches Bundesamt (2009 a): Bildung und Kultur. Berufliche Bildung – 2008. Fachserie 11/3. Wiesbaden

Statistisches Bundesamt (2009 b): Bildung und Kultur. Berufliche Schulen. Fachserie 11/2. Wiesbaden

Statistisches Bundesamt (2009 c): Bildung und Kultur. Prüfungen an Hochschulen – 2008. Fachserie 11/4.2. Wiesbaden

Statistisches Bundesamt (2009 d): Bildung und Kultur. Allgemeinbildende Schulen – Schuljahr 2007/08. Fachserie 11/1. Wiesbaden

Statistisches Bundesamt (2009 e): Bildung und Kultur. Studierende an Hochschulen – Wintersemester 2008/2009. Fachserie 11/4.1. Wiesbaden

Statistisches Bundesamt (2009 f): Leben in Europa 2007 und 2008. Online verfügbar unter: http://destatis.de/jetspeed/portal/cms/Sites/destatis/Internet/DE/Content/Publikationen/Querschnittsveroeffentlichungen/WirtschaftStatistik/Wirtschaftsr Zeitbudget/LEBENEUROPA20072008,property=file.pdf (Stand: 11.12.2009)

Statistisches Taschenbuch der DDR (versch. Jahrgänge). Berlin: Staatsverlag der DDR

Steinberg, Ronnie J. (1992): Gender on the Agenda. Male Advantage in Organizations. In: Contemporary Sociology 21: 576-581

Stein-Hilbers, Marlene (1994): Männer und Männlichkeiten in der neueren sozialwissenschaftlichen Diskussion. In: Psychologie und Gesellschaftskritik 18: 67-79

Stephen, Lynn (2002): Sexualities and Genders in Zapotec Oaxaca. In: Latin American Perspectives 29: 41-59

Stürzer, Monika (2003 a): Unterrichtsformen und Interaktionen der Geschlechter in der Schule: In: Stürzer, Monika/Roisch, Henrike/Hunze, Annette/Cornelißen, Waltraud (Hrsg.): Geschlechterverhältnisse in der Schule. Opladen: 151-170

Stürzer, Monika (2003 b): Zur Debatte um Koedukation, Monoedukation und reflexive Koedukation. In: Stürzer, Monika/Roisch, Henrike/Hunze, Annette/Cornelißen, Waltraud (Hrsg.): Geschlechterverhältnisse in der Schule. Opladen: 171-186

Tannen, Deborah (1998): Du kannst mich einfach nicht verstehen. Warum Männer und Frauen aneinander vorbeireden. München: Goldmann (orig. 1990)

Teubner, Ulrike (2008): Beruf: Vom Frauenberuf zur Geschlechterkonstruktion im Berufssystem. In: Becker, Ruth/Kortendiek, Beate (Hrsg.): Handbuch Frauen- und Geschlechterforschung. Theorie, Methoden, Empirie. Wiesbaden: 491-498

Textor, Martin R. (2009): Erzieherin-Kind-Beziehungen. In: Lenz, Karl/Nestmann, Frank (Hrsg.): Handbuch Persönliche Beziehungen. Weinheim und München: 587-604.

Thiessen, Barbara (2006): Reformulierung des Privaten im Kontext personenbezogener und haushaltsnaher Dienstleistungsarbeit. Tagung am Zentrum für interdisziplinäre Forschung am 12.05.2006: Das Private neu denken – Erosionen, Ambivalenzen, Leistungen. Universität Bielefeld

Thiessen, Barbara (2008): Feminismus. Differenzen und Kontroversen. In: Becker, Ruth/Kortendiek, Beate (Hrsg.): Handbuch der Frauen- und Geschlechterforschung. Theorie, Methoden, Empirie. Wiesbaden: 37-44

Thorne, Barrie (1993): Gender Play. Boys and Girls in School. Buckingham: Rutgers University Press

Tietmeyer, Elisabeth (1998): Geschlecht, Differenz, Gynaegamie. Zur Multiplikation von Geschlechterrollen in Afrika. In: Hauser-Schäublin, Brigitta/Röttger-Rössler, Birgitt (Hrsg.): Differenz und Geschlecht. Neue Ansätze in der ethnologischen Forschung. Berlin: 163-183

Todt, Eberhardt (2000): Geschlechtsspezifische Interessen – Entwicklung und Möglichkeiten der Modifikation. In: Empirische Pädagogik 14: 215-254

Trappe, Heike (1995): Emanzipation oder Zwang? Frauen in der DDR zwischen Beruf, Familie und Sozialpolitik. Berlin: Akademie Verlag

Trappe, Heike/Rosenfeld, Rachel (2001): Geschlechtsspezifische Segregation in der DDR und der BRD. Im Verlauf der Zeit und im Lebensverlauf. In: Kölner Zeitschrift für Soziologie und Sozialpsychologie 53. Sonderheft 41: 152-181

Troemel-Ploetz, Senta/Pusch, Luise F./Hellinger, Marlis/Guentherodt, Ingrid (1980): Richtlinien zur Vermeidung sexistischen Sprachgebrauchs. In: Linguistische Berichte. Heft 71: 15-21

Tuchman, Gaye (1978): The Symbolic Annihilation of Women by the Mass Media. In: Tuchman, Gaye et al. (Hrsg.) (1978): Hearth and Home. Images of Women in Mass Media. New York: 3-38 (dt. 1980)
Tyrell, Hartmann (1986): Geschlechtliche Differenzierung und Geschlechterklassifikation. In: Kölner Zeitschrift für Soziologie und Sozialpsychologie 38: 450-489
Tyrell, Hartmann (1989): Überlegungen zur Universalität geschlechtlicher Differenzierung. In: Martin, Jochen/Zoepffel, Renate (Hrsg.): Aufgaben, Rollen und Räume von Frau und Mann. Freiburg: 37-78
Ullrich, Karsten G. (2005): Soziologie des Wohlfahrtsstaates. Eine Einführung. Frankfurt/Main: Campus
U.S. Department of Education (2005): Single-Sex versus Coeducation Schooling. A systematic Review. Online verfügbar unter: http://www.ed.gov/rschstat/eval/other/single-sex/index.html (Stand: 26.01.2010)
U.S. Department of State (2001): Report on the Taliban's War Against Women. Bureau of Democracy, Human Rights and Labor. Online verfügbar unter: http://www.state.gov/g/drl/rls/6185.htm (Stand: 23.10.2009)
UNESCO (1999): Guidelines on gender-neutral language. Online verfügbar unter: http://unesdoc.unesco.org/images/0011/001149/114950Mo.pdf (Stand: 23.10.2009)
UNIFEM (2005): Progress of the World's Women 2005: Women, Work & Poverty. New York: United Nations
United Nations (2006): The World's Women 2005. Progress in Statistics. Department of Economic and Social Affairs. Statistics Division. New York
United Nations Children's Fund (UNICEF) (2006): UNICEF warns of continued threat facing women and children. Online verfügbar unter: http://www.rawa.org/unicef.htm (Stand: 23.10.2009)
US Census Bureau (2009): Current Polupation Survey. Annual Social and Economic Supplement
Vaerting, Mathilde (1980): Frauenstaat und Männerstaat. Berlin: Frauenselbstverlag (orig. 1921)
Velte, Jutta (1995): Die Darstellung von Frauen in den Medien. In: Fröhlich, Romy (Hrsg.): Frauen und Medien. Eine Synopse der deutschen Forschung. Opladen: 181-253
Vennemann, Angela/Holtz-Bacha, Christina (2008): Mehr als Frühjahrputz und Südseezauber? Frauenbilder in der Fernsehwerbung und ihre Rezeption. In: Holtz-Bacha, Christina (Hrsg.): Stereotype? Frauen und Männer in der Werbung. Wiesbaden: 76-106
Villa, Paula-Irene (2000): Sexy Bodies. Eine soziologische Reise durch den Geschlechtskörper. Opladen: Leske + Budrich
Villa, Paula-Irene (2003): Judith Butler. Frankfurt/Main: Campus Verlag
Vivelo, Frank R. (1995): Handbuch der Kulturanthropologie. Eine grundlegende Einführung. Stuttgart: Klett-Cotta
Wahl, Angelika von (2005): Liberal, Conservative, Social, Democratic, or … European? The European Union as Equal Employment Regime. In: Social Politics 12: 67-93
Walby, Sylvia (1990): Theorizing Patriarchy. Oxford: Blackwell
Walter, Wolfgang/Künzler, Jan (2002): Parentales Engagement. Mütter und Väter im Vergleich. In: Matthias-Bleck, Heike/Schneider, Norbert (Hrsg.): Elternschaft heute: gesellschaftliche Rahmenbedingungen und individuelle Gestaltungsaufgaben.

Sonderheft der Zeitschrift für Familienforschung, Bd. 1. Opladen: Leske + Budrich: 95-120
Wanger, Susanne (2005): Frauen am Arbeitsmarkt. Beschäftigungsgewinne sind nur die halbe Wahrheit. IAB Kurzbericht Nr. 22. Nürnberg: Bundesagentur für Arbeit
Waring, Marilyn (2003): Counting for Something. Recognising Women's Contribution to the Global Economy through Alternative Accounting Systems. In: Gender and Development 11: 35-43
Weber, Mathilde (1888): Ärztinnen für Frauenkrankheiten. Eine ethische und sanitäre Notwendigkeit. Tübingen
Wenk, DeeAnn/Rosenfeld, Rachel A. (1992): Women's Employment Exit and Reentry. Job Leaving Reasons and their Consequences. In: Research in Social Stratification and Mobility 11: 127-150
Wesel, Uwe (1985): Bachofen revisited. In: Vögler, Giesela/Welck, Karin von (Hrsg.): Die Braut. Geliebt – Verkauft – Getauscht – Geraubt. Zur Rolle der Frau im Kulturvergleich. Köln: 788-792
Wesley, Thomas (1997): Navajo Cultural Constructions of Gender and Sexuality. In: Jacobs, Sue-Ellen et al. (Hrsg.): Two-Spirit People. Native American Gender Identity, Sexuality, and Spiritualiy. Urbana: 156-173
West, Candace/Zimmerman, Don H. (2002): Doing Gender. In: Fenstermaker, Sarah/West, Candace (Hrsg.): Doing Gender, Doing Difference. Inequality, Power, and Institutional Change. New York: 3-24
Wetterer, Angelika (1989): „Es hat sich alles so ergeben, meinen Wünschen entsprechend" – Über die Plan-Losigkeit weiblicher Karrieren in der Wissenschaft. In: Bathe, Silvia et al. (Hrsg.): Frauen in der Hochschule. Lehren und Lernen im Wissenschaftsbetrieb. Weinheim: 142-157
Wetterer, Angelika (2002): Strategien rhetorischer Modernisierung. Gender Mainstreaming, Managing Diversity und die Professionalisierung der Gender-Expertinnen. In: Zeitschrift für Frauenforschung und Geschlechterstudien 20: 129-148
Wetterer, Angelika (2005 a): Gleichstellungspolitik und Geschlechterwissen. Facetten schwieriger Vermittlungen. In: Vogel, Ulrike (Hg): Was ist weiblich, was ist männlich? Aktuelles zur Geschlechterforschung in den Sozialwissenschaften. Bielefeld: 48-70
Wetterer, Angelika (2005 b): Rhetorische Modernisierung & institutionelle Reflexivität. Die Diskrepanz zwischen Alltagswissen und Alltagspraxis in arbeitsteiligen Geschlechterarrangements. In: Penkwitt, Meike (Hrsg.): Arbeit und Geschlecht. Freiburger FrauenStudien. Zeitschrift für Interdisziplinäre Geschlechterforschung. Band 16. Freiburg: 75-96
Wetterer, Angelika (2009): Arbeitsteilung & Geschlechterkonstruktion. Eine theoriegeschichtliche Skizze. In: Aulenbacher, Brigitte/Wetterer, Angelika (Hrsg.): Arbeit – Perspektiven und Diagnosen der Geschlechterforschung. Münster: 42-63
Wharton, Amy S. (2005): The Sociology of Gender. An Introduction to Theory and Research. Malden: Blackwell
Whyte, Martin K. (1978): The Status of Women in Preindustrial Societies. Princton: Princton University Press
Wickler, Wolfgang/Seibt, Uta (1998): Männlich – Weiblich. Ein Naturgesetz und seine Folgen. Heidelberg: Spektrum
Wikan, Unni (1977): Man Becomes Woman. Transsexualism in Oman as a Key to Gender Roles. In: Man 12: 304-319
Wikan, Unni (1978): The Oman Xanith – a Third Gender Role? In: Man 13: 473-475

Willems, Herbert/Jurga, Martin (1999): Globalisierung, medienkulturelle Tradierung und die Darstellung der Geschlechter in der Werbung. In: Göttlich, Guido et al. (Hrsg.): Kommunikation im Wandel. Zur Theatralität der Medien. Köln: 160-191

Willms, Angelika (1983): Segregation auf Dauer? Zur Entwicklung des Verhältnisses von Frauenarbeit und Männerarbeit in Deutschland, 1881-1980. In: Müller, Walter/Willms-Herget, Angelika/Handl, Johann (Hrsg.): Strukturwandel der Frauenarbeit 1880–1980. Frankfurt/Main: 107-182

Willms-Herget, Angelika (1985): Frauenarbeit. Zur Integration der Frauen in den Arbeitsmarkt. Frankfurt/Main: Campus

Wilson, Edward O. (1980): Sociobiology. Cambridge: Belknap Press of Harvard University Press

Wilson, Thomas (1973): Theorien der Interaktion und Modelle soziologischer Erklärung. In: Arbeitsgruppe Bielefelder Soziologen (Hrsg.): Alltagswissen, Interaktion und gesellschaftliche Wirklichkeit. Reinbek: 54-79

Wimbauer, Christine (1999): Organisation, Geschlecht, Karriere. Fallstudien aus einem Forschungsinstitut. Opladen: Leske + Budrich

Wissenschaftsrat (1998): Empfehlungen zur Chancengleichheit von Frauen in Wissenschaft und Forschung. Berlin

Wissenschaftsrat (2007): Empfehlungen zur Chancengleichheit von Wissenschaftlerinnen und Wissenschaftlern. Berlin

Woods, Dorian R. (2004): Das „adult worker model" in den USA und Großbritannien. In: Leitner, Sigrid/Ostner, Ilona/Schratzenstaller, Margit (Hrsg.): Wohlfahrtsstaat und Geschlechterverhältnis im Umbruch. Was kommt nach dem Ernährermodell? Wiesbaden: 208-233

World Bank (2008): Girls' Education in the 21st Century: Gender Equality, Empowerment and Economic Growth. Mercy Tembon/Lucia Fort Hrg. Serie: Directions in Development. Human Development. Online verfügbar unter: http://siteresources.worldbank.org/EDUCATION/Resources/278200-1099079877269/547664-1099080014368/DID_Girls_edu.pdf (23.10.2009)

Wustmann, Cornelia (2009): Frühkindliche Erziehung. In: Andersen, Sabine et al. (Hrsg.): Handwörterbuch Erziehungswissenschaft. Weinheim: 322-335

Ziefle, Andrea (2004): Die individuellen Kosten des Erziehungsurlaubs. Eine empirische Analyse der kurz- und längerfristigen Folgen für den Karriereverlauf von Frauen. In: Kölner Zeitschrift für Soziologie und Sozialpsychologie 56: 213-231

Zimmer, Annette/Krimmer, Holger/Stallmann, Freia (2007): Frauen an Hochschulen: Winners among Losers. Zur Feminisierung der deutschen Universität. Opladen: Barbara Budrich

Zurstiege, Guido (1998): Mannsbilder – Männlichkeit in der Werbung. Zur Darstellung von Männern in der Anzeigenwerbung der 50er, 70er und 90er Jahre. Opladen: Westdeutscher Verlag

Zwick, Michael/Renn, Ortwin (2000): Die Attraktivität von technischen und ingenieurwissenschaftlichen Fächern bei der Studien- und Berufswahl junger Frauen und Männer. Stuttgart: TA-Akademie